Zu diesem Buch

Das Herrnstadt-Dokument wirft ein Schlaglicht auf den Zustand des engsten Führungszirkels der SED vor, während und nach dem Aufstand eines Teils der DDR-Bevölkerung am 17. Juni 1953. Es enthüllt, wie sehr die DDR im Sommer 1953 vor einer Wende stand. Einige Wochen lang schien die Abkehr vom stalinistischen Herrschaftssystem greifbar nahe. Seit 1951 schon hatten sich die Politbüromitglieder Rudolf Herrnstadt und Wilhelm Zaisser gegen den fortschreitenden Personenkult um Walter Ulbricht und für eine Reform der stalinistisch-bürokratischen Apparateherrschaft in der DDR eingesetzt. Im Frühsommer 1953 hatten sie im Politbüro zeitweilig die Mehrheit.

Ulbricht hatte seine Macht stets auf die Sowjetunion gestützt, die von ihrem militärischen Hauptquartier in Karlshorst aus das Geschehen in der DDR lenkte. Am 17. Juni 1953 – auch das enthüllt das Dokument – existierte in der DDR faktisch keine deutsche Staatsmacht mehr. Die Sowjets entschieden und machten die verschreckten Politbüromitglieder zu ihren Laufburschen. Nach Stalins Tod (5.3.1953) und nach den Ereignissen des 17. Juni stand Ulbrichts weitere Karriere zur Disposition. Im Politbüro wurden einschneidende Einschränkungen seiner Macht diskutiert. Gestoppt wurde der Ost-Berliner Reformprozeß, als die Machtkämpfe um Stalins Nachfolge – die im Partei-Ausschluß und der Hinrichtung des sowjetischen Innenministers Berija gipfelten – beendet waren. Ulbricht fand mit taktischem Geschick neuerlichen Anschluß an die Machtzentrale der UdSSR.

Herrnstadt und Zaisser wurden von der Gruppe der verbündeten Opponenten (die sich rasch wieder unterwarfen) abgegrenzt und mit einem parteiinternen politischen Prozeß überzogen. Unter den Vorwürfen, parteispaltenden «Fraktionismus», «Sozialdemokratismus», «Kapitulantentum vor den imperialistischen Mächten», die Zusammenarbeit mit dem «Volksfeind» Berija, Trotzkismus, Titoismus und den Sturz Ulbrichts betrieben zu haben, wurden Herrnstadt und Zaisser ihrer Ämter enthoben und aus der Partei ausgeschlossen. Ulbrichts stalinistischer Sieg über die innerparteilichen Reformer bedeutete auch für seinen Nachfolger Erich Honecker die Rettung. Für spätere SED-Größen wie Kurt Hager, Erich Mielke, Otto Winzer, Hermann Axen und Willi Stoph bedeutete ihre Profilierung im «Fall Herrnstadt/Zaisser» das Sprungbrett zur weiteren Karriere.

Das ‹Herrnstadt-Dokument› zeichnet die entscheidenden Diskussionen der SED-Spitze im Sommer 1953 akribisch nach. Es enthüllt derart viele unbekannte Details über die Geschichte des 17. Juni 1953, daß es für die neuere deutsche Geschichtsschreibung als sensationell gelten kann. Der Text schließt eine bedeutende Wissenslücke über die Krise der stalinistisch-sozialistischen Staaten in der früheren Nachkriegszeit seit dem ‹Abfall› Titos 1948, die in Ungarn ihren Ausdruck im Schauprozeß gegen den Innenminister Laszlo Rajk (1949), in der Tschechoslowakei im Schauprozeß gegen den Stellvertretenden Ministerpräsidenten Rudolf Slansky (1951/52) fand. Das Dokument gewährt zudem teils erschütternde Einsichten in die Psychologie eines kommunistischen Intellektuellen.

NADJA STULZ-HERRNSTADT, geboren 1946 in Berlin, ist Historikerin mit den Spezialgebieten Bürgertums- und historische Frauenforschung. Im Frühjahr 1989 wurde die Tochter Rudolf Herrnstadts aus der Staatsbürgerschaft der DDR entlassen. Sie lebt zur Zeit in Paris.

W39/e 1,50 1,0

Rudolf Herrnstadt

Das Herrnstadt-Dokument

Das Politbüro der SED
und die Geschichte des 17. Juni 1953

Herausgegeben, eingeleitet und bearbeitet
von Nadja Stulz-Herrnstadt

Rowohlt

rororo aktuell – Herausgegeben von Ingke Brodersen

Originalausgabe
Redaktion Frank Strickstrock

Veröffentlicht im Rowohlt Taschenbuch Verlag GmbH,
Reinbek bei Hamburg, Juli 1990
Copyright © 1990 by Rowohlt Taschenbuch Verlag GmbH,
Reinbek bei Hamburg
Alle Rechte vorbehalten
Umschlaggestaltung: Büro Hamburg –
Jürgen Kaffer / Peter Wippermann
Satz Times (Linotronic 500)
Gesamtherstellung Clausen & Bosse, Leck
Printed in Germany
1280-ISBN 3 499 12837 3

Inhalt

Vorwort   7

Nadja Stulz-Herrnstadt: Zum Dokument

Erneuerung der Partei   11

Der Prozeß   24

Keine Rehabilitierung   34

Das Dokument:

Rudolf Herrnstadt:
Zur Angelegenheit Zaisser/Herrnstadt   55

Anhang:

Aus der Geheimrede Walter Ulbrichts
vor dem 15. Plenum (Juli 1952)   255

Rudolf Herrnstadt an W. S. Semjonow
(28. November 1962)   264

Epilog:

Fragment aus den Erinnerungen
von Rudolf Herrnstadt   279

Rudolf Herrnstadt – Biographische Notiz   283

Auswahlbibliographie   286

Namenregister   287

Vorwort

Die Ereignisse, die im Herrnstadt-Dokument geschildert werden, gehören der Vergangenheit an. Kaum vier Jahrzehnte trennen uns von jenen entscheidenden Nachkriegsjahren, in denen im östlichen Teil Europas und Deutschlands der verheißungsvolle Versuch unternommen wurde, ein menschenfreundliches, ein sozialistisches Gesellschaftssystem aufzubauen, und kaum ein Dutzend Monate ist vergangen, seitdem Rudolf Herrnstadts Manuskript vor fremdem Zugriff bewahrt werden mußte. Dennoch scheinen uns heute Welten von allem zu trennen, so fundamental haben sich die politischen Verhältnisse seit dem Herbst 1989 in der DDR, dem Land, in dem Herrnstadt lebte, verändert.

Bedächtigkeit im Umgang mit der eigenen Geschichte und Nachdenken über Wege und Irrwege sind häufig verdrängt worden von einer zur Bewältigung der Gegenwart scheinbar zwingend notwendigen Hast. Für die innere Entwicklung der DDR hatten die frühen 50er Jahre entscheidende Bedeutung. Die Akteure von damals, soweit sie noch leben, sind heute keine realen politischen Faktoren mehr, die einst mächtige Staatspartei SED ohnehin nicht. Jene, die 1953 meist noch im zweiten Glied standen, für den politischen Prozeß gegen Rudolf Herrnstadt und Wilhelm Zaisser die Stichworte lieferten und das Netz zu knüpfen halfen, waren damals eher Handlanger der Macht. Ihr Aufstieg und ihre Erfahrung mit substantieller Kritik und Opposition jedoch datiert mit den Ereignissen des Jahres 1953. Die Honekker, Mielke, Hager und Axen sind heute schwerster Staatsverbrechen beschuldigt, der Obhut ihrer eigenen Rechtsvertreter übergeben, aus der SED ausgeschlossen und teilweise in Haft. Mit ihrer Umbenennung hat die SED auch jenes Instrument ihrer Machtausübung beseitigt, das sie Parteidisziplin nannte. Der Austritt aus der einst mächtigsten Organisation des Landes und die Umbenennung der Partei ersparen die Vergangenheitsbewältigung. Geblieben ist der Einblick in eine Welt Orwellscher Dimensionen.

Wenn Stürme sich gelegt haben, werden Angst und Schrecken gelegentlich rasch vergessen. Rudolf Herrnstadt hat, selbst vollständig isoliert, seiner Familie in den schwersten Jahren Halt und Zuversicht gegeben. Wir können ihm dafür nur danken.

Dank sei dem Rowohlt-Verlag für die Publikation gesagt, meinem Mann Percy Stulz und dem Sohn Michael für nicht nachlassende Unterstützung und Anteilnahme.

Paris, im April März 1990   Nadja Stulz-Herrnstadt

Nadja Stulz-Herrnstadt:
Zum Dokument

. . . ein Dokument, das ich selber
vergessen möchte und – ich glaube,
dazu die Kraft zu haben – vergessen werde,
sobald die Wahrheit erkämpft ist . . .
1956

Erneuerung der Partei

Das Manuskript mit dem Titel «Zur Angelegenheit Zaisser-Herrnstadt» ist 1956 entstanden. Der Autor Rudolf Herrnstadt, von 1950 bis 1953 Kandidat des Politbüros der SED und Chefredakteur von «Neues Deutschland», hat es drei Jahre nach dem gegen ihn und den damaligen Minister für Staatssicherheit, Wilhelm Zaisser[1], angestrengten Parteiverfahren verfaßt. Das Dokument ist die erste und bisher einzige exakte Rekonstruktion der Vorgänge in Partei und Staatsführung der DDR vor, während und nach den Arbeiteraufständen vom 17. Juni 1953. Zugleich legt es minutiös eine Vielzahl parteiinterner Vorgänge und Mechanismen offen. Herrnstadts Niederschrift, die von Wilhelm Zaisser auch hinsichtlich aller erwähnten Fakten vollständig gebilligt wurde, erfolgte, nachdem im Februar 1956 Nikita Chruschtschow in seiner berühmt gewordenen Geheimrede vor dem XX. Parteitag der KPdSU erstmals die stalinistischen Verbrechen eingestanden hatte. Rudolf Herrnstadt hat seine Rekonstruktion nicht als Streitschrift für eine öffentliche Verteidigung ver-

1 Wilhelm Zaisser (1893–1958), Sohn eines Gendarmeriewachtmeisters, 1910–1913 Evangelisches Lehrerseminar in Essen, Volksschullehrer, 1918 USPD, Sommer 1919 KPD, während des Kapp-Putsches einer der Leiter der sogenannten Roten Ruhrarmee, Haft, Entlassung aus dem Schuldienst. Anfang der 20er Jahre Redakteur, Mitglied der KPD-Bezirksleitung Ruhr, Militärische Schule der Komintern, ab 1926 Mitarbeit im illegalen Apparat der Komintern und des Militärischen Nachrichtendienstes der Roten Armee, Teilnahme am Spanischen Bürgerkrieg «General Gomez», anschließend Mitarbeit bis 1939 im Exekutivkomitee der Kommunistischen Internationale (EKKI), dann im Verlag für fremdsprachliche Literatur in Moskau, Lehrer an Kriegsgefangenenschulen und Leiter des deutschen Sektors für antifaschistische Schulung der deutschen Kriegsgefangenen in der UdSSR, 1947 Rückkehr nach Deutschland, Chef der Landespolizei Sachsen-Anhalt, ab 1950 Minister für Staatssicherheit der DDR, Mitglied des ZK und des Politbüros der SED (ab 1950), Volkskammerabgeordneter, 1953/54 aller Ämter enthoben und aus der SED ausgeschlossen. Nicht rehabilitiert.

faßt. Er nannte sie eine «Erklärung», «ein Dokument, das einmal geschrieben werden mußte, weil anders die Wahrheit nicht zu erkämpfen ist, aber zugleich ein Dokument, das ich selber vergessen möchte...». Er müsse sich äußern und um Rehabilitierung kämpfen, schrieb er, weil die wiederholt öffentlich ausgesprochenen Beschuldigungen gegen ihn «die moralische und politische Vernichtung (...) mit allen physischen und gesellschaftlichen Folgen für mich und meine Familie» bedeuteten. Mehr als drei Jahrzehnte ist das Manuskript, das vom Autor selbst in nur wenigen maschinenschriftlichen Exemplaren vervielfältigt wurde, dem Zugriff der Sicherheitsorgane entzogen worden.

Der 17. Juni 1953, jenes Ereignis, das die SED-Führung innerparteilich mit der ‹Entlarvung› einer angeblichen Verschwörergruppe in den eigenen Reihen, der «Fraktion Zaisser/Herrnstadt», zu bewältigen versuchte, zählt zu den magischen Daten in der Geschichte der DDR. Er ist unbewältigte Vergangenheit. Mit den Juniunruhen des Jahres 1953 im östlichen Teil Berlins und in zahlreichen Städten, vor allem den Industriezentren des Landes, wurde die extreme Unzufriedenheit breiter Bevölkerungsschichten mit der bestehenden Staatsordnung signalisiert. Die im Frühjahr 1953 verkündeten Normenerhöhungen dürften lediglich eine mobilisierende Wirkung, keineswegs jedoch ursächlichen Charakter gehabt haben.[2]

2 Zu den auslösenden Momenten des Aufstandes zählt der übereilte und wirtschaftlich in keiner Weise abgesicherte Beschluß von 1952 über den «beschleunigten Aufbau des Sozialismus». Er hatte die Forcierung der Schwerindustrie, die rapide Erweiterung der bewaffneten Streitkräfte einschließlich der Aufstellung des paramilitärischen «Dienst für Deutschland» und die weitgehend auf Zwang beruhenden Anfänge der Kollektivierung der Landwirtschaft zur Folge. Gleichzeitig setzte ein verstärkter Kirchenkampf ein. Die Fluchtwelle aus der DDR nahm mit Spitzenwerten von monatlich bis zu 30000 Personen im Mai/Juni 1953 zu. Gleichzeitig signalisierten Arbeitsniederlegungen die angespannte innenpolitische Lage. Das überstürzte Eingeständnis von Fehlern im Zusammenhang mit der Verkündigung des «Neuen Kurses» am 9. Juni dürfte der letzte auslösende Faktor gewesen sein. Der Juniaufstand war, obgleich zwangsläufig nach wie vor exakte soziologische und historische Untersuchungen fehlen, vorrangig eine Protestbewegung der Arbeiterschaft. Zentren der Aktionen waren nicht zufällig neben Ost-Berlin die industriellen Ballungsgebiete Bitterfeld, Halle, Leipzig, Merseburg, der Magdeburger Raum und in geringerem Umfang die Gebiete Jena/Gera sowie Brandenburg/Görlitz. Ein nahezu geschlossenes Auftreten zeigten die Arbeiter aus Großbetrieben wie Leuna (28000), Buna (18000), Farbenwerke Wolfen (12000), Hennigsdorfer Stahlwerke (12000),

Seit ihrer Gründung 1946 hatte sich die SED sehr rasch zu einer administrierenden Staatspartei entwickelt. Sie hatte einen ebenso mächtigen wie willfährigen Funktionärsapparat geschaffen und ihre eigenen innerparteilichen Führungsprinzipien, das nackte Administrieren und widerspruchslose Unterordnung, mit teils unnachgiebiger Härte, besonders gegen Sozialdemokraten und die sogenannten bürgerlichen Parteien, auf alle Bereiche des Lebens übertragen. Es ist fraglich, ob sich die Unzufriedenheit der Bevölkerung wesentlich durch die auch damals reichlich unrealistisch wirkenden Verheißungen des *raschen* sozialistischen Aufbaus in der DDR erhöhte.

Die überwiegende Mehrheit der DDR-Bewohner empfand sich durch die im Zuge der Nachkriegsregelung auf unbestimmte Zeit festgelegte Teilung des Landes und die Installierung der Sowjetischen Militäradministration ohnehin als besiegt. Sie wurde darüber hinaus offensichtlich am härtesten von der schrankenlosen Selbstdarstellung der regierenden SED getroffen. Der Alltag war überflutet mit der unaufhörlichen Präsentation des Fiktiven: der «ersten Arbeiter- und Bauernmacht auf deutschem Boden» und der nun zur Realität erklärten Identität von Produzenten und Eigentümern. So mußten nicht unbeträchtliche Drangsalierungen, der Anspruch der SED, die Lebensperspektive aller zu formulieren, zugleich hohe Arbeitsleistungen zu verordnen und dafür überdies eine pseudodemokratische Zustimmung abzuverlangen, auf tiefe Verbitterung stoßen, die in den Junitagen des Jahres 1953 in offene Rebellion und Widerstand umschlugen. Für die Sowjetische Militäradministration in Deutschland und die SED-Führung war eine Befriedung des Konflikts mit dem Ziel, den Status quo zu erhalten, faktisch nur durch Gewalt möglich. Allein der massive Einsatz der sowjetischen Panzer hat die Aufstände zum Stillstand gebracht. Der freiwillige Konsens der Bevölkerung zum Staat DDR konnte nicht erlangt werden. Es hatte ihn, das wußten die Beteiligten auf beiden Seiten, nie gegeben. Auch und gerade insofern signalisierte der 17. Juni 1953 eine empfindliche Niederlage der SED, die ausführlich und überdies wahr-

---

gleichzeitig fanden republikweit Solidaritätsstreiks der Bauarbeiter statt. Die ländliche Bevölkerung war kaum beteiligt, sie reagierte seit Beginn der Kollektivierung mit der Flucht in die Bundesrepublik. Eine Beteiligung aus den Kreisen der gewerblichen Mittelschichten, der Verwaltungsangestellten und der Intelligenz ist in ihrem Umfang schwer zu quantifizieren. Sie dürfte jedoch gering gewesen sein.

heitsgetreu darzustellen sich die Parteigeschichtsschreibung stets gescheut hat.

Zur offiziellen Erklärung jener Ereignisse wählte die SED den Begriff ‹faschistischer Putsch›. Eine Wertung, die, wenige Jahre nach Kriegsende, bewußt abschreckende Wirkung haben, jegliche Gewalt rechtfertigen und widerspruchslose Duldsamkeit erzeugen sollte. Der Terminus ‹faschistischer Putsch› wurde stets in Konfliktsituationen verwandt, auch für den ungarischen Volksaufstand von 1956. Traditionell wurden auch die Kritiker aus den Reihen der Arbeiterbewegung mit dem Faschismus-Verdikt stigmatisiert, die Sozialdemokraten mit der These vom ‹Sozialfaschismus› ebenso wie 1948 der jugoslawische Parteiführer Tito.

Auch Rudolf Herrnstadt hat in seiner 1956 niedergeschriebenen Rekonstruktion den Begriff ‹faschistischer Putsch› beibehalten, obwohl er selbst der Verfasser jener eher selbstkritischen ersten Stellungnahme des Zentralkomitees der SED zum 17. Juni war, die in der Feststellung gipfelte: «Wenn Massen von Arbeitern die Partei nicht verstehen, ist die Partei schuld, nicht der Arbeiter.» Er führt in seiner Beschreibung der Aufstände jedoch keinerlei Fakten an, die die Version vom ‹faschistischen Putsch› hätten stützen können und spricht lediglich von «aufgebrachten Menschen».

Herrnstadt beurteilte die innenpolitische Situation durchaus realistisch, ohne jedoch das System in Frage zu stellen. Insofern übte er auch keinerlei Kritik am Eingreifen der sowjetischen Truppen oder am Ausnahmezustand. Das Einstehen für die Partei und für die angestrebte sozialistische Ordnung hatte für ihn, wie auch für Wilhelm Zaisser, Priorität.

Der später erhobene Vorwurf des «Kapitulantentums» mußte beide daher um so mehr treffen. Dennoch schreibt er, «nur noch mit Beklemmung» könne er seinen Leitartikel «Nochmals zum Charakter des 17. Juni» lesen, den er gegen seine persönliche Überzeugung als Parteiauftrag ausgeführt habe, eine Polemik gegen Wissenschaftler und Künstler wie Erwin Strittmatter und Wolfgang Steinitz, die wie er eine selbstkritische Analyse der Partei verlangt und in gebotener Zurückhaltung vor einer Überbewertung des ‹faschistischen Putsches› gewarnt hatten.

Rudolf Herrnstadt hat den 17. Juni 1953 und die Konstruktion der «parteifeindlichen Fraktion Zaisser-Herrnstadt» stets als Ausdruck einer tiefen Krise der SED betrachtet. Das Dokument erhellt die tatsächlichen Vorgänge und widerlegt alle gegen ihn und Zaisser vorgebrachten Anklagepunkte. So hat es entgegen der von der SED betriebenen Legendenbildung nie eine ausgearbeitete und gegen die Partei gerichtete Plattform von Rudolf Herrnstadt und Wilhelm Zaisser gegeben. Der tödliche Vorwurf der Kooperation mit dem damaligen sowjetischen Innenminister Berija, der gerade schwerster Verbrechen beschuldigt wurde, zählt ebenso zu den bewußt auf die Eliminierung beider zielenden «etwa 30 Fälschungen, Verdrehungen, Statutenbrüchen und kriminellen Akten»[3] im Parteiverfahren gegen Zaisser und Herrnstadt wie die Behauptung, jene Politbüromitglieder hätten einen ‹innerparteilichen Putsch› vorbereitet.

Weitgehend unbekannt ist, daß die Differenzen in der SED-Führung vom Frühsommer 1953 lediglich der Höhepunkt von teils heftigen Auseinandersetzungen waren, die bereits seit 1951 im Politbüro der SED geführt wurden. Rudolf Herrnstadt beabsichtigte, darüber gesondert zu berichten.[4] Eine Minderheit im SED-Politbüro, zu der neben Wilhelm Zaisser und Herrnstadt vermutlich Heinrich Rau, Anton Ackermann und Franz Dahlem zählten, kritisierte in den frühen 50er Jahren die Arbeitsweise des sich verselbständigenden Parteiapparates und die persönliche Diktatur Walter Ulbrichts. Der Begriff ‹Personenkult›, so Herrnstadt, sei von ihnen damals nicht verwandt worden, «wir (...) sprachen, schon um Walter Ulbricht nicht zu reizen, von der Notwendigkeit einer kollektiv arbeitenden Führung».[5]

Die Motive für Rudolf Herrnstadts und wohl auch Wilhelm Zaissers Kritik am Führungsstil und an der Atmosphäre in der Partei reichten in die Jahre der Moskauer Emigration zurück. Der Konflikt mit der kommunistischen Bewegung brach für den Intellektuellen Herrnstadt erstmalig auf, als er Ende 1942 in die Komintern integriert werden sollte.[6] Dennoch hielt er persönlich diese Widersprüche lange

3 Schreiben an Semjonow (23. 11. 1962), siehe Anhang.
4 Dieses Manuskript, das er «Teil II» nennt und häufig im Dokument erwähnt, liegt nicht vor. Es ist zu vermuten, daß es bei dem Vorhaben blieb. Der Einblick in die Parteiarchive ist allerdings bislang nicht möglich gewesen.
5 Dokument.
6 Herrnstadts ungedruckte Erinnerungen an die Jahre 1943–1945 belegen Differenzen mit der in Moskau ansässigen Parteiführung, die auch damals das Funktionärswesen der KPD und die innerparteiliche Demokratie betrafen. Herrnstadt schloß sich in dieser Zeit weitaus stärker den österreichischen KP-Emigranten um Ernst Fischer und Johann Koplenick an. In einer Notiz zu den 1964 niedergeschriebenen Erinnerungen skizziert er die Grundeinstellung der

für vermeidbar, seine politische Grundeinstellung konnten sie ohnehin nicht beeinflussen. Von den frühen 50er Jahren an war er jedoch fest davon überzeugt, daß die SED um ihrer Glaubwürdigkeit und letzten Endes auch ihrer Überlebensfähigkeit willen spürbare Korrekturen vornehmen müsse.

In seinen knappen Notizen für die geplante Darstellung der frühen 50er Jahre setzte Herrnstadt einige wesentliche Zäsuren. Den Entwicklungsabschnitt von 1945 bis 1950 bezeichnet er als «die hoffnungsvollen Jahre», eine Zeit, in der ihm ungeachtet zahlreicher Widersprüche und Fehlentwicklungen die Perspektive einer erfolgreichen sozialistischen Umgestaltung realistisch schien. Als gegenläufige Tendenzen, zurückdatiert bis in die späten 40er Jahre, nennt er folgende Erscheinungen: 1. Die «Liquidierung der Parität» mit der Sozialdemokratischen Partei, 2. «Mangelnden Kontakt zu den Massen», 3. Dogmatismus und fehlende Demokratisierung, 4. Die «zunehmende Verrottung des (Partei-)Apparats» und schließlich 5. «Die Sphinx-Rolle der Sowjetunion». Herrnstadt verweist in diesem Zusammenhang auch auf parteiinterne Konstellationen. So habe sich «aus dem Dualismus Pieck-Grotewohl der *neue* Anspruch Ulbrichts herausgebildet». Eine «Verschiebung der Fronten» sei die Folge gewesen: spürbare Spannungen zwischen Ulbricht und den Politbüro-Mitgliedern Zaisser, Herrnstadt, Rau und Ackermann, während sich zugleich das Verhältnis des einzigen ehemaligen Sozialdemokraten in der SED-Spitze, Otto Grotewohl, zu jenen früheren KPD-Mitgliedern «verbessert» habe.[7]

Rudolf Herrnstadt hat mit größeren publizistischen Arbeiten die Strategie der SED, so die gemäß der sowjetischen Linie erfolgte Anpassung der SED als «Partei neuen Typus» oder den «Weg in die Deutsche Demokratische Republik», popularisiert. Viele seiner Arbeiten trugen insofern eine unverwechselbare Handschrift, als sie ne-

KPD-Führung in Moskau ebenso wie die letztlich verhängnisvolle Rolle der späteren sowjetischen Besatzungsmacht: «...sie brauchten einander (...). Die Parteiversammlung im Lux: ‹Ihr werdet alle große Funktionen übernehmen müssen› – Wie das da saß – und die Ankündigung als Selbstverständlichkeit aufnahm. Statt zu sagen: Ihr habt 12 Jahre versäumt, ihr werdet viel lernen müssen! Die Vorstellung: Im Schlepp der Roten Armee soll sich einer rühren, da wird es ihm die Rote Armee schon geben...». Notiz 1964.

7 Notiz ca. 1957 oder 1963, eine exaktere Datierung ist erst nach Rückgabe der im SED-Parteiarchiv sekretierten Herrnstadt-Materialien möglich.

ben dem propagandistischen Anliegen der Partei echte, teils auch unterdrückte Fragen aufwarfen. So hat sein 1948 erschienener Aufsatz «...über die Russen und über uns» die einzige tatsächlich breite und spontane öffentliche Diskussion über die Vergangenheitsbewältigung im östlichen Teil Deutschlands ausgelöst, ohne daß sie allerdings zu den eigentlichen Wurzeln vorgedrungen wäre. Herrnstadts Kritik an der SED zielte in den frühen 50er Jahren gegen die Verselbständigung des Parteiapparates und die mangelnde Berücksichtigung der Interessen breiter Schichten der Bevölkerung durch die SED-Führung – für ihn eine der eklatanten Schwächen der Partei. Ihre Überwindung in einem längeren, auch komplizierten Prozeß schien ihm eine wesentliche Voraussetzung der Vertrauensbildung und damit schließlich der Akzeptanz der neuen sozialistischen Ordnung. Die «Reife und Weisheit der Arbeiterklasse» blieb ihm in diesem Zusammenhang, in der Verklärung des ausschließlich aus sozialen Motiven zur kommunistischen Bewegung gelangten Intellektuellen bürgerlicher Herkunft, eine unumstößliche Maxime, an der er zeitlebens festgehalten hat.

Mehr als eineinhalb Jahre vor dem 17. Juni hieß es in einem von Herrnstadt verfaßten Aufsatz[8], die administrative Verfahrensweise der SED und der Gewerkschaftsfunktionäre, «das Hinwegtändeln über die Interessen der Arbeiter, das Schindludertreiben mit ihrem guten Willen», habe zu berechtigter Verbitterung und Empörung geführt, an der die SED die Hauptschuld trage. Als Chefredakteur des SED-Zentralorgans «Neues Deutschland», das wie alle Medien der von Hermann Axen geleiteten ZK-Abteilung Propaganda unterstand, hat Rudolf Herrnstadt mit der Autorität, die er vor seinem Parteiverfahren in der Redaktion hatte, offensiv seinen Standpunkt zur innerparteilichen Situation vertreten. Insofern agierte das Blatt nicht ausschließlich als Erfüllungsorgan der Partei, obwohl Herrnstadt gerade jene kritischen Impulse bis hin zu heftig geführten Debatten als Parteiarbeit betrachtete und freilich auch die grundsätzliche ‹Linie› akzeptierte. Das Ringen um journalistische Maximen, um Courage und Engagement bei seinen Mitarbeitern, dazu die gelegentlich unnachgiebige Handhabung des Leistungsprinzips bei der Auswahl von Journalisten schufen ihm, wie er während des Parteiverfahrens feststellte, auch «glühende Feinde». Er habe als Chefredakteur der Zeitung, schrieb er in seiner Verteidigungsschrift, sicher auch

8 «Kollege Zschau und Kollege Brumme», Neues Deutschland, 14.10.1951.

Fehler begangen, halte jedoch an jenen Prinzipien fest. Für die redaktionelle Tätigkeit kam ein subjektives Moment hinzu: Rudolf Herrnstadt war als Leiter der «Berliner Zeitung» und des «Neuen Deutschland» ein unablässig tätiger Journalist mit dem vitalen Interesse an produktiver Pressearbeit. Er konnte und wollte zudem weder die Lehrjahre bei Theodor Wolff in den zwanziger Jahren noch den «Tageblatt»-Redakteur verleugnen.

In einem Memoirenband beschreibt ein früherer Redakteur des SED-Zentralorgans, Gerhard Dengler, den seiner Meinung nach «schädlichen Einfluß» des Chefredakteurs Herrnstadt auf seine Mitarbeiter. Kritikwürdige Einzelfälle seien als «eine für unsere Partei typische Erscheinung» dargestellt worden. Herrnstadt habe zugleich, «was noch schwerer wiege», in zahlreichen selbst geschriebenen oder «initiierten» Artikeln «...die führende Rolle der Partei bewußt gemindert, sie der klugen und bewußt handelnden Masse der Werktätigen als borniert, überheblich, sektiererisch und ständig nur kommandierend gegenübergestellt...»[9]

Tatsächlich hatte Rudolf Herrnstadt weder die «führende Rolle der SED» noch ihr Machtmonopol in Frage gestellt. Er konterkarierte allerdings, gelegentlich heftig, die Strategie der engeren Führung und ihres willfährigen Apparates. Dies geschah indessen stets im Sinne der Systemsicherung und Konsolidierung der SED, die sich, wie er 1953 schließlich formulierte, zu einer «Partei des Volkes» wandeln sollte. Wie weit diese vom SED-Apparat feindselig aufgenommene Kritik mitunter ging, zeigte zum Jahresbeginn 1952 der sogenannte «Fall Lohagen». Herrnstadt hatte der SED im Zusammenhang mit einer in der Presse[10] geübten Kritik an dem SED-Landesvorsitzenden Lohagen «beispielloses Pharisäertum» angelastet und erklärt: «Wir sind schuld, die Parteiorganisation von unten bis oben. Und je weiter nach oben, desto mehr! (...) Versucht uns nicht weiszumachen, wo das Recht gebeugt wird, wo Sekretariate oder einzelne Mitglieder ein Araktschejew-Regime[11] führen und wie sie das machen...».[12] Es war

9 Gerhard Dengler, Zwei Leben in einem. Militärverlag der DDR, Berlin 1989, S. 277. Dengler war von 1954–1958 Korrespondent für «Neues Deutschland» in Bonn.
10 Tägliche Rundschau, 20. 12. 1951.
11 Araktschejew, Alexej Andrejewitsch. Günstling des russischen Zaren Alexander I., Minister, Schöpfer der berüchtigten russischen Soldatenkolonien.
12 Neues Deutschland, 25. 1. 1952. Es hieß in diesem Beitrag ferner: «Der Fall

nur folgerichtig, daß er der Kritik der Arbeiter vor und während des 17. Juni zustimmte.

Herrnstadts Arbeiten als Parteijournalist, darunter auch sein Aufsatz über den sogenannten ‹Sozialdemokratismus›[13], enthalten in der Regel vehemente Polemiken gegen politische Auffassungen und Verhaltensweisen, die nach seiner Auffassung Folge einer typisch deutschen Kleinbürgerlichkeit waren. In dieser Hinsicht schien ihm die deutsche Kommunistische Partei gegenüber der sowjetischen Führungsmacht weitaus betroffener und gefährdeter. Kommunistische Intellektuelle bürgerlicher Herkunft wie Herrnstadt unterlagen jener Illusion, die Arthur Koestler mit dem Begriff «Sowjetmythos» durchaus treffend beschrieben hat.[14] Daß er bei seiner Kritik an der spezifischen Kleinbürgerlichkeit der deutschen Partei ebenso wie bei der Glorifizierung der sowjetischen Aufbauerfolge einer Selbsttäuschung erlegen ist, kann nicht übersehen werden. Eine 1964 niedergeschriebene Notiz weist eindeutig darauf hin. So schrieb er über den Zustand der in Moskau etablierten KPD-Führung bei Kriegsende: «Der Krebs in den eigenen Reihen – dieses schwer faßbare, tückische, spezifisch deutsche Kleinbürgertum, das sich ‹kommunistisch› verbarrikadiert. Von allen Russen auf Anhieb gesehen. Aber von vielen aus unerfindlichen Gründen toleriert. Heute gar nicht mehr unerfindlich: sie brauchten einander; der Personenkult Stalins war ja nicht weniger kleinbürgerlich – und sein Terror brauchte Knechte.»

Rudolf Herrnstadts Schilderung der Ereignisse vom Frühsommer 1953 enthüllt die stalinistischen Strukturen und Mechanismen in der DDR vier Jahre nach ihrer Gründung. Der vehemente Kampf des SED-Generalsekretärs Walter Ulbricht mit den angeblichen Fraktionisten Zaisser/Herrnstadt war nicht mehr als die endgültige Abrechnung mit seinen schärfsten und überzeugendsten Kritikern. Daß er dazu mit dem 17. Juni 1953 gerade jenen für die SED-Führung unrühmlichsten Anlaß zu einer beachtenswerten Flucht nach vorn

Lohagen erhellt blitzartig die zwielichtige Situation unserer Partei. Mit ihm steht die entscheidende innerparteiliche Frage zur Diskussion, die Frage der innerparteilichen Demokratie...», Neues Deutschland, 25. 1. 1952.

13 Dazu: Hans-Joachim Spanger, Die SED und der Sozialdemokratismus. Ideologische Abgrenzung in der DDR, Köln 1982, S. 56ff.

14 Arthur Koestler, Sowjet-Mythos und Wirklichkeit, in: Diesseits von Gut und Böse, Bern–München 1965, Erstveröffentlichung London 1945 (Soviet Myth and Reality).

nutzte, spricht für sein außerordentliches taktisches Geschick – auch im Umgang mit den nach Stalins Tod vermutlich unterschiedlichen Strömungen in der sowjetischen Führung. Es zeigt zugleich den in dieser Beziehung geübten KP-Politiker. Der intellektuellen Logik Herrnstadts, innerparteiliche Kritik sei förderlich und damit lebensnotwendig, konnte Ulbricht nur das traditionelle Feindbild der Kommunistischen Partei entgegenhalten. Eine «Erneuerung», wie Herrnstadt sie verlange, so der Parteichef, sei «absolut nicht originell». Damit habe «jede feindliche Gruppierung in der KPD begonnen. Das hat bei Levi angefangen und bei Neumann aufgehört.» [15]

Jene im Entschließungsentwurf für das nach dem 17. Juni stattfindende 15. Plenum des ZK enthaltene Forderung nach «Erneuerung» der SED zu einer tatsächlichen «Partei des Volkes» war angesichts der aktuellen Ereignisse lediglich eine Summierung der seit längerem formulierten Reformpläne, keineswegs jedoch eine neue ‹Plattform›. Herrnstadt hatte die extremen Interessenwidersprüche zwischen der Bevölkerungsmehrheit und der SED mit großer Sensibilität wahrgenommen, reduzierte sie allerdings auf subjektive Faktoren. Er stellte die führende Rolle der Partei nicht in Frage, war jedoch gewillt, sie den objektiven Erfordernissen – nach Möglichkeit ohne Aufgabe des Machtmonopols – anzupassen. Herrnstadt schien erkannt zu haben, daß der Führungsanspruch der SED für die Bevölkerung ein unfreiwillig eingelöster Wechsel auf eine angestrebte, jedoch ungewisse Zukunft war. Sein schon vor dem Juni 1953 erkennbares Konzept betraf drei miteinander verbundene Komplexe: die Innenpolitik, Deutschlandpolitik und die Parteipolitik der SED.

Innenpolitisch verlangte Rudolf Herrnstadt selbst noch während des Parteiverfahrens eine grundlegende Kurskorrektur der SED gegenüber den Arbeitern, Bauern, Mittelschichten und der Intelligenz. Seine Zustandsbeschreibung vom Dezember 1953 kennzeichnet auch den DDR-Alltag der nachfolgenden Jahrzehnte: «... eine erstaunliche Sorglosigkeit, ein großzügiges Drüber-Wegwischen über Probleme, Bedürfnisse, Differenzierungen bei Fortbestehen preußisch-deutscher Methoden des Kommandierens, Abfertigens, Beiseiteschiebens, die (...) mitunter sogar einen provokatorischen Charakter

15 Schlußwort Walter Ulbrichts auf der 15. Tagung des ZK vom 24.–26. Juli 1953 (Geheimrede), siehe Anhang.

annahmen.» Fern der auch von ihm selbst verbreiteten optimistischen Perspektiven sah er im Unterschied zu anderen SED-Politikern die «unwiederbringliche» Chance für den notwendigen «qualitativen Umbruch» lediglich in einer «historisch kurzen Frist» von maximal zwei bis drei Jahren.[16] Herrnstadts Überlegungen zur Deutschlandpolitik, soweit sie heute noch zu rekonstruieren sind, knüpften an seine innenpolitische Analyse an. Er bemängelte die geringe Beachtung der sogenannten nationalen Frage und schlug vor, über die ausschließliche «*Agitation* für Frieden und Einheit» hinauszugehen, um «zu konkreten organisatorischen Formen»[17] zu gelangen. Schon in den frühen 50er Jahren hatte er geschrieben, das Gesellschaftskonzept der DDR sei äußerst gefährdet, wenn seine Attraktivität nicht in relativ kurzer Zeit auf breitere Schichten in ganz Deutschland überzeugend wirke. Sonst, so Herrnstadt im Oktober 1951, «verlieren wir Kopf und Kragen».[18] Als erschwerend empfand er, daß Walter Ulbricht und ein großer Teil der SED-Mitglieder entgegen anderslautenden Erklärungen die Perspektiven, «durch Abbau des kalten Krieges zur demokratischen Einigung Deutschlands zu kommen»[19], für unrealistisch hielten. Noch am 2. Juli 1953 hatte Herrnstadt für die Leitung des geplanten Ministeriums für gesamtdeutsche Fragen das frühere SPD-Mitglied Friedrich Ebert vorgeschlagen. Daß indessen der damalige sowjetische Innenminister Berija 1953 eine grundlegende Korrektur der Deutschlandpolitik im Sinne einer Neutralisierung eingeleitet hätte – wie in der zeithistorischen Literatur oft vermutet – war der damaligen SED-Führung nicht bekannt, wie die Aufzeichnungen Herrnstadts erkennen lassen. Insofern trägt die Beweisführung für jene Berija-Deutschlandkonzeption ohne entsprechende sowjetische Archivalien spekulativen Charakter.[20]

16 Verteidigungsschrift vom 1.12.1953.
17 Ebenda.
18 «Kollege Zschau und Kollege Brumme», Neues Deutschland, 14.10.1951.
19 Dokument. Auf der II. Parteikonferenz der SED war 1952 erklärt worden: «Der nationale Befreiungskampf gegen die amerikanischen, englischen und französischen Okkupanten in Westdeutschland und für den Sturz ihrer Vasallenregierung in Bonn ist die Aufgabe aller friedlichen und patriotischen Kräfte in Deutschland.» In der Geschichtspropaganda des Landes galt zu diesem Zeitpunkt der nationalen Befreiungsbewegung der Deutschen im frühen 19. Jahrhundert das besondere Augenmerk.
20 Siehe dazu auch Jens Hacker, Der Ostblock. Entstehung, Entwicklung und Struktur. 1939–1980, Baden 1983.

21

Auch Herrnstadts Zustandsbeschreibung der SED konnte in der Parteiführung unter Walter Ulbricht kaum ein Echo finden. Er kritisierte: 1. eine «unnormale» Arbeitssituation im Politbüro (unsystematische, unvorbereitete Arbeit, ewige Hast, Nervosität); 2. die Inkompetenz leitender SED-Funktionäre; 3. den diktatorischen Führungsstil Walter Ulbrichts mit der Folge zunehmender Passivität leitender Funktionäre; 4. die Machtstrukturen im leitenden Parteiapparat (den Dualismus zwischen dem Politbüro und dem Sekretariat des Politbüros); 5. die Förderung eines Typs von im ganzen Lande wirkenden SED-Funktionären, den er den ‹unerwünschten Funktionärstyp› nannte: «unschöpferisch, aber hurtig, energisch, schlau und jedem ernsten Meinungsstreit ausweichend...»[21]; 6. den mächtigen, sich selbst stützenden Funktionärsapparat, der sich durch egoistisches Machtstreben, «Lehnstreue, Liebedienerei, Unterdrückung der Kritik, Schönfärberei» auszeichnete.[22] Die überwiegende Zahl der nachwachsenden SED-Funktionäre habe während des Faschismus «denken und handeln gelernt» und ernte in der Bevölkerung mit ihrem diktatorischen Auftreten für vorgebliche kommunistische Ziele lediglich Widerstand und Hohn. Herrnstadt schloß die Gewerkschaftsarbeit und die Tätigkeit der Zentralen Parteikontrollkommission unter dem Vorsitz von Hermann Matern in seine Kritik ein. Er verlangte Materns Absetzung wegen bewußter Statutenverletzungen und der Verfolgung «angeblicher Verfehlungen in unbewiesenen oder geringfügigen Fällen»[23]. Die Reform der Gewerkschaften sollte im Bundesvorstand des FDGB beginnen, die dort überhandnehmende Bürokratie abbauen und zur Berufung von Gewerkschaftern aus der unmittelbaren Produktion führen. Die «Erneuerung der Partei», so Herrnstadt, müsse zwangsläufig von den Betrieben ausgehen.

Die Verfalls- und Krisenerscheinungen des Systems hat Rudolf Herrnstadt sehr genau und mit dem Blick für die historisch wie politisch besondere deutsche Situation wahrgenommen. Zweifellos auch in der Hoffnung auf die konkrete Chance eines entscheidenden sozialen Umbruchs, der dem Produzenten tatsächlich zugleich auch die Eigentümerfunktion zuwies, hat er das freilich beschränkte Instrumentarium der Reform als einzig mögliches und erfolgversprechen-

21 Verteidigungsschrift, 1.12.1953.
22 Dokument.
23 Verteidigungsschrift.

des Korrektiv betrachtet. Herrnstadts Stärke lag in der Wahrnehmung und Analyse häufig unbequemer objektiver Tatbestände, seine Schwäche in der fälschlichen Annahme, eine umfangreiche Parteireform gegen den etablierten Funktionärsapparat durchführen zu können. Mit der demonstrativen Stabilisierung der Ulbricht-Diktatur gerade nach dem 17. Juni wurden, vor allem durch den ranghöchsten sowjetischen Vertreter in der DDR, den am 29. Mai 1953 zum Hohen Kommissar ernannten Wladimir S. Semjonow, innen- und außenpolitische Weichenstellungen vollzogen. Die Kritik an den stalinistischen Herrschaftspraktiken, die im Frühsommer 1953 schließlich von der Mehrheit der SED-Politbüromitglieder geteilt wurde, schien offenkundig den Aktionsradius und die konzeptionellen Vorstellungen der sowjetischen Administration in der DDR einzuschränken. Daß deren Politik der ausschließlichen Machtsicherung konstruktiven perspektivischen Überlegungen nur einen äußerst geringen Spielraum ließ und damit eine extreme Unbeweglichkeit nach sich zog, die für die Besatzungsmacht wie auch für deren deutsche Administration zur Quelle einer permanenten innenpolitischen Destabilisierung werden mußte, wurde aus der damaligen Position der Stärke wohl kaum bedacht. In der Unterschätzung des wirtschaftlichen und politischen Drucks wie auch der Attraktivität der westeuropäischen demokratischen Staatsform und der Überbewertung einer zeitweilig eroberten Position der militärischen und strategischen Stärke lag einer der fundamentalen Fehler der damaligen sowjetischen Führung – auf der Wahrnehmung dieser Lage fußte Herrnstadts Denkansatz.

Der Prozeß

«Die Zentrale Parteikontrollkommission (...) schützt die Einheit und Reinheit der Partei und trägt zur Entlarvung und Vernichtung feindlicher Agenturen in der Partei bei, kämpft gegen alle fraktionelle Tätigkeit und entfernt Verräter aus den eigenen Reihen.»[1] Diese Maxime bestimmte auch die Planung und Durchführung des politischen Prozesses gegen die sogenannte «Fraktion Zaisser/Herrnstadt». Im Selbstverständnis der SED stellte deren zentralistisch aufgebaute Gerichtsbarkeit, die dem herkömmlichen Rechtsverfahren das Instrumentarium der Anklage, Rechtsprüfung und Verteidigung entnommen hatte, eine grundsätzliche Objektivierung dar. Die Partei, als fiktive Summe kollektiver Integrität, lenkte das Verfahren, führte den ‹Genossen› als Ankläger und Angeklagten formal unter dem gleichen Interesse zusammen und suggerierte die Wahrheitsfindung als einziges Ziel der Untersuchung. Mit der Akzeptanz des Wahrheitsmonopols und der sogenannten Parteidisziplin war zudem eine wesentliche Voraussetzung für die erfolgreiche Durchführung aller politischen Prozesse gegeben. Die Gerichtsbarkeit der SED vollzog mit der bewußten Fixierung auf politisch-moralische Verfehlungen eine für das Alltagsleben und die Rechtsprechung des Landes bedeutsame Akzentuierung: der politisch bewertete Strafbestand wurde prinzipiell über den ausschließlich kriminellen gesetzt und entsprechend verfolgt.

Von den Parteimitgliedern, aber auch der Bevölkerung wurde der inquisitorische Charakter der Parteiverfahren mit Sensibilität wahrgenommen. Sie waren gefürchtet und fanden daher durch zahlreiche, in ihrer Vielfalt verblüffende Handreichungen häufig auch unverlangt geleistete Unterstützung. Kaum einer der durch die SED in den 50er

1 Statut der SED von 1954. Ähnlich bereits die «Richtlinien für die Arbeit der Parteikontrollkommissionen». Dokumente der SED, Bd. IV, 1952.

Jahren aus welchen Gründen auch immer Geächteten erhielt Unterstützung, wenn er um sein Recht kämpfen wollte. Ob es um einen großen «Fall» oder um ein kleineres «Verfahren» ging, stets endeten diese Prozesse mit der Erleichterung der Unbeteiligten. Einer Kulthandlung gleich, stellten die Zweifler mögliche Fehlentscheidungen der großen, stets gefährdeten ‹gemeinsamen Sache› gegenüber. Was blieb, war bestenfalls Voyeurismus, ausgeprägtes Machtbewußtsein und der kontinuierlich fortschreitende Verfall jeglicher Moral, der zum Ende der 80er Jahre selbst von den Akteuren mit Erstaunen wahrgenommen wurde.

Für die Angeklagten im «Fall» Zaisser-Herrnstadt spielte die Parteidisziplin eine besondere, wenn nicht die verhängnisvollste Rolle. Stark geprägt von den Jahren des antifaschistischen Widerstandskampfes, hatten sich beide stets den Interessen der Partei untergeordnet. Selbst ein sachlich gerechtfertigter Bruch mit der Organisation war ihnen nicht möglich. Er hätte die Sinnlosigkeit auch ihres ganz persönlichen Wirkens dreier Jahrzehnte bedeutet, das maßlose Opfer gekostet hatte, die allein in der hehren Zielstellung der kommunistischen Bewegung eine Rechtfertigung hatten finden können. Die häufig bekenntnishaft gebrauchte Formulierung von der «Treue zur Partei» sollte die Abstraktion der großen Vision auf eine faßliche und praktikable Ebene bringen. Die Treue zur Partei war Lebensgrundlage und Lebensinhalt. Im Umgang mit den Angeklagten Zaisser und Herrnstadt pervertierte sich der Sinn dieser Formel schließlich zur bewußt eingeleiteten und gelenkten Selbstvernichtung.

Die Situation des Intellektuellen Rudolf Herrnstadt wurde im Parteiverfahren insofern zusätzlich kompliziert, als er glaubte, den Unfehlbarkeitsanspruch der Organisation umgehen zu können. Seine naiv wirkende, doch subjektiv ehrliche Idealisierung der kommunistischen Bewegung erwies sich während des Prozesses als ein Faktor, der seine Position schwächte.

Der eigentliche Prozeß gegen Zaisser und Herrnstadt setzt mit der von Hermann Matern und Herta Geffke[2] geführten Untersuchung

2 Herta Geffke hatte als Mitglied der ZPKK den Vorsitz in der Sonderkommission der SED, gebildet im September 1949, während in Budapest die Todesurteile an den Hauptangeklagten im Rajk-Prozeß vollstreckt wurden, in dem der angebliche amerikanische Agent Noel Field als Belastungszeuge fungierte. Ihre Aufgabe war die Untersuchung der Verbindungen deutscher kommunistischer Emigranten zu Noel Field. Ergebnisse der Untersuchung wurden in einer gemeinsamen Erklä-

der Zentralen Parteikontrollkommission (ZPKK) im August 1953 ein. Tatsächlich begann er schon Anfang Juli im Politbüro, das mit der Ausarbeitung einer selbstkritischen Analyse des 17. Juni für das bevorstehende 15. ZK-Plenum beauftragt war. In seinem Verlauf ähnelt dieser Prozeß zahlreichen vergleichbaren Verfahren. Zunächst werden einige sachlich unwesentliche Details zum Anlaß für generelle Angriffe auf die betroffenen Personen genommen. Das schürt eine Atmosphäre der Verunsicherung, die schließlich die Isolierung der potentiellen Angeklagten bewirkt und alle Prozeßbeteiligten auf eine neue, Konsequenzen fordernde Situation fixiert: «Jeder von uns», schreibt Herrnstadt, «hatte das Gefühl, am Vorabend eines neuen ‹Falles› zu stehen (...) Auch wirkte die Erfahrung, daß wahrscheinlich im Hintergrund etwas vereinbart sei oder vereinbart werde, wogegen man besser nicht ankämpfe.»[3]

Allen Prozeßbeteiligten, insbesondere dem engeren Führungszirkel der SED und der Sowjetischen Militäradministration, war die bedrohliche Konsequenz der Anklage gegenwärtig. Reichlich sieben Monate nach der Hinrichtung des tschechoslowakischen Stellvertretenden Ministerpräsidenten Rudolf Slansky und seiner Mitangeklagten wegen einer angeblichen staatsfeindlichen Verschwörung, wenige Wochen nach der offenbar schon Ende Juni 1953 vollzogenen Exekution des sowjetischen Innenministers Berija und schließlich unmittelbar nach dem 17. Juni in der DDR mußten ‹Verräter an der Sache der Arbeiterklasse› mit dem Todesurteil rechnen. Dies um so mehr, als Walter Ulbricht persönlich Zaisser und Herrnstadt im weiteren Verlauf des Prozesses einer Kooperation mit Berija beschuldigte. Naturgemäß spielte die von Kommunisten geübte Selbstbeschränkung, «um keinen Preis gegen die Partei recht haben (zu) wollen»[4], diese «für die Sache» praktizierte Opfer-Strategie, eine bedeutsame Rolle, wenn auch nicht bis zum Prozeßende. Ihr irrationaler und destruktiver Inhalt erschloß sich Herrnstadt während der Verhandlungen. So schien ihm sein persönliches Opfer durch die Parteimitgliedschaft gerechtfertigt, das seiner Familie keineswegs. Zu nachhaltig wirkten hier die persönlichen Erfahrungen der NS-Sippenhaft und die Erlebnisse aus den Jahren der Moskauer Emigration. Daß dem Schutz sei-

rung der ZPKK und des ZK der SED am 24. 8. 1950 mitgeteilt. Verbindungen zu Noel Field wurden auch Rudolf Slansky und Genossen nachgesagt.
3 Dokument.
4 Dokument.

ner Familie Grenzen gesetzt waren, hatten ihm seine Nachforschungen über das Schicksal seiner vom Slansky-Prozeß betroffenen Freunde gezeigt. Daher zielte seine Verteidigung vorrangig auf den sachlichen Nachweis der Haltlosigkeit aller Anklagepunkte.

Rudolf Herrnstadts Einstellung zum Prozeß und damit zum Konflikt des Parteimitgliedes zwischen Wahrheit, Rechtsstaatlichkeit und Parteidisziplin wurde überdies von äußeren Faktoren beeinflußt. Herrnstadt kannte die absurde Anklageschrift des Slansky-Prozesses ebenso wie die dauerhaften Bemühungen des sowjetischen Vertreters in der DDR um Aufdeckung des deutschen Teils einer angeblichen Verschwörung des USA-Imperialismus und des Zionismus[5], und er hatte zudem auch die sehr rasch nach Stalins Tod erfolgte Rehabilitierung der im sogenannten Ärzteprozeß[6] Angeklagten wahrgenommen. Der Kommunist Herrnstadt konnte zudem auf ein Schlüsselerlebnis seiner Moskauer Emigrantenzeit zurückblicken. Als er sich Anfang 1943 bestürzt über die ihm aus der langjährigen illegalen Arbeit unbekannte feindselige Atmosphäre in der deutschen Kommunistischen Partei zeigte, war er über die Hintergründe dieser Erscheinungen von eben jenem tschechischen KP-Funktionär Jan Sverma aufgeklärt worden, den aus niederen Motiven beseitigt zu haben man 1952 Slansky beschuldigt hatte.[7] Unterstützt von dem österreichischen KP-Funktionär Ernst Fischer hatte Sverma damals auf Herrnstadts Frage, «woher dieser Abgrund von Haß» rühre, geantwortet: «Sie haben bisher nur mit Klassenkämpfen außerhalb der Partei zu tun gehabt. Nun wirft sie die Vorstellung um, daß es auch Klassen-

5 Siehe Schreiben an Semjonow, Anhang.

6 Mehr als ein Dutzend Ärzte war unter der absurden Beschuldigung, die Ermordung von Stalin und anderen führenden Persönlichkeiten geplant zu haben, Anfang 1953 verhaftet worden. Schon am 4. April des gleichen Jahres waren jedoch die völlig haltlosen Beschuldigungen fallengelassen worden.

7 In den Berichten über den Slansky-Prozeß heißt es, Slansky habe sich am heftigsten u. a. gegen diese Beschuldigung zu verteidigen bemüht. «Slansky schrie: ‹Verlangt das nicht von mir, das kann ich nicht gestehen!› Schließlich versprach er, er werde im Prozeß so auftreten, daß die Partei mit ihm zufrieden sein werde, er werde der feindlichen Propaganda keine Gelegenheit geben, seinen Fall auszunützen. Allerdings mit einer Einschränkung; er werde einen Skandal machen, falls die zwei Zeugen, die seine Schuld an Svermas Tod zu ‹beweisen› hätten, zugelassen werden sollten.» Jene beiden Partisanen traten schließlich nicht als Zeugen auf. «Die Berater kritisierten die Partei später, sie sei Slansky gegenüber nachgiebig gewesen.» In: Josefa Slanska, Bericht über meinen Mann. Wien-Frankf./M.-Zürich 1969, S. 32-33.

kämpfe innerhalb der kommunistischen Parteien gibt.»[8] Die tödliche Konsequenz solcher «Klassenkämpfe» mußte Rudolf Herrnstadt Ende 1952 erleben, als Ludwig Freund (Frejka), einer der Mitangeklagten im Slansky-Prozeß («er war mein ältester Freund und hat mein Leben einschneidend beeinflußt»)[9], hingerichtet wurde. So war, gemessen an seiner stoischen Treue zur Sowjetunion, sein Widerstand gegen einen neuen, monströsen und seine persönlichen Ideale zutiefst diffamierenden politischen Prozeß von Beginn an erheblich.

Das praktische Vorgehen im «Fall» Zaisser-Herrnstadt war denkbar einfach. Ulbricht hatte mit offenkundiger Zustimmung des permanenten sowjetischen Beisitzers im Politbüro, Wladimir Semjonowitsch Semjonow, die Existenz der angeblichen Fraktion statuiert und anschließend das formale Votum des Zentralkomitees eingeholt. Die Parteijustiz nahm ihre Tätigkeit erst auf, als programmgemäß im Anschluß an die 15. ZK-Tagung eine flächendeckende Propagandakampagne eingesetzt hatte, die sich in Dauer und Schärfe in der Geschichte der SED nicht wiederholt hat. Den Auftakt dazu machte am 29. Juli 1953 ein dreispaltiger Leitartikel im SED-Zentralorgan «Neues Deutschland», der die traditionelle Intellektuellenfeindlichkeit der KPD fortsetzte. Auf landesweit organisierten Parteiaktivtagungen und Betriebsversammlungen agierten die profiliertesten Vertreter des stalinistischen Führungskerns der SED als Hauptredner. «Wahrhaft geschichtliche Bedeutung», so Hermann Axen in Potsdam, habe die ZK-Tagung gehabt, weil sie das Konzept von Zaisser und Herrnstadt vernichtet und «diese Erbärmlinge und Kapitulanten»[10] ausgeschlossen habe. Ostberlins stellvertretender Oberbürgermeister Waldemar Schmidt erklärte Anfang August 1953 auf der 8. Tagung der SED-Bezirksleitung, der DDR habe ein «deutscher Titoismus» gedroht, der «die ehrlichen Kader unserer Partei in der weiteren Entwicklung mehr oder weniger wieder in die Illegalität»[11] gezwungen hätte. Es war programmgemäß nun die Parteibasis, die ihr Unverständnis über den Verbleib der Angeklagten in der Partei äußerte und eine angemessene, strenge Bestrafung der «Feinde», «Kapitulanten» und «Verräter» verlangte. Dies um so mehr, als das Parteiorgan ankündigte, die Auseinandersetzung mit jenem Kapitu-

8 Rudolf Herrnstadt, Erinnerungen 1943–1945, ungedr. Manuskript.
9 Siehe Epilog.
10 Neues Deutschland, 1.8.1953.
11 Ebenda, 8./9.8.1953.

lantentum solle «bis in die letzte Parteiorganisation» getragen und die Suche danach, «wo eventuell noch Kreaturen dieser Fraktion sind»[12], unvermindert fortgesetzt werden.

Nachdem die systematisch betriebene Vorverurteilung nun das Niveau der Feme hatte und man sich in einer volkstümelnden Mit-einem-blauen-Auge-sollen-sie-nicht-davonkommen-Haltung gefiel, setzten die Vernehmungen durch die Zentrale Parteikontrollkommission ein. Von Herrnstadt auf dieses Verfahren angesprochen, reagierte Hermann Matern als Untersuchungsführer mit der Feststellung: «Man kann doch der Partei nicht verbieten, zu diskutieren!?»[13]

Wochen zuvor hatte Matern in einer Unterhaltung dem in diesen Dingen bislang ungeübten Herrnstadt Verhaltensregeln gegeben, die dessen logisch begründetes Widerstreben brechen und ein Schuldgeständnis bewirken sollten. Dieses Gespräch, das – so der Angeklagte erleichtert – in einer Atmosphäre «wie unter Genossen» stattfand, hat große Ähnlichkeit mit dem von Arthur Koestler in «Sonnenfinsternis» geschilderten Dialog zwischen dem Ankläger und Verklagten, einzig, daß Materns Argumentation nicht die Sophistik und intellektuelle Schärfe jenes Vernehmers erreichte. Herrnstadt, so Matern, müsse seinen Widerspruch zwischen subjektivem Handeln und objektivem Wollen erfassen, dann könne er die ihm bislang unverständliche Sachlage begreifen und entsprechend handeln: «Der Partei die Wahrheit sagen».[14] Wie hoffnungslos für die Angeklagten die Lage und wie groß deren Isolation schon frühzeitig war, zeigt die Reaktion von bisherigen Ulbricht-Kritikern wie des Politbüro-Mitglieds Anton Ackermann. Sie distanzierten sich rasch von Zaisser und Herrnstadt, um nicht in den Strudel des Verfahrens gegen die «Fraktion» zu geraten. Ackermann gab Herrnstadt nach der entscheidenden Sitzung im Zentralkomitee lediglich den absurden Rat, er möge seine «Sache mit der Partei in Ordnung»[15] bringen.

Ein – hartnäckig eingefordertes – umfassendes Geständnis, das

12 Waldemar Schmidt, Neues Deutschland, 8./9. 8. 1953.
13 Dokument.
14 Die Argumentation im Fall Slansky war ähnlich. «Alexej (machte) den Vorschlag, Minister Bacilek in die Zelle zu führen, um auf ihn einzuwirken. Bacilek argumentierte mit der ‹Partei›. Er machte Slansky den Vorwurf, er wolle der Partei bei der Aufdeckung der Verschwörung nicht helfen. Slansky antwortete, das alles sei erlogen, er sei nie ein Feind gewesen.» Josefa Slanska, S. 32.
15 Dokument.

das Handeln der Partei legitimiert hätte, lieferte Herrnstadt nicht. Er reichte Ende August 1953 eine gewundene Erklärung ein, in der er sich den Beschlüssen des 15. Plenums unterwarf, die Verantwortung für die Pressearbeit des Parteiorgans übernahm und die er schließlich am 1. Dezember 1953 widerrief. Auch die Bemühungen der Vernehmer, ihn zu Aussagen zu erpressen, die Wilhelm Zaisser, Heinrich Rau, Franz Dahlem und andere Funktionäre belasten sollten, scheiterten. Dennoch war seine Position hoffnungslos. Der Untersuchungskommission, die nach Herrnstadts Beschreibung mit Vernehmungsmethoden operierte, «die wir von den Faschisten kennen» [16], mit der permanenten Unterstellung nicht getroffener und schwer belastender Erklärungen, lagen offensichtlich über das erstellte Belastungsmaterial hinaus auch Erklärungen führender SED-Funktionäre vor, die Herrnstadt die Initiative bei der angeblichen Fraktionsbildung anlasteten. Dazu zählen die Aussagen von Anton Ackermann [17] und Hans Jendretzky [18]. Erst die Auswertung des sekretierten Archivmaterials dürfte darüber ein vollständiges Bild geben. Rudolf Herrnstadt blieb unkooperativ. Für die Vernehmer mochte sich vermutlich gerade darin eine intellektuelle Überheblichkeit und Arroganz gezeigt haben, die Herrnstadt ebenfalls angelastet wurde.

Nach dieser Scheinuntersuchung hat Rudolf Herrnstadt eine mit dem 1. Dezember 1953 datierte 37 Seiten starke Verteidigungsschrift verfaßt, eine Erklärung, die, wie er schrieb, «nicht die von der ZPKK erwartete ist». Er verweigerte abermals ein «verlogenes Geständnis» und sah ausschließlich in der Analyse des Zustandes der Partei im Vorfeld einer zwingend notwendigen Reform den einzigen Weg zur Beilegung des Konfliktes. Weiter formulierte Herrnstadt angesichts der massiv und demagogisch verbreiteten Anschuldigung des «Königsmordes» seine persönliche Stellung zu Walter Ulbricht. Die unter extremen Zwängen entstandene Erklärung enthielt ebenso eine Würdigung von Walter Ulbrichts Parteiarbeit wie auch die kritische Zustandsbeschreibung der Partei und schließ-

16 Ebenda.
17 Verteidigungsschrift v. 1. 12. 1953. Rudolf Herrnstadt nimmt hier Bezug auf eine «Erklärung des Genossen Ackermann», die ihm Hermann Matern «vorgelesen» habe.
18 Siehe Protokoll des IV. Parteitages der SED (30. 3.–6. 4. 1954), Berlin 1954, S. 220.

lich die abermalige Forderung nach einer kollektiven Führung. Sein Beharren darauf konnte nur jenen verständlich sein, die von der Uneigennützigkeit und Ernsthaftigkeit seines Engagements überzeugt waren. Daß Ulbricht so dachte, mußte den auf Parteiintrigen fixierten Mitgliedern wenig wahrscheinlich erschienen sein. Tatsächlich zeigt der Prozeßverlauf wie seine zweijährige Vorgeschichte, daß Ulbricht die eigentliche Gefahr in dem auf Sachinhalte gerichteten, vergleichsweise überdimensionierten Engagement des die herkömmlichen Parteischemen sprengenden Intellektuellen sah. Ulbricht hat die seiner Führungstätigkeit zweifelsohne auch nutzbringende Kreativität Herrnstadts so lange genutzt und toleriert, wie sie die Tätigkeit des Parteiapparates und seine persönliche Diktatur nicht wesentich tangierte. Er hat ihm zu verstehen gegeben oder vorgetäuscht, daß die Initiative für den «Fall» nicht von ihm, sondern von den sowjetischen Vertretern in der DDR ausgegangen sei und zugleich alles getan, um durch Eliminierung angeblicher Verräter sein vom erstarrten Parteiapparat gestütztes stalinistisches Regime zu stabilisieren. Den Prozeß und die weitere Behandlung von Wilhelm Zaisser und Rudolf Herrnstadt hat Ulbricht vermutlich stets mit der verweigerten Unterordnung unter den fiktiven Willen der Parteimehrheit gerechtfertigt. Eine Verständigung, das vermutlich war beiden bewußt, konnte lediglich um den Preis der kritischen Selbstbetrachtung des Generalsekretärs erfolgen und war folglich ausgeschlossen.[19]

Die Herrnstadtsche Verteidigungsschrift schloß mit den Worten: «Auch die Gefahr des Ausschlusses aus der Partei wird mich nicht veranlassen, der Partei ins Gesicht zu lügen und Verbrechen auf mich zu nehmen, die ich nicht begangen habe.»[20] Es ist bis heute unbekannt, ob Wilhelm Zaisser und jene Politbüromitglieder, die ur-

19 In einem Briefentwurf an Ulbricht, wenige Wochen vor seinem Tod, schrieb Herrnstadt: «...Das ist, schätze ich, der letzte Brief, den ich an Dich schreibe. Die Zeit ist zu weit fortgeschritten, um noch viel Zeit auf Briefeschreiben zu verlieren. Andererseits erfordert gerade die weit fortgeschrittene Entwicklung, daß bestimmte Dinge ausgesprochen werden. Ich verstehe Deine Angst vor der Überprüfung des ‹Falles Zaisser/Herrnstadt›. Aber sie ist nicht voll begründet. Du lebst im Gefüge des Interesses der Partei, das für mich stets der bestimmende Gesichtspunkt war. Auch unter denen, die nach Deinem Tode über Dich herfallen werden, werde ich fehlen – und fehlen können, denn ich habe Dir das Meine schon zu Lebzeiten gesagt, im Guten wie im Bösen...». Notiz 1966.
20 Erklärung vom 1. 12. 1953.

sprünglich die Kritik an Walter Ulbricht mitgetragen hatten, ein uneingeschränktes Schuldbekenntnis[21] abgelegt haben. Wollte man die Verfahrensweise der SED-Führung in der Folgezeit zum Maßstab nehmen, so zeigt sich, daß Wilhelm Zaisser und Rudolf Herrnstadt über den Tod hinaus die härteste politisch-moralische Deklassierung erfuhren.

Das Verhalten von langjährigen Freunden, Mitarbeitern und Schülern paßte sich der Parteilinie unmittelbar nach Einleitung des Prozesses an. Für Lothar Bolz, damals Außenminister und Vorsitzender der Nationaldemokratischen Partei Deutschlands (NDPD), den Jugendfreund und Nachbarssohn aus den frühen Gleiwitzer Jahren, den Eleven in der Kanzlei von Herrnstadts Vater, der in den 30er Jahren durch die Unterstützung des Freundes in die Sowjetunion emigrieren und 1943 seinen ungeliebten Zufluchtsort Saratow via Moskau verlassen konnte, gab es fortan keine Vergangenheit, die ihn mit der Person Rudolf Herrnstadts in Berührung bringen konnte. «Rot Front! Lothar!», steht in kyrillischen Buchstaben am Ende eines in Saratow abgesandten Schreibens, das Herrnstadt bis zu seinem Tode aufbewahrte. Auch Karl Maron[22], Peter Florin[23] und nahezu alle seine Schüler und Mitarbeiter vermieden jeden Kontakt.

21 Hermann Materns Bericht über die ZPKK-Untersuchung auf dem IV. Parteitag der SED läßt auf eine aktive Mitarbeit schließen. Hinsichtlich erzwungener Schuldgeständnisse oder Aussagen schrieb Herrnstadt: «...wie müssen sich diejenigen schämen, die Menschen in solche Lagen und Zustände bringen. (...) Aber daß der Begriff der Parteidisziplin bei solchem Vorgehen ein höchst zweischneidiger Begriff wird (...), daß gesichert werden muß, daß die Parteidisziplin nur der Wahrheit und nicht der Lüge zugute kommt – das allerdings scheint mir unbestreitbar.» Dokument.
22 Karl Maron, langjähriger Innenminister, distanzierte sich 1953 als einer der ersten vehement von Rudolf Herrnstadt. Beide hatten sich 1943 in Moskau kennengelernt, nachdem Ernst Fischer «den Arbeitersportler aus Berlin» Herrnstadt gegenüber als einen jener wenigen deutschen Kommunisten nannte, der nach dem Überfall auf die Sowjetunion eine unzweideutige Haltung eingenommen hatte und daher «als fünftes Rad am Wagen» in der Rundfunkredaktion in Moskau tätig war. Herrnstadt schreibt in seinen Erinnerungen: «Ich beschloß, mir diesen Namen zu merken, (...) und so erschien denn eines Tages auf meine Bitte in der Redaktion (Das freie Wort, d. Autorin) ein breitschultriger, salopper Mann von etwa vierzig Jahren mit klugen kritischen Augen, genierten Bewegungen und einer weltoffenen Berliner Schnauze. Es schien ihm nicht besonders gut zu gehen. Da er vor allem auf dem Gebiet des Sports beschlagen war, bestellten wir bei ihm einen ganzseitigen Artikel, den wir ungewöhnlich gut honorierten.» Rudolf Herrnstadt, Erinnerungen 1943–1945, ungedr.

Manuskript. Herrnstadt bat Maron 1947 für den Fall eines tödlichen Ausgangs seiner schweren Lungenoperation um Unterstützung für Ehefrau und Kinder. (Schreiben v. Mai 1947)

23 Sohn des KP-Funktionärs Wilhelm Florin, Moskau-Emigrant, später langjähriger stellvertretender Außenminister der DDR.

Keine Rehabilitierung

Die in der Propagandakampagne gegen Zaisser und Herrnstadt häufig verlangte konsequente «Abrechnung», die nur in der formal-juristischen Übernahme des «Falles» durch den Staatsanwalt bestehen konnte, kam nicht mehr zustande. Alle Zeitzeugen, auch der neue Arbeitgeber Herrnstadts, der Leiter eines staatlichen Archives in der mitteldeutschen Kleinstadt Merseburg, erwarteten, daß er «abgeholt werden würde, wenn nicht heute, dann morgen, wenn nicht morgen, dann in den nächsten Wochen».[1] Daß es nicht dazu kam, und der «Fall», wie Herrnstadt in seinem Schreiben am Semjonow formulierte, «ein auf halber Strecke liegengebliebener Prozeß in der Art des Rajk- oder Kostoffprozesses (...) blieb», ist nach Lage des heute bekannten Materials einer eher zufälligen historischen Zeitverschiebung geschuldet.

Als der Prozeß in seine entscheidende Phase gelangte, vollzog sich in der Sowjetunion eine Entwicklung, «die auch in der DDR» die Praxis «früher angewandter Methoden verbot».[2] Dort begann nach Stalins Tod, öffentlich dokumentiert mit der Rehabilitierung der im sogenannten Ärzteprozeß Verurteilten, eine ebenso langwierige wie halbherzige Auseinandersetzung mit den Resultaten des Personenkultes, die dem öffentlich ausgetragenen politischen Exzeß in den Staaten des Warschauer Vertrages ein Ende setzte. Die andauernde Aufarbeitung der stalinistischen Vergangenheit hat allerdings bis heute die zielgerichtete Einflußnahme der Führungsmacht auf die sogenannten Bruderparteien unberücksichtigt gelassen.[3] Daß sich Ru-

1 Dokument.
2 Dokument.
3 Eine Ausnahme stellt das in der Dubcek-Ära erarbeitete tschechische Dokument über den Slansky-Prozeß dar. Siehe Jiri Pelikan, Das unterdrückte Dossier. Bericht der Kommission des ZK der KP über politische Prozesse und ‹Rehabilitierungen› in der Tschechoslowakei 1949–1968, Wien-Frankf./M.-Zürich 1970.

dolf Herrnstadt mit seiner Kritik an der Einflußnahme der SMAD-Vertreter auf die Politik der SED-Führung, mehr noch mit der Auffassung, man könne «mit einem deutschen Politbüro nicht umgehen wie mit einer Schachtel Zinnsoldaten...», Gegner geschaffen hatte, ist offenkundig. Differenzen mit dem sowjetischen Partner reichen offensichtlich bis in die Jahre seiner Tätigkeit im Generalstab der Roten Armee zurück. Jahrzehnte später bekannte man sich zu «ähnlichen Schwierigkeiten», die als überspitztes Festhalten an zweifellos akzeptablen «Prinzipien» gedeutet wurden.

Nachdem am 18. Januar 1954 Hermann Matern und Walter Ulbricht den Parteiausschluß verkündet hatten, begann für Rudolf Herrnstadt das «Leben außerhalb der Partei» mit allen sozialen und politisch-moralischen Konsequenzen. Er selbst hat sich in der Schilderung jener Folgen weitestgehend zurückgehalten. Der aufmerksame Leser wird auf eine grundsätzliche Feststellung treffen, der nichts hinzuzufügen ist: «Das Leben als Geächtete brachte uns – meiner Frau, meinen Kindern und mir – viele Demütigungen, auf die man vorher niemals hätte kommen können, und auch Erscheinungen der unerwartetsten Art. Ich verzichte auf die Anführung von Einzelheiten und möchte in diesem Zusammenhang nur sagen: Gegenüber einem aus der Partei Ausgeschlossenen oder von ihr Geächteten sind die Normen des gesellschaftlichen Zusammenlebens und die Gesetze der Deutschen Demokratischen Republik nicht verbindlich.»[4]

Der damalige ZK-Sekretär Paul Wandel teilte Herrnstadt im August 1953 die «Verfügung» mit, er habe Berlin mit seiner Familie umgehend zu verlassen und im Deutschen Zentralarchiv Merseburg eine technische Beschäftigung aufzunehmen. Die Stadt und der direkte Wohnort waren sorgfältig ausgewählt worden. Merseburg liegt im Zentrum des Einflußbereiches von Leuna und Buna, den beiden größten Chemiebetrieben des Landes, mit höchster Umweltbelastung. Die Wohnung lag in unmittelbarer Nähe des von den Industriebetrieben genutzten Eisenbahnnetzes. Es war bekannt[5], daß Rudolf

4 Dokument.
5 «Ohne Deine Kenntnis habe ich den Antrag gestellt, für Dich einen Sanatoriumsplatz in einem Lungensanatorium in der Sowjetunion zur Verfügung zu stellen. (...) Da es im Herbst und Winter nicht möglich ist, in der sowjetischen Zone Lungenkranke zu kurieren...», schrieb Walter Ulbricht, der zuvor den Chirurgen Sauerbruch mit der Behandlung Herrnstadts beauftragt hatte, im August 1946 an Rudolf Herrnstadt. Ähnlich lautende, die schwere Erkrankung und

Herrnstadt in den Nachkriegsjahren nur knapp eine schwere Lungentuberkulose überlebt hatte. Nach zahlreichen Operationen war die Funktionsfähigkeit des Atmungsorgans auf fünfzig Prozent reduziert. Sein früherer Jugendfreund Lothar Bolz äußerte im privaten Kreis daraufhin, «Merseburg ist für Herrnstadt der Tod».

Dem Wunsch nach einer Zuweisung ausschließlich technischer Arbeiten hatte der Direktor des Archives aus betriebstechnischen Erwägungen nicht entsprochen. In der festen Annahme, daß Herrnstadt nicht sehr lange bleibe, gestattete er eine archivalische Materialsammlung für eine Arbeit zur deutschen Geschichte des 19. Jahrhunderts.[6] Rudolf Herrnstadt war 13 Jahre, bis zu seinem Tod im August 1966, im Merseburger Archiv tätig. Auch dort mußte er die Demaskierung alter anerkannter Parteimitglieder erleben. So ließ es sich der Historiker und damalige Rektor der Martin-Luther-Universität Halle, Leo Stern, dem Herrnstadts exzellente Kenntnisse des Russischen bekannt waren, nicht nehmen, von jenem «privilegiertesten Benutzer» des Archives Übersetzungen anfertigen zu lassen.[7] Herrnstadts Merseburger Zeit[8] ist geprägt von der steten Behinderung seiner wissenschaftlichen Arbeit und seinen unverminderten Bemühungen um Überprüfung des Prozesses und Rehabilitierung. Das alles durchzustehen, dazu die gleichzeitige Sorge um den

zahlreiche Operationen betreffende Besorgnisse äußerten schriftlich Wilhelm Pieck, Lotte Ulbricht und Elli Schmidt. Schreiben W. Ulbrichts v. 20.8.1946 an Herrnstadt, v. 23.5.1945 an F. Sauerbruch.
6 Es handelte sich um die Geschichte des Kölner Kommunistenprozesses von 1850.
7 Es ist vielfach vergeblich versucht worden, den in den Jahren stalinistischer Herrschaftspraktiken erlebbaren Verfall ethisch-moralischer Grundsätze zu erklären. Im Fall Leo Sterns mißlingt dies ebenso. Rudolf Herrnstadt zählte zu den Schülern von Sterns Bruder Manfred, der im Zuge der ‹Säuberungen› des Generalstabes der Roten Armee ebenso wie Tuchatschewski und Jakir ermordet worden war.
8 Die Staatliche Archivverwaltung der DDR, der das Merseburger Archiv unterstand, wurde über Jahre von Karl Schirdewan, 1953 einer der heftigsten Kritiker von Zaisser und Herrnstadt (und 1958 mit Wollweber wegen Fraktionsbildung aus dem ZK entfernt), geleitet. Dazu Ernst Richert über den Umgang Ulbrichts mit Opponenten: «Aber jedenfalls hat Ulbricht als letztes nennenswertes auch noch dieses Exempel statuiert: Schirdewan wurde satanischerweise als Chef der Archivleitung zum Vorgesetzten des ungleich qualifizierteren Herrnstadt gemacht.» Ernst Richert, Die DDR-Elite oder Unsere Partner von morgen?, Reinbek 1968, S. 105.

sozialen Erhalt der Familie[9], mit drei Kindern im Alter bis zu zehn Jahren (darunter einem durch die vorausgegangenen Ereignisse chronisch kranken), war er lediglich durch eine beispiellose Selbstdisziplin imstande. Es kostete ihn schließlich Jahre seines Lebens.[10]

Von den zahlreichen Rehabilitierungsgesuchen wurde keines beantwortet. Herrnstadt hat zu keinem Zeitpunkt die Rehabilitierung im Sinne einer Wiedereinsetzung in frühere Ämter beansprucht. Er unterwarf sich zudem nach wie vor der Parteidisziplin und stellte seine Überprüfungsgesuche lediglich dann, wenn die «politische Lage» ihm dies vertretbar erscheinen ließ, und er unternahm auch nie den Versuch, seine berechtigten Interessen im Ausland zu vertreten.

Für die öffentliche Behandlung des «Falles» Zaisser/Herrnstadt erfolgte nach dem XX. Parteitag in der Sowjetunion, dessen Beschlüsse eine Auseinandersetzung möglich gemacht hätten, eine bemerkenswerte Weichenstellung. Die zur Aufklärung stalinistischer Verbrechen eingesetzte Untersuchungskommission der SED lehnte die Überprüfung ab und setzte damit ganz bewußt ein Signal für die künftige Behandlung der «Fraktionisten».

Ungeachtet zahlreicher Repressalien war «in völliger Isolierung», wie Herrnstadt schreibt, seine wissenschaftliche Untersuchung über eine von der Zeitgeschichte gänzlich entfernte historische Thematik fertiggestellt worden. Zahlreiche Versuche, die beabsichtigte Publikation zu unterbinden, waren die Folge. 1956 hatte sich der Leipziger Historiker Ernst Engelberg mit einem positiven Gutachten und der Empfehlung, die Arbeit als Dissertation an der dortigen Universität einzureichen, nachhaltig für Herrnstadt eingesetzt.[11] «Ich beging die

9 1954 wurde eine mündliche Einstellungszusage an Herrnstadts Ehefrau von der Martin-Luther-Universität Halle auf Weisung der SED-Bezirksleitung rückgängig gemacht. Im gleichen Jahr lehnte der Verlag Volk und Welt ihr Gesuch um Übernahme von Übersetzungsarbeiten ab.

10 In einer Anfang der 60er Jahre niedergeschriebenen Notiz heißt es unter dem Datum 1953/54: «In diesen Tagen hatte ich eine heiße Angst davor zu leben. Wenn es Abend wurde, hatte ich die Perspektive, für einige Stunden erlöst zu sein. (...) Aber für diese Stunde, die in der Regel verschönt wurde durch Träume, in denen sich alles zum Guten wandte, die Genossen den Irrtum aufklärten..., hatte ich um so schwerer mit dem Augenblick des Erwachens zu zahlen. Dann mußte ich alle Energie zusammenraffen, um weiter zu leben.»

11 Ernst Engelberg (geb. 1909), Professor mit Lehrstuhl an der Karl-Marx-Universität Leipzig, später Direktor des Instituts für Geschichte an der Akademie der Wissenschaften der DDR, 1958 Präsident der Historiker-Gesellschaft der DDR, 1959 Präsident des Nationalkomitees der Historiker der DDR. Ernst En-

Torheit», schreibt dieser 1959, «mich von Engelbergs Argument beeinflussen zu lassen, nach der Promotion sähe er die Möglichkeit, meine materielle Lage, bzw. die meiner Familie, zu verbessern.»[12] Von dem Berliner Historiker Karl Obermann war ein eher distanziertes Gutachten[13] erstellt worden, dessen Ergebnis den Wirtschaftshistoriker Jürgen Kuczynski schließlich veranlaßte, der Merseburger Archivleitung mitzuteilen, er werde sich «mündlich vor den maßgeblichen Stellen» äußern. Nicht ohne weitere Repressalien vorbereitet zu haben, erteilte die von Kurt Hager geleitete Abteilung Wissenschaft und Propaganda beim ZK der SED erst nach einer nervenaufreibenden zweijährigen Verzögerungstaktik die Freigabe des Manuskripts. So teilte der Verlag dem Autor mit, das Buch werde in der Parteipresse weder angezeigt noch besprochen, auch habe der Rezensent der historischen Fachzeitschrift des Landes seine Besprechung zurückgezogen.[14] Gleichzeitig verlangten Vertreter der SED-Bezirksleitungen Halle und Leipzig die Entfernung des Buches aus den Auslagen. Schließlich teilte der Dekan der Philosophischen Fakultät der Leipziger Universität mit, der Staatssekretär für das Hoch- und Fachschulwesen habe dem Antrag auf Promotion nicht stattgegeben. Der Historiker Engelberg wurde anschließend wegen der Unterstützung dieses Antrages von seiner Parteiorganisation gemaßregelt.[15]

gelberg hatte in seinem umfangreichen Gutachten am 4.3.1957 geschrieben: «Auch nach der zweiten Lektüre kann ich nur wiederholen, (...) Ihre Arbeit stellt einen wichtigen Beitrag dar und ist in der Kraft, Eindringlichkeit und Anschaulichkeit der Darstellung eine Spitzenleistung der marxistischen Geschichtsschreibung.»

12 Schreiben vom November 1959.

13 Im Sommer 1956 hatte Obermann geschrieben: «Unzweifelhaft besitzt die Arbeit einen Wert für die Geschichtswissenschaft. Dieser Wert steht jedoch, um es kraß auszudrücken, in keinem Verhältnis zum Umfang der Arbeit, d.h. der große Umfang der Arbeit ist etwas täuschend. Auf Grund dieses Umfangs erwartet der Leser sehr viel und erhält (...) weit weniger wertvolles Neues.»

14 Zuvor hatte der damalige Chefredakteur der «Zeitschrift für Geschichtswissenschaft», Dieter Fricke, der Verlagsleitung erklärt, die Zeitschrift übernehme keinen Vorabdruck eines Buchkapitels.

15 Er habe, so Herrnstadt 1959, Professor Engelberg aufgesucht «und fand ihn in großer Aufregung. Er war (...) gemaßregelt worden. ‹Man hat mich gefragt, ob ich nicht begreife, was ich tue. Und ob ich nicht wisse, daß Ihnen sogar die Betätigung in der Nationalen Front verboten ist. Ich habe selber als halber Feind dagestanden. Es waren schwere Wochen.› Ich versprach ihm, ihn nicht mehr zu behelligen und zu gefährden und habe ihn seitdem nicht mehr gesehen. Damit hatte die einzige Möglichkeit, mit einem marxistischen

Nachdem sich die Annahme, das «Tauwetter» in der Sowjetunion werde die DDR in gleichem Maße erreichen, als trügerisch erwiesen hatte, umgab Herrnstadt bei seinen wissenschaftlichen Arbeitsversuchen erneut die gewohnte Distanz der Berufskollegen. So war es schließlich lediglich der Wirtschaftshistoriker Jürgen Kuczynski, der auch in jener Zeit Kontakt zu ihm hielt, seine Forschungen mit Interesse verfolgte und die zum damaligen Zeitpunkt notwendige Zivilcourage besaß, sie überdies auch in seinen Arbeiten zu zitieren. Ungeachtet der vorausgegangenen Schwierigkeiten, das Publikationsverbot zu umgehen, setzte Herrnstadt seine Forschungsarbeiten auf historischem Gebiet fort und begann eine Arbeit über die Geschichte des Klassenbegriffs. Nicht zuletzt, um die finanzielle Situation der Familie zu bessern, verfaßte er Ende der fünfziger Jahre eine populärwissenschaftliche Broschüre[16], die unter Pseudonym publiziert wurde, und übernahm darüber hinaus die Übersetzung zweier umfangreicher Monographien aus dem Russischen.[17]

Der Tod von Wilhelm Zaisser am 3. März 1958 setzte bei Herrnstadts Bemühungen um Rehabilitierung eine Zäsur. Nachdem ein schriftliches Gesuch an die Delegierten des V. SED-Parteitages um Überprüfung des «Falles» unbeantwortet geblieben war, wandte er sich im November des Jahres 1959 an den sowjetischen Parteichef Nikita Chruschtschow. Seine Bitte, das Anliegen zu unterstützen, verband er mit einem zurückhaltend ausgesprochenen Hinweis auf die Verdächtigung einer Kollaboration mit Berija.[18] Jene Verleumdung

Historiker über (...) meine Arbeit betreffende Fragen zu sprechen, die ich gelegentlich einmal in den Jahren 1956 und 1957 hatte, ihr Ende gefunden.» Schreiben v. November 1959.

16 R. E. Hardt, Die Beine der Hohenzollern, Berlin 1960.

17 W. G. Truchanowski, Neueste Geschichte Englands; und W. M. Chaizmann, Die UdSSR und die Abrüstung zwischen den Weltkriegen, Ost-Berlin 1963. Die Frage des Lektors, ob «wie bei der Truchanowski-Übersetzung darauf verzichtet werden» sollte, den Namen des Übersetzers «in der Titelei» zu nennen, bejahte Herrnstadt erwartungsgemäß. (Schreiben des Verlages Rütten und Loening v. Sept. 1962 und Juli 1963)

18 In diesem Schreiben erwähnt Herrnstadt eine zufällige Begegnung am 1. Mai 1959 in Halle mit dem früheren Kandidaten des ZK, Fritz Lange, der 1953 die Beschuldigung, Zaisser und Herrnstadt seien Mitglieder der Berija-Bande, erhoben hatte. Entgegen seinen früheren heftigsten Angriffen betonte Lange nun, lediglich Zaisser angegriffen zu haben und erläuterte die Hintergründe des Vorwurfes. «Die Erklärung, die er gab», so Herrnstadt an Chruschtschow, «war so alarmierend, daß ich sie nicht wiedergebe, bevor sie nicht nachgeprüft wurde.

war 1953 offensichtlich von sowjetischer Seite zur Stützung Ulbrichts lanciert beziehungsweise nicht dementiert worden. Seitens der sowjetischen Kommunistischen Partei hat es auf diesen wie auch auf spätere Appelle eine sich stets wiederholende Reaktion gegeben: die Kompetenz im «Fall Zaisser/Herrnstadt» wurde betont und ausschließlich der SED zugewiesen. Herrnstadt hat in jenem Schreiben auch das Schicksal Wilhelm Zaissers angesprochen, das ihn persönlich tief berührt und seine Zweifel an der moralischen Integrität der Partei erheblich verstärkt hatte. Sein Zustand, schrieb er, sei der SED-Führung bekannt gewesen. Dennoch habe man dem Schwerkranken noch in der Klinik den letzten Stoß versetzt. «Und Zaisser hätte einen Anspruch darauf gehabt, als Genosse zu sterben.» [19] Er, Herrnstadt, glaube, daß nun auch von ihm «nur eines erwartet wird, die Todesnachricht».

In der zweiten Phase des Moskauer «Tauwetters», im Februar 1961, versuchte die SED-Führung den «Fall Zaisser-Herrnstadt» mit einer bei zahlreichen Gemaßregelten praktizierten Methode zu bereinigen. Mit einem Beschluß der offensichtlich vorgeschobenen Betriebsparteiorganisation des Merseburger Archives wurde ihm signalisiert, er könne der SED wieder beitreten. Rudolf Herrnstadt lehnte dieses Verfahren ab. Die Frage seiner Parteizugehörigkeit sei nicht mit einem Wiedereintritt zu regeln. Er kämpfe seit Jahren um die parteiinterne Überprüfung und Rehabilitierung und könne nur hoffen, «daß die Initiative der Betriebsparteigruppe dazu beiträgt, diesen unbefriedigenden Zustand zu beenden».[20]

In der Folgezeit setzte die von Kurt Hager, einem der Exponenten bei der «Entlarvung» von Zaisser und Herrnstadt, geführte ZK-Abteilung Wissenschaft und Propaganda alles daran, die 1953 konstru-

Wenn Fritz Langes Darstellung stimmt, (...) dann läßt sich die Schlußfolgerung nicht mehr umgehen, daß es sich hier um eine kaltblütige, genau berechnete Provokation gehandelt hat.»

19 Schreiben vom 28.11.1959. Lea Grosse, langjähriges Mitglied der KPD, berichtete, ihr sei Wilhelm Zaisser zufällig bei einem Krankenhausbesuch begegnet, schwerkrank und zweifelnd, daß sie, die anerkannte Altkommunistin, ihn grüßen würde. «Lea, glaubst Du, ich bin Fraktion?» hatte sie dann «jener große, starke Mann gefragt, und brach in Tränen aus.» Nicht viel mehr als viereinhalb Jahre des Lebens mit dem Parteiurteil hatten die Gesundheit und das Selbstbewußtsein Zaissers, der wie nur wenige SED-Funktionäre auf eine Bilderbuchbiographie eines in vorderster Linie kämpfenden Kommunisten zurückblicken konnte, zerstört. Er starb wenige Tage später.

20 Schreiben vom 23.2.1961.

ierte Legende über die «Fraktion Zaisser/Herrnstadt» zum wissenschaftlich fundierten Bestandteil der Geschichtsschreibung zu erklären, auszubauen und schließlich bis weit in die 80er Jahre zu erhalten. Alle mit der Geschichtsschreibung der DDR befaßten Historiker haben sich dieser Aufgabe stets willfährig unterzogen. Die Berufung jener Geschichtsprofessoren in den engsten Führungskreis des Hagerschen Propagandaapparates war ehrenvoll und häufig genug mit einem spürbaren Karriereschub, hohen Buchauflagen und lukrativen Auslandsaufenthalten und Arbeitsaufträgen verbunden. Ihren Höhepunkt erreichte die ‹Verwissenschaftlichung› und Popularisierung unbewiesener Verdächtigungen mit der unter der Schirmherrschaft von Walter Ulbricht erarbeiteten «Geschichte der deutschen Arbeiterbewegung», deren Konzeption 1962 als «Grundriß» erschien. Schon in dieser stark verkürzten Fassung wurde die Geschichte der «Zaisser/Herrnstadt-Fraktion» mit der 1953 konstruierten Berija-Legende als markantes Ereignis der DDR-Geschichte herausgestellt. Die Schrift wurde in einer Höchstauflage verbreitet und zur Pflichtlektüre für weiterführende Schulen, Universitäten und die betriebliche wie parteiinterne Schulung gemacht. Ungeachtet des Protestes von Herrnstadt gegen diese verfälschende und diskriminierende Darstellung erschien diese Version 1966 auch im siebten Band der Gesamtdarstellung. Das in Historikerkreisen aufmerksam registrierte Festhalten am Parteiurteil von 1953 hat Herrnstadts wissenschaftliche Arbeit in den 60er Jahren erheblich behindert. Daß sein zweites Buch[21] überhaupt verlegt wurde, ist wesentlich dem Engagement eines zeitweilig amtierenden österreichischen Verlagsleiters zu danken. Die notwendigen Gutachten waren in den frühen 60er Jahren noch schwerer zu erbringen als in den vom sowjetischen Aufwind gestreiften Jahren 1956/57. Auch hatte der Parteiausschluß von Robert Havemann, der von Herrnstadt aufmerksam registriert wurde[22], seine disziplinierende

---

21 Die Entdeckung der Klassen. Die Geschichte des Begriffs Klasse von den Anfängen bis zum Vorabend der Pariser Julirevolution 1930, Berlin 1965.
22 Im April 1964 notierte Rudolf Herrnstadt zu den Diskussionen um Robert Havemann: «Was er letztes Endes sagen wollte, absolut richtig. Nämlich, daß die dogmatische Auslegung des Marxismus-Leninismus unselig, die Sprache der Dogmatiker, nie neu, unverbesserlich. (...) Denn der sich erkühnt, im Kampf für den Sozialismus über den Kampf für Demokratie geringschätzig zu lächeln, der erweist damit auch seinen ‹Kampf› für den Sozialismus als unecht.»
Havemann war auf der 5. Tagung des ZK der SED im Februar 1964 scharf kriti-

Wirkung auf die ohnehin weitgehend angepaßte und Parteitreue demonstrierende Schicht profilierter Wissenschaftler nicht verfehlt. So erweist sich eine zum Jahresbeginn 1964 niedergeschriebene Notiz Rudolf Herrnstadts als Bilanz der Ratlosigkeit: «Die Schwierigkeit, einen Gutachter für mich zu bekommen: 1. Markov[23] bereit, erklärt aber, daß er sich nur als Historiker (...) empfinde, daß er um exakte *schriftliche* Beauftragung bitte (...), 2. Braunreuther[24] bittet von der Beauftragung abzusehen, er sei eben erst verprügelt worden, 3. Scheel[25], Kreise der Akademie bitten dringend, ihn nicht anzugehen. Die Akademie sei glücklich, einen Parteisekretär zu haben, der ein anständiger Mensch sei – möchte ihn nicht gefährdet sehen. Und Kuczynski kommt nicht in Frage, da (...) sein Urteil gegenwärtig nichts gilt. 5. Engelberg ‹schlottert› nach Angabe der einschlägigen Kollegen, hat außerdem alle Beziehungen fallengelassen, seit er meinetwegen bedroht wurde. Bleiben 6. die ‹Gewi-Jünglinge›[26], die in allem Wesentlichen kenntnis- und urteilslos sind und die Arbeit als Objekt zum Nachweis ihrer ‹Zuverlässigkeit› und ihrer ‹Arrangement-Würdigkeit› benutzen würden».[27] Unmittelbar nach Einsichtnahme in das Buchmanuskript, für das der Verlag zwischenzeitlich keinen Vertrag abschließen durfte, sagte der Leipziger Historiker Walter Markov ein Gutachten zu, sah sich jedoch gezwungen, «darauf hin(zu)weisen, daß ich weder die ideologische Kommission noch Professor für Gesellschaftswissenschaften bin.»[28] Insgesamt, so Markovs Fazit,

siert, Anfang März aus der SED ausgeschlossen und seiner Ämter an der Berliner Universität enthoben worden.

23 Der bekannte Leipziger Historiker Walter Markov (geb. 1909), 1935 zu zwölf Jahren Zuchthaus verurteilt, nach 1945 Konflikte mit der Partei, war in den 60er Jahren Ordinarius für mittelalterliche und neuere Geschichte in Leipzig, 1959 Vizepräsident des Nationalkomitees der Historiker der DDR.

24 Kurt Braunreuther, Wirtschaftswissenschaftler an der Humboldt-Universität Berlin.

25 Heinrich Scheel, langjähriger hauptamtlicher Parteisekretär, Historiker am Zentralinstitut für Geschichte der Akademie der Wissenschaften der DDR und zeitweilig einer ihrer Vizepräsidenten.

26 Gemeint sind die Lehrkräfte und Absolventen der Parteiinstitute: Institut für Gesellschaftswissenschaften beim ZK der SED (später Akademie für Gesellschaftswissenschaften beim ZK) und Institut für Marxismus-Leninismus beim ZK der SED.

27 Notiz, Frühjahr 1964.

28 «Ihre zweite Frage», so Markov an den Cheflektor Bernhard Weißel, «entsprechen die Darlegungen, Wertungen und Einschätzungen dem gegenwärtigen Er-

«wäre es wirklich schade, wenn eine so brillante Schrift dem Publikum vorenthalten würde.» Dennoch erhielt der Verlag das Plazet erst, nachdem Herrnstadt Monate später schriftlich bei Kurt Hager interveniert hatte. Ähnlich wie bei der vorangegangenen Publikation wurden jedoch gleichzeitig die Weichen für eine öffentliche, negative Beurteilung gestellt. Noch im August 1966, kurz nach Erscheinen des Buches, signalisierte Markov dieses Vorhaben[29] dem parteilosen Hallenser Germanisten Ernst Hadermann[30], der Herrnstadt seit ihrer Bekanntschaft im «Nationalkomitee ‹Freies Deutschland›» freundschaftlich verbunden war. Es ist dem Engagement Walter Markovs und zugleich auch dem frühen Tod von Rudolf Herrnstadt geschuldet, daß ein größerer ideologischer Angriff unterblieb. Das Buch jedoch wurde auch nach dem Tod des Autors von der überwiegenden Zahl der DDR-Fachhistoriker und Gesellschaftswissenschaftler ignoriert, die sich selbst scheuten, ihre Arbeiten mit einem entsprechenden Literaturnachweis zu belasten.

Im Frühjahr 1963 verändert sich Herrnstadts bislang weitgehend

kenntnisstand der marxistischen Geschichtswissenschaft und sind sie wissenschaftlich richtig? (...) Gibt es ‹die› marxistische Geschichtswissenschaft oder gibt es sie schon? (...) Soweit mir da ein Urteil zusteht, will mir scheinen, daß Herrnstadt sich auf jeder Seite um einen marxistischen Standpunkt bemüht. (...) Deshalb braucht nicht jede seiner Wertungen Bestand zu haben. Bisher war das jedenfalls in unserer Branche auch nie für länger als etwa 12 Jahre der Fall.» Gutachten v. 12.3.1964.

29 Markov schrieb an Hadermann: «Da ich Herrnstadts Gesundheitszustand nicht kenne und ihn deshalb nicht aufregen will, übersende ich *Ihnen* eine Abschrift meiner Rezension. Ich überlasse es Ihrer Diskretion und Einsicht, in gegebener Form soviel zu sagen: Es *gibt* Leute, die das Buch ‹ideologisch› abschießen wollen. Ich habe *deshalb* meine Besprechung darauf abgestellt, möglicher Kritik so viel Wind wie möglich aus den Segeln zu nehmen. Deshalb habe ich mich auch mit der Genossin Seidel (Jutta Seidel, Historikerin an der Leipziger Universität, d. Hg.) zusammengespannt. Andernfalls hätte ich natürlich Kritisierbares nicht mit der Lupe zusammengesucht, aber (...) es dient einem guten Zweck, da es hier von der Anerkennung im Ganzen eingefangen wird, was aliter nicht zu erwarten war. Die Rezension erscheint (auf deren Bitte) in der Zeitschrift für Geschichtswissenschaft.» Schreiben v. 19.7.1966.

30 Rudolf Herrnstadt schildert Ernst Hadermann in seinen Erinnerungen an die Jahre 1943–1945 wie folgt: «...vor allem durch die Entschlossenheit, mit der er für einen streitbaren bürgerlichen Humanismus eintrat, erinnerte er an seine engeren Landsleute Grimm und Gervinus. Er war das Beste, was das deutsche Bürgertum in Uniform damals aufzuweisen hatte. (...)» Rudolf Herrnstadt, Erinnerungen 1943–1945, ungedr. Manuskript.

optimistische Grundhaltung zur Veränderbarkeit der gravierenden Fehlentwicklungen in der kommunistischen Bewegung. Bestimmend ist dafür die außerordentlich halbherzige Rehabilitierung von «Slansky und Genossen» im Mai 1963 ebenso wie die Stabilisierung des stalinistischen Systems in der DDR. Im Eurokommunismus sieht er eine, vielleicht die letzte Chance und den beeindruckenden Beweis realisierter Volksnähe. Er kann und will nun die unverhältnismäßig großen Opfer nicht mehr verdrängen. Sein in dieser Zeit gefaßter Entschluß, einen Bericht über seine illegale Arbeit und die frühen Nachkriegsjahre zu schreiben, bleibt ein Vorhaben. Er hinterläßt ein Fragment.[31] Es ist ihm offenkundig unmöglich, detailliert niederzuschreiben, was in seinen letzten autobiographischen Sätzen in der bitteren Bemerkung zusammengefaßt ist: «Es gibt kaum noch jemanden von den mir nahestehenden Menschen aus den Jahren 1930 bis 1953, der nicht ermordet wurde (...) von den Faschisten und (...) den als Kommunisten auftretenden Anhängern des Personenkultes.»[32] Sein Entsetzen über diese durch keine nachfolgend positive Entwicklungen ‹gelinderten› Tatbestände ist groß, der Bruch mit der Parteidisziplin schweigend. Er legt in seine Arbeitsmaterialien eine kleine Karte mit der Aufschrift: «*Solche* Opfer – und, dann kommt dies (...) heraus; wenn ich heute noch einmal sollte – und wüßte dies, das Ergebnis – nein». Auch seine hoffnungslose Position als Intellektueller nimmt er nun illusionslos wahr: «...man war trotz allem ein Fremder.»

In den ihm noch verbleibenden Jahren beschäftigte sich Rudolf Herrnstadt mit den Erscheinungsformen des sozialistischen Systems und mit den Folgen von Personenkult und Dogmatismus in der DDR. Davon zeugen Notizen, einige Aufsatzentwürfe und seine mehrbändige Zeitungsausschnittsammlung der Parteipresse verschiedener sozialistischer Länder. Die Frage, ob der Personenkult eine systembedingte Erscheinung sei, verneint er. Für die europäischen Volksdemokratien sei er jedoch unvermeidlich gewesen, «weil Stalin und sein Kult (...) das andere entgegengesetzte System nicht geduldet hätten und nicht duldeten».[33] Die demagogische Indoktrination unter den Bedingungen einer vollständigen Abschottung nach außen ist Inhalt zahlreicher Überlegungen. Dabei setzte sich Herrnstadt auch mit den mate-

31 Siehe Epilog.
32 Ebenda.
33 Notiz, Oktober 1964.

riellen Konsequenzen auseinander. «Von den Kosten des Personen-kultes in Deutschland» könne «man einen ganzen kleinen Staat auf-bauen».[34] Man solle daher «dem Klassengegner keine Herkuleskräfte andichten. (...) bis zu 80% der Abgewanderten sind buchstäblich ge-rade ver*jagt*»[35] worden. Die Korruption zählt er zu den perfidesten Begleiterscheinungen des sich sozialistisch darstellenden Funktionärs-wesens. «Die Korruption – eine dem Wesen des Marxismus-Leninis-mus zutiefst fremde ‹Geschenk-Wirtschaft›», schreibt er im Mai 1964. «Zu den Geburtstagen wie bei Göring. Alles aus Betriebsmitteln, also auf Kosten der Arbeiter und Bauern. Und auch die Kleinen...»[36]

In der überwiegenden Mehrheit der Arbeiterklasse sah Herrnstadt nach wie vor den unbestechlichen und kritikfähigen Teil der Bevölke-rung, der sich «mit Gleichgültigkeit bis hin zu haßerfüllter Ablehnung»[37] von der SED distanziere. Ihre soziale Lage, zugleich die für alle spürbare Korruption, sichtbar unter anderem in der geringen Bemessung des Urlaubs für Arbeiter und der enormen Spannweite zwischen den Höchst- und Mindestgehältern, sei zu groß, als daß die Arbeiter tatsächlich ihre Interessen vertreten sehen könnten. Betriebliche Arbeiterkontrollkommissionen mit weitreichenden Vollmachten für Normenfestsetzung und Löhne betrachtet er in diesem Zusammenhang als mögliche Problemlösung.

Die von der SED-Führung in den 60er Jahren vehement vertre-tene These vom Überwinden der Fehler «im Vorwärtsschreiten» ist Ausgangspunkt neuerlicher Überlegungen zu Fragen der innerpar-teilichen Demokratie. Rudolf Herrnstadts Analyse des pseudode-mokratischen SED-Systems ist schlagend, die Kritik am Funktio-närsapparat nicht weniger heftig als in den frühen 50er Jahren. Jede marxistische Partei, so argumentiert er, müsse ihre Kader und Mitglieder sorgfältig auswählen. Dies allerdings würde unter den ge-gebenen Umständen das System sprengen. «Ein Teil der ‹Treuesten› (hundertfünfzigprozenzig), der für diese Spitze unerläßlich ist, würde fallen, höchst Unerwünschtes (...) hochkommen...» Das gesamte Prinzip des demokratischen Zentralismus sei seines Inhalts beraubt worden, die Besetzung der Ämter mit «gewünschten», «empfohle-nen» Funktionären, zugleich die ängstliche Zurückhaltung der Partei-

34 Notiz, 7.5.1964.
35 Ebenda.
36 Ebenda.
37 Notiz, ca. 1964.

mitglieder, habe eine wirklich freie Meinungsbildung unterbunden, die Beziehung der SED-Führung zur Basis vollständig zerrüttet und einen über Jahre amtierenden, alle gesellschaftlichen Lebensbereiche beherrschenden Funktionärsapparat geschaffen.[38] Gleichzeitig verschweige die SED weiterhin begangene Verbrechen.[39]

Die Rolle der sowjetischen Führungsmacht bei der Aufrechterhaltung der stalinistischen Strukturen in der DDR beurteilte Herrnstadt in den 60er Jahren realistisch. Sie habe nun mit der SED-Führung «eine Art Tauschgeschäft» abgeschlossen. Auch, weil sie ihre Unterstützung in der Auseinandersetzung mit der chinesischen und albanischen Führung brauche, würdige sie nun den DDR-Personenkult «als einen klassischen Fall von echtem Leninismus».[40] Die DDR zählte für Herrnstadt zu jener Minderheit der Warschauer Vertragsstaaten, die nach dem XX. und XXII. Parteitag in der Sowjetunion keinerlei Korrekturen am stalinistischen System vorgenommen hatte.

Im Frühjahr 1965 wird Rudolf Herrnstadt, wie auch bei Robert Havemann praktiziert, der in der DDR geschaffene Status eines antifaschistischen Widerstandskämpfers offiziell aberkannt. Daß es sich hierbei um die Bestätigung und Wiederholung einer schon 1958 getroffenen Entscheidung handelte, erfährt er erst auf seinen Protest gegen die Verfügung, der abschlägig beschieden wird. Auf ein daraufhin verfaßtes zehnzeiliges Schreiben an Walter Ulbricht, in dem es heißt: «Es geht mir weder um eine Medaille noch um Geld, sondern darum, daß sich niemand seine Vergangenheit aberkennen lassen kann», wird die Entscheidung im Juli 1965 korrigiert. Daß der politische Prozeß des Jahres 1953 auch von sowjetischer Seite zur Tilgung von Herrnstadts illegaler Tätigkeit führte, zählt zu den bittersten Kapiteln seiner Lebensgeschichte und zeigte sich 1970, vier Jahre nach seinem Tod, als die UdSSR ihre deutschen Widerstandskämpfer auch postum ehrte.[41]

38 «Welches sind die untrüglichen Zeichen des Personenkults», etwa 1964.
39 Er fügte hinzu: «Es wird zur Vertuschung Marx und Lenin verfälscht. ‹Wir korrigieren im Vorwärtsschreiten› …durch Verhinderung der Aufdeckung Konservierung des Sumpfes. Entschädigungszahlungen an die Betroffenen – gegen Verpflichtung, zu schweigen zur Nichtaufklärung…: ‹Du mußt vergessen!›» Notiz, 9. 2. 1964.
40 Notiz, 10. 10. 1964.
41 Von den Mitgliedern der in Warschau in den 30er Jahren tätigen Gruppe wurden Gerhard Kegel und postum Herrnstadts erste Frau, Ilse Stöbe, ausgezeichnet.

Um die Jahreswende 1965/66 erkrankt Rudolf Herrnstadt schwer. Er versucht, die Vorarbeiten für den zweiten Band seiner Geschichte des Klassenbegriffs fortzusetzen und vollendet die Erinnerungen an die Jahre der Emigration 1943 bis 1945. Als sich die geringen Hoffnungen auf Heilung zerschlagen, fürchtet er, seine Familie schuldhaft in sozialer Unsicherheit und zudem mittellos zurücklassen zu müssen. Er wendet sich aus diesem Grunde an Jürgen Kuczynski. Herrnstadts an die Merseburger Archivleitung gerichtete Bitte, seine durch die lange Krankheit auf ein Minimum beschränkte Gehaltszahlung zu bescheinigen, damit er Stipendien für die beiden Töchter beantragen kann, bleibt lange Zeit ungehört. Von Merseburg gehen Eile und Aktivitäten erst nach seinem Tod aus. Man bemüht sich beflissen um die Überlassung des Nachlasses. Um Herrnstadt eine seine stark reduzierten Arbeitsfähigkeiten schonendere und finanziell gesicherte Position zu schaffen, engagieren sich Jürgen Kuczynski und Ernst Hadermann in der Berliner Akademie der Wissenschaften. Am 19. August 1966 befürwortet der von Hadermann auf die Möglichkeit einer freien Mitarbeit Herrnstadts an der Leipziger Universität angesprochene Walter Markov die Initiative in der Akademie.[42] Zehn Tage später stirbt Herrnstadt. Nach seinem Tod erwirkt Jürgen Kuczynski in einem Gespräch mit Erich Honecker eine Rentenzahlung an die Witwe.

Der Tod sprengt den Bann im «Fall» Herrnstadt nicht. Die Trauerfeier muß in Anwesenheit von Sicherheitsbeamten stattfinden. Keiner der Angesprochenen zeigt sich imstande, eine Trauerrede zu halten. Die gesellschaftlich Arrivierten sind ohnehin verhindert, und so wirkt die von Unbekannten drapierte Fahne der internationalen Organisation der antifaschistischen Widerstandskämpfer eher irritierend. Der Wunsch Herrnstadts, es möge nicht, wie bei Wilhelm Zaisser, ein berufsmäßiger Redner engagiert werden, wird respektiert. Außer in der Lokalpresse wird die Publikation der familiären Traueranzeige untersagt. Nach einer Intervention gegen diese Entscheidung bei der Chefredaktion des Parteiorgans «Neues Deutschland» bedient man sich abermals einer Verzögerungstaktik, um schließlich strikt abzulehnen.

Über mehr als zwei Jahrzehnte nach dem Tod von Wilhelm Zaisser

---

42 Markov schreibt an Hadermann: «Ich denke, wir warten erst einmal ab, ob Ihr Vorstoß für Herrnstadt ein Echo auslöst. Technische und finanzielle Möglichkeiten zur Einstellung von freien Mitarbeitern sind an der Berliner Akademie vorhanden. Etwas schwieriger wird es nach meiner Kenntnis mit der Durchsetzung einer Intelligenzrente. Schwierig, jedoch nicht unmöglich.»

und Rudolf Herrnstadt hielt die SED-Führung an ihrer Interpretation des sogenannten «Falles Zaisser/Herrnstadt» fest. Die nach dem Machtwechsel von Ulbricht auf Honecker an den neuen Generalsekretär gerichteten Gesuche beider Witwen blieben erfolglos. Zu einer wirklichen Rehabilitierung, so Honecker an die Ehefrau Zaissers, werde es bei aller berechtigten Kritik an Walter Ulbricht nicht kommen. Nach Jahren der Tilgung beider Namen und Fotografien aus den Geschichtsdarstellungen wurde in der Honecker-Ära Wilhelm Zaissers Wirken im Spanischen Bürgerkrieg zumindest teilweise gewürdigt. Es waren dies jedoch marginale Erscheinungen, da die Zeitgeschichtsschreibung der DDR alle unbewiesenen Behauptungen aus dem Prozeß gegen Zaisser und Herrnstadt konstant reproduzierte. Die in den 70er und 80er Jahren entstandene autobiographische Literatur bediente sich der Person Rudolf Herrnstadts, um kritisches Herangehen an einstige SED-Funktionäre vorzutäuschen.[43] Noch im Jahr 1978 übernahm das von einem großen Wissenschaftlergremium erarbeitete neue historische Standardwerk, der «Abriß zur Geschichte der SED», die Kapitulanten-Version über die angebliche Fraktion Zaisser/Herrnstadt. Lediglich die Berija-Legende war fallengelassen worden. Günter Benser, Mitglied jenes Autorenkollektives, erklärte bei einer Fortbildungsveranstaltung für die Historiker der Akademie der Wissenschaften zum Erscheinen des Werkes, wer erfahren wolle, ob es Veränderungen in der DDR-Geschichtsschreibung gäbe, orientiere sich an den Aussagen zum Jahr 1953.[44] Unter den im Berliner Verlag und im Parteiorgan «Neues Deutschland» unter Rudolf

43 So die literarisch verbrämte Autobiographie von Wilhelm Girnus und die Erinnerungen des Graphikers Herbert Sandberg. Sandberg bekannte immerhin, daraufhin noch vor der «Wende» im Frühjahr 1989 angeschrieben, selbstkritisch: «...ich schäme mich...», Schreiben v. April 1989.
In den 1983 erschienenen Erinnerungen von Gerhard Kegel wurde Rudolf Herrnstadt erstmals öffentlich erwähnt.

44 Günter Benser, Leiter des neu gebildeten «Instituts für Geschichte der Arbeiterbewegung» (früher Institut für Marxismus/Leninismus beim ZK der SED), erklärte nach der «Wende» gemeinsam mit seinem Fachkollegen Rolf Badstübner (Leiter des Bereiches DDR-Geschichte im Zentralinstitut für Geschichte der Akademie der Wissenschaften der DDR): «Ja, das Machtmonopol der SED ist der Kern des Problems, nicht alles, was unter der Führung dieser Partei entstand, ist deshalb schlecht, aber es bleibt eben doch Tatsache, daß die Demokratie auf der Strecke blieb (...). Und was das Vorgehen eigener Justiz- und Sicherheitsorgane betrifft, so ist für mich nicht genau erkennbar, wie es um die Aktenüberlieferung bestellt ist. Auf jeden Fall darf man sich nicht vorstellen,

Herrnstadts maßgeblicher Leitung von den ersten Nachkriegstagen bis in die frühen 50er Jahre ausgebildeten Journalisten fand sich auch Jahrzehnte nach dessen Tod keiner, der das Wirken des einstigen Verlagsleiters und Chefredakteurs erwähnte. Sie haben mit bemerkenswerter Ausdauer die Legende vom ausschließlich autoritären Chefredakteur aufrechterhalten.[45] Auch hier, wie in unzähligen anderen Fällen, hatte die Methode der SED und ihrer Staatssicherheitsorgane Erfolg: die politische Diskriminierung durch eine glaubhaft konstruierte Herabsetzung der Persönlichkeit des Betroffenen zu untermauern und damit zugleich auch neutrale, unsichere und ängstliche Zeitzeugen zur aktiven Mitarbeit und Propaganda zu motivieren, die quasi einer Selbstreinigung gleichkam. Im «Fall Zaisser/Herrnstadt» hatte der Generalsekretär Walter Ulbricht selbst[46] diese Kampagne eingeleitet, die sich auch gegen Wilhelm Zaisser richtete[47] und den überwiegend in der Öffentlichkeit tätigen Journalisten Herrnstadt besonders schwer treffen sollte.

Als der Hinstorff-Verlag Rostock 1982 ein Buch verlegte, das, literarisch leicht verbrämt, in der Form der Entstellungen von Herrnstadts Persönlichkeit das selbst zu diesem Zeitpunkt übliche Maß weit überschritt[48], erfolgte eine Intervention beim damaligen Gene-

daß der Historiker vor einem Berg von Akten steht und nur zuzugreifen braucht.» In: Berliner Zeitung, 13./14. 1. 1990.

45 Die von Bernd Raue verfaßte «Geschichte des Journalismus der DDR» marginalisiert Rudolf Herrnstadts journalistische und verlegerische Tätigkeit auf ein Minimum.

46 Vgl. das Schlußwort Walter Ulbrichts auf dem 15. Plenum des ZK der SED, siehe Anhang.

47 In Rudolf Herrnstadts Schreiben an Chruschtschow vom November 1959 heißt es: «Ich muß viertens Zaissers wegen auftreten, der sich nicht mehr wehren kann. Er war nicht mein Fraktionsgenosse, aber er war mein Freund und Genosse. Und keine Parteiorganisation und kein einzelner Genosse hat heute den Mut, die Stimme für ihn zu erheben, obwohl alle wissen, wer er war. Daher muß ich es tun, und sei es als Ausgeschlossener. Interessenten lieben es, von Zaissers ‹Schwächen› zu reden. Der soll aufstehen, der keine hat. Aber Zaissers Schwächen verschwinden vor dem Wesentlichen (...), Mut, Wahrhaftigkeit, Prinzipientreue, Treue zur Partei.»

48 Die autobiographische Darstellung von Wilhelm Girnus, «Aus den Papieren des Germain-Tarwodschuss». Der Verlagsdirektor Harry Fauth reagierte auf den Protest gegen die Verbreitung des Buches unter den Bedingungen des uneingeschränkten Meinungsmonopols der SED mit der Feststellung: «Ihre erboste Reaktion darauf können wir, glaube ich ganz gut verstehen, aber sie kann uns natürlich nicht noch nachträglich behindern, das Buch eines der angesehen-

ralsekretär der SED, Erich Honecker. Dieser versicherte daraufhin in einem Schreiben vom Mai 1983: «Ich weiß, daß Ihr Vater ein der Sache des Kommunismus treu ergebener Mensch war», und kündigte eine umgehende Würdigung der Verdienste Herrnstadts an, die nie erfolgte. Fünf Jahre später lehnte die Zeitschrift «Sinn und Form» die Publikation eines biographischen Aufsatzes über Herrnstadt ab, in dem bewußt nur die Kriegs- und unmittelbare Nachkriegszeit geschildert wurde. Die Veröffentlichung des Porträts bedeute, so der Chefredakteur, «politisch gesehen eine Rehabilitierung». Er wisse nicht, «ob sich die Partei in dieser Sache das letzte Wort vorbehält». Sicherlich sei es an der Zeit, die Leistung Herrnstadts «ins Bild der Geschichte einzuordnen. Aber dazu reicht nicht die Initiative von ‹Sinn und Form›, und dafür sind unsere Schultern doch zu schmal.»[49]

Auf eine schriftliche Anfrage beim Generalsekretär der SED unmittelbar danach reagierte die Parteiführung sehr rasch und mit einer bemerkenswerten Modifikation. Der mit der Regelung dieser Frage beauftragte damalige ZK-Sekretär Joachim Herrmann übermittelte die positive Entscheidung Honeckers zur Publikation und dessen Vorschlag, das Manuskript in der parteioffiziösen außenpolitischen Monatsschrift der DDR, «horizont», veröffentlichen zu lassen. Dies war verbunden mit der strikten Auflage, den einzigen im Text enthaltenen Hinweis auf den Parteiausschluß Herrnstadts zu tilgen. Die Korrektur hatte Honecker im Manuskript offensichtlich bereits selbst vollzogen. Alle Bemühungen um den vollständigen Abdruck blieben ergebnislos. Der Generalsekretär, so Joachim Herrmann, habe mitteilen lassen, daß er selbst in jener entscheidenden Nachtsitzung des Politbüros im Jahr 1953 zugegen gewesen sei; «das war Fraktion», sei sein Urteil. Eine derart entschärfte Publikation wurde zunächst abgelehnt. Nach einer späteren Mitteilung Herrmanns, Honecker habe sich nicht umstimmen lassen, die Veröffentlichung solle jedoch als Beginn einer

sten und verdienstvollsten Wissenschaftlers und Kulturpolitikers unseres Staates zu verbreiten (...) hier sind Memoiren mit den Mitteln der Belletristik doch so weit fingiert, daß man Einzelheiten daraus oder Entschlüsselungen, die sich manchem aufdrängen, nicht für die blanke Wirklichkeit nehmen sollte. (...) Beleidigende Absichten seitens des Autors (...) sind uns zu keinem Zeitpunkt zu Bewußtsein gekommen. (...) Deshalb fällt es uns auch schwer, nach einer Entschuldigung zu suchen, die wir Ihnen gewiß in redlicher Absicht bieten wollten, wenn da eine moralische Verfehlung einzugestehen wäre.» Schreiben v. 25. 2. 1988.
49 Schreiben von Max Walter Schultz v. 7. 4. 1988.

differenzierten Betrachtung und Würdigung verstanden werden, erfolgte die Zusage zum Manuskriptabdruck.[50] Der Artikel erschien unmittelbar vor dem auch in der DDR mit großem Interesse erwarteten ersten Allunionskongreß der KPdSU. Vermutlich wollte die SED-Führung, die parallel in allen überregionalen Wochenzeitungen der DDR eine vergleichsweise moderate, doch keineswegs neue Interpretation der Aufstände des 17. Juni 1953 publizieren ließ, ihre Flexibilität signalisieren und gleichzeitig die Reaktion ihrer Mitglieder auf derlei parteipolitische Wendungen prüfen. Diese bewegte sich zwischen der zaghaften Befürwortung einer Liberalisierung und krasser Ablehnung. Spontane Reaktionen und Leserzuschriften zeigten, daß vor allem die ältere Generation unter den SED-Mitgliedern, darunter auch Intellektuelle und vehemente Anhänger von Gorbatschows Innenpolitik, eine Publikation über Rudolf Herrnstadt ablehnte. Gemeinsam war allen das Unbehagen, mit der eigenen Vergangenheit konfrontiert worden zu sein. Vorbehaltlose Zustimmung und Interesse artikulierten lediglich einige jüngere und die von stalinistischer Willkür selbst betroffenen Parteimitglieder.

SED-Funktionäre und Parteihistoriker veranlaßte dieses offensichtlich als mißglückt eingeschätzte Experiment zu der inoffiziellen Mitteilung, auch künftig sei keine Änderung in der offiziellen Darstellung von Person und ‹Fall› zu erwarten.[51] Der Arbeitgeber der Autorin, das Zentralinstitut für Geschichte der Akademie der Wissenschaften der DDR, klagte die Verletzung der betrieblichen Publikationsordnung und Illoyalität ein und warnte schließlich vor weiteren publizistischen Arbeiten dieser Art.

Das letzte Kapitel zur Geschichte der «Fraktion Zaisser/Herrnstadt» schrieb die sich erneuernde SED/PDS. Obschon die Partei nach den Oktoberereignissen des Jahres 1989 in Vorbereitung ihres außerordentlichen Parteitages in einer Artikelfolge im SED-Zentral-

50 Nadja Stulz-Herrnstadt, Das war kein Krieg, «horizont», H. 6, 1988.
51 Die nachfolgende Entwicklung bestätigte diese Ankündigung. Noch 1989 rechtfertigte der Militärverlag der DDR die beabsichtigte Publikation eines Buches (Gerhard Dengler, a. a. O.), das hinsichtlich der Ereignisse von 1953 selbst die im «Abriß» zur SED-Geschichte fallengelassene Berija-Legende enthielt, mit dem Hinweis auf ein Gutachten des damaligen Leiters des Zentralen Parteiarchives der SED, Heinz Voßke. Die Ankündigung eines Zivilprozesses zur Ermittlung des tatsächlichen Sachverhaltes bewirkte offenkundig die Tilgung jener Passage aus dem schon vorliegenden Fahnenabzug des Buchmanuskriptes.

organ[52] in einer ebenso knappen wie erschreckend dürftigen Tour d'horizon durch die Parteigeschichte einige verbale Rehabilitierungen vorgenommen hatte, konnte man sich nicht dazu entschließen, die «Fraktion Zaisser/Herrnstadt» in die lückenhafte Auflistung begangener Verbrechen aufzunehmen. Michael Schumann teilte den Delegierten des außerordentlichen Parteitages im Dezember 1989 in seinem Hauptreferat mit: «Korrekturversuche der Jahre 1953 und 1956 zur Erneuerung des Sozialismus, die noch genauerer Überprüfung bedürfen – das gilt auch für die Ereignisse vom 17. Juni 1953 – sind rasch zum Erliegen gekommen oder zum Erliegen gebracht worden. (...) Das läßt uns *auch die Frage nach der Bewertung* der politischen Auseinandersetzungen mit den sogenannten Fraktionen Herrnstadt/Zaisser und Schirdewan[53]/Wollweber *und der Berechtigung der damals ausgesprochenen Parteistrafen auf neue Weise stellen.* Hier muß man alles aufklären, was noch aufklärbar ist.»[54]

52 G. Möschner, Zur Problematik der Rehabilitierungen. Fakten und offene Fragen, Neues Deutschland, 1./16. 12. 1989.

53 Bevor die SED endgültig ihren Namen ablegte, wurde Karl Schirdewan von der «Schiedskommission» der Partei rehabilitiert, ohne daß die Mitglieder über die betreffenden Ereignisse und Hintergründe informiert worden wären.

54 Michael Schumann, Akademie für Staats- und Rechtswissenschaften der DDR, «Zur Krise in der Gesellschaft und zu ihren Ursachen, zur Verantwortung der SED», Neues Deutschland, 18. 12. 1989, Hervorhebungen von der Autorin.

Das Dokument

Zur Angelegenheit Zaisser/Herrnstadt [1]

Die nachstehende Erklärung ist ein Dokument, das einmal geschrieben werden mußte, weil anders die Wahrheit nicht zu erkämpfen ist, aber zugleich ein Dokument, das ich selber vergessen möchte und – ich glaube, dazu die Kraft zu haben – vergessen werde, sobald die Wahrheit erkämpft worden ist. Tendenzen der ‹Abrechnung› mit diesem oder jenem Genossen liegen mir fern. Wenn – wie es der Fall ist – die tiefsten Wurzeln des «Falles Zaisser/Herrnstadt» darin liegen,

---

1 Das Manuskript wurde geringfügig gekürzt. Die darin enthaltenen Daten (soweit sie nicht die parteiinternen Protokolle u. a. betreffen) wurden ebenso wie alle Zitate aus Zeitungen und Zeitschriften auf ihre Richtigkeit überprüft. Im Originalmanuskript sind alle Dialoge, die mit den sowjetischen Politikern in russischer Sprache geführt wurden, zweisprachig wiedergegeben, darauf wurde verzichtet. Die Rekonstruktion von Rudolf Herrnstadt über die Ereignisse des Jahres 1953 wurde von Wilhelm Zaisser vollinhaltlich, auch hinsichtlich aller Details bestätigt. Zaisser hat das Manuskript gründlich studiert und folgende Zusatzbemerkungen gemacht, die, in einem Protokoll festgehalten, von seiner Ehefrau Elisabeth (Else)Zaisser zusätzlich autorisiert worden sind:
1. Otto Winzer habe in der 15. Tagung des ZK der SED zeitlich später gesprochen, nach seiner Auffassung nach den Auftritten von Kurt Hager und Max Reimann.
2. Zaisser äußerte Erstaunen über «die zu positive Einschätzung von Otto Grotewohl und Max Reimann» durch Rudolf Herrnstadt.
3. Zu jenem Passus im Manuskript – wo es heißt, Herrnstadt würde für die Partei alles tun, auch den «Fall Zaisser/Herrnstadt» akzeptieren, wenn die Partei ihm sagen würde, es sei notwendig für sie, jedoch sagen müsse man es ihm – äußerte Zaisser: das würde er «jetzt auch nicht mehr tun, denn das sind ja Verbrecher».
Else Zaisser hat das Protokoll jenes Gespräches, das von Zaisser und Herrnstadts Ehefrau geführt wurde, die ihm das Manuskript zur Lektüre nach Berlin gebracht hatte, unterzeichnet und folgende Bemerkung hinzugefügt: «Diese Aufzeichnungen entsprechen voll und ganz den Tatsachen. Ich war von Anfang bis Ende bei dieser Unterhaltung zugegen, habe an ihr teilgenommen.» Else Zaisser   Halle, 22. April 1958

daß der Imperialismus, je mehr er an Kraft zu unmittelbarer Gewaltan-wendung (an Territorien, relativer militärischer Stärke usw.) verliert, desto mehr zur Methode greift und greifen muß, die Kommunisten unter Ausnutzung ihrer Schwächen zur wechselseitigen Selbstvernich-tung zu provozieren – so kann ich mir nur zur Pflicht machen, nicht die Fehler zu wiederholen, die an mir (und vielen anderen) begangen worden sind.

Alle in dieser Niederschrift enthaltenen wesentlichen Angaben sind nachweisbar (durch Dokumente, Zeugenaussagen, Gegenüber-stellungen). In dieser oder jener Kleinigkeit mag ich mich irren. Dann bitte ich, mich zu berichtigen.

Eine Reihe von Tatsachen sind fortgelassen, um nicht unnötig zu verschärfen. Erst wenn die Atmosphäre völlig entspannt, die Me-thode der Verleumdung im politischen Kampf völlig zum Erliegen gebracht ist und alle Beteiligten unpolemisch und über der Sache ste-hend an die Wahrheitsfindung herangehen (heute bricht auch bei mir noch gelegentlich die Tendenz zur Polemik durch), wird die Zeit ge-kommen sein, auch diese Tatsachen zu nennen.

Die Darstellung beginnt mit Ende Mai 1953 (Rückkehr der Delega-tion des Politbüros des ZK der SED aus Moskau[2] vor Beschlußfassung über die Einleitung des «Neuen Kurses»).

Da die Vorgänge im Sommer und Herbst 1953 nur die Fortset-zung und der Höhepunkt der Auseinandersetzungen waren, die im Politbüro während der Jahre 1951–1953 stattgefunden hatten, werde ich als Teil II[3] Angaben über diese Auseinandersetzungen anfügen.

2 Die Moskau-Reise, strikt geheimgehalten vor der Öffentlichkeit, dürfte nach der aus der Tagespresse zu rekonstruierenden Anwesenheit der Betreffenden in Berlin zwischen dem 1. und 5. Juni 1953 stattgefunden haben.
3 Dieses im Dokument als ‹Teil II› ausgewiesene Manuskript ist im Nachlaß Herrn-stadts nicht auffindbar gewesen. Es bleibt offen, ob es sich um einen nicht reali-sierten Plan handelte oder jener Manuskriptteil abhanden gekommen ist. An-fragen an die Parteiführung der SED/PDS bezüglich einer Rückgabe der Herrnstadt-Papiere, die dem Verfasser zwangsweise abgefordert worden waren, sind bislang ergebnislos geblieben.

1.

Im Mai 1953 waren die Genossen Grotewohl[4] und Ulbricht[5] zu Besprechungen in Moskau. Eines Tages kam von ihnen an die in Berlin befindlichen Angehörigen des Politbüros die Weisung, die Formulierung «beschleunigter Aufbau des Sozialismus in der DDR»[6] nicht mehr zu gebrauchen, entscheidende Änderungen stünden bevor. Die Nachricht erzeugte, da eine Erklärung fehlte, Befremden und Erwartung.

Nach der Rückkehr der Genossen Grotewohl und Ulbricht wurde eine Sitzung des PB[7] einberufen. Vor dieser Sitzung, während sich die

4 Otto Grotewohl (1894–1964), Ministerpräsident der DDR und gemeinsam mit Wilhelm Pieck Vorsitzender der SED, führend an der weitgehend auf Zwang beruhenden Fusion von SPD und KPD 1946 beteiligt. Sein Einfluß in der SED ging nach der 1949 erfolgten Aufhebung der ursprünglich festgeschriebenen Parität zurück.
5 Walter Ulbricht (1893–1973), Generalsekretär der SED und 1. Stellvertreter des Ministerpräsidenten. Mitbegründer der KPD, seit 1923 nahezu ununterbrochenes Mitglied der KPD-Zentrale, verkörperte den Typ des stalinistischen Parteifunktionärs par excellence, kontrollierte mit der Umstrukturierung der SED in cinc «Partci ncucn Typs» vollständig den Parteiapparat, war, gestützt auf seine besonders engen Beziehungen zu Moskau, das mit Abstand einflußreichste Mitglied des Politbüros. Sein öffentlich erklärtes Selbstverständnis gegenüber den beiden Parteivorsitzenden war unzweideutig: «Ich hatte es satt, die Gouvernante von zweien zu sein.»
6 Beschleunigter Aufbau des Sozialismus, Beschluß der II. Parteikonferenz der SED vom Juli 1952, zog nach sich: Forcierung der Schwerindustrie, Aufstellung bewaffneter Streitkräfte, Bildung von Landwirtschaftlichen Produktionsgenossenschaften, häufig unter massivem Druck, beschleunigter Ausbau des Partei-, Staats- und Verwaltungsapparats als Instrument des Administrierens und der Pression.
Nach den Erinnerungen des früheren SED-Funktionärs Heinz Brandt untersagte Hermann Axen, ZK-Sekretär für Propaganda, ab Anfang Juni 1953 jegliche Bezugnahme auf die II. Parteikonferenz. Der Begriff ‹Sozialismus› findet sich in der überregionalen Tagespresse vom 5. Juni 1953 an tatsächlich nicht mehr, während er schon ab dem 3. Juni 1953 aus den Schlagzeilen getilgt worden war. Vgl. «Neues Deutschland», «Tägliche Rundschau».
7 Politbüro, PB oder Politisches Büro: leitendes Gremium der SED, das schon in den frühen 50er Jahren uneingeschränkte Macht in der DDR ausübte, löste das noch paritätisch zusammengesetzte Zentralsekretariat ab. Dem im Juli 1950 (III. Parteitag der SED) gewählten Politbüro gehörten 9 Mitglieder und 6 Kandidaten an: Wilhelm Pieck, Otto Grotewohl, beide Parteivorsitzende, Walter Ulbricht, Generalsekretär, Franz Dahlem (wurde im Mai 1953 ausgeschlossen), Friedrich Ebert, Hermann Matern, Fred Oelssner, Heinrich Rau, Wilhelm Zaisser und als Kandidaten Anton Ackermann, Rudolf Herrnstadt, Erich Honecker, Hans Jen-

Genossen sammelten, berichtete Genosse Oelssner[8], der als Dolmetscher gleichfalls in Moskau gewesen war, einer Reihe von Mitgliedern des Politbüros, es hätten zwei Sitzungen des Präsidiums des ZK der KPdSU mit den deutschen Genossen stattgefunden. Beide Sitzungen seien für die deutsche Delegation schwere Erlebnisse gewesen. Die sowjetischen Genossen hätten anhand eines Dokuments, das der deutschen Delegation gegeben wurde, den jüngsten Kurs der SED erbittert kritisiert und einen tiefgreifenden Kurswechsel vorgeschlagen. Die Orientierung auf «beschleunigten Aufbau des Sozialismus» sei falsch; dazu lägen in der DDR die Voraussetzungen nicht vor. Im Zusammenhang damit sei eine Reihe derjenigen Maßnahmen und Auffassungen falsch, die wir nach der II. Parteikonferenz (Sommer 1952) mit besonderem Eifer durchgeführt und der Öffentlichkeit als die allein richtigen vorgestellt hatten: auf dem Gebiete der Investitionen, der Lohnpolitik, der Bekämpfung der Großbauern, der Kirche usw. Falsch sei vor allem die – in Partei und Staatsapparat verbreitete – Methode des nackten Administrierens. Die deutschen Genossen, berichtete Oelssner, hätten in ihrer Überraschung zunächst schüchtern widersprochen. Das aber hätte nur neue Erregung bei den sowjetischen Genossen hervorgerufen, die erklärten: Wir wollen nicht die Schuldfrage stellen, wir sind ebenso schuld wie Ihr – aber Ihr müßt einsehen und die Politik muß korrigiert werden. Die deutsche Delegation sei ersucht worden, bis zur nächsten Sitzung ihre Stellungnahme zum sowjetischen Dokument schriftlich auszuarbeiten.

Oelssner fuhr fort: Am Abend hätten die deutschen Genossen über der Ausarbeitung der Stellungnahme gesessen. Sie seien von der Notwendigkeit der Änderung innerlich noch nicht voll überzeugt gewesen. Am wenigsten Genosse Ulbricht, der sich mit den «radikalen» Maßnahmen, die jetzt korrigiert werden sollten, am meisten identifiziert und auch in der Öffentlichkeit mit ihnen geprahlt hatte. Daher sei das Dokument, das sie ausarbeiteten, oberflächlich und formal geworden. In der nächsten Sitzung seien sie deswegen schwer zusammengeschlagen worden. Alle sowjetischen Genossen hätten das deutsche Dokument als unzulänglich zurückgewiesen. Besonders aggres-

dretzky, Erich Mückenberger und Elli Schmidt. Ehemalige Mitglieder der SPD waren lediglich Grotewohl, Ebert und Mückenberger.
8 Fred Oelssner (1903–1977), ZK-Sekretär für Propaganda und Chefredakteur der «Einheit – Theoretisches Organ der SED».

siv habe sich Berija[9] gebärdet, der Ulbricht das Dokument über den Tisch weg mit den Worten zugeworfen habe: «Das ist ein schlechter Aufguß *unseres* Dokuments!» Die deutschen Genossen hätten zusagen müssen, ein zweites Dokument auszuarbeiten. Besonders bezeichnend sei folgendes gewesen: ein deutscher Genosse (wenn ich nicht irre, Gen. Grotewohl) hätte vorgeschlagen, die SED könne und solle den Kurswechsel vor der Öffentlichkeit mit der Rücksichtnahme auf Westdeutschland begründen, mit dem Bemühen um die Einheit Deutschlands und das Zusammenwachsen beider Teile. Das wäre sachlich zutreffend und würde der Partei die Argumentation erleichtern. Darauf sei von den sowjetischen Genossen sehr ernst dem Inhalt nach geantwortet worden: Lassen Sie Westdeutschland aus dem Spiel. Die Lage in *der DDR* erfordert diese Korrektur – ganz abgesehen von der Frage der Einheit Deutschlands. *Das* müssen die deutschen Genossen selbstkritisch einsehen. Unter diesen Umständen ist die Bezugnahme auf Westdeutschland nicht am Platze – nicht weil sie falsch ist, sondern weil sie dazu Vorschub leisten könnte, daß die deutsche Partei der notwendigen selbstkritischen Erkenntnis der Lage und ihrer eigenen korrekturbedürftigen Methoden aus dem Wege geht und daher den notwendigen neuen Kurs nicht zum Erfolge führen kann. – Das 2. Dokument sei ausgearbeitet worden.

Oelssner fuhr fort (w.): «Inzwischen sind einige Tage vergangen, und die Lage wird klarer. Es handelt sich offensichtlich um einen Kurswechsel in einigen entscheidenden Fragen, der nicht nur die DDR betrifft. Was die sowjetischen Genossen vorschlagen, ist voll-

9 Lawrenti Pawlowitsch Berija (1899–1953), Mitglied des Präsidiums der KPdSU, einer der drei ersten Stellvertreter des Vorsitzenden des Ministerrates, Innenminister, dem auch die Staatssicherheitsorgane unterstanden; einer der Stellvertreter Stalins, zählte gemeinsam mit Chruschtschow, Malenkow und Molotow in der Übergangsperiode nach Stalins Tod zur Führungsspitze der Partei; nach einer TASS-Meldung v. 10.7.1953 war er «dieser Tage» als Staatsfeind, der die Macht an sich reißen wollte, aller Funktionen enthoben und wegen verbrecherischer Handlungen «dem Obersten Gerichtshof» der UdSSR übergeben worden; TASS meldete am 24.12.1953, er sei nach einem Gerichtsverfahren zum Tode verurteilt worden; Vermutungen, die Hinrichtung Berijas sei schon Ende Juni 1953 erfolgt, bestätigt Herrnstadts Schreiben an Semjonow v. 28.11.1962 (siehe Anhang). Erst 1963 erhob Chruschtschow selbst den Vorwurf, Berija habe die DDR als sozialistischen Staat liquidieren wollen und die Anweisung gegeben, auf die Zielstellung des «umfassenden Aufbaus des Sozialismus» zu verzichten; alle damit verbundenen Spekulationen über Pläne zur Neutralisierung Deutschlands sind von sowjetischer Seite bisher nicht dokumentiert worden.

kommen richtig. Walter[10] fällt es noch schwer, das einzusehen, aber er wird schon nachziehen. Das einzige, was keiner von uns (gemeint waren Grotewohl, Ulbricht u. Oelssner) versteht, ist, daß sie ausgerechnet Semjonow wieder hierherschicken (Semjonow war inzwischen zum Hohen Kommissar ernannt worden)[11]. Aber vielleicht sagen sie sich: soll er jetzt das wieder in Ordnung bringen, was er hier angerichtet hat. Ich hatte eine Unterhaltung mit Kabin[12], der zwar nur ein kleiner Mann im ZK-Apparat ist, aber doch manches hört. Auf meine Besorgnis wegen Semjonow erwiderte er: ‹Folgern Sie aus der Ernennung Semjonows nicht, daß er jetzt bei uns ein großer Mann ist. Das ist nicht der Fall.› Kabin erzählte mir auch, daß das Dokument des Politbüros über die Ehrungen für Walter aus Anlaß des 60. Geburtstags im ZK der KPdSU Bestürzung hervorgerufen habe[13]. Sus-

10 Walter Ulbricht.
11 Wladimir Semjonowitsch Semjonow (geb. 1911), Dr. sc. hist., Politischer Berater des Vorsitzenden der Sowjetischen Kontrollkommission in Deutschland; vorübergehend Kollegiumsmitglied des Außenministeriums der UdSSR; am 28.5.1953 Ernennung zum Hohen Kommissar der UdSSR in Deutschland (traf nach seiner Ernennung vermutlich am 5. Juni 1953 in Berlin ein). Semjonow war einer der erfahrensten sowjetischen Deutschlandpolitiker, bereits 1940/41 als sowjetischer Botschaftsrat in Berlin tätig, anschließend Chef der Europa-Abteilung III im Moskauer Außenministerium, zwischen 1942 und 1945 mit Spezialauftrag in der sowjetischen Botschaft in Stockholm mit dem Ziel der Nachrichtenbeschaffung über Deutschland tätig; unmittelbar nach Kriegsende Stellvertretender Politischer Berater und ab 1946 Politischer Berater bei der Sowjetischen Militäradministration in Deutschland (SMAD) bzw. nach deren Umwandlung bei der Sowjetischen Kontrollkommission; führend an der sowjetischen Berlin-Blockade 1948/49 beteiligt, offensichtlich in diesem Zusammenhang mit dem höchsten diplomatischen Rang eines außerordentlichen, bevollmächtigten Botschafters ausgezeichnet; Semjonow war die Schlüsselfigur der sowjetischen Politik in der DDR; er war von 1978 bis 1986 Botschafter in der Bundesrepublik Deutschland; verfaßte 1987 anläßlich des 108. Geburtstages von Stalin im SED-Zentralorgan «Neues Deutschland» einen Gedenkartikel.
12 Kabin, Mitarbeiter aus dem Apparat des ZK der KPdSU.
13 Zu seinem 60. Geburtstag erhielt Walter Ulbricht vom ZK der SED eine Glückwunschadresse, die im engeren Führungszirkel für viel Aufregung sorgte. Rudolf Herrnstadt notierte dazu 1953: «Wie eine normale gesunde Reaktion des Politbüros verhindert wurde: einer zum anderen: das (gemeint ist die Glückwunschadresse, d. Hg.) ist doch unmöglich. Ich: erzähle Iljitschow. Er: Aber warum sind Sie nicht aufgetreten? Ich: Die Beziehungen sind schon gespannt, besser Sie tun dies. Iljitschow: Gut, wir werden das über Pieck regeln. – Wenige Tage später, Pieck krank. Nichts. Wochen später: Entwurf Oelssner im Polit-

low[14] sei nach Barwicha[15] geschickt worden, um Wilhelm[16] zu veranlassen, sehr ernsthaft mit Walter zu reden. Kabin fragte mich: ‹Wie konnte Ihr Politbüro ein solches Dokument beschließen?› Aus seinen Worten ging hervor, daß das ZK der KPdSU im Ernst meint, die Beweihräucherung Ulbrichts ginge auf die Initiative des deutschen Politbüros zurück. Sie wären ja vom Stuhl gefallen, wenn sie gehört hätten, daß Ulbricht selber der Verfasser ist.» (Hier kam es zu einer Auseinandersetzung, da einige Genossen Oelssner vorwarfen, daß gerade er als Vorsitzender der vom Sekretariat eingesetzten Kommissionen zur Vorbereitung des 60. Geburtstages von Ulbricht zum Entstehen dieser Lage beigetragen habe).

2.

Nach diesem Gespräch, kurz vor Eröffnung der Sitzung, erschien im Saal W. S. Semjonow, den wir erst wenige Wochen zuvor, als er nach Moskau zurückberufen worden war, feierlich verabschiedet hatten. Er begrüßte die einzelnen Genossen. Bevor er sich auf den Stuhl neben mir setzte, wo er auch während der folgenden Sitzungen saß, fand zwischen ihm und mir folgendes Gespräch statt (w.):

büro: *Ich* bin nicht schuld. Alles Lotte. (Großes gespieltes Erstaunen). Man tut doch Walter keinen Gefallen. Nie würde er einverstanden sein. Alle: Bei dieser Stimmung in den werktätigen Massen – ein Schlag gegen die Partei. Ich: (zu Iljitschow) Jemand muß endlich mit Walter reden. Iljitschow: Aber was denn, was soll deshalb schon passieren? Nichts. Ich: (völlig erstaunt) schweige. Nachher erzählen Gr(otewohl) und O(elssner) über ihre Fahrt nach Moskau. Die Bestürzung des ZK. Die Bestürzung, als sie erfahren, daß W. U. (Walter Ulbricht) es selber gemacht hatte. Die *Aktion* des ZK der KPdSU, zu der wir nicht fähig waren und Grotewohl sagt: Ich *habe* doch mit Semjonow gesprochen. Was er mir zur Antwort gegeben hat: Aber was ist denn schlecht daran? Daraufhin habe ich alles eingestellt. Ich werde mich doch nicht Mißdeutungen aussetzen, und das wäre das Nächste gewesen.»

14 M. A. Suslow, Sekretär des ZK der KPdSU für die Beziehungen zu den kommunistischen Parteien und für ideologische Fragen.

15 Ort bei Moskau.

16 Wilhelm Pieck (1876–1960), erster Staatspräsident der DDR. Parteivorsitzender der SED; als Ernst Thälmanns Nachfolger in der KPD-Führung entsprach vor 1945 sein Einfluß nicht der Funktion; erfüllte seit der Gründung der DDR zunehmend Repräsentationspflichten.

Ich: «Sie nehmen an unserer Sitzung teil?»

Er: «Ja, ich habe eine entsprechende Weisung. (Vertraulich) Die Weisung lautet sogar, *aktiv* teilzunehmen an den Sitzungen des Politbüros des ZK der SED.»

Ich: «Darf ich mir eine kritische Bemerkung erlauben?»

Er: «Bitte.»

Ich: «Der größte Fehler, den Sie begangen haben, ist, daß Sie zu lange geschwiegen haben.»

Er: «Ich habe viele Fehler begangen...»

Damit war diese Unterhaltung zu Ende. Auch dieser Versuch, in den Kern der Sache vorzustoßen, war gescheitert.

3.

Einige Tage später, am 9. Juni, fand eine Sondersitzung des Politbüros im Zimmer des Genossen Grotewohl statt. Alle Mitglieder und Kandidaten hatten mehrere Tage vorher eine Abschrift des Dokuments des ZK der KPdSU erhalten, mit dem Hinweis, daß sich jeder verbindlich darüber äußern solle, ob er dem neuen Kurs zustimme oder nicht. Anwesend waren die in Berlin befindlichen Angehörigen des Politbüros, d. h. alle mit Ausnahme von Pieck und Matern [17], ferner W. S. Semjonow, der während der ganzen vielstündigen Sitzung mitschrieb

17 Hermann Matern, Mitbegründer der KPD, Sowjetemigrant, seit 1950 alleiniger Vorsitzender der Zentralen Parteikontrollkommission (ZPKK). In der Verteidigungsschrift Rudolf Herrnstadts v. 1.12.1953 heißt es in bezug auf Matern: «...Genosse Matern hat mir einige Sätze aus einer Erklärung des Genossen Ackermann vorgelesen, (...) eine unzutreffende Bemerkung des Genossen Ackermann möchte ich richtigstellen. Er behauptet, ich hätte Genossen Matern für die Funktion des Vorsitzenden des Bundesvorstandes des FDGB vorgeschlagen. Die Funktion des Vorsitzenden des Bundesvorstandes des FDGB ist eine der wichtigsten und ehrenvollsten. Ich würde nicht den geringsten Anstand nehmen, zu einem solchen Vorschlag zu stehen. Aber die Wirklichkeit war anders. Ich habe bezüglich des Genossen Matern nur einen, und zwar negativen Vorschlag gemacht – daß er den Vorsitz der ZPKK aufgeben solle. Den positiven Vorschlag, daß Genosse Matern die Funktion des Bundesvorstandes des FDGB übernehmen solle, hat Genosse Ackermann gemacht, mit der Begründung, daß Genosse Matern mit der Arbeiterschaft besonders eng verbunden sei. Dieser Sachverhalt ist für mich vielleicht nicht sehr entlastend, aber er entspricht der Wahrheit.»

und erst am Ende einige Worte sagte. (Seine Notizen über diese Sitzung sind eine wichtige historische Quelle, da leider kein stenographisches Protokoll geführt wurde.[18]) Da alle Genossen Gelegenheit gehabt hatten, sich auf die Sitzung vorzubereiten – ein für unsere damaligen Verhältnisse ganz ungewöhnlicher Fall, u. a. gerade darum hatte das Politbüro drei Jahre lang vergeblich gekämpft – und da die Wichtigkeit des Tagesordnungspunktes zutage lag, herrschte von Anfang an eine Atmosphäre des Verantwortungsbewußtseins und der Entschlußfreudigkeit. So wurde diese Sitzung der Ausgangspunkt der innerparteilichen Ereignisse der folgenden Wochen.

Nach Eröffnung der Sitzung durch Genossen Grotewohl sprach als erster Oelssner. Er begann mit den Worten (w.): «Zwei Jahre lang habe ich geschwiegen, heute werde ich reden.» Er erklärte sodann sein Einverständnis zu sämtlichen Vorschlägen und Gedanken des sowjetischen Dokuments und warf die Fragen auf, die alle Anwesenden beherrschten: Was haben wir deutschen Genossen falsch gemacht? Wie konnte es geschehen, daß wir im Rahmen einer richtigen Politik ein Jahr lang einen falschen Kurs gesteuert und Fehler über Fehler gemacht haben? Als Antwort gab er eine breite Schilderung der Zustände im Sekretariat des ZK [19], der damals faktisch führenden Kör-

18 Dieser Hinweis ist nicht allein hinsichtlich des erwähnten Tatbestandes von Bedeutung. Er erhärtet die Annahme, daß das bislang für Historiker absolut unzugängliche Material über Politbürositzungen offensichtlich einen begrenzten Aussagewert hat.

19 Die Frage der Organisationsstruktur, d. h. die unmittelbare Kontrolle des hauptamtlichen Parteiapparats und damit auch der Zugang zu den entscheidenden Informationen spielten in den Auseinandersetzungen um eine kollektive Führung durch das Politbüro in Hinblick auf Ulbrichts Alleinherrschaft eine zentrale Rolle. Bereits bei der Bildung des Politbüros am Vorabend der 1. Parteikonferenz (Januar 1949) war zu dessen «Unterstützung» , «zur Kontrolle der Durchführung seiner Beschlüsse, zur Vorbereitung der Vorlagen und zur Erledigung der laufenden Arbeit» ein sog. «Kleines Sekretariat» errichtet worden. Zu diesem Zeitpunkt besaß es noch überwiegend organisatorischen und Kontrollcharakter. Im folgenden Jahr jedoch wurde es in weitgehender Anpassung an die KPdSU in ein «Sekretariat des ZK» umgewandelt, dessen Aufgabe in der «allgemeinen Leitung der Organisationsarbeit und in der täglichen operativen Führung der Tätigkeit der Partei» bestand. Diesem Apparat, den Ulbricht als Generalsekretär unmittelbar kontrollierte und zielstrebig als eigentliches Machtzentrum ausbaute, gehörten seit Sommer 1950 vom Politbüro lediglich Franz Dahlem (im Mai 1953 ausgeschlossen) und Fred Oelssner an. Der Ausbau zum Machtzentrum geschah durch die Besetzung mit Ulbricht besonders ergebenen Personen aus dem Apparat wie Hermann Axen (Sekretär für Agita-

perschaft der Partei, dem er seit 1950 angehörte. Er schilderte die Arbeitsweise des Sekretariats, die Diktatur Ulbrichts, die Erziehung zu Liebedienerei und Furcht, den Dualismus zwischen Sekretariat und Politbüro, seine eigenen Ängste usw. Seine Ausführungen gipfelten darin, daß die wahren Wurzeln der begangenen Fehler nicht in den Beschlüssen der II. Parteikonferenz zu suchen seien, sondern weit tiefer und auch zeitlich weit länger zurückreichen. (Seine Kritik betraf das, was seit dem XX. Parteitag in den Begriff Personenkult zusammengefaßt wird; damals gebrauchten wir diesen Audruck nicht, sondern sprachen, schon um Walter Ulbricht nicht zu reizen, von der Notwendigkeit der Herstellung einer kollektiv arbeitenden Führung.)

Mit dieser Erklärung hatte Oelssner die Position bezogen, die während der abgelaufenen Jahre am ausgeprägtesten von Zaisser und mir in den Sitzungen des Politbüros vertreten worden war. Sämtliche folgenden Redner vertraten die gleiche Auffassung. Daher verwandelte sich die Sitzung in eine Abrechnung des Politbüros mit dem politischen Stil des Sekretariats, wobei jedermann klar war, daß unter ‹Sekretariat› in erster Linie Walter Ulbricht zu verstehen war. Bezeichnend war, daß sogar solche Genossen, die in der Vergangenheit äußerst zurückhaltend waren (wie Mückenberger[20]) oder solche, die um keinen Preis in irgendeiner Frage in Widerspruch zu Walter Ulbricht geraten wollten (wie E. Honecker[21]), unter dem Druck der Ehrlichkeit fordernden Stimmung neue, unbekannte Folgen der Arbeitsweise des Sekretariats darlegten. Besonderen Eindruck machten die Ausführungen des Genossen Grotewohl, der sich in dieser Sitzung seinen Kummer aus vielen Jahren von der Seele redete, aber peinlich dabei bemüht war, Walter Ulbrichts Eigenliebe zu schonen. (Meine

tion), Karl Schirdewan (erst im Dezember 1952 kooptiert und für die entscheidenden Ressorts Auswahl, Einsatz, Leitung und Kontrolle der leitenden Parteikader, Anleitung und Kontrolle der untergeordneten Parteiinstanzen und der sogenannten Massenorganisationen zuständig. Leiter der Westkommission, nach Dahlems Sturz Kaderchef), Otto Schön (Organisationsfragen und Parteiaufbau), Willi Stoph (Wirtschaftsfragen, ab Mai 1952 Innenminister) und Paul Verner.

20 Erich Mückenberger (geb. 1910), 1. Sekretär der SED-Bezirksleitung Erfurt; einer der noch verbliebenen «Vorzeige SPD-Funktionäre», der völlig farblos blieb. Bis 1989 Mitglied des SED-Politbüros.

21 Erich Honecker (geb. 1912), Vorsitzender der FDJ, später Nachfolger Ulbrichts als Generalsekretär der SED.

Aufzeichnungen aus dieser Sitzung auch über die Ausführungen Genosse Grotewohls habe ich später auf Aufforderung an H. Matern abgeliefert [22]). Zaisser und ich nahmen an der Kritik teil, aber wir hielten uns in dieser Sitzung zurück. Wir hatten zwei Jahre lang im Politbüro diesen Kampf geführt und dafür schwere Schläge in Kauf genommen – jetzt war eine neuerliche Darlegung unseres Standpunktes nicht mehr nötig und hätte nur wie Auftrumpfen ausgesehen.

Die Genossen Semjonow und Ulbricht wurden durch diesen einheitlichen und leidenschaftlichen Ausbruch des Politbüros völlig überrascht. Im Anfang der Sitzung zeigte Genosse Semjonow noch, wenn besonders scharfe und weitgehende Formulierungen fielen, ein erstauntes Gesicht, später beschränkte er sich aufs Mitschreiben, am Ende, als alle deutschen Genossen gesprochen hatten und er das Wort nehmen mußte, sagte er zu Walter Ulbricht gewandt: «Ja, Genosse Ulbricht, meiner Meinung nach ist es jetzt an Ihnen, aus dieser sehr fundierten Kritik des Politbüros ernste Folgerungen zu ziehen.» Zweifellos verstand er, daß diese Kritik sich nicht weniger gegen ihn selber richtete, aber davon sprach er nicht.

Charakteristisch war folgender Vorfall am Ende der Sitzung: Das Politbüro wünschte, daß Genosse Ulbricht dem Sekretariat von der an ihm geübten Kritik und der Forderung, seinen Arbeitsstil und sein Benehmen zu ändern, Mitteilung macht. Daraufhin ergab sich folgender Dialog (w.):

Ulbricht: «Dem Sekretariat? Wieso?»

Grotewohl: «Ich verstehe die Frage nicht?!»

Ulbricht: «Ja, denkt Ihr, ich werde das Sekretariat nach dieser Kritik noch einmal zusammenrufen?»

Grotewohl: «Na, *so* geht es aber auch nicht –?!»

Ulbricht: «*Ich* werde das Sekreatriat nicht wieder zusammenrufen, kommt ja gar nicht in Frage.»

Tatsächlich hat Walter Ulbricht das Sekretariat nicht wieder zusammengerufen. So diktatorisch es gearbeitet hatte, so diktatorisch flog es auseinander. Auch daran fand W. S. Semjonow nichts unstatthaftes. Die Mitglieder des Sekretariats (wie Axen und Verner), die es

---

22 Die Aufforderung an den Parteivorstand der SED/PDS um Rückführung dieser und anderer Materialien von Rudolf Herrnstadt beantwortete die Schiedskommission der Partei mit dem Hinweis, «eine Prüfung, wo sich die (...) erwähnten persönlichen Notizen und Unterlagen Ihres Vaters befinden, ist inzwischen eingeleitet worden.» Schreiben vom 21.2.1990.

noch eben für eine Zeitverschwendung gehalten hatten, mit Politbüro-Mitgliedern zu reden, liefen nun wochenlang (bis zum 15.
Plenum, das sie rettete) verstört herum und versuchten auf den Korridoren, von uns (z. B. von mir) zu erfahren, was eigentlich passiert sei,
warum Walter Ulbricht das Sekretariat nicht mehr zusammenrufe und
was nun aus ihnen würde.

Faßt man die in dieser Sitzung einstimmig vertretene Meinung des
Politbüros in einen Satz, so lautete sie: Wir sind für den neuen Kurs
und halten die im sowjetischen Dokument geäußerte Kritik für richtig. Aber der neue Kurs wird nicht zum Erfolge führen, wenn nicht
Entscheidendes bei uns geändert wird. (Heute würde man sagen:
wenn nicht im Sinne der Liquidierung des Personenkults eine Wendung in der gesamten Parteiarbeit herbeigeführt wird.) Geschieht das
nicht, so ist die von der Sowjetunion in Aussicht gestellte große materielle Unterstützung in einen Topf ohne Boden geworfen und das
Ziel: die DDR zum Magneten für die Werktätigen ganz Deutschlands
zu machen, wird nicht erreicht werden. Eben weil die Frage *so* gestellt
wurde, verwandelte sich die Sitzung in einen allgemeinen Angriff
auf das Sekretariat, wobei das Wort Sekretariat, wie erwähnt, nur
das Deckwort war für Personenkult, Loslösung von den Massen, Ei-
genmächtigkeiten Walter Ulbrichts, Sektierertum usw. Daher die Be-
troffenheit der Genossen Semjonow und Ulbricht. Diese Sitzung war
– objektiv – ein großer Sieg des Politbüros, ein Ausweis für seine politische Reife und seine Fähigkeit zu kollektiver Arbeit. In diesem
Sinne hat Genosse Grotewohl durchaus recht mit der Feststellung:
«Hat es bei uns eine Kollektivität gegeben oder nicht? Ich sage, es
gibt sie und hat sie gegeben» (N. D. 1. 5. 1956). Das Politbüro hat die
Aufrichtung einer persönlichen Diktatur nicht zugelassen.

Gleichzeitig wird verständlich, warum in den darauffolgenden Wochen (vor allem auf dem 15. Plenum) von einigen Seiten alles getan
wurde, um die PB-Sitzung vom 9. Juni aus der Erinnerung und den
Dokumenten zu tilgen.

4.

Ich bin daran interessiert, eine Teilfrage aus dieser Sitzung genauer wiederzugeben. Im sowjetischen Dokument wurde u. a. die Frage der Landwirtschaftlichen Produktionsgenossenschaften in der DDR gestellt. Die sowjetische Formulierung in dieser Frage war nicht klar. Man konnte aus ihr herauslesen, daß die sowjetischen Genossen mit der eingeleiteten Kollektivierung der Landwirtschaft bei uns nicht einverstanden sind.

Ich hielt die sowjetische Darlegung in diesem Punkt für falsch. Da uns Zeit gegeben worden war, uns vorzubereiten, hatte ich Materialien und Argumente schriftlich zusammengestellt. Zu meiner Verwunderung polemisierte keiner der etwa fünf Genossen, die vor mir sprachen, gegen die erwähnte Formulierung. Alle nahmen das Dokument in Bausch und Bogen an. Als die Reihe an mir war, begann ich mit der Einschränkung, ich sei mit den Forderungen des sowjetischen Dokuments in allen Punkten einverstanden, mit Ausnahme der Formulierung des Dokuments in der Frage der LPG. Hier unterbrach mich Gen. Grotewohl und sagte mahnend (w.): «Genosse H., es handelt sich um die Auffassung des Präsidiums des ZK der KPdSU.»

Ich fragte (w.): «Lege ich die Stelle bezüglich der LPG richtig in dem Sinne aus, daß die sowjetischen Genossen die erfolgte Schaffung von landwirtschaftlichen Produktionsgenossenschaften bei uns für vorzeitig und falsch halten, und daß sie dafür wären, wir sollten keine weiteren LPG mehr gründen lassen und die bestehenden auflösen?»

Als Genosse Grotewohl diese Frage bejahte, sagte ich, dann müßte ich gegen diese Auffassung auftreten. Genosse Grotewohl unterbrach mich ein zweites Mal und sagte, offensichtlich um mich vor Unbesonnenheiten zurückzuhalten: «Gen. H., ich wiederhole, es handelt sich um einen Beschluß der sowjetischen Genossen.»

Ich erwiderte, daß dieser Beschluß uns zur Stellungnahme übersandt worden sei, und daß ich bäte, Stellung nehmen zu dürfen. Dann trug ich an Hand der Aufzeichnungen die Argumente *gegen* die Auflösung der LPG bei uns und *für* ihre weitere Förderung vor: 1. eine Truppe, die man in den Kampf geführt hat, im Stich zu lassen, bedeute, die anderen Teile der Armee zu demoralisieren (Im Prozeß der Gründung der LPG und der Liquidierung der Großbauern war es naturgemäß zu vielfältigen Klassenkämpfen gekommen; jetzt die Großbauern zurückrufen und zugleich die LPG auflösen, hätte bedeutet, die LPG-Bauern den verschiedensten Repressalien auszusetzen und hätte die Möglichkeit, zu einem späteren Zeitpunkt erneut zur Gründung von LPG aufzurufen, auf Jahre verbaut). 2. Der hohe Stand der industriellen Entwicklung in Deutschland und der Entwicklung der VEB setzte *objektiv* die Festigung des Bündnisses zwischen der Arbeiterklasse und der Bauernschaft durch Übergang zur sozialistischen Großlandwirtschaft auf die Tagesordnung. Das führte ich unter Zuhilfenahme konkreten Materials an vielen Aspekten dieser Frage aus; ich hatte gerade in den vergangenen Wochen die Verhältnisse in einer Reihe von LPG studiert. (Das Widerspruchsvolle in meiner Lage war in diesem Augenblick folgendes: mein Auftreten wäre unmöglich gewesen ohne die jahrelange Beeinflussung durch W. S. Semjonow. *Er* hatte mich [und zweifellos auch andere deutsche Genossen] immer wieder auf die fundamentale Bedeutung des Bündnisses zwischen Arbeiterklasse und Bauernschaft hingewiesen, auf die Theorie dieser Frage, auf die Tradition der Unterschätzung dieser Frage in der deutschen Partei. *Er* hatte noch Wochen zuvor angeregt, im Zentralorgan eine regelmäßige Rubrik zur Unterstützung der LPG-Bauern [Organisierung des Erfahrungsaustausches zwischen ihnen] einzurichten, was mich veranlaßt hatte, die verschiedenen Typen der LPG und ihre Probleme an Ort und Stelle zu studieren und die fähigsten Kräfte der Redaktion aufs Land zu schicken. Und nun saß W. S. Semjonow dabei und verfolgte mein Auftreten als eine Art Insubordination mit bösen Blicken.)

Gen. Grotewohl folgte diesen Ausführungen mit Interesse. Nach mir sprachen weitere Genossen. Einer, Gen. Rau[23], sagte am Ende seiner Ausführungen: «In der Sache der LPG bin auch ich der Meinung, daß man sie bestehen lassen soll.» Damit war das Eis gebrochen, denn nun war meine Auffassung nicht mehr isoliert. Auch ein dritter Genosse, an den ich mich nicht mehr erinnere, sprach sich dafür aus. Am Schluß der Sitzung, als es um die Zusammenfassung der Ergebnisse ging, sagte Gen. Grotewohl zum Genossen Ulbricht, der inzwischen gleichfalls gesprochen, aber zur Frage der LPG kein Wort gesagt hatte: «Und was ist Deine Meinung in der Frage der LPG?»

23 Heinrich Rau (1899–1961), Stellvertretender Ministerpräsident und Leiter der Koordinierungs- und Kontrollstelle für Industrie und Verkehr. Genoß als altes KP-Mitglied, Spanienkämpfer und KZ-Häftling großes Ansehen besonders bei der alten Parteimitgliedschaft.

Gen. Ulbricht, der durch den Verlauf der Sitzung schwer gekränkt war, zuckte die Achseln und sagte (w.): «*Meine* Meinung dürfte feststehen, aber... *Wie* es gewünscht wird. Man wird ja sehen, wie weit man damit kommt.» (Das sollte heißen: ‹Selbstverständlich bin ich für die Erhaltung der LPG› – anders konnte es auch nicht sein, Walter Ulbricht hatte sich am meisten und mit großem Enthusiasmus für die Schaffung der LPG eingesetzt – ‹aber jetzt bin ich beleidigt, und da seht mal zu, wie Ihr alleine weiterkommt›).

Einige Genossen, darunter ich, waren über diese Haltung empört und machten Zurufe. (Nach der Sitzung sagte ich Walter Ulbricht unter vier Augen – damals ließ er eine solche Kritik noch zu –, daß sein Im-Stich-lassen der LPG-Bauern im entscheidenden Augenblick aus Gründen des Beleidigtseins erschreckend sei).

Gen. Grotewohl rettete die Lage wie folgt. Er sagte (w.): «Nun unser Beschluß über die landwirtschaftlichen Produktionsgenossenschaften. Es liegt der Vorschlag vor, sie *nicht* aufzulösen, sondern zu gleichen Rechten wie die werktätigen Einzelbauern zu fördern. Besteht darin Einverständnis?» Die Mehrzahl der Anwesenden nickte. Auch Walter Ulbricht nickte. Andere schwiegen. Semjonow schrieb. Niemand sagte nein.

Gen. Grotewohl: «Also beschlossen – die LPG's bleiben!»

Nach der Sitzung kam Gen. Grotewohl zu mir und bat, ihm die Aufzeichnungen zur Frage der LPG zu geben, er müsse am Abend (am gleichen oder folgenden, das weiß ich nicht mehr) reden und wolle sie benutzen. Daraufhin diktierte ich meine Aufzeichnungen ab und gab ein Exemplar (drei oder vier Schreibmaschinenseiten) Gen. Grotewohl. Das zweite lieferte ich zusammen mit der Urschrift und den Notizen über diese Sitzung auf Verlangen von H. Matern an die ZPKK[24] ab.

Ich bin auf diesen Vorfall aus folgendem Grunde näher eingegangen: Vier Wochen später wurde Berija entlarvt. Es stellte sich heraus, daß *er* die desorientierende, in die falsche Richtung treibende Formulierung in das sowjetische Dokument hineingebracht hatte. Zugleich war der 17. Juni erfolgt, und W. S. Semjonow ging auf die Linie, aus Zaisser und mir «Vertreter des Sozialdemokratismus» zu machen (die Zusammenhänge schildere ich später). In meiner Empörung hierüber

24 ZPKK – Zentrale Parteikontrollkommission des ZK der SED.

rief ich in der entsprechenden Sitzung des Politbüros (an der auch P. A. Judin [25] teilnahm) Semjonow zu: «Ich verstehe Sie nicht. Von allem anderen abgesehen – wie kann man mir nach der Angelegenheit mit den LPG's Sozialdemokratismus nachsagen? Berija hat uns, wie wir heute wissen, vor vier Wochen einem Examen unterworfen. *Ich kann für meine Person sagen, daß ich dieses Examen bestanden habe.*» Diese Worte sind nicht sehr bescheiden gewesen, das gebe ich zu. Aber abgesehen davon, daß es auch nicht gerade ‹bescheiden› ist, einen Menschen, der sein ganzes Leben gegen den Sozialdemokratismus gekämpft hat, aus Zweckmäßigkeitsgründen zum «Vertreter des Sozialdemokratismus» stempeln zu wollen, empörte mich die Gewandtheit, mit der W. S. Semjonow die Rollen wechselte, in denen er auftrat. Jetzt, indem er aus mir einen Sozialdemokraten machen wollte, nahm er wieder «aktiv teil» an der Arbeit des deutschen Politbüros. Aber als es darum ging, die LPG's zu erhalten, da war er, der die deutschen Agrarverhältnisse genau kannte, bis über die Ohren mit Mitschreiben beschäftigt, obwohl ihm die sowjetischen Genossen zweifellos nicht verübelt hätten, wenn er auch an der Durchkreuzung der Berija'schen Diversion «aktiv teil» genommen hätte.

5.

Folgende Beschlüsse wurden gefaßt (wenn ich nicht irre, sämtlich in der eben geschilderten Sitzung):

1. Es ist sofort ein kurzes, zur Veröffentlichung bestimmtes Kommuniqué des Politbüros zu verfassen, in dem die wichtigsten Maßnahmen des bevorstehenden Kurswechsels bekanntgegeben werden (Tempominderung in der Forcierung des Aufbaus der Schwerindustrie, vergrößerte Investitionen in die Leichtindustrie, Veränderungen in der Lohnpolitik, Widerrufung der Maßnahmen gegen die Großbauern, die Kirche usw.). Dieses Kommuniqué hat später unter

25 P. A. Judin, Stellvertreter Semjonows, Philosophieprofessor, bekannter stalinistischer Theoretiker. Seine Ernennung zum Berater des Vorsitzenden der Sowjetischen Kontrollkommission anstelle Semjonows am 21. April 1953 löste ebenso wie die Rückkehr Semjonows als sowjetischer Hoher Kommissar allgemeine Überraschung aus.

der Bezeichnung «Kommuniqué des Politbüros vom 9. Juni»[26] eine große Rolle gespielt. Mit der Abfassung wurde ich beauftragt.

2. Sobald als möglich ist das nächste Plenum des ZK einzuberufen, auf dem der Kurswechsel in aller Ausführlichkeit begründet und diskutiert wird. Zur Vorbereitung dieses Plenums wird eine Kommission eingesetzt, die den (umfangreichen) Entwurf für die Entschließung des Plenums auszuarbeiten hat. In diese Kommission wurden die Genossen Ulbricht, Rau und ich gewählt.

3. Es wird eine weitere Kommission gebildet, die den Auftrag hat, dem Politbüro Vorschläge für die Verbesserung der Parteiarbeit und für die dazu erforderlichen organisatorischen Veränderungen auch in den führenden Körperschaften der Partei zu unterbreiten. In diese Kommission wurden die Genossen Grotewohl, Ulbricht, Zaisser, Oelssner, Jendretzky[27] und ich gewählt.

Zeitlich sah die Lage für mich zu diesem Zeitpunkt so aus:

Als erstes war das kurze (vier bis fünf Seiten lange) Kommuniqué zu schreiben. Die besondere Verantwortlichkeit dieser Arbeit war klar.

Gleichzeitig war die Arbeit am großen (auf vierzig bis sechzig Seiten veranschlagten) Entwurf der Entschließung für das geplante nächste Plenum zu forcieren, denn das Politbüro drängte mit Recht darauf, daß das Plenum so schnell als möglich auf die Veröffentlichung des Kommuniqués folge. (Wir nahmen damals an: in etwa 14 Tagen, also etwa am 18./20. Juni.) – Dieser Entwurf hatte in drei Teile zu zerfallen, den politischen, den ökonomischen und den Parteiteil. Für die Abfassung des ökonomischen Teils waren genaue Ziffernangaben erforderlich, die erst in Zusammenarbeit zwischen den deutschen und den sowjetischen Stellen errechnet werden mußten. Darum kümmerte sich Genosse Rau. Ich sollte inzwischen den 1. (politischen) Teil und den Rahmen für die beiden weiteren Teile entwerfen. Der 3. Teil («Über die Partei») war abhängig vom Ergebnis der Arbeit der zweiten Kommission, die gleichfalls in den bevorstehenden 14 Tagen ihre Arbeit abgeschlossen haben sollte.

An diesem Tage (9. Juni) übergab ich die Leitung des Zentral-

26 Das Kommuniqué wurde am 11. Juni 1953 veröffentlicht.
27 Hans Jendretzky (geb. 1897), 1. Sekretär der Bezirksleitung der SED Ost-Berlins. Eröffnete als ältester Abgeordneter der DDR-Volkskammer nach den Oktoberereignissen 1989 die erste, von den Medien direkt übertragene Sitzung dieses Parlamentes.

organs meinem Stellvertreter, Gen. Friedrich[28]. Meine Sekretärin, Gen. Klemm[29], noch heute im ND, hatte Anweisung, von nun ab niemanden mehr zu mir zu lassen.

6.

Am 10. Juni entwarf ich das «Kommuniqué vom 9. Juni». Während der Arbeit wurde ich aus dem Büro Ulbricht mehrfach gedrängt, das Kommuniqué müsse bis zum frühen Nachmittag fertig sein. Je mehr ich versuchte, das Kommuniqué in der aufgetragenen Weise (4–5 Seiten, kurze, erschöpfende, mitreißende Aufzählung) zu schreiben, desto klarer wurde mir, daß es in der vorgesehenen Form eine nicht zu verantwortende Chocwirkung in der Partei und in der Öffentlichkeit hervorrufen müsse. Es erwies sich als unmöglich, die wichtigsten, von der Partei soeben ein Jahr hindurch gegen unzählige Widerstände als allein richtig verteidigten Maßnahmen kurzerhand, d. h. unter Verzicht auf eine fundierte Begründung zu widerrufen – ohne die Partei zu desorientieren und zu erbittern und dem Gegner die Flanke zu öffnen. Mir erschien ein solches Vorgehen auch vom Standpunkt der marxistischen Publikationspolitik unverantwortlich. Ich erinnerte mich – und führe das hier an, weil ich es in den darauffolgenden Stunden sowohl Walter Ulbricht wie W. S. Semjonow darlegte – an folgendes: Schon zehn Jahre vorher hatte ich in der PUR[30] von Genossen Manuilski[31] gelernt, daß es in der marxistischen Presse unzulässig ist,

28 Heinz Friedrich, Journalist, stellvertretender Chefredakteur von «Neues Deutschland».
29 Grete Klemm, Chefsekretärin auch bei den folgenden Chefredakteuren der Zeitung. Nahm 1966 die Beschwerde über die Tilgung der Traueranzeige für Rudolf Herrnstadt durch die Redaktion des Blattes entgegen.
30 Politische Hauptverwaltung der Roten Armee.
31 D. Z. Manuilski (1883–1953), gehörte neben W. A. Antonow-Owssejenko zu den wenigen ‹alten Bolschewiki›, die auf Herrnstadt vor und während des 2. Weltkrieges einen starken Eindruck machten. Aus einfachen Verhältnissen stammend, hatte sich Manuilski frühzeitig der Russischen Sozialdemokratischen Arbeiterpartei (SDAPR) angeschlossen, war nach der Teilnahme am Aufstand von Kronstadt 1905 zu fünfjähriger Verbannung nach Jakutien verurteilt worden, floh aus dem Gefängnis nach Kiew, wo er in der Militäradministration der SDAPR arbeitete, emigrierte 1907 nach Frankreich, legte 1911 sein juristisches Diplom an der Sorbonne ab, kehrte zeitweilig zur illegalen Arbeit

einen falschen oder für den Leser unverständlichen Satz zu veröffentlichen, ohne ihn sofort zu zerschlagen bzw. zu erklären. Gelegentlich eines Zitats aus der gegnerischen Presse, das ich übernehmen und mit dem Zusatz versehen wollte: «In der nächsten Nummer werden wir uns ausführlich hiermit auseinandersetzen», hatte mir Gen. Manuilski gesagt: «Eine mißverständliche Sache können Sie zitieren, wenn Sie sie im unmittelbaren Anschluß, auf der gleichen Zeitungsseite aufklären, und zwar so präzise und erschöpfend, daß Sie alle Leser auf Ihrer Seite haben. Sie dagegen schreiben, in der nächsten Nummer würden Sie Stellung nehmen. Und bis dahin? Bis dahin können alle Gehirne spazierengehen, in welche Richtung sie wollen, wie?» Mehr als ein dutzendmal hatte ich diese Geschichte in der Redaktion des Zentralorgans bei entsprechenden Anlässen den Redakteuren erzählt. Und jetzt sollte ich mit dem Kommuniqué dasselbe machen, nur daß es sich diesmal nicht um ein belangloses Zitat in einer nicht sehr bedeutenden Zeitung für Kriegsgefangene handelte, sondern um den politischen Kurs der ganzen Partei.

Am frühen Nachmittag legte ich den Entwurf des Kommuniqués Genossen Ulbricht vor. Er las ihn und hatte keine Einwendungen. Ich setzte ihm das oben Gesagte auseinander. Er erwiderte: «Die gleichen Einwendungen habe *ich* bereits gemacht. Auch Grotewohl hat die größten Bedenken. Aber sie bestehen darauf.» Ich sagte: «Damit kann man sich doch nicht zufriedengeben?!» Ulbricht erwiderte (w.): «Komm heute nachmittag um 6 in die Wohnung des Genossen Grotewohl. Dort wird Semjonow sein. Ich möchte ohnehin, daß er das Kommuniqué vor der Veröffentlichung liest. Bei der Gelegenheit kannst Du ihm die Sache noch einmal vortragen. Aber Du wirst kein Glück haben.»

Um 6 Uhr war ich in der Wohnung des Gen. Grotewohl. Dort waren außer Grotewohl und Ulbricht die Genossen Semjonow, Judin, Semistschastnow, Kjatkin.[32] Von 6 bis 7 wurden Einzelheiten, die sich

nach St. Petersburg und Moskau zurück, endgültig dann im Mai 1917. Delegierter des 6. Parteikongresses der Bolschewiki, während der Oktoberrevolution Kommissar von Krasnoje Selo, seit 1922 in der Komintern, ab 1924 als Präsidiumsmitglied ihres Exekutivkomitees tätig und von 1928 bis zur Auflösung Sekretär des Exekutivkomitees und Leiter der sowjetischen Sektion, seit 1942 war er gleichzeitig in der Politischen Hauptverwaltung der Roten Armee (PUR) bzw. der Sowjetischen Armee tätig, wo Herrnstadt ihm erstmals begegnete.
32 Semistschastnow, Kjatkin, Mitarbeiter Semjonows.

aus dem Kurswechsel ergaben, erörtert, insbesondere ökonomische. Um 7 verabschiedeten sich die Genossen Grotewohl und Ulbricht, um ins ZK zu fahren, wo das Politbüro zu Ehren des zurückberufenen Armeegenerals Tschuikow[33] ein kleines Essen gab. Ich sollte nachkommen. Nach ihrem Weggang zeigte ich den Entwurf Semjonow. Er las ihn und hatte drei oder vier kleine Änderungsvorschläge, die ich mir aufschrieb. Dann folgte folgendes Gespräch (w.):

Ich: «Gen. Semjonow, ich bin zwar der Verfasser des Kommuniqués, aber ich möchte gegen seine Veröffentlichung protestieren.»

S.: «Warum?»

Ich: «So darf man den Kurswechsel nicht einleiten. Das Kommuniqué kann nur Verwirrung stiften.» (Das führte ich näher aus).

Er: «Das Kommuniqué *muß* morgen in der Zeitung stehen.»

Ich: «Ich entnehme aus Ihren Worten, daß eine diesbezügliche Anweisung vorliegt. Wenn das der Fall sein sollte – ginge es nicht, daß Sie in Moskau darlegen, warum es zweckmäßig wäre, die Anweisung zu verändern? Geben Sie uns 14 Tage, und wir können den Kurswechsel so überzeugend und fortreißend begründen, daß *wir* mit ihm in die Offensive gehen und nicht der Gegner. Er enthält doch alle Elemente dafür, aber die Elemente können sich ins Gegenteil verwandeln, wenn wir den Start verpfuschen.»

Darauf antwortete Gen. Semjonow sehr scharf und von oben herab (offenbar empfand er meine Worte als Einmischung in seine Kompetenzen):

«In 14 Tagen werden Sie vielleicht schon keinen Staat mehr haben.»

Ich erwiderte, wenn er die Lage *so* einschätze, werde das Kommuniqué selbstverständlich morgen erscheinen und fuhr ins ZK. Dort war das Politbüro noch versammelt, während General Tschuikow bereits weggefahren war. Ulbricht rief mir zu: «Nun, was gab's noch?» Ich erwiderte: «Ich berichte Dir lieber morgen.»

Am anderen Morgen um neun Uhr hatte ich bei Ulbricht im Ministerratspräsidium zu sein. (Er empfing dort den Vorsitzenden des Bundes der Deutschen in Westdeutschland, Elfes, und hatte vorgeschlagen, daß ein zweiter Angehöriger des Politbüros an diesem Ge-

---

33 W. I. Tschuikow, war am 6. Juni 1953 im Zusammenhang mit der Übernahme einer anderen Tätigkeit als Oberbefehlshaber der Gruppe der Sowjetischen Streitkräfte in Deutschland entbunden und nach Moskau zurückbeordert worden.

spräch teilnimmt. Das Politbüro hatte entsprechend beschlossen.) Fünf Minuten vor neun bat ich durch die Sekretärin, *vor* Elfes empfangen zu werden. Das geschah. Ich berichtete Ulbricht über das Gespräch mit Semjonow (inzwischen war das Kommuniqué erschienen). Ulbricht war nicht erstaunt. Als ich die Bemerkung wiedergab: «In 14 Tagen werden Sie vielleicht schon keinen Staat mehr haben», sagte Ulbricht brüsk: «Er soll keine Panik machen!»

7.

Am gleichen oder folgenden Tage aß ich im Speiselokal des ZK in der Karl-Liebknechtstr. An einem anderen Tisch saß mit anderen Genossen Lotte Ulbricht[34]. Nachdem sie fertig war, setzte sie sich zu mir und wollte wissen, was in der großen Politbürositzung am 9. vor sich gegangen sei. Da ich eine Möglichkeit sah, durch sie auf Ulbricht einzuwirken, schilderte ich den Verlauf. Sie war erschüttert. Das hätte sie ihm immer gesagt – erklärte sie – das sei sein großer Fehler, er sei zu brüsk, er rechne zu wenig mit den Menschen. Dann wollte sie wissen, wie nach meiner Meinung Ulbricht aus dieser Lage herauskommen könne. Ich erwiderte: indem er aus eigener Initiative in einer der nächsten Sitzungen des Politbüros eine selbstkritische Stellungnahme abgebe, die erkennen läßt, daß er *ernsthaft* entschlossen ist, die diktatorischen Methoden aufzugeben. Lotte Ulbricht erwiderte (w.): «Du wirst sehen, er wird eine solche Erklärung abgeben. Ich werde alles tun. Du kannst Dich auf mich verlassen.»

Noch etwas ist aus dieser Unterhaltung bemerkenswert: Lotte Ulbricht äußerte ihr Erstaunen darüber, daß sie aus dem Apparat des ZK ausscheiden solle (sie war Abteilungsleiterin zur Verfügung des Genossen Ulbricht). Sie hatte erfahren, daß im Politbüro eine entsprechende Forderung gestellt und daß Genosse Semjonow der Treibende in dieser Sache gewesen war. Sie sagte (w.): «Ich war vollkommen erstaunt. Ich wäre nie auf die Idee gekommen, daß meine Arbeit im ZK Ärgernis verursacht. (Das war ein gespieltes Erstaunen. Sie

34 Lotte Ulbricht, geb. Kühn, Ehefrau Walter Ulbrichts, hatte beachtlichen Einfluß in der Parteispitze. Gehörte seit 1950 dem Redaktionskollegium der Parteizeitschrift «Einheit» an.

mußte seit Jahren wissen, daß die Tatsache ihrer Beschäftigung bei Walter Ulbricht und vor allem ihr Auftreten im ZK Ärger hervorrief). Warum hat mir denn Semjonow nie etwas gesagt? Ein einziges Mal hat er eine Bemerkung gemacht, die man in dieser Richtung auslegen kann, aber erst jetzt begreife ich sie, wo ich weiß, daß ich ausscheiden soll. Das war Anfang des Jahres, da trafen wir in einer Gesellschaft aufeinander, und er begrüßte mich mit den Worten: ‹Guten Tag, wie geht es Ihnen – so eine kluge Frau, und arbeitet beständig unter der Führung des Ehemanns.›»

Mich empörte diese Geschichte. Sie erschien mir wieder «echt Semjonow». Uns deutsche Genossen, deren Position gegenüber Walter Ulbricht viel schwächer war als seine, schickte er in dieser heikelsten persönlichen Sache vor, und wenn wir nicht gleich gehen wollten, sagte er stirnrunzelnd: «Was fürchten Sie? Sie sind doch Kommunist!» Er selber zog sich mit einer galant-diplomatischen Phrase aus der Schlinge – aber mit einer solchen Phrase, die ihm gegebenenfalls erlaubte, wiederum stirnrunzelnd zu erwidern: ‹Entschuldigen Sie, *ich* habe das Meine getan›. Er hatte, wie immer, alle Hintertüren offen.

In der nächsten Politbürositzung gab Ulbricht unaufgefordert eine selbstkritische Erklärung ab. Sie war sehr gewunden und kostete ihn offenkundig viel Überwindung. Das letztere und die Vorgeschichte (die nur ich und Zaisser kannten) veranlaßte mich, vor dem Politbüro Ulbricht zu danken und zu sagen, daß ich nicht zweifle, daß nun alles gut werden und eine echte kollektive Zusammenarbeit unter seiner Leitung zustande kommen werde. Auch andere Genossen begrüßten Ulbrichts Erklärung, allerdings wesentlich zurückhaltender, unter ihnen Zaisser. Als ich nach der Sitzung Zaisser vorwarf, er hätte Walters Erklärung nicht richtig gewürdigt, erwiderte er (w.): «Ich bewundere Deinen Optimismus, aber ich teile ihn nicht.»

An einem der nächsten Tage stieß ich im Städtchen[35] auf Lotte Ulbricht. Sie nahm mich unter den Arm und sagte: «Also, wie war's? Wie hat die Erklärung gewirkt? Das war nämlich gar nicht einfach für mich.» Als ich ihr den Hergang erzählte, waren wir beide sehr zufrieden und überzeugt, daß nun der richtige Weg eingeschlagen worden sei.

35 Unmittelbar neben dem Schloß Niederschönhausen (Berlin-Pankow) gelegenes, abgeschirmtes Wohngebiet der führenden Partei- und Regierungsmitglieder.

8.

Der erste Rückschlag kam in den nächsten Tagen. Das Politbüro arbeitete nun in täglichen langen Sitzungen an der Vorbereitung des Kurswechsels. Die Mehrzahl der Sitzungen fand im großen Sitzungssaal statt, weil zu ihnen zahlreiche Genossen (Wirtschaftsminister, FDGB-Funktionäre, Abteilungsleiter des ZK, Sekretärinnen) zugezogen waren. (Um den Entschließungsentwurf ausarbeiten zu können, wollte ich der Mehrzahl dieser Sitzungen fernbleiben, aber Ulbricht bestand darauf, daß ich teilnahm. «Wenn Du nicht im Bilde bist, kannst Du auch den Entwurf nicht schreiben.» Das war überzeugend.)

In diesen Sitzungen kam es zu einigen Zusammenstößen, die für die weitere Entwicklung wichtig wurden. Zwei von ihnen führe ich an:

1. Es wurde (von wem, weiß ich nicht mehr, ich glaube, es war Selbmann[36]) auf bestimmte Gefahren hingewiesen, die bei einem plötzlichen Abstoppen des forcierten Aufbaus der Schwerindustrie und der Überleitung großer Investitionsmittel in die Leichtindustrie für einige Kategorien der Arbeiterschaft entstehen könnten. Die Stillegung großer Vorhaben in der Schwerindustrie müsse zu einer Arbeitslosigkeit in der Schwerindustrie und im Maschinenbau führen. Man müsse gegebenenfalls mit 300 000 Arbeitslosen rechnen.

Eine solche Perspektive rief den Widerspruch des Politbüros hervor. Mehrere Genossen riefen durcheinander: «Das kommt überhaupt nicht in Frage. Das schlägt dem neuen Kurs ins Gesicht» usw.

Zum allgemeinen Erstaunen griff Walter Ulbricht das Argument auf und sagte: es sei aber so. Man könne keine Vorhaben einstellen oder Betriebe einschränken, ohne daß Arbeiter arbeitslos werden. Der Gedanke, sie kurzfristig in andere Betriebe oder auf andere Baustellen zu überführen, sei utopisch. Weder gäbe es die erforderlichen Wohnmöglichkeiten, noch gehe ein qualifizierter Metallarbeiter auf eine weniger qualifizierte Arbeit zu einem niedrigeren Lohn.

Darauf kam es zu neuen Auseinandersetzungen zwischen einer Reihe von Politbüromitgliedern, vor allem Ackermann[37] und Rau

---

36 Fritz Selbmann (1899–1975), Minister für Erzbergbau und Hüttenwesen.
37 Anton Ackermann (1905–1973), Staatssekretär im Ministerium für Auswärtige Angelegenheiten.

einerseits, Ulbricht andererseits. Ackermann und Rau erklärten, weder dürfe eine Arbeitslosigkeit zugelassen werden noch sei sie notwendig. Die angebotene sowjetische Hilfe würde bei Ausnutzung aller Möglichkeiten durchaus ermöglichen, die erforderlichen Verlagerungen und damit den neuen Kurs durchzuführen, ohne daß Arbeitslosigkeit entsteht. Es sei erstaunlich, in welcher Richtung argumentiert werde. Als Ulbricht auf seiner pessimistischen Einschätzung beharrte, sagte Ackermann zu ihm, man dürfe an den neuen Kurs nicht mit inneren Vorbehalten herangehen. Ulbricht erwiderte (w.): «Ich bin nicht gegen den neuen Kurs, aber die Arbeitslosen wird es geben, das werdet Ihr sehen.»

Diese Haltung hat beim späteren Vorgehen einer Reihe von Genossen eine Rolle gespielt. Wir sahen in ihr eine Parallele zu Ulbrichts Auftreten in der Frage der LPG's. Er ließ sich in entscheidenden Augenblicken durch Verärgerung und Launenhaftigkeit in Stellungnahmen treiben, die weder mit der Rolle zu vereinbaren waren, die ihm als Generalsekretär zukam, noch mit der besseren Überzeugung, zu der er im Zustand nüchterner Überlegung mühelos fähig war.

9.

Der zweite Vorfall spielte sich in den gleichen Tagen ab: Gen. Grotewohl, der die Sitzung leitete, hatte mehrfach zu Wort kommen wollen und war von Ulbricht grob abgefertigt worden. Unter den PB-Mitgliedern war Unruhe entstanden, weil 20–30 Funktionäre an dieser Sitzung teilnahmen, die diesen Zustände zum ersten Mal erlebten. Schließlich gelang es Gen. Grotewohl, ein paar Sätze zu sagen. Ulbricht gab ihm eine niederträchtige Antwort, an deren Wortlaut ich mich nicht mehr erinnere. Gen. Grotewohl verlor die Nerven und rief (w.): «Bin ich noch Parteivorsitzender oder bin ich es nicht mehr?!» Eine Weile war Stille. Dann wurde die Sitzung in einer Atmosphäre fortgesetzt, in der sich jeder das Seine dachte.

Nach der Sitzung hatte ich eine Unterhaltung mit Zaisser. Es ging um folgendes: Kurz zuvor hatte der westliche Nachrichtendienst einen Versuch gemacht, Gen. Grotewohl abzuwerben. Davon wußten nicht alle PB-Mitglieder, ich wußte davon von Zaisser und I. I. Iljitschow[38]. Eine Verwandte des Gen. Grotewohl war zu ihm mit der Mitteilung geschickt worden, dies sei ‹der letzte Versuch und für ihn die letzte Chance›. Gen. Grotewohl hatte die Verwandte hinausgeworfen und der Partei und der Staatssicherheit Mitteilung gemacht. Zaisser erklärte nun: «Walter kennt diese Zusammenhänge so gut wie ich. Sein Verhalten ist unverantwortlich. Daß Grotewohl der Sache treu bleibt, steht für mich außer Zweifel. Nicht hier liegt die Gefahr. Sondern darin, daß er zermürbt wird, die Lust verliert und auf solche Weise der Partei verlorengeht. Weder als Mitglied des Politbüros noch als Minister für Staatssicherheit kann ich dem zusehen. Mit *meiner* Unterstützung wird dieses Schindludertreiben nicht fortgesetzt werden. Aber was soll man tun?»

Ich schlug Zaisser vor, mit Semjonow zu sprechen, der dieser Sitzung nicht beigewohnt hatte. Zaisser lehnte ab. Er habe zu Semjonow und seiner Berichterstattung nach Moskau kein Vertrauen mehr. Er schlug vor, ich solle mit I. I. Iljitschow sprechen. Das sagte ich zu.

Am nächsten Morgen war ich bei Iljitschow. Auch er war betroffen. Er sagte (w.): «Nun, an Ulbricht haben Sie einen schwierigen Menschen. Solche Sachen gehen natürlich keinesfalls. Immerhin, er ist doch klug, sprechen Sie mit ihm, er wird schon verstehen.» Ich erwiderte, wir hätten schon oft darüber mit ihm gesprochen, das hätte niemals zu einem dauerhaften Erfolg, im Gegenteil zu Repressalien geführt. Iljitschow sagte darauf (w.): «Nitschewo, verlieren Sie nicht den Mut. Vielleicht ist der beste Ausweg folgender. Sie und Zaisser nehmen ein paar Genossen aus dem Politbüro zusammen, alte Kommunisten, prinzipielle Menschen, gehen gemeinsam zu Ulbricht oder bitten ihn zu sich und sprechen mit ihm – wie Genossen untereinander, bescheiden, herzlich, aber überzeugend. Er ist doch ein erfahrener Mann, sicher versteht er das. Na, und wenn er nicht verstehen will – dann berichten Sie uns, und wir werden tätig werden. Das ist, scheint mir, der richtigste Weg.»

Ich bin bis heute froh, daß ich diesem Rat nicht gefolgt bin. Um wieviel mehr wäre später gesagt worden, Zaisser und ich hätten Fraktionismus getrieben, wenn wir einen Teil der Politbüromitglieder zu einem solchen Gespräch veranlaßt hätten. Dabei war der Rat des Ge-

---

38 I. I. Iljitschow, im Zweiten Weltkrieg im Militärischen Nachrichtendienst der Roten Armee tätig, war einer der politischen Berater der Sowjetischen Kontrollkommission in Deutschland, ab 1952 Chef der sowjetischen Diplomatischen Mission bei der Regierung der DDR.

nossen Iljitschow – das ist auch meine heutige Überzeugung – völlig richtig (und natürlich hatte er mit Fraktionismus nichts zu tun). Ich war auch entschlossen, ihn zu befolgen, und nur folgende Umstände verhinderten das:

Es gelang mir an diesem Tage nicht mehr, Zaisser zu erreichen. (Ich teilte ihm diesen Vorschlag erst ein oder zwei Tage später mit). Am Abend wurde ich in einer anderen Angelegenheit zu Ulbricht gerufen. Im Vorzimmer sagte mir die Genossin Herpoldt, ich solle mich kurz fassen, Ulbricht wolle weg, und sie wolle noch mit Unterschriften zu ihm. Im Gegensatz hierzu war Genosse Ulbricht sehr aufgeräumt und gar nicht beeilt. Während er sprach, erfüllte mich noch die Unterhaltung vom Vormittag. Ich dachte: sollen wir wirklich erst diese ganze Aktion machen – vielleicht genügt es, wenn ich ihm den Hergang direkt erzähle. Darauf teilte ich ihm alles mit: die von ihm nicht beobachtete Reaktion des Politbüros auf sein Verhalten gegenüber Gen. Grotewohl, das Gespräch zwischen Zaisser und mir, das Gespräch mit Iljitschow, Zaissers und meine Entschlossenheit, ihn zur Aufgabe seines schädlichen Verhaltens gegenüber Genossen Grotewohl zu zwingen. Daraus ergab sich ein mehrstündiges Gespräch. Genossin Herpoldt, die mehrfach mit den Unterschriften hereinkam, wurde schon an der Tür von ihm wieder herausgeschickt.

Zunächst überschüttete mich Gen. Ulbricht mit Gegenargumenten. Ich hätte leicht reden. Alle Last ruhe auf ihm. Das Politbüro helfe ihm nicht. Gen. Grotewohl wolle nur repräsentieren. (w.) «Ich habe es satt, die Gouvernante von zweien zu sein[39], dazu reichen einfach meine Kräfte nicht» usw. Alle meine Erwiderungen, daß diese Darstellung falsch ist, daß sie den Kern nicht einmal berühre, daß er sich nicht helfen *lasse*, daß diese Fragen sofort entfallen, wenn kollektiv gearbeitet werde und gegenseitige Achtung herrsche, daß er auch uns helfen müsse, wies er zurück.

Dann empörte er sich über das Verhalten Semjonows (w.): «Wenn sie verlangen, daß ich mich Grotewohl gegenüber anders verhalten soll, dann müssen sie sich auch selber anders verhalten. Denk nicht, daß Du mir etwas Neues erzählst. Sie haben ja auch mit mir darüber gesprochen. Aber wie sieht die Wirklichkeit aus? Das werde ich Dir sagen. Kürzlich hatte Grotewohl ein Dokument zu schreiben, das tatsächlich nicht einfach war. Semjonow sagte mir: Schalten Sie sich ein,

39 Gemeint sind Grotewohl und Pieck.

helfen Sie. Will ich etwa nicht helfen? Ich gehe also am Abend rüber in die Wohnung von Grotewohl. Wer sitzt dort? Semjonow. Nun gut, denke ich, vielleicht will er *auch* helfen. Aber die Sache war anders. Ich merkte, daß meine Gegenwart nicht erwünscht war. Also nahm ich meinen Hut und ging wieder. Wo ich nicht erwünscht bin, dort bleibe ich auch nicht. Sie ließen mich auch ruhig gehen. Was soll ich davon denken? Bei jedem Menschen weiß ich, woran ich bin. Wenn ich von Semjonow fortgehe, weiß ich niemals, woran ich bin. *So* sieht es aus!» In diesem Punkt konnte ich Ulbricht nur recht geben. Ähnliche Erfahrungen hatte jeder von uns mit Semjonow gemacht.

Das Bezeichnendste an dieser Unterhaltung war ihr Ende. Während Ulbricht noch in den kräftigsten Ausdrücken gegen meine Ausführungen polemisierte (wir nahmen beide kein Blatt vor den Mund), hatte er sich offenbar längst von der Richtigkeit der Kritik überzeugt, denn plötzlich hielt er inne und fuhr in ruhigem, verändertem Ton fort: «Ich weiß schon, wie ich es machen werde. Das läßt sich übrigens ganz einfach korrigieren.» Ausführlich setzte er auseinander, wie er bei einer bevorstehenden Gelegenheit (ich habe vergessen, welcher) Gen. Grotewohl von seinem guten Willen überzeugen werde. Er schloß mit den Worten: «So muß es doch gehen, oder was meinst Du?» Ich war – wie oft – wieder von ihm begeistert, von seiner Elastizität, der Schnelligkeit seines Denkens und vor allem davon, daß er letzten Endes, wie mir schien, guten Willens war.

10.

Inzwischen waren mir im Politbüro Richtlinien für die Ausarbeitung der Entschließung für das nächste Plenum gegeben worden. W. S. Semjonow hatte im Politbüro noch einmal den Standpunkt vertreten (der mir nach den Mitteilungen Oelssners nicht mehr neu war), daß es in der Entschließung darauf ankomme, der Partei und der Öffentlichkeit die Entstehung der Fehler offen und im Zusammenhang darzulegen und sie eben dadurch von unserer Reife als marxistische Partei zu überzeugen. Jede Bezugnahme auf Westdeutschland solle hierbei unterbleiben. Da ich nicht genügend zum Zitieren geeignetes, konkretes Material über die erfolgten Fehler besaß, hatte mir Gen. Semjonow eine Reihe von internen Berichten der SMA [40]-Stellen in der DDR an die SMA in Berlin zur Verfügung gestellt. (Einen Teil dieser Berichte fand ich noch nach meinem Ausschluß unter meinen Papieren und lieferte sie an H. Matern ab.)

Auf der Grundlage dieser Materialien schrieb ich den 1. (politischen) Teil des Entwurfs und legte ihn in der einzigen Sitzung der Kommission, die stattfand – in der Wohung des Genossen Ulbricht –, den Genossen Ulbricht und Rau vor, die ihn billigten. (Später wurde dieser Teil wegen der ausführlichen Darlegung der Fehler und ihrer Zusammenhänge als «Anklageschrift gegen die Partei» bezeichnet, damals kam niemand auf einen solchen Gedanken, im Gegenteil, die Genossen Ulbricht und Rau präzisierten noch die Darstellung). Das muß in den gleichen Tagen (zwischen dem 12. und 16. Juni) gewesen sein.

11.

Für den 17. Juni früh um 10 Uhr war wieder eine Sitzung des Politbüros angesetzt. Inzwischen hatten die Unruhen begonnen. Als ich im ZK ankam, wurde uns mitgeteilt. Gen. Semjonow habe angerufen, das ganze Politbüro solle sofort nach Karlshorst kommen.

Da einige Genossen, darunter ich, wie üblich, ihre Wagen weggeschickt hatten, verteilten wir uns auf die vorhandenen Wagen. Gen. Grotewohl nahm ein oder zwei Genossen mit, Gen. Ulbricht mich. Wir fuhren in geschlossener Kolonne und sehr schnell durch die Straßen, die inzwischen voll von aufgeregten Menschen waren. Einige drangen mit erhobenen Fäusten auf die Wagen ein. Weder Ulbricht noch ich sprachen.

In Karlshorst wurden wir in das Zimmer des Hohen Kommissars geführt. Dort standen wir zunächst, da die sowjetischen Genossen vollauf beschäftigt waren, überflüssig herum. Die Lage ähnelte man-

---

40 SMA oder SMAD: Sowjetische Militäradministration in Deutschland, gelegen im Ost-Berliner Stadtteil Karlshorst, in dem am 8.5.1945 die bedingungslose Kapitulation gegenüber der UdSSR unterzeichnet worden war. Die Häuserblocks und Straßen mit den sowjetischen Dienststellen waren umzäunt und für den allgemeinen zivilen Verkehr gesperrt. «Karlshorst» wurde als Begriff allgemein synonym für die sowjetische Besatzungsmacht gebraucht.

chen Situationen in der PUR während des Krieges, als die Sowjetarmee für uns focht. Nur befanden wir uns jetzt in Berlin, in unserer eigenen Hauptstadt. Auch waren seitdem zehn Jahre vergangen. Ich dachte, was mögen jetzt die anderen deutschen Genossen, was mag Ulbricht denken.

Schließlich begann in einem anderen Zimmer eine Sitzung, an der die Genossen Semjonow und Judin teilnahmen. Es wurde beschlossen, daß ein Teil der deutschen Genossen sofort in bestimmte Zentren fahren und dort die politische Leitung übernehmen solle, während der andere Teil in Berlin bleiben sollte. Ulbricht machte die Personalvorschläge, die akzeptiert wurden. In die Republik sollten u. a. Matern, Oelssner, Elli Schmidt[41] fahren. Für die politische Leitung in der Stadt Berlin sollten Ebert[42] und Jendretzky verantwortlich sein. In Karlshorst bleiben sollten außer Grotewohl und Ulbricht Zaisser und ich.

Im Verlauf des Vormittags fanden in diesem Zimmer mehrere kurze Sitzungen statt, an denen von deutscher Seite die eben genannten vier Genossen teilnahmen. (Die anderen hatten sich auf die ihnen zugeteilten Posten begeben). Diese Sitzungen kamen dadurch zustande, daß Gen. Semjonow, in dessen Zimmer die Verbindungen zusammenflossen, zu uns herüberkam und Mitteilungen über den weiteren Verlauf der Ereignisse, vor allem im Regierungsviertel in Berlin, machte. Er war dabei von unterstrichener Liebenswürdigkeit als Gastgeber, aber nicht frei von Ironie. (So kam er z. B. einmal ins Zimmer mit den Worten: «Rias gibt durch, daß es in der DDR eine Regierung schon nicht mehr gibt»; dann setzte er sich an den Tisch und sagte zu den anwesenden sowjetischen Genossen:

«Na, fast stimmt es doch.»)

Es mag 12 Uhr gewesen sein, als Gen. Semjonow wieder einmal erschien und berichtete: «Moskau hat die Verhängung des Ausnahmezustands ab 1 Uhr mittag angeordnet. Jetzt ist der Spuk sehr schnell vorbei. Ein paar Minuten nach 1 Uhr ist die ganze Sache erledigt.»

41 Elli Schmidt, Vorsitzende des «Demokratischen Frauenbundes Deutschlands» und Vorsitzende der Staatlichen Kommission für Handel und Versorgung. Frühere Ehefrau von Anton Ackermann.
42 Friedrich Ebert, Sohn des Reichspräsidenten Ebert. Ebert war eines der wenigen früheren SPD-Mitglieder in der SED-Führung, langjähriger Oberbürgermeister von Ost-Berlin.

Zugleich teilte er uns mit, daß in den nächsten Stunden Marschall Sokolowski[43] eintreffen würde.

Es mag halb zwei gewesen sein, als Marschall Sokolowski eintraf. Er kam ins Zimmer so ruhig und ungezwungen, als sei er eben erst herausgegangen, begrüßte herzlich die Genossen Grotewohl und Ulbricht, dann uns andere, dann setzte sich alles zu einer Beratung um den Tisch. Auch Marschall Goworow[44] nahm an dieser Beratung teil.

Marschall Sokolowski äußerte zunächst sein Erstaunen (w.): «Wie konnte diese Sache passieren, das verstehe ich nicht. Solche Dinge stellt man doch nicht von einem Tag auf den anderen auf die Beine. Dazu ist doch eine Organisation erforderlich.»

Alle schwiegen. Marschall Sokolowski wandte sich an Zaisser: «Genosse Zaisser, wieso hatte Ihr Apparat keine Informationen? Jetzt stellt sich doch heraus, daß ein ganzes feindliches Netz auf dem Territorium der DDR arbeitet.»

Zaisser konnte keine zufriedenstellende Antwort geben. Offensichtlich hatte sich sein Apparat tatsächlich überraschen lassen. Mich beunruhigte die Zuspitzung der Angelegenheit auf die Person des Gen. Zaisser. Die Frage von Marschall Sokolowski war die natürliche Frage eines Generalstäblers. Aber er konnte nicht wissen, daß er mit dieser Frage in ein anderes Gebiet hineingriff, in den Kampf des Politbüros für die Herstellung der Kollektivität der Parteiführung, dessen wichtigster Exponent Zaisser war. Die Genossen Semjonow und Ulbricht waren sichtlich zufrieden mit dieser Wendung, Genosse Grotewohl versuchte die Zuspitzung abzuschwächen, mit der Bemerkung, das Versagen der Staatssicherheit sei eine ernste Angelegenheit, aber die Sache hätte natürlich auch noch andere Aspekte.

Inzwischen hatten die sowjetischen Truppen die Kasernen verlassen, und laufend trafen Meldungen über das Erlöschen der Unruhen ein.

Die Genossen Ulbricht, Grotewohl und Semjonow besprachen mit mir die Argumentation des Leitartikels des ND vom nächsten Tage (18.6.)[45], der vorerst die einzige Stellungnahme der Partei sein sollte.

43 S. W. Sokolowski, Generalstabschef der Sowjetischen Armee und Stellvertretender Minister der Streitkräfte der UdSSR.
44 L. A. Goworow, Marschall der Sowjetunion, einer der höchstrangigen Generäle und später Stellvertretender Verteidigungsminister.
45 Der Leitartikel erschien unter dem Titel «Was ist in Berlin geschehen?».

In den anschließenden Stunden diktierte ich diesen Artikel der Genossin Grotewohl.

Am Abend fand noch eine Besprechung in Gegenwart Marschall Sokolowskis und W. S. Semjonows statt. Vielleicht entsinnt sich Genosse Judin noch an folgende Einzelheit aus diesem Gespräch. Die Rede kam erneut auf die Frage: Wie konnte das passieren? Dabei wurde das Kommuniqué vom 9. 6. erwähnt. Ich sagte russisch zu Gen. Judin, der mir gegenübersaß:

«Sie erinnern sich, daß das deutsche Politbüro alles tat, um die sowjetischen Genossen von der Unzweckmäßigkeit dieses Kommuniqués zu überzeugen?» Ob Marschall Sokolowski diese Bemerkung gehört hat, weiß ich nicht. Gen. Judin nickte. Gen. Semjonow schwieg.

Für die Nacht wurde uns Quartier in Karlshorst angewiesen. Gen. Semjonow lud Gen. Grotewohl und dessen Frau in seine Villa, für Ulbricht und mich wurde eine unbewohnte Villa zur Verfügung gestellt. Zaisser blieb die Nacht über in seinem Stabe.

Am anderen Morgen, beim Frühstück, hatte Ulbricht wie üblich in der Zwischenzeit eine Reihe von Entschlüssen gefaßt. Der erste war: «Jetzt fahre ich in die Stadt, ins ZK – auch wenn sie mich halten wollen. Unser Platz ist dort. Es war wahrscheinlich überhaupt falsch, daß wir hier geblieben sind.» (Ulbricht hatte schon am Vortage dagegen protestiert.) Aber W. S. Semjonow hatte unsere Einwände mit dem Satz zurückgewiesen: «Und wenn Ihnen in Ihren Wohnungen etwas passiert? Sie haben es dann leicht, aber was meine Vorgesetzten mit mir machen, daran denken Sie nicht.» Der zweite betraf die Unterrichtung der Bevölkerung. Man müsse herausarbeiten, daß es sich um eine faschistische Provokation gehandelt habe, ihre Hintergründe und Zusammenhänge seien zu zeigen. Darüber herrschte Einverständnis, nur fügte ich hinzu, von einem gewissen Zeitpunkt ab werde es ebenso notwendig sein, die Frage zu stellen: Wieso konnte die Provokation gelingen? Was haben wir in unserem Herangehen an die Massen falsch gemacht? Ulbricht nickte kurz, ging aber darauf nicht ein. Ich erhielt den Auftrag, ausgehend vom Plan der Imperialisten, in der DDR einen «Tag X» zu veranstalten, einen Leitartikel «Der Zusammenbruch des faschistischen Abenteuers» zu schreiben. (Am Vortage hatte ich Ulbricht und Semjonow daran erinnert, daß die westdeutsche Zeitschrift «Der Spiegel» einige Zeit vorher einen Artikel veröffentlicht hatte, in dem ein «Tag X» in der DDR angekündigt worden war.[46] Ich war beauftragt worden, die Nummer des «Spiegel» aus der Redaktion zu besorgen, sie ging später nach Moskau.) Da die Öffentlichkeit von der Partei in diesen Tagen keine andere Stellungnahme erhielt, der Leitartikel des Zentralorgans also eine ungewöhnliche Bedeutung annahm, bat ich Ulbricht, den Entwurf des Artikels in der nachmittags um vier Uhr beginnenden Sitzung des Politbüros – eine solche Sitzung einzuberufen, war Ulbrichts dritter Entschluß – als 1. Punkt vorlesen und zur Diskussion stellen zu dürfen. Damit war er einverstanden. Dann fuhren wir in die Stadt zurück.

Bis um vier schrieb ich den Artikel, in der Angst, ihn nicht in der erforderlichen durchschlagenden Weise zustande zu bringen. Um vier las ich ihn im Politbüro vor, er wurde ohne wesentliche Änderungen gebilligt und erschien am 19. Juni.

12.

Am 19. und 20. Juni fanden Politbüro-Sitzungen statt. Durch die Berichte der aus den Bezirken zurückkehrenden Angehörigen des Politbüros und durch die schriftlichen Berichte der Parteileitungen wurde es möglich, ein konkretes Bild vom Umfang und den Methoden der Provokation, vom Tiefgang der Verbitterung der Arbeiter und vom Ausmaß der Desorientierung des Parteiapparates zu gewinnen. An die PB-Sitzung vom 19. habe ich keine Erinnerung mehr. Am 20. (Sonnabend) teilte Walter Ulbricht am Schluß der Sitzung mit, daß am Abend eine Besprechung in Karlshorst stattfinden solle; er schlage als Teilnehmer an ihr von deutscher Seite außer sich und Gen. Grotewohl die Genossen Zaisser, Rau und mich vor. (Ich bin mir jetzt nicht klar darüber, ob von deutscher Seite noch ein 6. Genosse teilgenommen hat.)

Von sowjetischer Seite nahmen an dieser Besprechung außer Gen. Semjonow, der die Verhandlungen leitete, Marschall Sokolowski und

---

46 «Der Spiegel», Heft 28, 9. Juli 1952: «X-Fall: Eine Art Scheinregierung», S. 9–10. Ein Bericht über die Planung des Bundesministeriums für Gesamtdeutsche Fragen unter Jakob Kaiser für den ‹Tag X›. «Als ‹Tag X› bezeichnete Bundesminister Kaiser den schwerlich genau zu terminierenden Tag der gesamtdeutschen Wiedervereinigung. Der Generalstabsplan für die administrative Machtübernahme ist so gut wie fertig (...)», S. 9.

Gen. Judin teil. Die 1. Frage betraf den Ausnahmezustand. Gen. Semjonow führte aus, daß es für die Sowjetunion politisch unbequem sei, ihn aufrechtzuerhalten; er frage, wann nach Meinung der deutschen Genossen der Ausnahmezustand aufgehoben werden könne. Ulbricht, Grotewohl und Zaisser erklärten, daß es noch zu früh sei, ihn aufzuheben. Die Volkspolizei sei im gegenwärtigen Augenblick weder ausreichend bewaffnet noch entsprechend disloziert, um die Sicherung gegenüber neuen Provokationen anstelle der Sowjetarmee gewährleisten zu können. In diesem Zusammenhang wiesen Walter Ulbricht und Zaisser auf die vielfachen vergeblichen Versuche von deutscher Seite hin, die Genehmigung zu besserer Bewaffnung der Volkspolizei zu erhalten. Marschall Sokolowski beendete diesen Teil der Sitzung mit den Worten:

«Offensichtlich haben wir beide in dieser Sache Fehler gemacht, wir und Sie. Reden wir jetzt nicht über die Fehler der Vergangenheit, sondern über die Bedürfnisse der Gegenwart.» Es wurde beschlossen, die Bewaffnung der Volkspolizei sofort zu ergänzen, für die notwendige Dislocierung zu sorgen, um die Aufhebung des Ausnahmezustandes für nächste Woche in Aussicht zu nehmen.[47] Als nächsten Punkt fragte Gen. Semjonow, ob die deutschen Genossen nicht meinten, daß ihr Platz jetzt in den Betrieben sei. Wir wüßten doch aus der Geschichte der KPdSU, wie die führenden Genossen der KPdSU, insbesondere Lenin und Stalin, in heiklen Situationen die Lage von den Betrieben aus gemeistert hätten. Diese Bemerkung mußte den Eindruck erwecken, als ob die deutschen Genossen aus Furcht nicht zu den Massen gegangen wären. In Wahrheit hatte Semjonow die faktische Führung seit dem 17. straff bei sich konzentriert, insbesondere auch die Anleitung des deutschen Politbüros (freilich stets unter Hinzufügung der bei ihm üblichen Redensarten wie «Sie sind natürlich völlig frei in Ihren Entschlüssen» oder «Natürlich nur, wenn Sie der gleichen Meinung sind, Sie sind der Herr im Hause»). Ulbricht erwiderte grob, aber der Sache nach völlig richtig: «Sie haben uns ja selber verboten, in die Betriebe zu gehen!» Semjonow erwiderte gekränkt: «So darf man nicht argumentieren, Gen. Ulbricht. Das wissen Sie selbst. Mein ‹Verbot› bezog sich auf den 17.» Marschall Sokolowski

---

47 Tatsächlich wurde der Ausnahmezustand nach energischem Protest der westlichen Stadtkommandanten und der westalliierten Hochkommissare erst mit Wirkung vom 12. Juli 1953 aufgehoben.

wollte unsere Lage erleichtern, verschlimmerte sie aber. Er sagte sanft (w.):

«Die deutschen Genossen sind wahrscheinlich etwas erschrocken durch die Plötzlichkeit der ganzen Sache.» Mit Bezug darauf sagte Ulbricht, als wir weggingen: «Jetzt sollen sie mir noch einmal kommen mit Vorschriften über *mein* Verhalten! Jetzt mache ich das, was *ich* für richtig halte!» Wir waren in der Erbitterung alle mit ihm einig. Zum Schluß wurde ausführlich über die Beschleunigung der (sehr umfangreichen) ökonomischen Vorbereitungen für den Kurswechsel gesprochen. Gegen Ende bat ich ums Wort und sagte, daß nach den in der Redaktion[48] eintreffenden Berichten in der Parteiorganisation eine tiefgehende Verwirrung herrsche, daß die Tagung mit dem Berliner Parteiaktiv (19.6.) nicht genüge, daß Leitartikel im Zentralorgan als einziges Wort der Partei in der entstandenen Situation erst recht nicht genügen, daß mir eine möglichst sofortige, umfassende und mobilisierende Unterrichtung der Parteifunktionäre als das vordringlichste erscheine, weil das Politbüro ohne eine überzeugte Parteiorganisation nicht exakt arbeiten könne und weil es auch deren Kenntnisse brauche. Dabei fügte ich hinzu, daß wir ernsthaft zur Frage Stellung nehmen sollten, welche tieferen, bei uns liegenden Ursachen die faschistische Provokation ermöglicht hätten. Zu meiner Verwunderung fand diese Stellungnahme keine Unterstützung. Gen. Judin, der eben über eine Reihe ökonomischer Fragen gesprochen hatte, erwiderte: «Nicht alles kann man mit Propaganda machen.» Die anderen schweigen. – In der Nacht fuhren wir nach Hause.

13.

Um die Erledigung der ökonomischen Fragen voranzutreiben, war für den anderen Morgen (Sonntag, 21.6.) um 10 Uhr eine Sitzung des Politbüros angesetzt worden. Auf dem Weg ins ZK war ich in der Redaktion, wo erneut eine Flut von Anfragen aus der Parteiorganisation, Mißverständnissen, Erstaunen über das Schweigen des Politbüros vorlagen. Im ZK-Gebäude traf ich auf dem Korridor Walter Ulbricht, erzählte ihm davon und sagte, nach meiner Meinung sei es

---

48 Gemeint ist die Redaktion von «Neues Deutschland».

unverantwortlich, die Parteiorganisation länger in der Luft hängen zu lassen, ich schlüge vor, die Mitglieder des ZK telegraphisch für heute abend 10 Uhr zu einer Plenartagung zusammenzurufen. Ulbricht überlegte einen Augenblick, dann sagte er (w.): «Und wer wird die Entschließung schreiben?» Ich erklärte mich dazu bereit. Ulbricht (w.): «Wirst Du auch fertig werden?» Ich erklärte, daß ich alles daransetzen würde, fertig zu werden. Ulbricht (w.): «Dann schlag es vor.»

Wir gingen in den Saal, Gen. Grotewohl eröffnete die Sitzung und stellte den ersten Punkt (eine ökonomische Frage) zur Diskussion.

Gen. Ulbricht unterbrach ihn mit den Worten: «Herrnstadt hat einen Antrag.»

Gen. Grotewohl gab mir das Wort, und ich begründete die Notwendigkeit der telegraphischen Einberufung des 14. Plenums für heute abend. Da die anwesenden Genossen aus diesem Hergang entnahmen, daß Gen. Ulbricht den Antrag unterstützte, war die anschließende Diskussion nur kurz. Alles drängte jetzt, ich solle schnell die Sitzung verlassen, um mit der Niederschrift zu beginnen. Ich bat darum, daß das Politbüro wenigstens die Disposition bespreche und sage, ob es mit den Hauptgedankengängen einverstanden sei, da nicht riskiert werden dürfe, daß der Entwurf am Abend verworfen wird, während die Mitglieder des ZK bereits aus der Republik eingetroffen sind. Mit den vorgetragenen Gesichtspunkten war das Politbüro einverstanden. Die Genossen Ulbricht, Ackermann, Matern und Rau gaben zusätzliche Hinweise. Dann setzte ich mich in ein anderes Zimmer im ZK; Genosse Axen [49] wurde mir als Hilfe beigegeben.

Am Abend war der Entwurf fertig (ich physisch auch). Inzwischen war die Politbüro-Sitzung unterbrochen und wieder aufgenommen worden. Gen. Semjonow, der verständigt worden war, daß um 10 Uhr abends das 14. Plenum stattfinde (der Gedanke an ihn bereitete mir eine geheime Freude; endlich lag einmal die Initiative beim deutschen Politbüro), war eingetroffen und nahm nun, acht Uhr abends, an der Politbüro-Sitzung teil. In den Korridoren sammelten sich inzwischen die bereits eingetroffenen Mitglieder des ZK.

Das Politbüro prüfte die Entschließung und nahm sie an. Einige Genossen, darunter Oelssner und Zaisser, ergänzten einige Stellen.

---

49 Hermann Axen, geb. 1916, seit 1950 Mitglied des ZK, 1950–1953 Sekretär des ZK für Agitation.

Als die Mitglieder des PB in den Saal zur Plenartagung gingen, hielt mich Gen. Semjonow zurück und schlug noch zwei Ergänzungen vor. Ich arbeitete sie ein und gab das Manuskript zur hektographischen Vervielfältigung. Dann gingen auch wir in den Sitzungssaal.

14.

Die Einberufung des 14. Plenums erwies sich als mehr als erforderlich. Das Studium des stenographischen Protokolls wird erweisen, in welchem Maße selbst die ZK-Mitglieder desorientiert, erbittert, ausgehungert waren nach einem Wort der Partei und in welchem Maße sie empört waren über die Rolle, die ihnen als ZK-Mitgliedern zugewiesen wurde. Gen. Grotewohl, der eine improvisierte Rede halten mußte und dabei nichts von den Dingen sagen konnte, die allein das Verhalten des Politbüros hätten erklären können (dem Zustandekommen der Beschlüsse der II. Parteikonferenz, dem Zustandekommen des Beschlusses des PB vom 9. Juni, dem Kampf des Politbüros gegen die überstürzte Veröffentlichung dieses Kommuniqués, der komplizierten Lage in der Parteiführung und im Verhältnis zu Karlshorst), hatte einen sehr schweren Stand. Mit großer Parteiverbundenheit und großem Mut trat insbesondere wieder Genosse Buchwitz[50] auf (er konnte sich freilich als Parteiveteran und früherer Sozialdemokrat mehr erlauben als andere Genossen). Gen. Semjonow, der im Hintergrund des Saales an der Sitzung teilnahm und sehr befangen und ängstlich einige Worte zur Unterstützung des von allen Seiten angegriffenen Politbüros sprach, – was andererseits von entscheidender Bedeutung war, weil das Plenum daraus entnahm, daß die KPdSU dieses Politbüro auch weiter stützte – dürfte sich in dieser Sitzung davon überzeugt haben, daß es nicht angeht, mit einer Parteiorganisation und ihrem ZK umzuspringen wie mit einer Schachtel Zinnsoldaten.

In der Nacht wurde die Entschließung einstimmig angenommen. Das ZK prolongierte noch einmal sein Vertrauen für das PB – aber nur in der Erwartung auf eine in Kürze erfolgende, wahrhaft mutige,

50 Otto Buchwitz, einer der sozialdemokratischen Vorkämpfer für die Parteifusion, Alterspräsident der Volkskammer der DDR.

selbstkritische und erschöpfende Darlegung der Umstände, unter denen es zu einer Erscheinung wie dem 17. Juni hatte kommen können.

Am anderen Morgen wurde der Text der Entschließung veröffentlicht und an Wänden und Litfaßsäulen angeschlagen. Ich bekenne, stolz gewesen zu sein und es für einen Fortschritt gehalten zu haben, daß es trotz der schwierigen Lage im Politbüro gelungen war, folgende Stelle durchzusetzen:

«Die Partei wird in diesem Augenblick, der Taten fordert, dem Gegner nicht dadurch in die Hände spielen, daß sie ihre Kräfte in Erörterungen darüber erschöpft, wie es zu solchen Mißverständnissen bei einem Teil der Werktätigen kommen konnte. Heute kommt alles auf Taten an. Daher erklärt das Zentralkomitee zu diesem entscheidenden Punkt heute nur das eine: Wenn Massen von Arbeitern die Partei nicht verstehen, ist die Partei schuld, nicht der Arbeiter!

Aus dieser grundlegenden Feststellung ergibt sich für alle Mitglieder und Funktionäre unserer Partei die Notwendigkeit, mit größter Sorgfalt zu unterscheiden zwischen den ehrlichen, um ihre Interessen besorgten Werktätigen, die zeitweise den Provokateuren Gehör schenkten – und den Provokateuren selber. Ehrliche Arbeiter, die zeitweise irre gingen, haben deswegen nicht aufgehört, ehrliche Arbeiter zu sein und sind als solche zu achten. Auch ehrliche Arbeiter, die ihren Irrtum jetzt noch nicht erkennen, haben deswegen nicht aufgehört, ehrliche Arbeiter zu sein und sind als solche zu achten. Gerade sie brauchen jetzt am meisten die Hilfe und Geduld der Partei, gerade sie brauchen jetzt am meisten die Sozialistische Einheitspartei Deutschlands, auch wenn ihnen das selbst noch nicht klar ist. Das ZK erwartet von allen Mitgliedern und Funktionären, daß sie nun die Reife ihres Bewußtseins und die Weite ihrer Herzen unter Beweis stellen in der leidenschaftlichen Beschäftigung mit gerade diesem Teil der Arbeiterschaft.

Das Zentralkomitee erwartet zugleich von allen Mitgliedern und Funktionären, daß sie mit geschärftem Auge gegen die tatsächlichen Provokateure vorgehen, sie vor der Masse der Werktätigen entlarven und mit ihrer Hilfe den Sicherheitsorganen übergeben. Entschlossen, die Interessen der Arbeiter gegen die faschistische Provokation mit eiserner Hand zu verteidigen, gibt sich das Zentralkomitee zugleich Rechenschaft darüber, daß – untrennbar hiermit verbunden – die Partei eine Wendung vollziehen muß in ihrem Herantreten an die Arbeiterschaft und zwar mit dem heutigen Tage!

...Das Zentralkomitee wird demnächst erneut zusammentreten, um – nach inzwischen erfolgter Ausarbeitung weiterer notwendiger Maßnahmen – Partei und Öffentlichkeit in einer zusammenhängenden Darstellung über alle Probleme der neuen politischen und wirtschaftlichen Aufgaben zu informieren.» (Einheit 1953, Nr. 7)

Die Erklärung enthielt eine Reihe von Maßnahmen zur Erleichterung der Lage der Werktätigen (diejenigen Maßnahmen, die bereits weit genug ausgearbeitet waren, um veröffentlicht werden zu können).

Einige Tage später sagte mir Gen. Semjonow am Telefon (bei Besprechung einer anderen Frage [w.]): «Übrigens muß ich Ihnen sagen, daß uns hier Ihre Sache sehr gefällt.» Da inzwischen – die Ereignisse folgten einander damals sehr schnell – andere Dinge erfolgt waren, bezog ich seine Bemerkung auf die Vorgänge bei Siemens-Plania. Aber das erwies sich als Irrtum. Er meinte die Entschließung des 14. Plenums. Für mich ist diese Bemerkung im Zusammenhang mit der späteren Diskussion über diese Entschließung wichtig.

15.

Am nächsten Tage (22. 6.) bat ich die Landesleitung Berlin, mir einen Betrieb zu benennen, in dem ich sprechen solle. Der 2. Sekretär Hönisch wies mir den Betrieb Aktivist zu. Dort sei nicht gestreikt worden, daher sei das Erscheinen eines Angehörigen des PB eine Auszeichnung für die Belegschaft. Ich hielt diese Argumentation für falsch und bat um einen anderen Betrieb. Darauf wiesen mir die Sekretäre Hönisch und Baum die SAG Siemens-Plania (heute VEB Elektro-Kohle) zu. Das sei einer der Betriebe, mit denen die Landesleitung seit Jahren nicht zu Rande käme, ein beträchtlicher Teil der Belegschaft bestünde aus Westberlinern, dort habe fast alles gestreikt.

Am gleichen Tage war ich zur Orientierung bei Siemens-Plania. In den Werksabteilungen herrschte eine feindselige Stimmung gegen die Direktion und die Partei. Die Arbeiter antworteten entweder gar nicht oder ausweichend, viele höhnisch. Der Werkdirektor, der sich offenbar große Mühe gab (Gen. Henrion), berichtete, daß er «schon seit Monaten nicht in den Betrieb gekommen» sei, weil er in der

Durchführung der von ihm verlangten Schreibarbeiten ertrinke, von den Parteistellen (Kreisleitung, Landesleitung ZK-Apparat), dazu den Verwaltungen usw. erhalte er täglich – oft einander widersprechende – Weisungen, die jeweils «sofort durchzuführen» seien. Von der für den nächsten Tag angesetzten Belegschaftsversammlung versprach er sich wenig. Auch die anwesenden Mitglieder der Parteileitung waren skeptisch. In diesem Betrieb sei noch in keiner Belegschaftsversammlung offen diskutiert worden. Auch morgen würde vermutlich keine Diskussion zustande kommen. Ich versprach, es würde eine zustande kommen.

Am 23. 6. sprach ich bei Siemens-Plania vor 1400 Arbeitern. (Auch Vertreter des ZK-Apparats, der Landes- und Kreisleitung waren anwesend). Nach einem kurzen Referat (15 Minuten) forderte der Versammlungsleiter dreimal zur Diskussion auf. Niemand meldete sich. Es blieb mir nichts übrig, als noch einmal das Wort zu nehmen und zu erklären: 1. ich versichere, daß niemandem aus seinem Auftreten in der Diskussion Schaden erwachsen werde, 2. ich könne mich nur über Arbeiter wundern, die gestern den traurigen Mut gehabt haben, gegen ihre eigene Regierung zu streiken, und heute nicht den Mut haben, die Gründe hierfür zu nennen. Darauf setzte die Diskussion ein. In den folgenden 3–4 Stunden sprachen etwa 30 Redner. Ich hatte zeitweise Mühe, auf meinem Stuhl von der Versammlung nicht fortgeblasen zu werden. Das einzige Parteimitglied, das wagte, in der Diskussion aufzutreten und die Linie der Partei zu vertreten, mußte unter Johlen die Tribüne verlassen. Im Schlußwort beantwortete ich etwa anderthalb Stunden lang die gestellten Fragen, ohne Phrasen und ebenso offensiv, wie vorher die Redner gesprochen hatten. Dadurch gelang es, die Versammlung herumzureißen und einige vorhandene Hetzer zu isolieren. Sie endete mit langem ehrlichem Beifall des ganzen Saales für «die einzige zuverlässige Vertreterin der Arbeiterklasse in der DDR, unsere stolze Sozialistische Einheitspartei Deutschlands». (Teile des Schlußworts wurden später veröffentlicht. Ich gehe unter Nr. 15 auf sie ein, weil das für mich wichtig ist im Zusammenhang mit dem späteren Vorwurf, ich hätte «den Klassenstandpunkt verlassen» und in der Phase des 17. Juni «kapitulantenhaft» gehandelt.)

Als ich am Abend in die Redaktion zurückfuhr, glaubte ich den Weg zu sehen, *wie* wir die Mehrheit der Arbeiterklasse gewinnen können. In der Versammlung bei Siemens-Plania war erneut und handgreiflich die unbegrenzte Bereitschaft, Kraft, der Reichtum an Ideen, Mutterwitz der Arbeiterklasse zutage getreten, – aber auch ihre Unduldsamkeit gegenüber Bevormundung und Unehrlichkeit, gegenüber Administratoren und Beutejägern beim Aufbau des Sozialismus. Auf der Treppe der Redaktion traf ich zwei Berichterstatter, die aus zwei anderen Berliner Großbetrieben kamen, in denen PB-Angehörige gesprochen hatten. Im einen hatte es überhaupt keine Diskussion gegeben, im anderen eine kurze, formale. Als ich ins Zimmer kam, läutete gerade das Telefon. Am Apparat war Gen. Ulbricht, ganz erfüllt von seiner Versammlung im VEB 7. Oktober. Etwa 40 Diskussionsredner seien aufgetreten, er habe alle Fragen zugelassen und auf der Stelle offensiv beantwortet, es sei gar kein Zweifel, daß wir uns durchsetzen könnten und würden[51]. Ich erzählte, daß ich die gleichen Erfahrungen gemacht habe, und daß ich nun mit dem Betrieb Siemens-Plania weiter arbeiten wolle, der in einigen Wochen zu einer Bastion für die Partei gemacht werden könne. (Das war mit den Genossen der Werk- und Parteileitung festgelegt, eine Reihe von Maßnahmen wurde auch eingeleitet, die ganze Unternehmung kam mit dem 15. Plenum zum Erliegen.) Wir freuten uns beide, Genosse Ulbricht schloß: «Na also, wir kriegen's schon hin – mach's gut!» – Ich schreibe das für diejenigen Genossen, die später nicht verstehen wollten, daß man ernste Meinungsverschiedenheiten haben und sich trotzdem aufs engste verbunden sein kann. Genosse Ulbricht wußte in diesem Augenblick genau so wie ich, daß ich im Politbüro in bestimmten Fragen oft und gerade in letzter Zeit gegen Methoden aufgetreten war, die er verteidigte, und daß wir scharf aneinander geraten waren. Aber ebenso klar war ihm (wenigstens damals), daß, wenn es gegen den Feind ging, wenn es sich um die politische Linie der Partei handelt, wenn es um die Frage ging, offensiv oder opportunistisch aufzutreten, eine selbstverständliche und restlose Übereinstimmung bestand, auch ohne daß vorher irgend etwas vereinbart worden war.

---

51 Die Schilderung von Ulbrichts Auftritt im VEB 7. Oktober durch einen Meister, wiedergegeben im Tagebuch des Schriftstellers und Publizisten Alfred Kantorowicz, zeigt eine ausgesprochen negative Resonanz. Vgl. I. Spittmann/W. Fricke, (Hg.) 17. Juni 1953. Arbeiteraufstand in der DDR, Köln 1988, S. 165ff.

16.

Im Zusammenhang mit Anschuldigungen, die acht Tage später gegen mich erhoben wurden, bin ich daran interessiert, auf einen Vorgang aus der Versammlung bei Siemens-Plania näher einzugehen.

In der Diskussion trat eine krasse Feindseligkeit der Arbeiter gegen die im Betrieb beschäftigte Intelligenz zutage. Dadurch wurde ich gezwungen, im Schlußwort zur Frage der Intelligenz zu sprechen. Ich zitiere hieraus die folgenden Absätze (ND, 27.6.53; voller Wortlaut siehe Anlage)[52]:

«... Wie kommt die an die Macht gelangte Arbeiterklasse zu einer Intelligenz? Den ersten Weg habe ich eben genannt: sie zieht ihre eigene Intelligenz hoch. Aber das ist natürlich keine Sache von fünf Minuten. Das ist eine Sache von vielen Jahren. Inzwischen aber hat sie die Macht, will und muß sie halten. Sie geht also zugleich einen zweiten Weg: sie zieht die vorhandene bürgerliche Intelligenz heran. Auf Zeit? Um die bürgerlichen Ingenieure, Ärzte usw. herauszuwerfen, wenn die eigene Intelligenz herangewachsen ist? So kann nur jemand denken, der keinen Sinn hat für geschichtliche Prozesse und keinen Sinn für die Kraft und das große Herz der Arbeiterklasse. Viele von den bürgerlichen Intellektuellen, die meisten, nämlich die ehrlich Arbeitenden, rücken im Prozeß ihrer Arbeit der Arbeiterklasse nahe, erkennen, daß ihnen die Arbeiterklasse Möglichkeiten bietet, wie keine Klasse sonst, entzünden sich an den herrlichen Zielen der Arbeiterklasse und verschmelzen mit ihr. Das sind diejenigen Wissenschaftler, die dann in vielen Fällen – wie in der Sowjetunion – im Alter von 60 oder 70 Jahren als führende Wissenschaftler des Landes Briefe schreiben, die mit den Worten beginnen: ‹Ich bitte um die große Ehre, Mitglied der Partei der Arbeiterklasse werden zu dürfen.› Ein kleiner Teil erweist sich als faul und geht auf diese oder jene Weise ab.

Aber alle diese bürgerlichen Intellektuellen sind eben *bürgerliche* Intellektuelle und müssen als solche behandelt werden. Dafür ist ja die Arbeiterklasse die führende Klasse, daß sie es versteht, auch Angehörige anderer Klassen, die mit ihr zusammenarbeiten, aus den Bedürfnissen dieser anderen Klassen und Schichten heraus zu behandeln. Von einem Bürgerlichen verlangen wir nicht, daß er aus dem Kopf der Arbeiterklasse

---

52 Herrnstadt verweist verschiedentlich im Dokument auf Anlagen, die er dem Text beigeben wollte. Diese Absicht wurde indessen nicht realisiert.

heraus denken kann. Aber von einem klassenbewußten Arbeiter muß verlangt werden, daß er imstande ist, im Interesse der Arbeiterklasse auch bestimmte Bedürfnisse anderer verbündeter Klassen oder Schichten einzuberechnen, und daß er klug und diszipliniert genug ist, ihnen Rechnung zu tragen, auch wenn es anscheinend auf seine eigenen Kosten geht.»

Ich halte diese Einstellung auch heute für richtig. Wenige Tage später formulierte ich sie (leider weniger exakt, da in großer Eile) wie folgt (in den dem PB vorgelegten Notizen für den Entwurf des 3. Teils der Entschließung für das 15. Plenum):

> «Die Partei muß zur Partei des Volkes werden, sie muß die berechtigten Interessen auch der anderen Klassen und Klassenteile vertreten, dann wird sie die volle Unterstützung sowohl der Arbeiterklasse wie der anderen Klassen und Schichten finden.»

Ich werde später schildern, wie diese Formulierung zum Anlaß genommen wurde, um mir vorzuwerfen und mich aus der Partei auszuschließen mit der Begründung: ich hätte «die revolutionäre Kampfpartei liquidieren» wollen, woraus folge, daß ich «die DDR aufgeben und den Kapitalismus wieder einführen» wollte, woraus folge, daß ich den Agenten des sozialdemokratischen Ostbüros gleichzusetzen sei, woraus folge, daß die ganze Partei im Kampf für ihre Einheit und Reinheit gegen mich (und Zaisser, der von dieser ganzen Argumentation erst aus den Anwürfen erfuhr, die im Politbüro gegen mich erhoben wurden) zusammenstehen müsse.

Ich werde ferner schildern, wie die Wendung «Partei des Volkes» zum Kapitalverbrechen gestempelt wurde, und wie meine Hinweise darauf, daß diese Formulierung längst von anderen unbezweifelbaren Marxisten im gleichen Sinne gebraucht worden war, in den Wind geschlagen wurden. (Erst jüngst hat der 1. Sekretär des ZK der Ungarischen Partei der Werktätigen, Ernö Gerö, den gleichen Gedanken wie folgt formuliert:

> «Unsere Partei ist in erster Linie die Partei der Arbeiterklasse, aber darüber hinaus ist sie die Partei der werktätigen Bauern, der Intelligenz, die Partei unseres gesamten Volkes im besten Sinne des Wortes» («Aus der internationalen Arbeiterbewegung», 1956, Nr. 3, S. 14).

17.

In diese Tage fällt eine Unterredung zwischen Gen. Grotewohl, Zaisser und mir, die auf folgende Weise zustande kam.

Während einer PB-Sitzung, in der es wieder zu schweren Zusammenstößen wegen der Selbstherrlichkeit des Gen. Ulbricht gekommen war, saßen in einer Sitzungspause Gen. Zaisser und ich im Korridor vor dem Sitzungszimmer. Gen. Grotewohl kam vorbei und blieb bei uns stehen. Nach einer Weile sagte er: «Wir müssen uns doch nicht im Korridor unterhalten, kommt in mein Zimmer.» Im Zimmer waren wir uns einig darüber, daß es immer unerträglicher werde, daß die sowjetischen Genossen über die wahre Lage in der deutschen Parteiführung nicht unterrichtet sind. Ich warf Gen. Zaisser vor, daß er entgegen mehrfacher Ankündigung noch immer nicht mit Gen. Judin gesprochen habe. Zaisser erwiderte, er habe Judin dreimal um eine Unterhaltung gebeten und sei immer wieder vertröstet worden. «Ich kann ihn doch nicht zwingen!» Ich fragte Gen. Grotewohl, ob *er* nicht mit Judin sprechen könne. Gen. Grotewohl erwiderte, das würde nicht viel Sinn haben, die Position Judins in Berlin sei sehr geschwächt. Er (Judin) sei von Moskau gerügt worden, weil er zugelassen habe, daß Walter Ulbricht mit Bezug auf die DDR die Formulierung «Diktatur des Proletariats» in der Öffentlichkeit gebraucht habe.[53] Ich fragte Gen. Grotewohl, ob er dann nicht mit Gen. Semjonow sprechen wolle. Gen. Grotewohl rief (w.): «Aber das ist doch der Königsmacher!» und erzählte, wie er im Frühjahr versucht habe, die Partei und Walter Ulbricht vor der Blamage mit dem Sekretariatsdokument über die Geburtstagsvorbereitungen für Walter Ulbricht zu bewahren. Als er «den Berg von Beweihräucherungen» in der Hand gehalten habe, sei er erschrocken und sofort zu Semjonow gefahren. Semjonow habe das Dokument gelesen und trocken gefragt: «Und was ist daran schlechtes?» Gen. Grotewohl sagte (w.): «Ihr könnt Euch denken, daß ich kein Wort mehr gesagt habe. In welche Lage komme ich denn!?» Grotewohl fuhr fort, daß er sich trotz vieljähriger Bekanntschaft über Semjonow nicht klar werde. (w.): «Ich kann mich über ihn nicht beklagen. Er ist immer die Höflichkeit selbst. Er kommt öfter in meine Wohnung, ist aufgeräumt, setzt sich

53 Dies bezog sich vermutlich auf seine Rede auf dem 13. Plenum des ZK vom Mai 1953.

gelegentlich ans Klavier und spielt uns vor, – aber wenn er weggegangen ist, stehen meine Frau und ich im Korridor, wir sehen uns an und fragen uns: «Was war das? Was sollte das?» Ich erwiderte, das gehe nicht nur ihm so, das gehe uns allen so. Erst kürzlich hätte mir Walter Ulbricht in einem anderen Zusammenhang gesagt: «Bei jedem Menschen weiß ich, woran ich bin. Wenn ich von Semjonow weggehe, weiß ich niemals, woran ich bin.» Diese hingeworfene Bemerkung hatte eine unerwartete Wirkung. Gen. Grotewohl fragte mehrmals: «Das ist wahr? Das hat Walter wirklich gesagt?» Es war offensichtlich, daß er in der Auffassung gelebt oder mindestens für möglich gehalten hatte, das Verhalten Semjonows beschränke sich auf ihn und hätte politische Gründe, und daß er erleichtert war zu hören, daß Walter Ulbricht die gleichen Erfahrungen gemacht hatte. Mit Bezug darauf kam es nach dem Gespräch zu scharfen Bemerkungen zwischen Gen. Zaisser und mir über das Verhalten Semjonows, dem wir vorwarfen, daß er Unsicherheit säe und die Atmosphäre verderbe.

Das Gespräch selbst endete mit der Feststellung, daß kein Weg sichtbar sei, um sich hinsichtlich der wahren Lage im Politbüro und in vielen Deutschland betreffenden Fragen in Moskau sichtbar zu machen.

18.

Etwa zehn Tage nach dem 17. Juni war die akute Krise überwunden. In der Öffentlichkeit war Ruhe eingetreten. Der Gegner fand sich damit ab, daß die Provokation gescheitert war.

Aber zugleich war eine spezifische Atmosphäre entstanden. Die Ruhe *nach* dem 17. Juni war nicht die Ruhe vor ihm (die gleichfalls bereits eine ‹geladene› Ruhe gewesen war). Nun erwartete die Parteiorganisation die konkreten Schlußfolgerungen der Parteiführung aus den Ereignissen.

In dieser Atmosphäre trat eine Reihe von Tendenzen zutage, gesunde und ungesunde, die einander überschnitten:

1. Die Parteiführung ging auf die Linie, den 17. Juni vor der Öffentlichkeit ausschließlich oder fast ausschließlich als faschistische Provokation zu behandeln. Das rief den Widerstand der überwältigenden Mehrheit der Parteimitgliedschaft hervor, die schon vor dem 17. Juni

darüber beunruhigt war, daß die Lage in der Partei nicht offen und klar erörtert worden war, und die die Aussicht als unerträglich empfand, daß dies auch jetzt nicht geschehen würde. Von allen Seiten wurde gefordert, daß nun die Gründe unumwunden festgestellt würden, die den Faschisten die Provokation ermöglicht hatten. Die Mehrheit des Politbüros, darunter die Genossen Grotewohl, Rau, Ebert, Zaisser, Ackermann, Jendretzky und ich, teilten diese Auffassung und unterstützten sie. Darüber kam es wiederholt zu Auseinandersetzungen, an denen ich deswegen besonders beteiligt war, weil sich diese Stimmungen und Forderungen besonders in der Arbeit der Redaktion spiegelten. So schrieb z. B. an die Redaktion Gen. Steinitz[54] (heute Mitglied des ZK):

> «In diesen Tagen stehen zwei Fragen im Mittelpunkt der Diskussion: die faschistische Provokation und die Kluft zwischen unserer Partei und den werktätigen Massen. Meine Erfahrung vom gestrigen Tage (Donnerstag) scheint darauf hinzudeuten, daß die meisten Funktionäre sich auch jetzt noch nur für die Frage 1, die Provokation, interessieren und nur darüber sprechen. Auch das ‹Neue Deutschland› zeigt in seiner Donnerstag-Nummer im wesentlichen diese Linie... Wir müssen selbstverständlich die faschistische Provokation entlarven. Das ist doch aber keine schwere Aufgabe. Unsere agitatorischen und propagandistischen Mühen müssen wir meiner Ansicht nach jetzt auf die zweite Aufgabe konzentrieren.» (ND, 9. Juli 53)

Der Schriftsteller Strittmatter schrieb im gleichen Sinn,

> «wie unrichtig es ist, wenn wir nur von den Provokationen sprechen und die Kritik an uns selber vertagen». (ebenda)

Ich zeigte diese beiden Briefe (und andere) Gen. Ulbricht mit der Hinzufügung, daß ich den Inhalt für richtig hielte. Er erteilte mir die Weisung, in der Zeitung gegen diese Stimmen Stellung zu nehmen. Ich führte die Weisung als Parteiauftrag durch. (Siehe Anlage, «Nochmals zum Charakter des 17. Juni», ND). Heute kann ich diesen Artikel nur noch mit Beklemmungen lesen.

2. Eine Reihe leitender Funktionäre im Regierungsapparat wandte sich in diesen Tagen an Angehörige des Politbüros mit ihrer Besorgnis

---

54 Wolfgang Steinitz, bekannter finno-ugrischer Sprachwissenschaftler, Institutsdirektor an der Humboldt-Universität und der Akademie der Wissenschaften.

über die im Regierungsapparat herrschenden Zustände und der Bitte, ihnen zu helfen. Mit mir sprachen u. a. der damalige Minister für Aufbau, Lothar Bolz[55], und der damalige Generaldirektor der Deutschen Reichsbahn, Erwin Kramer[56].

Lothar Bolz schilderte (wie mehrfach früher) die Lage im Ministerium für Aufbau. Er suchte nach einer Möglichkeit, aus dem Ministerium auszuscheiden, weil er keine Möglichkeit der Verbesserung der Arbeit sah. Der Herr im Ministerium sei einer seiner Untergebenen, Staatssekretär Willi Meyer, der weder ihn noch die Parteiorganisation beachte oder auch nur informiere, sondern von sich selber sage, er arbeite mit Walter Ulbricht direkt, und das genüge. Er schilderte die Zersetzung im Apparat des Ministeriums, das seine Aufgaben bei weitem nicht erfülle, die Erziehung zum Lügen aus Angst (Fall Hafrang) usw.

Gen. Kramer, den ich kaum kannte, war von mir drei oder vier Mal auf telefonisches Ersuchen um eine Aussprache vertröstet worden. Schließlich bat ich ihn, um keine Zeit zu verlieren, in den Presseklub zum Essen, wo er mich mit einer Fülle ähnlicher Einzelheiten aus dem Verkehrsministerium überschüttete. Ich antwortete ihm (ähnlich wie Lothar Bolz), er solle sich noch gedulden (auch er wollte «nicht mehr mitmachen») und den Mut nicht verlieren, auf dem 15. Plenum werde das ZK Stellung nehmen und zweifellos einschneidende Änderungen beschließen. (Daß diese Änderungen vornehmlich im «Fall Zaisser-Herrnstadt» bestehen würden, ahnte ich nicht.)

19.

In den etwa zehn Tagen der akuten Krise (etwa 17.–27. Juni) war durch die Gewalt der Ereignisse die Arbeit am Entwurf der Entschließung für das Plenum – sowohl die des Politbüros wie meine eigene – in den Hintergrund gedrängt worden. Wir hatten, jeder auf seinem Sektor, mit der Zurückschlagung des faschistischen Putsches zu tun ge-

---

55 Lothar Bolz, Minister für Aufbau, gleichzeitig Vorsitzender der Nationaldemokratischen Partei Deutschlands (NDPD), später Außenminister der DDR, Jugendfreund von Rudolf Herrnstadt.
56 Erwin Kramer, Stellvertretender Minister für das Eisenbahnwesen und Vorsitzender des Zentralen Transportausschusses.

habt. Die tägliche Arbeitszeit war damals nicht meßbar; die Sitzungen (Politbüro, Kommissionen usw.) folgten dicht aufeinander, teils unter Zuhilfenahme der Nacht. Da ich nicht nur an der Beschlußfassung beteiligt war, sondern in der Regel auf Grund der gefaßten Beschlüsse in irgend einer Form verbindlich zu formulieren hatte (Leitartikel, Direktiven, Entschließungsentwürfe usw.), gehörte ich zu den am meisten überlasteten Angehörigen des Politbüros. Auf solche Weise war ich in diesen zehn Tagen durch die Umstände auch wieder für die Zeitung tätig geworden. Zwar nicht, indem ich sie redigierte. Die Leitung der Redaktion lag nach wie vor in den Händen des Genossen Friedrich; auch hatte ich ebenso wenig wie die anderen Angehörigen des Politbüros Zeit, die Zeitung genau zu lesen. Aber ich übergab telefonisch aus dem Politbüro oder von unterwegs oder auch spät abends in der Redaktion, wenn die Zeitung längst im Druck war, Genossen Friedrich die auf die politischen Meldungen des nächsten Tages bezüglichen Direktiven oder brachte sie schon formuliert mit oder formulierte sie mit ihm.

Noch in einer zweiten Hinsicht mußte ich mich in diesen Tagen mit der Redaktion befassen: Unter dem Eindruck der überstürzten Veröffentlichung des Kommuniqués vom 9. Juni war die Verwirrung in der Öffentlichkeit entstanden, die das Politbüro hatte vermeiden wollen. Der 17. Juni hatte die Verwirrung gesteigert, um so mehr als eine Reihe von Parteileitungen kapituliert hatte. Opportunistische Tendenzen verschiedener Art waren zutage getreten. Sie spiegelten sich in einigen Redaktionsteilen des Zentralorgans, vor allem in der Bezirksredaktion Halle, wider. (Von den anderen Zeitungen oder den Verwaltungsstellen nicht zu reden.) Aus diesem Grunde führte ich in diesen zehn Tagen zwei halbtägige Sitzungen durch, die eine mit dem vollen Bestand der zentralen Redaktion, die andere mit den nach Berlin gerufenen Mitgliedern der Bezirksredaktionen. (Über den Verlauf können die Teilnehmer Auskunft geben.) In die gleiche Zeit fällt eine Sitzung mit dem Kunsthistoriker, Genossen Besenbruch, und dem damaligen Mitglied des Redaktionskollegiums Girnus[57], in der der Inhalt eines von Besenbruch zu schreibenden prinzipiellen Artikels vereinbart wurde. Da die Hintergründe dieser Angelegenheit von Bedeutung sind, führe ich sie an:

57 Wilhelm Girnus, langjähriger Mitarbeiter im Parteiorgan «Neues Deutschland». Zählte nach der Absetzung Herrnstadts zu dessen heftigsten Kritikern.

Schon am 18. Juni erschien bei mir die stellvertretende Leiterin der Kulturredaktion, Genossin Rehahn[58], mit der Mitteilung, daß unter den Kulturschaffenden, vor allem in den Kreisen des Kulturbundes, eine beispiellose Verwirrung herrsche, offen und zum Teil schadenfroh gegen die Partei und die Regierung aufgetreten werde, die Kulturredaktion beständig unter dem Druck telefonischer Anrufe aus diesen Kreisen stände usw.

Am 19. Juni erschien der Leiter der Kulturredaktion, Genosse Girnus, mit Ergänzungen dieses Bildes. Der neue Kurs werde im Kulturbund als «Abklatsch der Programmerklärung» des Kulturbundes aus dem Jahre 1945 (oder 1946?) bezeichnet und die Partei ironisch dazu beglückwünscht, daß sie nun endlich auf den vom Kulturbund längst gewiesenen Weg gefunden habe. Johannes R. Becher werde als «alter Kämpfer des neuen Kurses» bezeichnet.[59]

Am 22. Juni erhielt ich von Becher einen telefonischen Anruf, dem folgendes zugrunde lag:

Das Zentralorgan hatte am 21. einen Artikel des Dichters Kuba[60] veröffentlicht, der den Arbeitern, die am 17. auf die Straße gegangen waren, vorhielt, daß sie ihren eigenen Klasseninteressen ins Gesicht geschlagen hätten. In diesem Zusammenhang hatte er vom «Tischler Ulbricht» gesprochen, als einem der ihren, gegen den sie demonstriert hätten.

Genosse Friedrich war dieser Stelle wegen mit dem Artikel zu mir gekommen, wir waren beide der Meinung, daß sie gedruckt werden solle, eben weil der Gegner Genosse Ulbricht angriff.

Nun fragte mich Becher am Telefon (Genosse Friedrich war im Zimmer), ob denn die Redaktion überhaupt kein Gefühl mehr für die Volksstimmung habe, daß sie ausgerechnet Ulbricht erwähne und noch dazu in dieser Form usw. usw. Ich war über die Haltung und den Ton Bechers, der in der Vergangenheit die Schwächen Walter Ulbrichts dienstfertig unterstützt hatte, empört. Daher sagte ich, ich hielte die Veröffentlichung gerade angesichts der Angriffe auf Ul-

58 Rosemarie Rehahn, Redakteurin, zuvor bei der «Berliner Zeitung», später langjährige Filmkritikerin der Zeitschrift «Wochenpost», Ehefrau von Arne Rehahn, «ND»-Redakteur und später langjähriger Mitarbeiter im SED-Apparat.
59 Johannes R. Becher (1891–1958), «Nationaldichter» der DDR, Mitglied des ZK der SED, Präsident der Akademie der Künste.
60 Gemeint ist Kurt Barthel.

bricht für richtig und könne mich im übrigen nur wundern, daß er, Becher, mit einem solchen Anruf käme. Unter stillschweigender Bezugnahme auf wenig charakterfeste Gespräche, die er kurze Zeit zuvor (in Gegenwart seiner und meiner Frau) mit mir geführt hatte, sagte ich in diesem Zusammenhang wütend: «Wer hat denn die Biographie über Ulbricht geschrieben, Du oder ich?»[61] Die Quittung für diese Bemerkung erhielt ich später.[62] (Siehe auch Teil II).

In der gleichen Zeit machte mich Genosse Semjonow auf die Vorgänge im Kulturbund aufmerksam. Mit Bezug auf Becher sagte er: «Wenn solche Menschen eine andere Weltanschauung haben als wir, so mögen sie mit uns auf der Basis der Nationalen Front zusammenarbeiten, aber in die Partei gehören sie nicht, noch weniger in den Stab.»

Inzwischen war in der BZ ein Artikel[63] von Wolfgang Harich[64] erschienen, der die gleichen Tendenzen enthielt wie die vom Kulturbund vertretenen. Genosse Girnus, der mich auf ihn aufmerksam machte, schlug vor, den Kunsthistoriker Besenbruch im Zentralorgan prinzipiell auftreten zu lassen. Daraufhin fand die erwähnte Sitzung statt, in der Girnus und ich die Argumentationslinie des Artikels mit Besenbruch festlegten.

---

61 Johannes R. Becher war der Verfasser der liebedienerischen Biographie «Walter Ulbricht. Ein Arbeitersohn». Das Werk erschien bis zum Jahr 1967 in nicht weniger als zehn Auflagen.
62 In der Verteidigungsschrift Herrnstadts vom 1.12.1953 heißt es über Bechers Reaktionen während der ZK-Sitzung vom Juli 1953: «Es war sehr leicht für Genossen, die nichts von diesen Zusammenhängen (gemeint sind die Diskussionen im Politbüro, d. Hg.) wissen konnten, wie Becher, mir im Plenum zuzurufen: ‹Sonst kannst Du so leidenschaftlich sein, und hier kannst Du nur stammeln!›»
63 Der Artikel ist abgedruckt bei Spittmann/Fricke (Hg.), 17. Juni 1953, a. a. O.
64 Wolfgang Harich (geb. 1923), Chefredakteur der Deutschen Zeitschrift für Philosophie, 1957 in einem großen Schauprozeß zu einer langjährigen Zuchthausstrafe verurteilt. Wurde erst kürzlich (April 1990) rehabilitiert. Seine erste öffentliche Erwähnung erfolgte im Frühjahr 1989, als die kulturpolitische Wochenzeitung der DDR, «Sonntag», einen von dem Historiker Lothar Berthold verfaßten Glückwunsch zum 65. Geburtstag Harichs abdruckte, in dem die politische und berufliche Vorgeschichte Harichs keinerlei Erwähnung fand. (Lothar Berthold, führend an der Ausarbeitung der Ulbrichtschen «Geschichte der deutschen Arbeiterbewegung» beteiligt, ist Leiter des Akademie-Verlages der DDR, bei dem Harich seine philosophischen Arbeiten publizierte.)

20.

Als sich die akute Krise legte, also gegen Ende der erwähnten zehn Tage, stand vor dem Politbüro folgende Perspektive:

So schnell als möglich ist das nächste Plenum (15.) einzuberufen, damit endlich der neue Kurs vollständig und in seinen Zusammenhängen der Partei und der Öffentlichkeit dargelegt – also das getan wird, was ursprünglich beabsichtigt gewesen war, was aber auf Grund des 17. Juni hinausgeschoben, bzw. teilweise vorweggenommen werden mußte (in der Entschließung des 14. Plenums). Daher drängte das Politbüro nunmehr verstärkt 1. auf Abschluß der ökonomischen Verhandlungen mit den sowjetischen Genossen, 2. auf Zusammentritt der Kommission des Politbüros zur Ausarbeitung von Vorschlägen für Veränderungen organisatorischer Art (in der Führung), 3. auf Vorlegung des Entschließungsentwurfs (der von 1. und 2. abhängig war).

In dieser Lage trat zunächst die unter 2. genannte Kommission zusammen. Das Politbüro erwartete ihre Vorschläge mit Ungeduld, aber auch mit Mißtrauen. Die Mehrheit des Politbüros war tief erbittert darüber, daß es zu einem 17. Juni gekommen war und gab sich selber einen Teil der Schuld daran, insofern sie nicht konsequent genug um die Kollektivität in der Parteiführung gerungen hatte. Es darf auch nicht verschwiegen werden, daß sie alarmiert war durch das Verhalten, das Walter Ulbricht in diesen Tagen an den Tag legte. Er war weit entfernt von jeder Regung der Selbstkritik (für die eigene Person oder für die Parteiführung), von jeder Neigung, auf die tieferen Ursachen des 17. Juni einzugehen, die doch mindestens zum Teil bei uns liegen mußten – er trat vielmehr jetzt, wo die Ruhe mit Hilfe der sowjetischen Truppen wiederhergestellt war, auf, als sei der 17. sozusagen gesetzmäßig, die Niederschlagung ein ausgesprochener Erfolg auch der deutschen Partei und weiter dazu nichts zu sagen. Da die Mehrheit des Politbüros umgekehrt das Bedürfnis hatte, durch eine ehrliche und umfassende selbstkritische Erörterung zu einer gesunden, vom Vertrauen der Arbeiterklasse und der Werktätigen getragenen Politik zu kommen, herrschte eine gereizte Stimmung. Vor allem bestand die Furcht, die Kommission würde sich Vorschläge aufdrängen lassen, die der Lage nicht entsprechen, und das Politbüro würde sich später in der Zwangslage sehen, diesen Vorschlägen zustimmen zu müssen. So Ackermann im Politbüro zwischen der 1. und der 2.

Kommissionssitzung: «Ich möchte wissen, was in der Kommission geschieht. Ich erkläre hiermit, daß ich für keinen Beschluß mehr die Verantwortung übernehmen werde, an dessen Entstehung ich nicht persönlich mitgewirkt habe.» Ähnlich Fr. Ebert und Elli Schmidt. Die Kommissionsmitglieder (darunter Zaisser und ich) hatten Mühe, dem Politbüro zu versichern, daß es sich darauf verlassen könne, daß in der Kommission vor den heiklen Fragen nicht zurückgewichen und der Wille der Mehrheit des Politbüros diesmal zur Geltung kommen würde.

a) Die erste Sitzung der Kommission muß etwa am 25. Juni stattgefunden haben. An ihr nahmen die Genossen Grotewohl, Ulbricht, Zaisser und ich teil. Oelssner und Jendretzky, die der Kommission gleichfalls angehörten, waren verhindert. Die Sitzung dauerte nicht lange und verlief in voller Ruhe und Sachlichkeit.

Ich stellte den Antrag, das Sekretariat des ZK in seiner bisherigen Form zu liquidieren und statt seiner ein Sekretariat nur aus Angehörigen des Politbüros zu schaffen (im folgenden zur besseren Unterscheidung «großes Sekretariat» genannt)[65] – und zwar aus solchen Genossen neben Walter Ulbricht, die die Gewähr dafür bieten, daß sie notfalls eine echte Zusammenarbeit, eine echte Kollektivität erzwingen oder (wie ich es damals ausdrückte) «Dich, Walter, bändigen können, wenn das nötig wird». Dadurch werde 1. der unheilvolle Dualismus zwischen Politbüro und Sekretariat beseitigt und 2. die Kollektivität der Führung garantiert. (Dem entsprachen die Personalvorschläge, die ich später für die Ergänzung des Politbüros machte: Maron[66], Selbmann, Stoph[67].)

65 Tatsächlich ist das ZK, dessen Besetzung zwar auf Wahlen beruhte, jedoch gemäß den Prinzipien des ‹demokratischen Zentralismus› von der Parteispitze durch entsprechende Beauftragungen erfolgte, im wesentlichen ein Akklamationsgremium und ein Deklamationsforum geblieben, mit in der Folgezeit sogar noch zunehmender Tendenz. Es konnte schon deshalb keine eigenständige Position beziehen, weil es vom Informationsfluß und damit einer eigenständigen Meinungsbildung weitgehend ausgeschlossen war, was die Vorgänge auf dem 15. Plenum in klassischer Weise demonstrierten. Vgl. dazu Helmut Alt, Die Stellung des Zentralkomitees der SED im politischen System der DDR. Abhandlungen zum Ostrecht, Köln 1987.
66 Karl Maron, Generalinspekteur der Volkspolizei und Chef der Hauptverwaltung, ab 1955 Innenminister der DDR.
67 Willi Stoph, damals (bis 1955) Minister des Innern.

Im Zusammenhang mit diesem Vorschlag sagte ich zu Walter Ulbricht: «Es tut mir leid, Walter, noch folgendes sagen zu müssen: ich habe noch einen zweiten Antrag: wäre es nicht besser, wenn Du die unmittelbare Anleitung des Parteiapparats abgibst?»

Die Frage, ob damit der Rücktritt Ulbrichts von der Funktion des Generalsekretärs (bzw. des 1. Sekretärs) verbunden ist, ließ ich offen. Nicht weil ich mich gescheut hätte, auch einen solchen Antrag zu stellen. Ich wußte, daß die Mehrheit des Politbüros den Rücktritt Walter Ulbrichts von der Funktion des Generalsekretärs forderte. Sondern weil ich diese Frage für eine untergeordnete Frage hielt – vorausgesetzt, daß die Schaffung eines tatsächlich die Kollektivität verbürgenden Führungsgremiums gesichert war. Dann nämlich war diktatorischen Methoden eines Einzelnen mit allen uns so gut bekannten Folgen vorgebeugt. Und waren solche Methoden ausgeschlossen, so hatte weder ich noch sonst ein Angehöriger des Politbüros etwas gegen einen Generalsekretär Walter Ulbricht. Umgekehrt, in *diesem* Falle waren wir alle *für* ihn als Generalsekretär, wegen seiner großen Arbeitskraft und einer Reihe anderer Vorzüge, die er uns voraus hatte.

Unerläßlich aber erschien mir, daß Walter Ulbricht die unmittelbare Anleitung des Parteiapparats abgibt, wenn bestimmte Schwächen – die Orientierung auf seine Person, statt auf die Partei, mit allen ihren Folgen, der Lehnstreue, der Liebedienerei, der Unterdrückung der Kritik, der Schönfärberei usw. – nicht wie bisher in Worten, sondern endlich in der Tat bekämpft werden sollten. (Für die unmittelbare Anleitung des Parteiapparats wollte ich Genossen Heinrich Rau vorschlagen [und tat es auch in einer Phase der Verhandlungen], weil mir seine unpersönliche, ausgewogene Art und sein Gerechtigkeitssinn für diese Funktion als besonders wertvoll erschienen).

Walter Ulbricht hörte mit hochrotem Gesicht zu. Dann erwiderte er auf den ihn betreffenden Antrag wörtlich: «Wenn *Du* diesen Antrag nicht gestellt hättest, hätte *ich* ihn gestellt.» Zaisser stimmte gleichfalls zu. Grotewohl hatte nicht widersprochen. Damit war der Antrag ein Beschluß der Kommission.

Da mir die Bedeutung dieses Augenblicks bewußt war und ich sah, wie schwer dieser Augenblick Walter Ulbricht fällt, hatte ich das Bedürfnis, ihm zu sagen, wie gern und mit welchem Enthusiasmus wir ihn alle unterstützen würden, wenn erst die bisher falschen Methoden überwunden seien. Er sagte: «Schon gut, schon gut. Das hast Du mir ja alles schon erzählt.»

Als ich acht Tage später vor dem Politbüro Walter Ulbrichts Antwort «Wenn *Du* diesen Antrag nicht gestellt hättest, hätte *ich* ihn gestellt» wiedergab, rief er wutentbrannt: «Das habe ich gesagt, weil Ihr mich so an die Wand gedrückt habt!» Mit ‹Ihr› waren Zaisser und ich gemeint. Aber das trifft nicht zu. Weder haben wir Walter Ulbricht an die Wand gedrückt (nicht mehr als die oben wiedergegebenen Worte wurden über diese Frage gewechselt), noch ist Walter Ulbricht der Mann, sich von einzelnen Genossen an die Wand drücken zu lassen, noch hätte Genosse Grotewohl, der den Vorsitz führte, zugelassen, daß jemand den anderen «an die Wand drückt». Was Ulbricht tatsächlich an die Wand drückte, war die Haltung des Politbüros, dessen große Mehrheit keinen Zweifel daran gelassen hatte, daß sie den Rücktritt Walter Ulbrichts von der Funktion des Generalsekretärs forderte. Es gibt dafür einen unwiderleglichen Beweis: sogar 14 Tage später noch (als W. S. Semjonow und Walter Ulbricht den Angriff gegen Zaisser und mich bereits voll entfaltet hatten, Verdächtigungen ausgestoßen wurden, wir hätten uns an die Spitze der Partei und Regierung setzen wollen, einige Mitglieder des Politbüros zu schnell als möglich von uns abzurücken versuchten) stimmte die Mehrheit des Politbüros erbittert für den Rücktritt Walter Ulbrichts von der Funktion des Generalsekretärs. Ich werde über diese Sitzung berichten.

Später, während der Vernehmung durch die ZPKK, wurde ich gefragt, ob ich die Absicht hatte, Zaisser für das neue, «große» Sekretariat vorzuschlagen. Selbstverständlich. Die Konsequenz, mit der Zaisser in den Politbürositzungen Jahre hindurch die Dinge beim Namen genannt hatte, seine Unerschrockenheit, sein physischer Haß gegen zweideutige Haltung, seine bedingungslose Treue zur Arbeiterklasse und zur Sowjetunion und nicht zuletzt seine tiefe Verbundenheit zu Walter Ulbricht (die sich freilich nicht in Zum-Munde-Reden, sondern in freundschaftlicher Offenheit und je weiter, deso mehr in Enttäuschung und Empörung äußerte) erschienen mir als unersetzlich.

Ich wurde ferner vor der ZPKK gefragt, was ich (und die Genossen, die diese Anträge unterstützten) bei den Anträgen gedacht, was wir mit ihnen beabsichtigt und ob wir nicht begriffen hätten, daß die Verwirklichung dieser Anträge die Auslieferung der DDR an den imperialistischen Westen bedeutet hätte. Meine Antwort, daß ich nicht einmal die Frage begreife, wurde von den Genossen der ZPKK mit Gelächter beantwortet. Im übrigen konnte ich damals nur andeutungsweise antworten, wenn ich nicht den bereits sichtbar gewordenen Tendenzen zu meiner physischen Vernichtung in die Hände spielen wollte. (Immerhin finden sich genügend Andeutungen in meinen Erklärungen). Heute kann ich freier sprechen. Ich werde die Antwort in Teil II dieser Darlegung in Gestalt konkreten Materials geben. Hier fasse ich nur das Wichtigste zusammen:

Wir – also nicht nur Genosse Zaisser und ich (die Zusammenspannung dieser beiden Namen erfolgte erst eine Woche später), sondern die Mehrheit des Politbüros – lebten damals in folgenden Vorstellungen:

Von der Lage in der Parteiführung der KPdSU wußten wir nichts. Wir waren vielmehr der Meinung, die dortige Lage sei vorbildlich und nur bei uns herrschten Zustände, die bereinigt werden müßten. Wir waren also in Unkenntnis der großen historischen Zusammenhänge, in denen unser Vorgehen stand. Wir kamen auch nicht zu so umfassenden und präzisen Formulierungen, wie sie später die sowjetischen Genossen gebrauchten (z.B. «Wiederherstellung der Leninschen Normen des Parteilebens»). Wir tasteten uns vorwärts auf Grund der Erfahrungen, die wir machten, und der Lage, in der wir uns befanden. Die Hauptkennzeichen der Lage erschienen uns (den einen Genossen deutlicher, den anderen weniger deutlich) wie folgt:

1. Wir waren der Meinung, daß die Partei infolge der zwischen ihr einerseits, der Arbeiterklasse und den Volksmassen andererseits bestehenden Kluft beständig um einen beträchtlichen Teil der Erfolge kommt, die ihr für ihre richtige politische Linie und angesichts der objektiven Möglichkeiten zustanden.

2. Wir sahen die ernste Gefahr, daß die Entwicklung in Westdeutschland schneller zur Herbeiführung des vom imperialistischen Lager gewünschten Krieges führen könnte als die Entwicklung bei uns zur Sicherung der friedlichen Koexistenz und zur demokratischen Einigung Deutschlands führt.

3. Wir waren der Meinung, daß der Ausgangspunkt für einen konkreten und erfolgreichen Kampf um ein demokratisches und sozialistisches Gesamtdeutschland darin zu bestehen hat, in der DDR das Verhältnis zwischen Partei, Klasse und Volksmassen in Ordnung zu bringen. Für diesen Fall sahen wir außerordentliche Erfolge der Partei voraus, sowohl in der DDR (auf dem Gebiet der Steigerung der Arbeitsproduktivität sowie in der Frage der Vertrauensbasis der Partei) wie in Westdeutschland (Einschmelzen des Einflusses der rechten

SPD-Führung und Einengung der Manövrierfähigkeit des Adenauerregimes).

4. Wir waren der Meinung, daß Walter Ulbricht (und in seinem Gefolge große Teile der Parteiorganisation) trotz entgegengesetzter Beteuerungen nicht davon überzeugt waren, daß die Perspektive, durch Abbau des Kalten Krieges zur demokratischen Einigung Deutschlands zu kommen, real ist. Wir sahen den Beweis hierfür in seiner hartnäckigen Weigerung, diejenigen ernsthaften Maßnahmen zu treffen, die allein geeignet waren, das Verhältnis zwischen Partei, Klasse und Volksmassen in Ordnung zu bringen.

5. Wir waren der Meinung, daß diese Einstellung eine sektiererische ist, und daß ihre Wurzel unter anderem in einer überholten Einschätzung der Klassenlage in Deutschland liegt.

6. Wir waren der Meinung, daß Walter Ulbricht durch die beständige offene Bagatellisierung Otto Grotewohls und anderer ehemals sozialdemokratischer Genossen die Einheit der Parteiführung aufs Spiel setzt und daß auch dieses Auftreten ein Ausfluß des erwähnten Sektierertums ist.

7. Wir waren der Meinung, daß Walter Ulbricht die Bekämpfung des in der Partei überhandnehmenden Dogmatismus, die er mehrfach aus eigener Initiative begann, stets an demjenigen Punkte abbrach und abbrechen würde, an dem er bei Fortführung dieses Kampfes in Widerspruch gerät zu seinen eigenen Bestrebungen um die persönliche Herrschaft in der Partei. (Den engen Zusammenhang zwischen Personenkult und Dogmatismus erkannten wir damals noch nicht.)

8. Wir waren der Meinung, daß es immer schwerer wird, mit Walter Ulbricht über diese Fragen zu sprechen, weil er in dem Maße, in dem er durch sein fehlerhaftes Vorgehen in Schwierigkeiten gerät, zu persönlichen Gehässigkeiten greift, zu prinzipienlosen taktischen Manövern und auch dazu, den Kritisierenden ins Gesicht die Fakten abzuleugnen und sie zu Lügnern zu stempeln, im Vertrauen darauf, daß ihm als Generalsekretär, wenn es hart auf hart gehe, von der Partei und den sowjetischen Genossen eher geglaubt werden würde. Wegen dieser Methoden war es in steigendem Maße im Politbüro zu Zusammenstößen gekommen.

9. Wir waren der Meinung, daß die größte Gefahr nicht in Walter Ulbricht selber lag, sondern in den «kleinen Ulbrichts», im Hochwachsen einer großen Zahl von Funktionären, die Walter Ulbrichts

Schwächen übernahmen, ohne seine Stärken übernehmen zu können. Wir hielten diese Gefahr unter unseren deutschen Verhältnissen für besonders groß, weil der überwiegende Teil der nachwachsenden Funktionäre unter dem Faschismus denken und handeln gelernt hatte und übrigens schon aus diesem Grunde bei diktatorischem Auftreten im Namen des Kommunismus bei der werktätigen Bevölkerung auf Widerstand und Hohn stieß.

10. Zaisser und ich waren der Meinung, daß wir ins Politbüro gewählt worden seien, um unsere Meinung zu vertreten, insbesondere in Fragen von solcher Wichtigkeit, und daß wir Feiglinge wären, wenn wir auf die Linie des Kompromisses mit Erscheinungen gingen, die wir für falsch und schädlich erkannt haben.

Weder damals noch heute war ich der Meinung, daß meine Vorschläge die allein richtigen oder die bestmöglichen waren. Ich habe sie gemacht, damit das Politbüro über sie diskutiere und entscheide. Aber ich zweifelte nicht daran, daß ich das Recht und in der entstandenen Situation die Pflicht habe, sie zu machen. Auch heute – wie seinerzeit vor der ZPKK – möchte ich fragen:

Wer – wenn nicht die Angehörigen des Politbüros, soll das Recht haben, Vorschläge für Veränderungen in der Führung zu machen, einschließlich des Vorschlags auf Veränderungen in der Funktion des Generalsekretärs? Wo – wenn nicht im Politbüro des ZK, sollen solche Vorschläge gemacht werden? Wo – wenn nicht in der vom Politbüro eigens zur Ausarbeitung von Vorschlägen für Veränderungen in der Führung eingesetzten Kommission?

Genosse Matern gab mir in der 1. Vernehmung hierauf eine ausweichende Antwort. In der 2. Vernehmung kam er – ich hatte den Eindruck, nach Rückfrage – von sich aus auf diese Frage zurück und sagte: «Für Deine Vorschläge in der Kommission kannst Du nicht bestraft werden; das war Dein statutenmäßiges Recht.» Im gleichen Atemzug aber wurde ich in der niederträchtigsten Weise für sie bestraft! Nach innen wurde kein Hehl daraus gemacht, daß diese Vorschläge mein «Verbrechen» waren. In den Vernehmungen vor der ZPKK waren sie der Hauptgegenstand und Hauptanklagepunkt und in den parteiinternen Informationen wurde mitgeteilt, ich hätte Walter Ulbricht «stürzen» und mich «an seine Stelle setzen wollen». Zugleich wurde nach außen erklärt, ich hätte in der Phase des 17. Juni vor den Imperialisten kapituliert, und zwar aus Sozialdemokratismus, indem ich im Zentralorgan parteifeindliche, sozialdemokratische Informationen veröffentlichte und die Zeitung dem «Staatsfeind Fechner[68] zur Verfügung stellte». Daß alle diese Anwürfe unwahr waren und später in sich zusammenbrachen, half mir gar nichts. Und daß sie schon im ersten Augenblick unglaubhaft waren und allgemeines Kopfschütteln hervorriefen – wirkte sich nur gegen mich aus. Denn durch um so schlimmere Verleumdungen mußten sie «gestützt» werden und wurden sie gestützt. Ich werde diesen Prozeß im weiteren schildern.

Die 1. Kommissionssitzung schloß so ruhig, wie sie verlaufen war. Ich erhielt den Auftrag, die Ergebnisse der Sitzung schriftlich zusammenzufassen und zu Beginn der nächsten Sitzung vorzulegen. Außerdem forderte Genosse Grotewohl die Kommissionsmitglieder auf, sich bis zur nächsten Kommissionssitzung, die der Erledigung der personellen Fragen gewidmet sein würde, geeignete Vorschläge zu überlegen.

b) Für den weiteren Ablauf sind einige Bemerkungen wichtig, die mir Genosse Grotewohl zwischen der 1. und der 2. Kommissionssitzung machte. Gelegentlich einer Besprechung, die zwischen ihm und Genossen Ulbricht einerseits, Genossen Semjonow andererseits stattgefunden habe, habe sich zu seinem (Grotewohls) Erstaunen Genosse Semjonow mit äußerster Schärfe gegen Genossen Zaisser geäußert. Er habe ihn «eine Diva, eine Tänzerin» genannt, mit der man nicht arbeiten könne usw. Ob ich wüßte, wie dieser Haßausbruch zu erklären sei. Ich konnte nur erwidern, daß die Antipathie auf Gegenseitigkeit beruht.

Genosse Grotewohl fragte weiter, was ich von Genossen Schirdewan[69] hielte. Semjonow habe sich in der gleichen Besprechung in den

68 Max Fechner, Justizminister, sicherte den Führern der Streiks am Vortag des 17. Juni 1953 in einem Artikel im «Neuen Deutschland» weitgehende Straffreiheit zu. Fechner wurde daraufhin Mitte Juli 1953 verhaftet, wurde aus der SED ausgeschlossen, 1956 amnestiert, 1958 rehabilitiert; siehe Kapitel 32 und Fußnote S. 145ff.

69 Karl Schirdewan, erlebte als Ulbrichts enger Mitarbeiter in den Jahren 1952/53 einen sehr raschen Aufstieg. Ab Januar 1953 als ZK-Sekretär mit dem Aufbau und der Leitung der Schlüsselabteilungen Leitende Organe und Massenorganisationen beauftragt, nach dem Ausschluß Franz Dahlems (Mai 1953) dessen Nachfolger als Kaderchef. Wurde auf der 15. ZK-Tagung 1953, die mit der Fraktion Zaisser/Herrnstadt abrechnete, unmittelbar als Vollmitglied in das Politbüro gewählt. Im Februar 1958 wurde er zusammen mit dem damaligen Staatssicherheitsminister Ernst Wollweber «wegen Fraktionsbildung» aller Funktionen enthoben und mit einer «strengen Rüge» bestraft. War ab März 1958 Leiter der Staatlichen Archivverwaltung der DDR.

höchsten Tönen über Schirdewan geäußert. Was für ein kluger Mensch Schirdewan sei, wie parteiverbunden und diszipliniert, er (Semjonow) habe von Schirdewan in einigen Unterhaltungen sehr bemerkenswerte Gedanken gehört, auf die er die Aufmerksamkeit Ulbrichts und Grotewohls lenken wolle. Genosse Grotewohl sagte, er habe den Eindruck, daß Semjonow wünsche, daß Schirdewan ins Politbüro genommen werde.

Ich erwiderte, die Intelligenz Schirdewans sei unbestreitbar, aber leider auch, daß er ein gefährlicher Intrigant und Karrierist sei. Nach 1945 sei ich durch die Umstände eng mit ihm zusammengekommen (wir lagen als Lungenkranke viele Monate auf Pritschen nebeneinander[70]) und zunächst auch von seiner Intelligenz und seiner scheinbar vorbildlichen Haltung als Genosse bestochen gewesen. Aber später hätte ich in einigen Fällen (Sinnecker, Büttner[71] usw.) gesehen, mit welcher Skrupellosigkeit Schirdewan über Genossen hinwegschreitet, und hätte meine Meinung geändert.

c) Die 2. Sitzung der Kommission muß etwa am 2. Juli stattgefunden haben. An ihr nahmen außer den Teilnehmern der 1. Sitzung (Gen. Grotewohl, Ulbricht, Zaisser und mir) Gen. Oelssner teil sowie als Beauftragter des Genossen Semjonow, Gen. Miroschnitschenko.[72] (Miroschnitschenko war erst kürzlich in Berlin angekommen und verstand nicht deutsch. Oelssner wurde beauftragt, ihm unsere Diskussion laufend zu übersetzen, was er aber nur sporadisch tun konnte, da die Sitzung stürmisch verlief und er selbst lebhaft an ihr teilnahm. Daher blickte M. oft ratlos von einem zum anderen und suchte sich durch Zwischenfragen zu informieren.)

Die Atmosphäre in dieser Sitzung war von Anfang an gespannt, die

---

70 Exakt diesen Sachverhalt schildert Wilhelm Girnus in der Ich-Form als autobiographische Erinnerung in seinen Memoiren. Es handelte sich um einen Sanatoriumsaufenthalt von Rudolf Herrnstadt und Karl Schirdewan in Sülzhayn im Südharz.

71 Erna Büttner, langjährige hauptamtliche Mitarbeiterin bei der Vereinigung der Verfolgten des Naziregimes (VVN) in Berlin tätig, dabei befaßt mit der sozialen Betreuung ehemaliger KZ- und Zuchthaushäftlinge, war später im Bereich «Volkskorrespondenten» im «Neuen Deutschland» tätig, verließ die Zeitung nach der Absetzung Herrnstadts, später langjährige Kaderchefin an der Akademie der Wissenschaften. Hielt auch nach 1953 engen Kontakt zur Familie Herrnstadt.

72 Mitarbeiter von Semjonow, löste im Herbst 1953 Judin ab.

5a7d1a2710da4bf0bf83e78ef8154e19

5a7d1a2710da4bf0bf83e78ef8154e19

s284977 b616814 c1093732

5a7d1a2710da4bf0bf83e78ef8154e19

Haltung des Genossen Ulbricht brüsk, abwartend und auf Angriffe eingestellt. Ich hatte den Eindruck, daß zwischen der 1. und 2. Kommissionssitzung irgendwelche, mir nicht bekannten Dinge vor sich gegangen waren, auf Grund deren Ulbricht sein Verhalten in der 1. Kommissionssitzung bereute und für überflüssig hielt.

Nach einigen einleitenden Bemerkungen forderte Genosse Grotewohl die Teilnehmer auf, die Personalvorschläge zur Ergänzung des Politbüros, die sie sich inzwischen überlegt hätten, zu machen. (Gen. Oelssner erklärte später, Gen. Zaisser und ich hätten «in prinzipienloser Weise nur über Personalfragen gesprochen». Ich möchte annehmen, daß diese Bemerkung durch Unkenntnis veranlaßt wurde. Für Oelssner war die 2. Kommissionssitzung die erste. Er war nicht zugegen, als in der 1. Sitzung beschlossen wurde, eine 2. Sitzung zur Erledigung der Personalfragen anzuberaumen.)

Längere Zeit wurde über die zahlreichen benannten Kandidaturen diskutiert, dann schrieb Gen. Grotewohl die Namen derjenigen Genossen auf, hinsichtlich deren Übereinstimmung darüber bestand, daß sie dem Politbüro zur Diskussion und Beschlußfassung vorgelegt werden sollten. Von den von mir benannten befanden sich Selbmann, Maron und Stoph darunter.

Dann sollte die Frage des neuen, nur aus Angehörigen des Politbüros bestehenden, sogenannten «großen» Sekretariats erörtert werden – also die weitaus wichtigste Frage, denn die Schaffung dieses Gremiums wäre der Durchbruch gewesen zur Kollektivität in der Führung und zur Überwindung der Übelstände in der Partei. Dessen waren sich die Anwesenden bewußt.

Gen. Ulbricht schlug vor, daß zuvor noch darüber beschlossen werden solle, welche Angehörigen des Politbüros zum Ausscheiden aus dem Politbüro vorgeschlagen werden sollen. Gen. Grotewohl gab ihm zu bedenken, daß die Kommission vom Politbüro nicht den Auftrag erhalten habe, Genossen zum *Ausscheiden* vorzuschlagen, sondern nur den Auftrag, Genossen zur Kooptierung vorzuschlagen. Genosse Ulbricht bestand auf seinem Vorschlag.

Darauf sagte Genosse Grotewohl: «Bitte sehr. Ich stelle also zur Diskussion: Wilhelm Pieck.»

In der eingetretenen Stille, die Walter Ulbricht ersichtlich peinlich war, sagte Genosse Zaisser: «Ich beantrage, die Namen Pieck, Grotewohl und Ulbricht ohne Diskussion auf die Liste derer zu setzen, die im Politbüro verbleiben.»

Genosse Grotewohl sagte: «Ich werde die Namen erst auf die Liste schreiben, wenn das Einverständnis festgestellt ist.» Er war schon sehr alarmiert. Von allen Seiten wurde mit dem Kopf genickt. Daraufhin schrieb Genosse Grotewohl die drei Namen auf die Liste. Dann sagte er: «Ich verlese nun die weiteren Namen dem Alphabet nach, zunächst die der Mitglieder, dann die der Kandidaten. Erstens: Ebert.»

In die eintretende Pause sagte Gen. Ulbricht: «Ich sehe keine Notwendigkeit für sein Verbleiben im Politbüro.»

Nun waren wir alle alarmiert. Wer schoß hier, und zu welchem Zweck? Das Verbleiben Eberts (des zweiten, aus der Sozialdemokratischen Partei kommenden) Genossen im Politbüro war, wie wir alle wußten, für Grotewohl eine prinzipielle Frage. Außerdem lag keinerlei sachlicher Anlaß vor, Ebert aus dem Politbüro zu entfernen.

Genosse Grotewohl war so entsetzt, daß er vergaß zu fragen, wer für und wer gegen diesen Antrag sei. Er blickte suchend von einem zum anderen. Nach aller Erfahrung stand außer Zweifel, daß es in den nächsten Augenblicken zu einer sehr prinzipiellen, in ihren Auswirkungen noch nicht übersehbaren Explosion kommen würde. Daher sagte ich: «Ich stelle den umgekehrten Antrag: 1. Verbleiben Eberts im Politbüro, 2. Schaffung eines Ministeriums für gesamtdeutsche Fragen und Ernennung Eberts zum Minister für gesamtdeutsche Fragen. Begründung: Ich kenne Ebert als einen parteiergebenen, hochqualifizierten Genossen, der weitgehender eingesetzt werden kann, als es heute geschieht. Der 2. Vorschlag stammt übrigens nicht von mir, sondern von Ackermann. Ich gebe ihn hier nur wieder und schließe mich ihm an.»

Genosse Miroschnitschenko, dem Oelssner das Wesentliche übersetzt hatte, rief mir zu: «Richtig!» Auch die anderen Genossen verwarfen Ulbrichts Antrag als indiskutabel.

Genosse Grotewohl: «Es besteht also Einverständnis darüber, daß ich den Namen Ebert auf die Liste setze?»

Genosse Ulbricht zuckte, wie oft, wenn er überstimmt wurde, die Achseln und sagte gleichgültig: «Bitte...»

Dieser Hergang veranlaßte Walter Ulbricht, keine weiteren Anträge auf Ausscheiden von Genossen aus dem Politbüro mehr zu stellen. Während der weiteren Diskussion über diesen Punkt, der doch auf *seinen* Wunsch stattfand, saß er uninteressiert da und stimmte stereotyp dem Verbleiben der einzelnen Genossen zu. Andererseits lie-

114

ßen sich Zaisser und Grotewohl verleiten, zwar nicht Anträge auf Ausscheiden einzelner Genossen zu stellen, aber solche Anträge in Aussicht zu stellen – was sich später auswirkte. Es handelte sich um die Genossen Oelssner und Honecker.

Als die Frage des Verbleibens Oelssners im Politbüro gestellt wurde, wandte sich Zaisser an den (anwesenden) Oelssner mit folgenden Worten:

«Ich werde heute keinen Antrag auf Dein Ausscheiden aus dem Politbüro stellen. Aber, lieber Fred, es wäre unehrlich von mir, Dir nicht folgendes zu sagen: Du hast zwar in der Vergangenheit viele kluge Worte über die Prinzipienfestigkeit eines Marxisten gesagt, aber Dich selber oft prinzipienlos, kleinlich und in entscheidenden Augenblicken auch feige benommen. Es spricht für Dich, daß Du das gelegentlich selber eingestehst. Aber das allein hilft nicht. Es hilft Dir noch weniger, daß die Mitglieder des Politbüros untereinander darüber sprechen, aber es nicht aussprechen. Du mußt Dich ändern, Fred. Sonst wird wirklich einmal der Tag kommen, an dem ich oder ein anderer den Antrag auf Dein Ausscheiden aus dem Politbüro stellen werde.»

Gen. Oelssner war weiß im Gesicht und sagte kein Wort. Niemand bestritt die Richtigkeit der Worte Zaissers. Das wäre auch nicht möglich gewesen, denn die schwankende und panische Haltung Oelssners hatte im voraufgegangenen Halbjahr teils zu Auseinandersetzungen, teils zu Heiterkeitsausbrüchen im Politbüro geführt (siehe Teil II). (Ob Oelssner Zaissers Bemerkung dem Genossen Miroschnitschenko übersetzte, entging mir).

Als der Name Honecker an die Reihe kam, stellte Genosse Grotewohl die Frage, ob sein Verbleiben im Politbüro zweckmäßig sei. Er sagte: «Wenn ich in den ganzen Jahren auch nur die geringste Tendenz zu einer Entwicklung bei ihm beobachtet hätte, würde ich die Frage nicht stellen.» Zu einer Diskussion kam es nicht, denn Genosse Ulbricht antwortete: «Die Frage ist schon erledigt; der geht auf Schule.»

Von diesen beiden Genossen abgesehen, wurde das Verbleiben niemandes in Zweifel gestellt.

Ich muß hier nachtragen, daß es vorher – bei Erörterung der Kandidaturen für die Ergänzung des Politbüros – zu folgendem Hergang gekommen war:

Wie von Genossen Grotewohl vermutet, hatte Genosse Ulbricht Schirdewan vorgeschlagen. Ich hatte Einspruch erhoben und wörtlich erklärt: «Du, Walter, bist nicht der erste, der auf Schirdewan hereinfällt. Der erste war ich, und zwar im Jahre 1946 in Sülzhayn.» Dann legte ich meine Erfahrungen mit ihm dar. Genosse Ulbricht, der ohnehin gegen mich verstimmt war, hörte ungeduldig zu. Genosse Grotewohl erklärte sich gleichfalls gegen eine Kooptierung Schirdewans. Da Ulbricht auf ihr beharrte, wurde abgestimmt. Die Kooptierung Schirdewans wurde mit drei Stimmen (Grotewohl, Zaisser, ich) gegen eine (Ulbricht) bei einer Enthaltung (Oelssner) abgelehnt. Bis heute weiß ich nicht, wie es möglich war und wie es zustande kam, daß das Zentralkomitee von diesem statutenmäßig rechtsgültigen Beschluß niemals etwas erfuhr, und daß Schirdewan trotz dieses Beschlusses dem Politbüro aufgezwungen wurde.

Genosse Grotewohl stellte die Frage, ob er zum nächsten Punkt übergehen könne.

Ich bat, noch zwei weitere – nicht unmittelbar mit der Zusammensetzung des Politbüros zusammenhängende – Fragen zur Diskussion stellen zu dürfen:

1. Die Frage der Gewerkschaftsarbeit. Um die Kluft zwischen großen Teilen der Werktätigen und der Partei zu schließen, sei die erste Voraussetzung, den überhandnehmenden Bürokratismus in der Gewerkschaftsarbeit zu überwinden. Dieser Bürokratismus beginne in der Spitze, im Bundesvorstand des FDGB. Und das, obwohl es bei uns Gewerkschaftsfunktionäre gebe, aus denen die Partei Volkstribunen erziehen könne, z. B. den Verdienten Bergmann Voitel. Ich hätte bei einer Kreisdelegiertenkonferenz in Zwickau einen hervorragenden Eindruck von Paul Voitel gewonnen und schlüge vor, seine Personalien zu überprüfen und ihn, wenn die Prüfung positiv ausfalle, dem Politbüro zum Einsatz in der Führung des FDGB vorzuschlagen. Auch würde meines Erachtens das Politbüro nur gewinnen, wenn ein erprobter, in der Basis wurzelnder Genosse ihm angehöre. (Hier widersprach mir Genosse Miroschnitschenko. Er sagte, Übernahme von Genossen direkt von der Basis in die Parteiführung erweise sich als nicht ratsam.)

Genosse Ulbricht sagte: «Ich denke nicht daran, unter dem Druck des Gegners, der die Gewerkschaften angreift, Änderungen in der Gewerkschaftsleitung vorzunehmen.»

Ich stimmte diesem Argument zu. Solche Änderungen müßten nicht heute gemacht werden, aber sie müßten eines baldigen Tages gemacht werden.

2. Die Frage der Tätigkeit der Zentralen Parteikontrollkommis-

sion. Während des letzten Jahres seien die Bedenken eines großen Teils der Angehörigen des Politbüros gegen die Tätigkeit des Genossen Matern als Vorsitzender der Zentralen Parteikontrollkommission beständig gewachsen. Sie bezögen sich vor allem darauf, daß Genosse Matern Verletzungen des Statuts nicht gleicherweise verfolge, sondern zum Teil bewußt zulasse und dadurch fördere – während er andererseits auch in geringfügigen oder unbewiesenen Fällen mit der Unerbittlichkeit eines St. Georg auftrete. Das wirke zersetzend auf die Partei, vom Politbüro angefangen. (Siehe Teil II.) – Meines Erachtens sei ein Wechsel auf der Funktion des Vorsitzenden der ZPKK erforderlich.

Dieser Antrag war unmittelbar gegen den Personenkult und seine Auswirkungen gerichtet. So wurde er auch von den Anwesenden verstanden, von denen keiner widersprach. Nach kurzem Schweigen erklärte Genosse Grotewohl, es sei wohl zweckmäßiger, wenn wir uns nicht von der Tagesordnung entfernten, sondern die Fragen der Reihe nach erledigten.

Er stellte nun die Hauptfrage, das neue «große» Sekretariat, zur Diskussion. Als er ausführte, daß dadurch ein Sekretariat vom bisherigen Typ in Wegfall käme, machte Genosse Miroschnitschenko den Einwand, das sei nach sowjetischer Erfahrung nicht zweckmäßig. Ein Sekretariat zur Kontrolle der Durchführung der Beschlüsse des Politbüros sei in jedem Fall notwendig. Die Vollmachten dieses Sekretariats brauchten nicht groß und könnten genau umschrieben sein, so daß die Gefahr eines Wiedererstehens des Dualismus, von der wir (die deutschen Genossen) offenkundig ausgingen, paralysiert sei. Auch genüge es, wenn nur ein Mitglied dieses Sekretariats dem Politbüro angehöre, um die Verbindung zu gewährleisten; aber ohne ein solches Sekretariat werde das Politbüro nicht arbeiten können. Genosse Miroschnitschenko führte an einigen Beispielen aus der sowjetischen Praxis aus, in welchen Grenzen die Tätigkeit eines solchen Sekretariats zu stehen habe. (Ich erinnere mich an eines der Beispiele, das die Überprüfung der Durchführung eines Beschlusses des Politbüros betreffend, die landwirtschaftliche Produktion im Bezirk Salsk betraf.)

Diesem Einwand wurde zugestimmt. Jedem war klar, daß dieses Sekretariat nichts zu tun hatte mit dem von uns vorgeschlagenen, nur aus Angehörigen des Politbüros bestehenden «großen» Sekretariat, das die Kollektivität in der Führung herstellen und garantieren sollte.

Genosse Grotewohl schlug vor, daß angesichts der Übereinstimmung in dieser Frage zunächst die Besetzung dieses von Miroschnitschenko vorgeschlagenen Sekretariats behandelt werde. Dem wurde zugestimmt. Auf die Frage, wer vom Politbüro diesem Sekretariat angehören und die Verbindung zu ihm halten solle, schlug Genosse Zaisser mich vor. Auf die Frage des Genossen Grotewohl, ob ich diese Arbeit zu übernehmen bereit sei, erwiderte ich, ich übernähme jede Arbeit, die die Partei mir überträgt. Eine andere Frage sei, ob ich dafür geeignet sei. Ich hätte keine Erfahrung auf dem Gebiet der parteiorganisatorischen Arbeit, auch stünde mir ein beträchtlicher Teil des zentralen Apparats in Abwehrstellung gegenüber, was mich nicht wundere. Andererseits müsse die Meinung des zentralen Apparats nicht die maßgebliche sein. Wenn ich rede oder schriebe, hätte ich das Ohr der Massen.

Die Polemik gegen den zentralen Apparat in diesem Augenblick war, wie sich später zeigte, ein Bumerang, den ich zu spüren bekam.

Genosse Ulbricht rief Genossen Zaisser zu: «Dein Vorschlag ist ganz logisch! Für mich ist er der Punkt auf dem i!»

Genosse Zaisser fragte verblüfft, was diese Bemerkung heißen solle.

In der anschließenden Auseinandersetzung, bei der alle durcheinandersprachen, machte Gen. Miroschnitschenko den Vorschlag, daß mit der Fortsetzung der Beratungen der Kommission bis zur Rückkehr der Genossen Semjonow und Judin gewartet werden solle, die nicht in Berlin seien. Genosse Grotewohl brach die Sitzung mit der Erklärung ab, die 3. Sitzung der Kommission werde zweckmäßigerweise im Beisein der Genossen Semjonow und Judin stattfinden.

21.

Eine dritte Sitzung fand nicht mehr statt. Statt dessen erfolgte folgender Verlauf:

Ein oder zwei Tage später hatte ich bei Genossen Grotewohl zu tun. Beim Weggehen hielt er mich zurück und sagte: «Willst du wirklich organisatorische Arbeit machen? Laß doch das Schön machen. Du kannst doch mehr.» Es war klar, daß er von der letzten Kommissionssitzung sprach, die auch mir nicht aus dem Kopf gegangen war.

Ich sagte, daß ich weit davon entfernt sei, mir diese Arbeit zu wünschen, und daß ich selber verärgert sei über die schiefe Situation, in die ich durch Zaissers Antrag auf der letzten Sitzung kam.

Genosse Grotewohl sagte ersichtlich erleichtert: «Das ist gut! Das ist gut!» Als er mein Erstaunen über diese Reaktion sah, setzte er hinzu: «Oelssner läuft von einem zum anderen. Er war auch bei mir und wollte mich agitieren. Ich sehe doch, worauf sie hinauswollen.»

Auf diese Weise erfuhr ich, daß etwas im Gange war. Aber davon, was im Gange war, hatte ich noch keine Vorstellung.

22.

Im Verlauf der nächsten Politbürositzung sagte Oelssner, er müsse dem Politbüro eine wichtige Mitteilung machen. In der letzten Kommissionssitzung hätten die Genossen Zaisser und Herrnstadt Vorschläge gemacht, die auf eine Spaltung der Parteiführung hinausliefen. Vor allem hätte Zaisser Herrnstadt anstelle von Walter Ulbricht zum 1. Sekretär des Zentralkomitees vorgeschlagen. Herrnstadt habe den Vorschlag dankend angenommen mit dem größenwahnsinnigen Satz «Der Parteiapparat steht gegen mich, aber die Massen stehen hinter mir!» Es sei offenkundig, daß Zaisser und Herrnstadt «die durch den 17. Juni entstandene Lage ausnutzen wollen». Es sei ebenso klar, daß sie das «aus eigennützigen Gründen» täten.

Es kam zu schweren Auseinandersetzungen.

Zaisser rief Oelssner zu, ob er sich nicht schäme, solche Verleumdungen in die Welt zu setzen. Oelssner wisse genau, daß sich sein (Zaissers) Antrag nicht auf die Funktion des 1. Sekretärs des ZK bezogen habe, die noch gar nicht zur Diskussion stand, sondern auf die Funktion des Verbindungsmanns zwischen dem von Miroschnitschenko vorgeschlagenen Sekretariat und dem Politbüro. Oelssner solle sagen, was er mit dieser Verleumdung bezwecke.

Auch ich verwahrte mich gegen die Oelssnersche Verleumdung, wahrscheinlich in zu scharfen Worten, denn es kam zu schweren Zusammenstößen. Am meisten empörte mich Oelssners Behauptung, wir hätten «die Parteiführung spalten wollen», während Zaissers Bestreben, mein Bestreben, das der großen Mehrheit des Politbüros und in der Vergangenheit angeblich auch das Oelssners dahin ging, endlich durch Herstellung eines kollektiv arbeitenden Politbüros die beständige latente, teilweise aber auch offenliegende Gefahr einer Spaltung der Parteiführung zu überwinden. Oelssner wurde sehr verwirrt, blieb aber bei seiner Behauptung. Mit Bezug auf das Wort «Oelssnersche Konstruktion», das ich gebraucht hatte, sagte Genosse Ulbricht: «Eine Konstruktion ist das nicht, mein Lieber» – und gab damit zu erkennen, daß er Oelssners Darlegung unterstützte.

Als ich erwiderte (was, weiß ich nicht mehr), rief mir Zaisser empört zu: «Laß doch das! Auf diesem moralischen Niveau hat es keinen Sinn mehr zu verhandeln!»

Elli Schmidt rief: «Das ist unerhört! Das braucht sich niemand gefallen zu lassen!»

Die große Mehrheit des Politbüros wurde durch diese Szene völlig überrascht und war tief betroffen. Die Behauptung, ich hätte mich zum 1. Sekretär des ZK machen wollen, Zaisser hätte sich «den Staatsapparat unterwerfen wollen» (auch diese Behauptung klang bereits an), wir hätten die Parteiführung spalten wollen – war angesichts der zweijährigen Vorgeschichte, die das Politbüro erlebt hatte (siehe Teil II), so unglaubhaft, daß sie Argwohn, aber auch Angst hervorrief. Das kam nach der Sitzung in zahlreichen Bemerkungen zum Ausdruck.

23.

Ungeachtet der Belastung durch diesen verleumderischen Angriff mußte ich in diesen Tagen dem Politbüro Entwürfe für die Entschließung des 15. Plenums vorlegen. Denn das Politbüro drängte, mit Recht, immer mehr auf schnelle Einberufung des Plenums. Aber die Vorlegung brauchbarer Entwürfe war zu diesem Zeitpunkt auch abgesehen von meinen persönlichen Sorgen sehr schwer, denn die Unterlagen lagen immer noch nicht vor – die ökonomischen Verhandlungen mit den sowjetischen Genossen und den deutschen Experten waren noch immer nicht abgeschlossen, und die Verhandlungen der Kommission über Parteifragen waren, wie geschildert, aufgeflogen. Wäre ich klüger gewesen, so hätte ich in dieser Lage den Auftrag des Politbüros zurückgegeben. Da ich das Politbüro nicht im Stich lassen und mir selber nicht die Blöße geben wollte, infolge von Angriffen auf die eigene Person arbeitsunfähig geworden zu sein, lieferte ich zwei Entwurfsteile ab und lieferte mich damit dem Komplott noch weiter in die Hände.

Die beiden Entwurfsteile bestanden 1. im Entwurf für einen politischen Teil mit angehängten Stücken des zweiten (ökonomischen) Teils, 2. in einer stichwortartigen Aufzeichnung, die als Diskussionsgrundlage für einen Entwurf des dritten (Partei-)Teils dienen sollte. Ich weiß heute nicht mehr, welche der beiden Aufzeichnungen ich zuerst ablieferte; wenn mich die Erinnerung nicht trügt, war es die zweite. Im folgenden schildere ich das Zustandekommen dieser beiden Aufzeichnungen und die Diskussionen, die sich an ihre Ablieferung knüpften.

Die Diskussionsgrundlage für einen Parteiteil bestand aus zwei oder drei Schreibmaschinenseiten, auf denen eine Reihe von Gesichtspunkten aneinandergereiht waren. Ich hatte sie an einem Morgen vor der Abfahrt aus der Redaktion ins Politbüro (an einem der Tage unmittelbar nach der 2. Kommissionssitzung) meiner Sekretärin diktiert, damit das Politbüro wenigstens eine Unterlage hatte, um mit der Diskussion des (am weitesten rückständigen) 3. Teils des Entwurfs zu beginnen. Es handelte sich, auch äußerlich sichtbar, eher um Notizen für einen Entwurf als um einen Entwurf. Er ging aus von der Notwendigkeit, der Partei die führende Rolle in der Tat (und nicht in Worten) zu sichern. Dann wurde gesagt, was z. B. dazu notwendig, bzw. was abzustellen sei. Dabei wurde scharf gegen Administrieren, Sektierertum, Verlogenheit Stellung genommen. Ich schrieb gerade die kritischen und strittigen Punkte hinein, *damit* über sie diskutiert werde. Gegen Ende schrieb ich aus Zeitmangel nur noch einzelne Worte, «Erneuerung der Partei», «Erneuerung der Parteispitze», «Erneuerung des Parteiapparats». Damit wollte ich zum Ausdruck bringen, daß es nicht um einzelne oder äußerliche Änderungen gehe, sondern um eine grundsätzliche Änderung in der Parteiarbeit, um eine Gesundung des Arbeitsstils und der Methoden, mit denen wir der Arbeiterklasse und den Volksmassen gegenübertreten. (Alles das ist später auf dem XX. Parteitag der KPdSU viel umfassender und präziser formuliert und begründet worden.) Mit dem Manuskript in der Hand fuhr ich ins ZK, gab es zur Vervielfältigung und ging in die Sitzung, wo es eine halbe Stunde später verteilt wurde. Es rief keine besondere Reaktion hervor. In der Sitzungspause äußerten sich einige Genossen, die es inzwischen gelesen hatten. Genosse Grotewohl sagte: «Von einem Parteiteil ist es noch weit entfernt, aber einige Gedanken erscheinen mir sehr bemerkenswert.» Ähnlich äußerte sich Ackermann. Genosse Ulbricht sagte: «Da stehen einige Formulierungen drin, mein Lieber, die könnten Dich teuer zu stehen kommen.» Diese Bemerkung erscheint mir heute deswegen als wichtig, weil aus ihr hervorgeht, daß Genosse Ulbricht bei aller Verärgerung gegen mich zu diesem Zeitpunkt noch nicht die Absicht hatte, aus dieser Vorlage die «ideologische Plattform» einer «parteifeindlichen Fraktion» zu machen. Ich fragte ihn erschrocken: «Welche Formulierungen meinst Du?» Er erwiderte, das müsse ich schon selber finden. – Leider kann ich zu dieser Vorlage heute nichts weiteres sagen, da ich kein Exemplar von ihr besitze. Aber die Partei besitzt Exemplare. Ich möchte vermuten, daß heute allein die Lektüre genügt, um die Behauptung, es habe sich um die «Plattform» einer parteifeindlichen Gruppe gehandelt, als unsinnig zu erweisen.

Nur eines sei in diesem Zusammenhang noch erwähnt: Wie die anderen Angehörigen des Politbüros, hatte auch Genosse Zaisser die Vorlage erst während der Sitzung bekommen. Vorher wußte er nicht einmal, daß ich sie schreibe. So wenig wie ich selbst, denn ich hatte mich erst am Morgen dazu entschlossen. Die «Fraktion Zaisser/ Herrnstadt» ist also nicht nur insofern eine merkwürdige Fraktion, als sie aus zwei Menschen bestand, die niemals eine fraktionelle Verabredung miteinander getroffen hatten (das hat uns nicht einmal die ZPKK vorzuwerfen gewagt). Sie ist auch insofern merkwürdig, als 50 Prozent ihres Bestandes (nämlich Zaisser) ihre «ideologische Plattform» nicht gekannt haben.

Das andere Manuskript, das ich in diesen Tagen abgab, war Teil I (also der politische Teil) des Entwurfs für die Entschließung mit Teilen von Teil II (dem ökonomischen Teil). Hier hatte sich inzwischen folgendes abgespielt: Teil I war bereits *vor* dem 17. Juni im wesentlichen fertig gewesen und von der für den Entschließungsentwurf verantwortlichen Kommission (Ulbricht, Rau, ich), wie geschildert, durchgesprochen und gebilligt worden. Nun hatte sich die Lage durch den 17. verändert. Anweisungen oder auch nur Ratschläge darüber, in welcher Weise der veränderten Lage durch Veränderungen im vereinbarten Entwurf Rechnung getragen werden solle, waren von keiner Seite erfolgt. Daß beträchtliche Veränderungen notwendig waren, war mir klar; ich bezweifelte sogar, daß es überhaupt noch möglich sein werde, den vorliegenden Entwurf zu verwenden. Insbesondere wirkte jetzt, wo der Gegner über die Fehlerhaftigkeit unserer Maßnahmen triumphierte, die (vorher verlangte) Unterstreichung und logische Auseinanderspulung unserer Fehler völlig unangebracht. Andererseits war bei Begründung der Notwendigkeit eines neuen Kurses auf die Erörterung der früheren Fehler nicht zu verzichten. Und vor allem: mich schreckte die Perspektive, bei dieser Zeitnot und in der Verfassung, in der ich mich allmählich befand, die ganze Arbeit wegwerfen und eine völlig neue Konzeption ausarbeiten zu sollen. In dieser Lage fuhr ich mit Teil I zu Genossen Rau, von dem ich ohnehin die fertigen Stücke für Teil II zu übernehmen hatte. Er gab sie mir mit Erläuterungen für die Bearbeitung. Ich gab ihm Teil I, aus dem ich schon die massivsten Unterstreichungen unserer «Fehler» herausgestrichen hatte, zur Begutachtung. Dabei sagte ich, daß es mir nun zweifelhaft erscheine, ob der Entwurf überhaupt noch brauchbar sei, und schilderte meine Lage. Genosse Rau las den Entwurf aufmerksam durch, war gleichfalls der Meinung, daß nun die Zweckmäßigkeit einzelner Teile strittig sei, kam aber zu folgendem Schluß: ich solle zunächst abgeben, was ich hätte; im Politbüro werde ohnehin diskutiert werden, da bestehe noch genügend Gelegenheit zu verändern. «Jetzt nicht abzugeben und einen neuen Entwurf zu beginnen, würde den ganzen Ablauf verzögern; außerdem weißt Du ja ohne Diskussion im Politbüro nicht, welche Gedanken und Vorschläge das Politbüro seinerseits hat.» Er fügte hinzu, er sei der Meinung, es werde am vorliegenden Entwurf gar nicht so viel zu verändern sein.

Diese Auffassung des Genossen Rau (geboren aus Arglosigkeit und Hilfsbereitschaft) kam mir unter den gegebenen Umständen sehr erwünscht. Ich gab also den Entwurf ab. Das erwies sich als verderblich für mich. Der Entwurf wurde später dem Zentralkomitee und der Öffentlichkeit als «Anklageschrift gegen die Partei» vorgestellt (wegen der ausführlichen Darstellung der begangenen Fehler). Zaisser (der von diesen ganzen Vorgängen keine Ahnung hatte) und ich hätten die Partei verleumdet, unser Auftreten in Politbüro und Kommission sei durch unsere sozialdemokratische Geisteshaltung zu erklären.

24.

Die Diskussion über diesen Entwurf im Politbüro fand am nächsten oder übernächsten Tag statt und verlief wie folgt:

Als erster erklärte Genosse Matern in heftigen und wegwerfenden Worten den Entwurf für völlig unbrauchbar. Ich erwiderte, daß ich den Entwurf nicht verteidigen würde, da ich selbst die größten Bedenken hätte. Diese Bemerkung hatte keinerlei Wirkung, denn es kam, wie sich zeigte, den Genossen Ulbricht, Oelssner und Matern, der inzwischen zu ihnen gestoßen war, auf etwas ganz anderes an.

Walter Ulbricht erklärte: «Jetzt ist alles klar; man muß die spalterische Tätigkeit von Zaisser und Herrnstadt im Zusammenhang sehen mit den von Herrnstadt vertretenen Auffassungen. Der Entwurf ist die ideologische Erklärung für ihr Auftreten.» Im einzelnen führte Walter Ulbricht aus:

1. «Diese beiden Genossen sind nicht überzeugt von der Richtigkeit des neuen Kurses. Sie vertreten nicht mehr die Linie der Partei.»

Dieser erstaunliche Gedanke rief allgemeine Verblüffung hervor. Ich rief Walter Ulbricht zu: «Wie kannst Du so etwas sagen?! Um nur ein Beispiel anzuführen: wie hätte ich die Entschließung des 14. Plenums schreiben können, wenn ich nicht an die Richtigkeit des neuen Kurses glaubte?»

Walter Ulbricht schrie mich an: «Ist das *Deine* Entschließung oder die der Partei?» Als ich sagte: «Natürlich die der Partei, aber ich kann mich doch wohl auf sie beziehen, wenn mir ein so sinnloser Vorwurf gemacht wird», erwiderte er ruhiger: «Na also, ein bißchen vorsichtiger!»

2. «Genosse Herrnstadt bezeichnet die Partei als entartet.» Als ich sagte, daß ich niemals die Partei als entartet bezeichnet hätte, erwiderte er: «Du sprichst von der Notwendigkeit einer Erneuerung der Partei. Eine Partei muß man erneuern, wenn sie entartet ist. Also bezeichnest du die Partei als entartet.»

3. Im Entwurf stünden die Worte, die Partei müsse zu einer Partei des Volkes werden. Das sei eine alte sozialdemokratische These und bedeute die Aufgabe des Klassencharakters der Partei. Zunächst verstanden die meisten nicht, was Walter Ulbricht wollte, auch ich nicht. Ich hatte die Worte Partei des Volkes in dem Sinne gebraucht, in dem wir Dutzende von Malen im Politbüro über die Notwendigkeit der Überwindung der Kluft zwischen der Partei einerseits und breiten

Teilen der Arbeiterklasse und der übrigen werktätigen Schichten gesprochen hatten: die Partei muß sich die Unterstützung der breiten Massen der Werktätigen erobern; daß sie das nur als proletarische Partei tun kann, durch eine proletarische (aber aus den entstandenen Bedingungen entwickelte) Klassenpolitik, und daß sie umgekehrt nur so die führende Rolle der Arbeiterklasse verwirklichen kann, erschien mir (und der Mehrheit des Politbüros) so selbstverständlich, daß wir zunächst auf keine andere Auslegung kamen (übrigens konnte man das, wenn man nur wollte, auch aus dem Entwurf selbst entnehmen: «Die Erneuerung muß von den Betrieben ausgehen»). Nun legte Walter Ulbricht die Worte Partei des Volkes so aus, als forderte ich die Aufgabe des Klassencharakters der Partei, ihre Umwandlung in eine kleinbürgerliche Partei «aller» Klassen. Diese Auslegung wurde noch verstärkt durch eine kleine Verschiebung, die auch später in der Presse auftauchte: statt «Partei des Volkes» sprach er im weiteren Verlauf immer öfter von einer «Volkspartei», zu der ich die SED hätte machen wollen. (Marxisten kennen das Wort «Volkspartei» aus der Geschichte der Deutschen Sozialdemokratie.)

Meine Entgegnungen wurden als überholt abgetan. Auch die anderer Genossen. Als Elli Schmidt angesichts dieser Hartnäckigkeit sagte: «Mindestens muß man dann aber auch die andere Seite sehen. Schließlich hat er doch die LPG's gerettet. Tut denn das ein Sozialdemokrat?», warfen sich Walter Ulbricht und Oelssner auf sie und erklärten, das eine habe mit dem anderen nichts zu tun.

Die große Mehrheit des Politbüros war durch diesen Verlauf der Sitzung tief betroffen. Sie hörte schweigend zu, wie verfügt wurde, daß die von mir vorgelegte Niederschrift als unbrauchbar verworfen und Ackermann statt meiner mit der Ausarbeitung des Entwurfs beauftragt wird.

An einem der nächsten Tage sagte mir Jendretzky, er habe die größte Mühe, Ebert von voreiligen Schritten zurückzuhalten. Ebert wolle aus dem Politbüro ausscheiden, weil seine Nerven solchen Dingen nicht gewachsen seien.

25.

In den folgenden Sitzungen, in denen (wie auch in den eben erwähnten) die Beratungen über die ökonomischen Fragen des Kurswechsels sowie über andere Fragen fortgesetzt wurden, herrschte eine gedrückte und verschlossene Stimmung. Jeder hatte das Gefühl, am Vorabend eines neuen «Falles» zu stehen. Ich spürte, wie Genossen, die mich weniger kannten (z. B. Mückenberger), zu zweifeln begannen, ob nicht vielleicht doch etwas Wahres an den Beschuldigungen sei – ein Prozeß, den ich später in viel breiterem Maß auf dem 15. Plenum erlebte. Das veranlaßte sie zwar nicht, gegen Zaisser und mich Stellung zu nehmen (darin blieben Ulbricht, Oelssner und Matern noch lange isoliert), aber sie schwiegen. Auch wirkte die Erfahrung, daß wahrscheinlich im Hintergrund etwas vereinbart sei oder vereinbart werde, wogegen man besser nicht ankämpfe.

In dieser Lage kam es zur Nachtsitzung des Politbüros vom 7. Juli. Sie wurde auf 9 oder 10 Uhr abends angesetzt, weil die Genossen Grotewohl und Ulbricht im Morgengrauen vom Flugplatz Schönefeld nach Moskau fliegen sollten.

Die Sitzung konzentrierte sich auf die Frage der Zusammensetzung der Parteiführung, die im Zusammenhang mit den Vorschlägen für das kommende Plenum nicht umgangen werden konnte – und damit wiederum auf die Person und das Verhalten des Genossen Ulbricht.

Die Diskussion dauerte vier oder fünf Stunden. Die Genossen sprachen tief aufgewühlt, voller Sorge um die Partei und gleichzeitig voller Rücksicht auf Walter Ulbricht und dessen Empfindungen in einer solchen Sitzung. Keiner unterbrach den anderen. Auch Walter Ulbricht machte keinen Zwischenruf.

Von den anwesenden 13 Genossen (Gen. Pieck fehlte, Gen. Dahlem war aus dem ZK ausgeschlossen) [73] sprachen sich nur zwei für das

---

73 Franz Dahlem (1892–1980), einer der führenden KPD-Funktionäre der Vorkriegszeit, Spanienkämpfer, Kritiker Ulbrichts, wurde auf Grund seiner West-Emigration auf dem 13. Plenum des ZK der SED im Mai 1953 wegen «politischer Blindheit» während der Emigration und wegen nicht parteigemäßem Verhalten zu seinen Fehlern aller Funktionen enthoben und aus dem Politbüro, ZK und allen Funktionen entfernt. Dahlem wurde am 29. Juli 1956 rehabilitiert, war ab März 1955 Leiter der Hauptabteilung Lehre und Forschung, ab 1957 1. Stellvertreter des Staatssekretärs für das Hoch- und Fachschulwesen, ab 1967 stellvertretender Minister für das Hoch- und Fachschulwesen. Amtierte im ZK der SED ab 1957.

Verbleiben Walter Ulbrichts auf der Funktion des Generalsekretärs (bzw. 1. Sekretärs) aus: Matern und Honecker. Beide sprachen nur kurz und in Abwehr der Mehrheit. Beide identifizierten die richtige Linie der Partei mit der Person Walter Ulbrichts und bezweifelten, daß ohne die Führung Walter Ulbrichts die Partei die revolutionäre marxistische Linie innehalten werde.

Zwei Genossen ließen in ihren Ausführungen nicht deutlich erkennen, zu welchem Schluß sie kamen, Mückenberger und Oelssner. Mückenberger berührte die Frage nur am Rande. Oelssner begründete im ersten Teil seiner Rede, warum er nicht verantworten könne, für das Verbleiben Walter Ulbrichts, und im zweiten Teil, warum er nicht verantworten könne, für sein Ausscheiden aus der genannten Funktion zu sein. Er endete: «Das Politbüro muß entscheiden –».

Die übrigen Genossen kamen zu dem Schluß, daß bei Erwägung aller Umstände das Interesse der Partei erfordere, daß Walter Ulbricht die Funktion des Generalsekretärs (bzw. 1. Sekretärs) aufgebe, und daß erst nachdem dies geschehen und eine echte Kollektivität der Führung hergestellt sei, die großen Möglichkeiten der Partei, aber auch die persönlichen Fähigkeiten des Genossen Ulbricht zur vollen Geltung kommen würden. Die Bedenken, daß die revolutionäre marxistische Linie der Partei durch eine solche Veränderung gefährdet oder in Frage gestellt werden würde, wurden als unbegründet und beleidigend verworfen.

Mit leiser Stimme, aber sehr nachdrücklich sprach Genosse Heinrich Rau. Unter Anführung einer langen Reihe von Fakten schilderte er die vermeidbare Verzögerung unseres sozialistischen Aufbaus durch die falschen Methoden der Führung. Er schilderte, wie es ihm schwergefallen sei, zur Auffassung zu kommen, daß es notwendig sei, daß Walter Ulbricht zurücktrete – wie er sich aber zu dieser Auffassung bekennen müsse im Interesse der Partei.

Friedrich Ebert geriet in Tränen, als er das gleiche ausführte. Er versicherte Walter Ulbricht, daß er die größte Hochachtung vor seinen Fähigkeiten, seiner Energie und Erfahrung habe. Aber nach allem Erlebten könne er nicht mehr daran glauben, daß in der Atmosphäre der Partei und in den Ergebnissen unserer Massenarbeit ein wirklicher Wandel eintreten werde, solange Ulbricht dem Leben in der Partei den Stempel aufdrücke.

Zaisser und ich äußerten sich im gleichen Sinne, ohne auf die Verleumdungen der vergangenen Tage einzugehen.

Mit großer Leidenschaft sprach Elli Schmidt. Sie schilderte an vielen Beispielen die Loslösung der Partei von den Massen, insbesondere von großen Teilen der Arbeiterklasse. Sie trete seit Jahrzehnten im Namen der Partei vor Arbeiter, sei selber Arbeiterin und wisse sich unter Arbeitern zu bewegen. Aber sie habe keine Resonanz mehr und auch kein gutes Gewissen. Sie habe zuletzt in Görlitz und vorher vor den Textilarbeiterinnen in Thüringen Dinge verteidigt, die nicht zu verteidigen sind, und Zustände beschönigt, die zu beschönigen ein Verbrechen sei. Wie könne ein Kommunist in eine solche Lage kommen? Die Ursachen hierfür lägen nicht nur in der faschistischen Provokation vom 17. Juni. Es sei auch ein Selbstbetrug zu glauben, sie lägen nur in den fehlerhaften Beschlüssen der II. Parteikonferenz. «Der ganze Geist, der in unserer Partei eingerissen ist, das Schnellfertige, das Unehrliche, das Wegspringen über die Menschen und ihre Sorgen, das Drohen und Prahlen – das erst hat uns so weit gebracht, und daran, lieber Walter, hast Du die meiste Schuld, und das willst Du nicht eingestehen, daß es ohne alledem keinen 17. Juni gegeben hätte.» (H. Matern verlangte von mir später – in der Untersuchung vor der ZPKK – eine Bestätigung dafür, daß Elli Schmidt gesagt hätte: «Ohne Walter Ulbricht – kein 17. Juni!» Das ist sinngemäß richtig, aber die thesenartige Zuspitzung ist nicht richtig. (Die Äußerung fiel in der genannten Form.)

Eine zweite Äußerung, die Elli Schmidt großen Haß eintrug, weil sie das Kind beim Namen nannte, betraf die Günstlingswirtschaft. «Es geht nicht gerecht zu, Walter. Wer Dir zum Munde redet und immer hübsch artig ist, der kann sich viel erlauben. Honecker, zum Beispiel, das liebe Kind. Aber wer Dir nicht zum Munde redet, der bekommt keine Hilfe und kann sich totarbeiten, und es wird nicht anerkannt. Und wehe gar, es passiert ihm ein Fehler!» Der Höhepunkt der Sitzung war das Auftreten Anton Ackermanns. Er gab zunächst eine Analyse des Zustands der Partei und dann eine ausführliche Einschätzung unserer Politik in der Frage der Aktionseinheit der Arbeiterklasse und der Herstellung eines einheitlichen, demokratischen Deutschlands. Er versuchte, kühl zu bleiben, geriet aber bald in so tiefe Erregung, daß er wie in einer Art Ekstase sprach. Er sagte u. a.:

«Viele Jahre habe ich Dich unterstützt, Walter. Trotz allem, was ich sah. Lange Zeit habe ich geschwiegen, aus Disziplin, aus Hoffnung, aus Angst. Heute liegt das alles hinter mir. Die Partei steht höher, und ich werde die Wahrheit sagen und nur die Wahrheit.»

«Es gibt in diesem Politbüro nur zwei Sorten von Genossen: solche, die es wagen, den Mund aufzumachen, und solche, die den Mund halten und dasselbe denken.»

«Ich bin bereit, vor den Parteitag zu treten, vor dreitausend gewählte Funktionäre mit nur *einem* Dokument in der Hand, mit der Sekretariatsvorlage über die Ehrungen zu Deinem 60. Geburtstag. Ich brauche dieses Dokument nur zu verlesen, nichts weiter – an der Reaktion des Parteitages würde kein Zweifel sein.»

«Es wird gesagt, der Zeitpunkt für Veränderungen in der Parteiführung sei ungeeignet, weil wir eben den 17. Juni gehabt haben. Niemand besteht auf Veränderungen innerhalb von 24 Stunden. Aber wie soll man diesem Argument noch trauen? Zu jedem Zeitpunkt kann gesagt werden, daß gerade dieser Zeitpunkt ungeeignet ist, und die Erfahrung spricht dafür, daß das immer wieder gesagt werden wird.»

«Es gibt keine Gesetzmäßigkeit, die vorschreibt, daß die Partei in Westdeutschland von einer Niederlage in die andere fallen muß. Aber zum Sieg in Westdeutschland gehört der echte Sieg in der DDR, und den erringt man nicht durch taktische Winkelzüge und Umgehung der Probleme.»

Als alle gesprochen hatten, wandte sich Genosse Grotewohl an Walter Ulbricht mit den Worten: «Du hast die Meinung der Genossen gehört. Vielleicht willst Du sprechen?»

Walter Ulbricht erwiderte sehr matt. Er wolle nur auf die Rede Ackermanns antworten, weil sie die schärfste aller Reden gewesen sei, und weil er einen Unterschied mache zwischen der Rede Ackermanns und den Reden von Zaisser und Herrnstadt, bei denen noch andere Motive im Spiel seien. Vieles, was Ackermann gesagt habe, erfordere ernste Überlegung. Er, Ulbricht, wisse selber, daß vieles in der Arbeit der Partei korrigiert werden müsse, aber er meine, daß er mit Hilfe des Politbüros imstande sein werde, die Schwächen zu korrigieren. Man müsse andererseits die objektiven Schwierigkeiten sehen, vor denen er stünde usw.

Nach Ulbrichts Antwort bat Ackermann noch einmal ums Wort zur Abgabe einer Erklärung. Er sagte: «Die Differenzierung, die Du, Walter, zwischen mir und Zaisser und Herrnstadt gemacht hast, nehme ich nicht an. Ich kenne Deine Methode, zwischen denen aufzuspalten, die Dir hinderlich sind.»

Die Sitzung wurde abgebrochen, als es Zeit geworden war, daß die

Genossen Grotewohl und Ulbricht zum Flugplatz fuhren. Weswegen sie nach Moskau gebeten wurden, wußten weder sie noch wir. Wir alle nahmen an, daß die Einladung mit unserem neuen Kurs zusammenhing.

26.

Am nächsten Tage traf die Nachricht von der Verhaftung Berijas ein.

Nun war klar, daß die Genossen Grotewohl und Ulbricht zur Entgegennahme von Informationen in dieser Angelegenheit nach Moskau gebeten worden waren.

Nach ihrer Rückkehr informierten Grotewohl und Ulbricht in einer Abendsitzung das Politbüro.[74] Nicht sie allein seien nach Moskau eingeladen worden, sondern auch Vertreter anderer Bruderparteien. Die Genossen Malenkow, Molotow und Chruschtschow[75] hätten ihnen mündliche Informationen gegeben sowie ein Dokument des Präsidiums des Zentralkomitees der KPdSU.[76] Mündlich sei ihnen u. a. gesagt worden: «In den letzten Lebensjahren des Genossen Stalin haben bei uns nicht immer normale Verhältnisse geherrscht.» Die Prinzipien der innerparteilichen Demokratie seien verletzt worden. Das habe den Nährboden für das Hochwachsen einer solchen Figur wie Berija gegeben. – Diese Bemerkungen waren die erste Andeutung, die unser Politbüro über die Lage in der Führung der KPdSU zu Lebzeiten Stalins erhielt.

Dann verlas Genosse Grotewohl das Dokument des Präsidiums des ZK der KPdSU. Je weiter er las, desto glücklicher wurde ich. Ebenso Zaisser, Ackermann und viele andere. (Das Wort glücklich mag sonderbar klingen, aber es stimmt.) Was da geschildert wurde, war – in

74 Die Politbürositzung dürfte am 9. Juli stattgefunden haben, da die Mitteilung über Berijas Verhaftung am 10. Juli 1953 erfolgte.
75 Dieses Triumvirat bildete nach der Liquidierung Berijas die Moskauer Führungsspitze, wobei alle bereits unter Stalin entscheidende Positionen besetzt hatten und nach dessen Tod dem auf zehn Personen reduzierten Politbüro angehörten.
76 Ein derartiges Schreiben ist offensichtlich an die Parteiführung aller Ostblockstaaten gegangen. Der Passus über die LPG ist vermutlich lediglich in der für die SED bestimmten Version enthalten gewesen.

den Grundzügen – die Lage bei *uns*! Verletzung der innerparteilichen Demokratie und infolgedessen: Hochwachsen von Willkür, Karrierismus, Administrieren, Wegstoßen ganzer bündnisfähiger Schichten der Bevölkerung von der Partei. Und was im sowjetischen Dokument als Heilmittel abgegeben wurde, als das gesetzmäßige und unfehlbare Heilmittel in geradezu beschwörenden Worten – das war dasselbe, wofür auch wir seit Jahr und Tag verzweifelt kämpften, was eben noch von Ulbricht und Matern wütend bagatellisiert worden war, weswegen wir gerade wieder und schlimmer als je zuvor angegriffen, mißverstanden, verdächtigt wurden: Kollektives Arbeiten der gewählten Führung, echtes, unzweideutiges kollektives Arbeiten.

Als Genosse Grotewohl an die Stelle des Dokuments kam, in der die feindselige Haltung Berijas gegenüber der Kollektivierung der Landwirtschaft in der UdSSR geschildert und dabei ausdrücklich gesagt wird, daß auf *seine* Initiative auch die falschen, auf die Abdrosselung der Kollektivierung in der DDR gerichteten Wendungen in das Dokument vom Mai 1953 gekommen sind, gegen die ich seinerzeit aufgetreten war – hatte ich Mühe, mich zu beherrschen. Ich dachte: jetzt ist der ganze Spuk mit den Verleumdungen zu Ende. Jetzt müssen auch Ulbricht und Matern begreifen, daß es nachgerade komisch und sonderbar wird, aus mir einen «Sozialdemokraten» und «Fraktionisten» zu machen. Ackermann, der in meiner Nähe saß, muß analoge Empfindungen gehabt haben. Als einmal Grotewohl Atem holte, sagte er halblaut: «Jetzt wird Licht.»

Als unsere Wagen in dieser Nacht im Städtchen ankamen, forderte ich Zaisser auf, mit mir ein Glas Wein zu trinken. (Das war das erste Mal in unserer vieljährigen Bekanntschaft, daß Zaisser meine Wohnung betrat.) Vor wenigen Tagen war aus dem Munde Oelssners zum ersten Mal das Wort «Fraktion» gefallen. Nun wollte ich auf den Zusammenbruch der Lüge von der «Fraktion» trinken. Zaisser war wieder einmal nüchterner und skeptischer. Er sagte: «Bist Du so sicher? Vergiß nicht, daß man seit dem 17. Juni Schuldige braucht.» Ich versuchte, ihn und mich zu überzeugen, daß er zu schwarz sehe.

27.

Zaissers Pessimismus erwies sich als begründet.

Im Verlauf der nächsten Politbüro-Sitzung erklärte Genosse Ulbricht, nach seiner Auffassung müsse das Politbüro das Plenum des Zentralkomitees «vom Verhalten der Genossen Zaisser und Herrnstadt informieren». Jeder ersah daraus, daß die Reise nach Moskau nicht zum Fallenlassen der gegen uns eingeleiteten Aktion geführt hatte. Gleichzeitig war nun klar, daß auf unser Ausscheiden aus dem Politbüro gezielt wurde. Es kam zu neuen Kontroversen.

Für den Antrag Ulbrichts trat Genosse Matern auf, der zu Zaisser und mir gewandt sagte: «Ihr seid nicht so harmlos, wie Ihr Euch gebt!»

Als Zaisser Auskunft über diese Bemerkung verlangte, sagte Genosse Matern: «Das weißt Du selbst am besten.»

Zaisser schrie Matern zu, er verlange kategorisch, daß Matern seine verleumderischen Anspielungen entweder begründe oder zurücknehme, er sei nicht Dahlem.

Matern lachte. Ulbricht sagte: «Du hast hier gar nichts zu verlangen!»

Oelssner begründete mit zwei Zitaten aus Lenin und Stalin, warum das Politbüro gerade in diesem Fall verpflichtet sei, das Plenum des ZK zu informieren. Dabei sprach er schon nicht mehr davon, Zaisser und ich hätten die Parteiführung spalten wollen, sondern wir hätten die Partei spalten wollen. Er wiederholte: «Um persönlicher Ziele willen.»

Ich ließ mich provozieren und rief ihm zu: «Wenn ich persönliche Ziele verfolgt hätte, hätte ich es mir leichter machen können! Dann hätte ich nicht für die Kollektivität zu kämpfen und mich von Walter dafür maßregeln und verdächtigen lassen zu brauchen! Dann hätte ich nur unter die Speichellecker gehen zu brauchen!»

Matern rief mir zu: «Also wir anderen sind alle Speichellecker?»

Ich erwiderte: «Das habe ich nicht gesagt.»

Matern lachte, als habe er mich nun ertappt.

Gegen den Antrag Walter Ulbrichts sprach sich in längeren Ausführungen Genosse Ackermann aus.

Ebenso Genosse Rau, der u. a. erklärte: «Wenn Entwürfe von Politbüromitgliedern, die im Auftrage des Politbüros zur Diskussion im Politbüro geschrieben wurden und diesen oder jenen Fehler enthalten, dem Plenum des Zentralkomitees als Material gegen das entsprechende Politbüromitglied vorgelegt werden, dann wird niemand mehr wagen, ohne Hemmungen oder spekulative Gedanken einen Entwurf für das Politbüro zu schreiben. Ich bin seinerzeit dagegen aufgetreten, daß Genosse Herrnstadt eine Stelle aus dem Entwurf zum Karl-Marx-Jahr vor dem Plenum zitierte, ich trete heute dagegen auf, daß das gleiche zu Lasten von Herrnstadt geschieht.»

Auch die Genossen Elli Schmidt und Ebert sprachen sich gegen den Antrag Walter Ulbrichts auf Überweisung an das Plenum aus. Die Sitzung zog sich hin, und es wurde klar, daß es mindestens zweifelhaft war, ob Ulbrichts Antrag bei einer Abstimmung die Mehrheit bekommen würde.

In dieser Situation sah ich, wie Genosse Ulbricht den neben mir sitzenden Genossen Jendretzky mit einer Kopfbewegung aus dem Zimmer bat. (Das war nichts Ungewöhnliches. Auch mich hatte Genosse Ulbricht gelegentlich auf solche Weise aus der Sitzung gebeten, wenn er etwas besprechen wollte, was sich zur Besprechung *in* der Sitzung nicht oder noch nicht eignete.) Unmittelbar danach ging Genosse Ulbricht hinaus, nach ihm Jendretzky. Nach einer Weile kam Jendretzky wieder herein, nach ihm Ulbricht. Etwa fünf Minuten später meldete sich Jendretzky zu Wort und sagte in die noch fortlaufende Diskussion hinein: «Ich denke, daß wir so nicht vorwärtskommen. Ich beantrage, die Debatte zu schließen und den Termin für das 15. Plenum festzulegen. Ich beantrage, das 15. Plenum vom 24.–26. Juli, also von Freitag bis Sonntag nächster Woche durchzuführen.»

Jeder begriff, was das bedeutete. Nie hätte Jendretzky, der keine sehr große Rolle im Politbüro spielte, von sich aus einen solchen Vorschlag gemacht. Daß er ihn machte, zeigte 1., daß Jendretzky, der bisher gegen die Konstruierung eines Falles Zaisser-Herrnstadt aufgetreten war, die Front gewechselt hatte, und 2. daß man entschlossen war, einen solchen Fall durchzuführen, gleichgültig wie sich das Politbüro dazu verhielt. Während die Mehrheit schwieg, wurde festgelegt, daß das nächste Plenum entsprechend dem Jendretzkyschen Vorschlag vom 24. bis 26. Juni stattfinden werde.

In den gleichen Tagen (wenn ich mich nicht irre, sogar in der gleichen Sitzung) legte Genosse Ackermann den Entwurf des Teils «Partei» für die Entschließung des 15. Plenums vor, den er auftragsgemäß geschrieben hatte, nachdem meine Vorlage verworfen worden war. Ohne daß es zu einer ausführlichen Diskussion kam, wurde auch sein

Entwurf von den Genossen Ulbricht, Matern und Oelssner entrüstet verworfen. Ich setze einige Teile aus seinem Entwurf hierher, weil sie eine Vorstellung davon geben, wie tief und breit die Empörung des Politbüros, bzw. seiner Mehrheit über die Verletzungen der Leninschen Parteiprinzipien gewesen sein muß, wenn selbst zu diesem Zeitpunkt, als der «Fall Zaisser-Herrnstadt» bereits in der Luft hing, ein solcher Entwurf vorgelegt wurde:

«Der Verlust des Vertrauens eines beträchtlichen Teils der Arbeiterklasse ist die bitterste Tatsache, vor der sich eine marxistische Arbeiterpartei gestellt sehen kann. Die Partei muß alle Anstrengungen machen, um im Sinne des Beschlusses des Zentralkomitees vom 21. Juni dieses Jahres in kurzer Frist diese ihre gefährliche Schwäche zu überwinden. Der neue Kurs kann nicht durchgeführt werden, wenn die sozialistische Einheitspartei Deutschlands nicht das Vertrauen und die aktive Unterstützung der überwiegenden Mehrheit des gesamten werktätigen Volkes findet...

Mit aller Entschlossenheit muß die Haltung der Mißachtung der Werktätigen durch einen großen Teil der Partei-, Staats-, und Wirtschaftsfunktionäre überwunden werden. Die Volksmassen, vor allem die Arbeiterklasse, sind die entscheidenden schöpferischen Kräfte der Gesellschaft. Die Partei wird unerhörte weitere Leistungen beim Aufbau eines neuen Lebens vollbringen können, wenn sie eng mit den Massen verbunden ist. Ohne diese Verbindung mit den Massen oder sogar gegen sie, wird die Partei gelähmt und ihre Politik muß Schiffbruch erleiden...

Das höchste Lebensgesetz der Partei ist... die alltägliche engste Verbundenheit mit den Massen, eine Haltung der Bescheidenheit der Führer gegenüber den Massen, die von Lenin immer wieder betonte Notwendigkeit, nicht nur die Massen zu lehren, sondern auch bei den Massen zu lernen...

Daher stellt das Zentralkomitee in den Mittelpunkt der Aufmerksamkeit aller Parteiorganisationen die Aufgabe, die innerparteiliche Demokratie zu entfalten, die Kritik und Selbstkritik konsequent zu verwirklichen und auf dieser Grundlage die Kontrolle der Parteimitgliedschaft über die Tätigkeit der Parteileitungen zu verstärken. Der Schlüssel zur Gewinnung des Vertrauens breitester Massen ist, mehr Demokratie innerhalb der Partei und mehr Demokratie besonders auch im Verhältnis der Partei zur Klasse und Masse...

Wo Kritik und Selbstkritik unterdrückt werden, breiten sich Bürokratismus, Fäulnis und Zersetzung aus. Wer ein Parteimitglied, einen Mitarbeiter oder einfachen Kollegen verfolgt, weil dieser von seinem Recht auf Kritik Gebrauch gemacht hat, begeht ein Verbrechen an der Partei und ist wie ein Feind aus ihren Reihen auszustoßen . . .

Die Partei muß allen Tendenzen der Schönfärberei, der Selbstgefälligkeit, des Eigenlobes und der Überheblichkeit bei Parteifunktionären und bei den führenden Genossen den schärfsten Kampf ansagen. Jeder Versuch der Täuschung über die wahren Stimmungen in den Massen, des Verbergens von Mißständen und des Verschweigens der Wahrheit muß als schwerstes Verbrechen an der Partei angesehen werden. Es ist unzulässig, Funktionäre, die an solchen Gebrechen kranken und davon nicht zu heilen sind, auf ihren Posten zu belassen . . .

Das Zentralkomitee stellt ferner fest, daß im zentralen Apparat, hier und da auch im lokalen Maßstab, eine falsche verderbliche Politik der Kaderauslese betrieben worden ist. Manche leitende Funktionäre wählen die Kader nicht nach politischer und fachlicher Eignung aus, sondern danach, ob sie ihrer Eitelkeit und ihrem persönlichen Geltungsdrang schmeicheln und dem leitenden Funktionär bequem und angenehm sind. Als Folge solcher Kaderpolitik müssen sich Cliquen bilden, die unvermeidlich ihre Sonderinteressen über die Partei- und Staatsinteressen stellen und Zersetzung und Fäulnis um sich verbreiten . . .

Den größten Mangel und eine Hauptursache dafür, daß die Gesamtpartei einen schweren Fehler beging, sieht das Zentralkomitee darin, daß an der Spitze der Partei keine kollektive Führung stand. Selbst im Politbüro des Zentralkomitees hat eine krankhafte Erscheinung um sich gegriffen. Unter dem Druck eines überstürzten Tempos wurden oft überaus wichtige Fragen in zu großer Hast entschieden. Daraus resultieren nicht wenig halbrichtige oder sogar falsche Beschlüsse. Es gab selbst in der Spitze der Partei Fälle offensichtlicher Unterdrückung der Kritik und der freien Meinungsäußerung. Zugleich sind viel zu viel Aufgaben und Verantwortung in eine Hand konzentriert, während andere Mitglieder der Parteiführung in ihrer Initiative gehemmt oder sogar abseits gedrängt wurden. Auch das Verhältnis und die Arbeitsteilung zwischen dem Politbüro und dem Sekretariat entwickelte sich infolgedessen in falscher Richtung, da ein Dualismus in der Leitung der Politik der Partei entstand. Das Fehlen der notwendigen Kollektivität der Führung bei genau festgelegter Verantwortlichkeit eines jeden Mitglieds für bestimmte Aufgabengebiete verhinderte, daß die Beschlüsse immer gründlich vorbereitet und bei den Entscheidungen alle Seiten und Zusammenhänge berücksichtigt werden

konnten. Aber es kann nicht richtig geleitet werden, wenn die innerparteiliche Demokratie verletzt wird, wenn es keine wirkliche kollektive
Leitung gibt und bei verantwortlichen Genossen die Bereitschaft zur
Selbstkritik fehlt. Wie erfahren ein leitender Genosse auch sein mag und
über welche Kenntnisse und Fähigkeiten er auch verfügen mag, so ist er
dennoch nicht in der Lage, die Initiative, Kenntnisse und Erfahrungen
des gesamten Kollektivs zu ersetzen. Die Erneuerung des innerparteilichen Lebens muß daher vor allem auch von oben beginnen.»

Nach Verwerfung des Ackermannschen Entwurfs wurde von Genossen Ulbricht erklärt: so käme man nicht weiter. Das Plenum stünde
vor der Tür, und der Entwurf käme nicht zustande. Daher schlage er
vor, daß zur Abfassung des Entwurfs eine Kommission aus denjenigen Genossen gebildet werde, die in Moskau gewesen seien und sich
daher am besten orientierten, aus Ulbricht, Grotewohl und Oelssner.
Niemand widersprach.

28.

Allmählich wurde mir angst. Bisher hatte ich die Vorwürfe der drei
Genossen (Ulbricht, Oelssner, Matern) gegen Zaisser und mich als
Ungeheuerlichkeiten angesehen, die sich so oder anders aufklären
würden. Aber nun nahm die Verfolgung immer konkretere, überleg-
tere Formen an. Am meisten beunruhigte mich das Verhalten der sowjetischen Genossen. Bei Judin konnte ich es mir noch erklären. Er
kannte unsere Verhältnisse wenig und war in Berlin nie richtig warm
geworden. Noch weniger Miroschnitschenko, der erst kürzlich eingetroffen und dem alles neu war. Aber W. S. Semjonow? Er kannte
mich fast zehn Jahre, hatte in den intimsten politischen Fragen mit mir
zusammengearbeitet, nicht gezögert, mich bei Tag oder bei Nacht an-
zurufen und zu sich zu bitten, wenn er in dieser oder jener Angelegenheit direkt oder indirekt einwirken wollte. Er kannte, wie kein zweiter
sowjetischer Genosse (und nicht zuletzt durch mich), die jahrelange
Entwicklung der Auseinandersetzungen im Politbüro – warum ließ er
diese Diffamierungen zu? Warum hatte er nicht längst eingegriffen?
Und wenn er wirklich das Geringste davon glaubte, – warum rief er
mich nicht an, bestellte mich zu sich, fragte und hörte auch mich – wo

er mich in hundert weniger wichtigen Fragen zu sich bestellt und gefragt hatte? Ich wartete die ganzen Tage auf einen Anruf. Er kam nicht.

Statt dessen wich mir W. S. Semjonow aus. Als er wieder in einer Politbüro-Sitzung erschien (in Gegenwart des Gen. Judin) und zu einer Reihe von Fragen Stellung nahm, flocht er eine Bemerkung ein, aus der man entnehmen konnte, daß auch er für unsere Entfernung aus dem Politbüro war. Die Bemerkung lautete etwa, er denke, das Politbüro werde besser arbeiten können, wenn einige Genossen, die die Arbeit erschweren, ausscheiden und andererseits einige gute Politökonomen ins Politbüro kämen. In den Pausen sahen wir ihn sich mit Oelssner beraten. Zaisser, Ackermann, Elli Schmidt und ich waren für ihn Luft. Da er keine Anstalten machte, mit mir zu sprechen, wandte ich mich auch nicht an ihn, so sehr ich es gewollt hätte.

29.

Einige Tage später zwang mich W. S. Semjonow, mir selber im Leitartikel des Zentralorgans zu bestätigen, daß ich kein Marxist sei. Das geschah auf folgende Weise.

Seit einigen Jahren veröffentlichte das Zentralorgan gelegentlich Leitartikel oder satirische Feuilletons, die Semjonow (oder auf seine Anweisung ein anderes Mitglied der SMA) geschrieben hatte. Entsprechend einer Vereinbarung zwischen Semjonow und mir erhielt ich diese Artikel entweder von ihm persönlich oder sie wurden nach telefonischer Ankündigung durch ihn von einem Funktionär der SMA)in die Redaktion gebracht und mir in meinem Zimmer übergeben. Damit auch der Redaktion der Autor nicht erkennbar würde, hatte ich zugesagt, die Artikel selber zu übersetzen. Sie wurden mit Vorrang behandelt, d. h. sofort, und wenn irgend möglich als Leitartikel veröffentlicht.

Am 13. Juli rief W. S. Semjonow nach längerer Pause wieder an – nicht, wie ich gehofft hatte, in der Sache, die mich am meisten bewegte, sondern um einen Artikel anzukündigen, der sich noch einmal mit dem Problem des 17. Juni beschäftige. Der Artikel («An die Arbeit, Genossen!») wurde mir eine halbe Stunde später von einem Legationssekretär übergeben. Ich übersetzte ihn sofort. Er war, wie alle

sowjetischen Artikel, die wir bekamen, von höherem propagan-
distischem Niveau als unsere Leitartikel. Aber er war – schien mir –
etwas deklarativ, von der konkreten deutschen Wirklichkeit etwas
entfernt. Für die nächste Nummer vorgesehen war ein Leitartikel,
den ich auf Grund neuerlicher Besuche bei Siemens-Plania geschrieben hatte. Dieser Artikel behandelte die Entwicklung des Verhältnis-
ses unserer Betriebsparteifunktionäre zu den Belegschaften seit dem
17. Juni, wie mir schien, die Kernfrage im Augenblick. Als wir (mein
Vertreter Heinz Friedrich, der mit Genehmigung Semjonows über die
Zusammenarbeit mit der SMA informiert war, und ich) den sowjetischen Artikel in der Hand hielten, waren wir im Zweifel, wie wir die
beiden Artikel placieren sollten. Wir wollten den Artikel über die
Betriebsfunktionäre als Leitartikel bringen, aber ich wollte den von
W. S. Semjonow übersandten Artikel nicht ohne dessen Vorwissen
auf der 2. Zeitungsseite veröffentlichen.

Daher rief ich noch einmal W. S. Semjonow an, um ihn zu fragen,
ob er einverstanden damit sei, daß der von ihm übersandte Artikel auf
der 2. Seite erscheine. Er war ohne weiteres einverstanden und fragte
nur, warum. Ich sagte, daß uns das Verhältnis zwischen den Betriebs-
funktionären und den Belegschaften der Betriebe als *der* Punkt erscheine, von dem aus die Lage repariert werden müsse, daß sich in
diesem Verhältnis seit dem 17. eine Entwicklung beobachten lasse,
und daß wir glaubten, diese Entwicklung durch unseren Artikel vor-
wärtstreiben zu können. Er erwiderte: um so besser (bei ihm weiß
man oft nicht, ob ironisch oder nicht), aber man müsse auch klarma-
chen, daß die Entwicklung, die allgemeine wie die in der DDR, unwiderruflich zum Sozialismus führe. Ich erwiderte, das sei selbstverständlich, aber ein noch so kleines Stück *konkrete* Entwicklung zum
Sozialismus, wie z. B. die Entwicklung in unseren Betrieben seit dem
17. Juni, erscheine mir als eine bessere und wertvollere Demonstra-
tion dieser Wahrheit als die größten und richtigen Worte. Das ärgerte
W. S. Semjonow sehr. Er sagte brüsk: «Machen Sie, wie Sie wollen!»
und hängte ab.

Wir veröffentlichten den Artikel «Der neue Kurs und die Betriebsfunktionäre» auf der 1. und den Artikel «An die Arbeit, Genossen!»
auf der 2. Seite.[77] (Siehe Anlagen)

77 Der Artikel erschien in der Berliner Ausgabe von «Neues Deutschland» bereits
   am 12. Juli 1953.

Drei Tage später übersandte mir Gen. Semjonow einen weiteren Artikel «Über die Rolle und die Bedeutung der Arbeiterklasse in der DDR».[78] Als ich ihn übersetzte, stieß ich auf folgende Stelle:

> «Ebenso wenig kann jedoch irgend jemand abstreiten, daß es bei uns in der Deutschen Demokratischen Republik längst keine Großkapitalisten und Gutsbesitzer mehr gibt, und daß ihr Besitz in die Hände des Volkes, d. h. in die Hände der Arbeiter und Bauern überging, daß in der Deutschen Demokratischen Republik die Macht der Kapitalisten und Gutsbesitzer restlos und unwiderruflich beseitigt ist. (Diese Unwiderruflichkeit ist allerdings nicht ‹selbstverständlich› oder ‹automatisch› gewährleistet, wie es einige angebliche ‹Marxisten› glauben machen wollen, sondern um sie müssen die Werktätigen tagtäglich kühn und selbstlos kämpfen und sie sichern!) Schließlich: Wer wollte bestreiten, daß die Kriegsverbrecher und faschistischen Provokateure keinen Einfluß auf das öffentliche Leben in der Deutschen Demokratischen Republik haben usw...»

Das war die Antwort auf das Telefongespräch. Ich bat Heinz Friedrich zu mir. Wir waren beide fassungslos. Als ob ich oder er oder sonst einer von uns der Meinung gewesen wäre, der Sozialismus käme «automatisch»! Als ob wir nicht für ihn «kämpfen» wollten! Als ob wir das nicht «tagtäglich», Jahr um Jahr, Jahrzehnt um Jahrzehnt taten!

Gleichzeitig war mir klar, daß diese Klammer mehr bedeutete. Selbstverständlich kann ein angeblicher «Marxist» nicht Chefredakteur einer marxistischen Zeitung sein oder Mitglied eines ZK. Semjonow hatte mir auf seine Weise mitgeteilt, daß ich politisch ‹erledigt› sei.

30.

Einige Tage später stand der erste, von Oelssner ausgearbeitete Entwurf für die Entschließung des 15. Plenums im Politbüro zur Diskussion. Die Genossen Semjonow und Judin waren anwesend. (Die folgenden Zitate aus den einzelnen Entwürfen müssen anhand der im ZK ruhenden Dokumente überprüft und ergänzt bzw. korri-

78 Der Beitrag Semjonows erschien als Leitartikel am 17. Juli 1953.

giert werden. Ich besitze kein Exemplar dieser Dokumente mehr, sondern muß den Hergang auf Grund der Zitate aus der Rede Hermann Materns vor dem IV. Parteitag und auf Grund meiner Erinnerung rekonstruieren. Aus den Originalzitaten wird viel genauer hervorgehen, wie die Verleumdung von Stufe zu Stufe erweitert wurde.)

Der von Oelssner vorgelegte Text enthielt bezüglich meiner Person zwei Stellen. Die eine lautete etwa:

> «Im Politbüro des ZK machte sich bei einigen Genossen ein Zurückweichen vor der feindlichen Propaganda bemerkbar, die das Hauptfeuer gegen den Kern der Parteiführung richtete. Diese Genossen vertraten eine defätistische, gegen die Einheit der Parteiführung gerichtete Linie (Genossen Zaisser und Herrnstadt).»

Das war der Niederschlag der bisher im Politbüro von den Genossen Oelssner, Ulbricht und Matern gegen uns gerichteten Angriffe. Dazu kam nun eine zweite Stelle. Sie lautete:

> «Das Zentralkomitee verurteilt besonders die unrichtige kapitulantenhafte Linie, die in einer Reihe Aufsätze des Organs des ZK, «Neues Deutschland» vertreten wurde, deren Chefredakteur, Genosse Herrnstadt, eine kapitulantenhafte, im Wesen sozialdemokratische Auffassung zum Ausdruck brachte.»

Die zweite Stelle empörte mich in dieser Sitzung noch mehr als die erste. Einmal weil mir die in der ersten genannten Vorwürfe schon bekannt waren, während die in der zweiten neu waren. Zweitens weil ich den Eindruck hatte, die zweite Stelle sei eingefügt worden, um für die in der ersten erhobenen Beschuldigungen eine «ideologische Begründung» zu schaffen. Drittens weil es mir lächerlich erschien, daß mir Oelssner den Vorwurf des Sozialdemokratismus und Opportunismus, den ich seiner «Einheit» für den in ihr betriebenen Dogmatismus gemacht hatte, nun in dieser Form zurückgab (ähnlich wie schon auf dem 10. Plenum, siehe Teil II). Viertens, weil mir die Methode bekannt war, gegen jemanden, von dem man sich aus politischen Gründen trennen will, zu behaupten, er habe in der ihm anvertrauten Funktion versagt. Fünftens, weil mir noch wenige Monate zuvor, gelegentlich des 50. Geburtstages, Walter Ulbricht mündlich und schriftlich vor der Öffentlichkeit dargelegt hatte, daß das Gegenteil der Fall sei und die Zeitung zum ersten Mal in ihrer Geschichte eine

140

marxistisch-leninistische Zeitung sei.[79] Sechstens weil ich es als eine Kühnheit empfand, daß gerade mir der Vorwurf des Sozialdemokratismus und des Kapitulantentums gemacht wurde.

In der anschließenden Auseinandersetzung wurde von Zaisser und mir der Verdacht ausgesprochen, daß der ganze Fall konstruiert worden sei, «um Schuldige am 17. Juni zu finden», die der Öffentlichkeit vorgestellt werden könnten, und um auf solche Weise der Erörterung der wirklichen Lage in der Partei und in der Deutschland-Frage zu entgehen. Das rief einen Sturm der Entrüstung bei Ulbricht, Oelssner und Matern hervor. Die anderen Genossen des Politbüros beteiligten sich auch in dieser Sitzung nicht an den Angriffen auf uns.

Auf die Frage Zaissers, worin unser «Kapitulantentum in der Phase des 17. Juni» bestanden habe, wurde erwidert, wir hätten nicht «direkt», sondern «indirekt» kapituliert. Wir hätten unsere Angriffe auf Walter Ulbricht im Politbüro auch fortgesetzt, als die Westpresse besonders scharf gegen ihn auftrat. Daraus folge, daß wir unter dem Einfluß der Westpresse gestanden hätten. Das aber könne als «kapitulantenhafte Position» bezeichnet werden. (Den Unterschied zwischen direktem und indirektem Kapitulieren gebrauchte mir gegenüber später auch W. S. Semjonow, wie ausgeführt werden wird.)

Auf meine Frage, worin mein Sozialdemokratismus bestünde, wurde erwidert: im Zentralorgan hätten sich während der vergangenen sechs Wochen in mehreren Artikeln je einige Sätze gefunden, die sozialdemokratische Geistesart zeigten.

Dazu ist zu sagen: die Redaktion des Zentralorgans war natürlich auch nicht frei geblieben von den Aufregungen und Diskussionen der vergangenen Wochen. Es waren drei oder vier Artikel bzw. Wendungen in Artikeln erschienen, die von den Genossen, die sie schrieben und denen, die sie redigierten, im besten Glauben veröffentlicht worden waren, die sich aber später als ungeschickt oder taktisch unrichtig

---

79 In dem von Walter Ulbricht gezeichneten Glückwunschschreiben des ZK vom 18. März 1953 heißt es unter anderem: Am 1. Mai 1949 übertrug Dir das Politbüro die Leitung des Organs des Zentralkomitees der Sozialistischen Einheitspartei Deutschlands, des «Neuen Deutschland» (...) Das «Neue Deutschland» ist mehr als eine Zeitung, es ist ein nicht wegzudenkender Faktor. Das «Neue Deutschland» ist die scharfgeschliffene Waffe im Kampf gegen die Kriegstreiber jeder Schattierung, ist Wegweiser zur nationalen Unabhängigkeit und zur Einheit unseres Vaterlandes, es ist das publizistische Gewissen des deutschen Volkes. «Neues Deutschland», 18. 3. 1953.

erwiesen. Das war in den zurückliegenden Wochen allen anderen Zeitungen gleichfalls (zum Teil in noch weit stärkerem Maße passiert). Keinen dieser Artikel hatte ich gesehen oder sehen können, bevor er gedruckt wurde. Nun wurden sie mir als Beweis für meinen Sozialdemokratismus und mein Kapitulantentum vorgelegt.

Ich führe einen dieser Artikel hier an, weil in diesem Fall sogar der Verdacht der provokatorischen Absicht gegen mich geäußert wurde:

Die Lokalredaktion des «Neuen Deutschland» hatte am 18. Juni die bekanntesten Bauarbeiter-Genossen der Stalinallee, darunter den Brigadier Schwibbel und den Verdienten Erfinder Hannes Blender veranlaßt, die Bauarbeiter zur Rückkehr an ihre Arbeitsstellen aufzurufen. Da die große Mehrheit der Bauarbeiter den faschistischen Provokateuren subjektiv ehrlich gefolgt war, in echter und begründeter Empörung über das ungeschickte und administrative Vorgehen einzelner Verwaltungsstellen, die über die Köpfe der Bauarbeiter hinweg über deren Interessen entschieden hatten, hatten die Verfasser des Aufrufs für nötig gehalten, den Bauarbeitern auseinanderzusetzen, daß es falsch sei, zu behaupten, sie dürften nicht mitreden, daß sie durchaus mitreden dürften, wie z.B. eine Versammlung beweise, in der die Bauarbeiter dem leitenden Architekten, Professor Henselmann, unverblümt die Wahrheit gesagt hätten. In diesem Zusammenhang hieß es weiter:

«Kollegen! Seien wir ehrlich. Früher beim Privatkrauter durften wir uns das nicht erlauben. Der schmiß uns auf die Straße. Heute gehören uns die Betriebe, und es liegt an uns, die leitenden Kollegen dahin zu kriegen, wo wir sie hinhaben wollen. Daß wir das noch nicht in allen Betrieben geschafft haben, zeigen uns die beiden letzten Tage auf der Stalinallee. Man hat nicht auf allen Baustellen mit den Brigaden über die Normenerhöhung eingehend diskutiert oder nur oberflächlich...

Kollegen! Gehen wir runter von der Straße zu unseren Betrieben und nehmen die Arbeit wieder auf. Der Schatten von 1945 liegt noch schwer auf uns. Lassen wir uns nicht zum Werkzeug westlicher Elemente machen. Die Arbeiterschaft der ganzen Welt liegt im schweren Ringen um den Frieden der Welt. Sie blickt in diesen Stunden nach Berlin...»

Nun wurden die beiden Sätze:

«Heute gehören uns die Betriebe, und es liegt an uns, die leitenden Kollegen dahin zu kriegen, wo wir sie hinhaben wollen. Daß wir das noch

aus dem Zusammenhang gerissen und mir als Beweis für mein partei-
schädigendes Verhalten, meinen Sozialdemokratismus und mein Kapitulantentum vorgehalten. Diese Sätze seien ein indirekter Aufruf
an die Arbeiter zum Kampf gegen die Regierung. (Gen. Oelssner:
«Genosse Herrnstadt leitet im Zentralorgan die Arbeiter zum Widerstand gegen die Regierung an!»)

Mein Hinweis, daß der Inhalt dieser Sätze verzerrt werde, daß weder Schwibbel noch Blender noch die Lokalredaktion auf den Gedanken gekommen sei, die Sätze könnten in solcher Weise verstanden
werden, daß auch niemand, kein einziger Bauarbeiter, ja nicht einmal
die Westpresse, die jeden Anknüpfungspunkt ausnutzt, die Sätze in
solcher Weise verstanden *hat*, wurde als belanglos verworfen. Mein
Hinweis, daß ich persönlich mit der ganzen Sache nichts zu tun hatte
und haben konnte, weil ich die Zeitung zu dieser Zeit nicht redigierte,
und daß ja das Politbüro am besten wisse, wo ich am 17. und 18. Juni
gewesen und womit ich beschäftigt gewesen sei, wurde gleichfalls als
belanglos verworfen. Meine Bemerkung, daß man auf solche Weise in
jeder Zeitung nicht drei, sondern dreißig prinzipielle Fehler «finden»
könne, wurde von Oelssner mit den Worten «Er wird noch frech»
beantwortet.

(In dieser Situation, in der ich den Eindruck hatte, ich solle mit
Gewalt in einen «Sozialdemokraten» umgefälscht werden, ließ ich
mich zu dem geschilderten Zwischenruf an die Adresse Semjonows
hinreißen, Berija habe ja uns alle einem Examen unterworfen, und
ich hätte dieses Examen bestanden.)

Am Ende der Sitzung war allen Teilnehmern klar, daß die Angriffe
gegen Zaisser und mich nicht mehr eingestellt werden würden. Die
große Mehrheit des Politbüros war schweigend gefolgt. Einige, die
noch wagten zu widersprechen (Elli Schmidt, A. Ackermann), wurden, mit großer Gehässigkeit zurückgewiesen. Nach der Sitzung sagte
mir Genosse Rau: «Du hast dich nicht geschickt verteidigt. Du bist zu
erregt gewesen.»

31.

Am nächsten Tage wurde ich in der Redaktion von Genossen Rau angerufen. Er machte mich auf irgendeine Veröffentlichung in einer Zeitung aufmerksam (ich weiß nicht mehr, worum es sich handelte), die sich dazu eignen würde, im ND zu einer Glosse verarbeitet zu werden. Das ND würde dadurch gewinnen. Der Anruf war ungewöhnlich. Rau rief sonst nie an. Ich sagte ihm, daß ich ihm für sein Interesse an der Zeitung danke. Dabei überkam mich der Kummer und auch die Dankbarkeit dafür, daß mir irgend jemand irgendwie zu helfen versuchte. Ich sagte: «In acht Tagen nimmt kein Hund mehr einen Knochen von mir.» Rau sagte: «Vielleicht wird es nicht so schlimm.» Ich sagte: «Es wird so schlimm, das siehst du doch auch.» Er sagte: «Nur wer sich selber verloren gibt, ist verloren. Sonst keiner.»

Ich schreibe das, weil ich von diesem Telefongespräch moralisch lange gelebt habe.

Es gab auch andere Erscheinungen. So war schon in diesen Tagen zu spüren, daß sich Genosse Jendretzky, der in den voraufgegangenen Jahren besonders eng mit mir zusammengearbeitet und sich oft gegen den Personenkult empört hatte, so weit wie möglich von mir zu distanzieren suchte.

32.

Zum Verständnis der weiteren Entwicklung muß ich kurz den Fall Fechner schildern.

In den Tagen nach dem 17. Juni war ein Interview des damaligen Justizministers Max Fechner im «Neuen Deutschland» erschienen. In ihm wurde weitgehende Straflosigkeit für die Schuldigen am 17. Juni verlangt, bzw. zugesichert. Ich hatte das Interview wie die anderen Leser in der Zeitung gelesen und mich bei Heinz Friedrich erkundigt, ob diese sonderbare Großzügigkeit der Justizbehörden in Ordnung ginge. Friedrich hatte mir erwidert, er habe das Interview beanstandet und erst gedruckt, nachdem ihm vom Presseamt des Ministerpräsidenten mitgeteilt worden war, das Interview sei zu drucken, die Angelegenheit gehe in Ordnung.

Einige Tage später erfuhr ich im Politbüro, die Sache gehe *nicht* in Ordnung, und Fechner sei vor das Politbüro geladen worden, um sich zu verantworten.

Fechner erschien. Es entwickelte sich eine groteske Diskussion. Fechner verteidigte das Interview im Tone des Erstaunens. Walter Ulbricht, hinter dessen Stuhl Fechner stand, wurde so unruhig, daß er, um Fechner vor Augen zu haben, um den Sitzungstisch herumging und sich hinter meinen Stuhl stellte.

Auf die Frage des Genossen Grotewohl, ob er nicht begreife, daß nach diesem Interview auch die faschistischen Verbrecher freigelassen werden müßten, antwortete Fechner bejahend. Walter Ulbricht sagte hinter mir: «Ist der Kerl verrückt?»

Auf die Frage, ob er, Fechner, als er nach dem 17. Juni in einem Thüringer Betrieb auftrat, vielleicht auch dort die Verhafteten freigelassen habe, antwortete Fechner dem Sinne nach: wenn er in einen Betrieb fahre, müsse er doch etwas mitbringen. Walter Ulbricht sagte hinter mir: «Der Kerl ist besoffen.»

Auf die Frage, wie er dazu gekommen sei, ein solches Interview zu geben, erwiderte Fechner: «Das war mit der Chefredaktion des ‹Neuen Deutschland› vereinbart.» Ich rief dazwischen: «Mit *mir* war nichts vereinbart, mit *wem* hast Du gesprochen?» Walter Ulbricht sagte hinter mir: «Reg Dich nicht auf. Das einzige, was man Euerem Mann vorwerfen kann, ist, daß er überhaupt ein Interview von Fechner erbeten hat.»[80] (Später erfuhr ich, woher Walter Ulbricht so genau

80 Das sogenannte ‹Fechner-Interview› ist für die Geschichte des 17. Juni 1953 nicht zuletzt deshalb bedeutsam, weil der Justizminister öffentlich vom «verfassungsmäßig garantierten Streikrecht» sprach. Die tatsächlichen Hintergründe der Publikation des Interviews sind bis heute ungeklärt. Entscheidend für die Veröffentlichung dürfte die ausdrückliche Freigabe des Schriftsatzes durch das Presseamt des Ministerrates gewesen sein. Der Justizminister Fechner allein konnte den Druck schwerlich gegen den Willen des verunsicherten stellvertretenden Chefredakteurs Heinz Friedrich bewerkstelligt haben. Nachdem über Jahrzehnte keinerlei Verlautbarungen über jenes Interview erfolgt waren, hat 1989 das frühere Mitglied des Redaktionssekretariates der Zeitung, Gerhard Dengler, eine erstaunliche Erklärung der Vorgänge gegeben. Dengler, der sich als Schüler und Freund Hermann Materns bezeichnet, schreibt in seinen Memoiren, er sei verantwortlich für jenes ‹Fechner-Interview›. Es sei ihm am 29. 6. «in der täglichen Agitationsberatung im Zentralkomitee der SED (...) mitgeteilt worden, Max Fechner werde als Justizminister in einem Interview zur Strafverfolgung der Inhaftierten vom 17. Juni Stellung nehmen». Dengler schreibt, er habe am gleichen Tag nach Redaktionsschluß im Justizministerium

und im Presseamt um das avisierte Manuskript gebeten und es schließlich vom Justizministerium abholen lassen. Das Interview sei für die erste Seite konzipiert gewesen, für die aber schon Redaktionsschluß gewesen sei. Aus diesem Grunde habe er es, «ohne es zu lesen», zum Druck freigegeben. (Nach Gerhard Dengler, a. a. O., S. 300–301)

Denglers Darstellung – auch seine Erklärung, daß er die volle Verantwortung übernehme – trägt keineswegs zur Erhellung der Vorgänge bei. Denn das Interview erschien zumindest in der Berliner Ausgabe des Blattes nicht auf der ersten, sondern auf der fünften Seite. Hinzu kommt, daß «Neues Deutschland» am 2. 7. 1953 in seiner Berlin-Ausgabe auf Seite 6 im kleinsten Schriftgrad eine Ergänzung zum Interview druckte: «Durch einen technischen Fehler in einem Teil der Auflage» seien Passagen ausgelassen worden. Tatsächlich enthielt die korrigierte Fassung lediglich eine, jedoch entscheidende Passage: «Das Streikrecht ist verfassungsmäßig garantiert. Die Angehörigen der Streikleitung werden für ihre Tätigkeit als Mitglieder der Streikleitung nicht bestraft.» Zudem übergeht Dengler die Rolle des stellvertretenden Chefredakteurs Friedrich, der persönlich den Text beim Presseamt reklamierte und erst auf dessen Weisung hin die Freigabe erteilte. Die SMAD-Zeitung «Tägliche Rundschau» übernahm das Interview nicht.

Es steht außer Frage, daß der Abdruck jenes schwerwiegenden Interviews nicht der Sorglosigkeit eines Redaktionssekretärs geschuldet ist. Über die eigentlichen Hintergründe kann nach Lage des Materials nur gemutmaßt werden. Es könnte sich um eine Einzelaktion der einstigen SPD-Mitglieder um Grotewohl gehandelt haben, ebenso jedoch um eine vorbereitete Provokation der SED-Führung um Ulbricht zur Unterbindung der Liberalisierungstendenzen. Daß Grotewohl, wie Ernst Richert schreibt, Fechner geopfert hat, scheint offenkundig. (Ernst Richert, Die DDR-Elite oder Unsere Partner von morgen? Reinbek 1968.) Fechner wurde am 15. Juli 1953 verhaftet, auf dem 15. ZK-Plenum Ende Juli aus der SED ausgeschlossen, am 26. 4. 1956 amnestiert und aus der Haft entlassen. Max Fechner sprach während der Beisetzung von Wilhelm Zaisser im März 1958 Rudolf Herrnstadt an. «Er bat um Entschuldigung, daß wir mit Berufung auf ihn verleumdet wurden», schreibt Herrnstadt 1959. Herrnstadts eher verschlüsselte Bemerkung, «durch ihn erfuhr ich, fünf Jahre später, einiges über den tatsächlichen Hergang der Sache», wirft ein Licht auf die zahlreichen Ungereimtheiten in bezug auf jenes ‹Fechner-Interview›. Fechner hielt später losen Kontakt zu Herrnstadt. Max Fechners öffentliche Rehabilitierung erfolgte durch eine versteckte Mitteilung des Parteiorgans «Neues Deutschland» am 29. Juni 1958. In spektakulärer Form wiederholte sie sich Jahre später im Zusammenhang mit dem Jubiläum des gerade für die SPD denkwürdigen Vereinigungsparteitages. In der größten Fernsehunterhaltungssendung des Landes unter dem Titel «Mit dem Herzen dabei», die mit Überraschungsgästen arbeitete, wurde Fechner als Vorkämpfer für die Parteifusion gewürdigt, um anschließend, offensichtlich für ihn überraschend, auf offener Szene vom Generalsekretär Walter Ulbricht in die Arme genommen zu werden. Beide wiederholten anschließend den symbolischen Händedruck, der bis zum Jahresende 1989 das Signet der Partei war. Mehr als 36 Jahre nach dem «Fall Fechner» wurde am 6. März 1990 in der DDR das Streikrecht (freilich auch mit einigen informiert war: es hatte wegen der Beteiligung des Presseamts des Ministerpräsidenten bereits eine Auseinandersetzung in der Regierung über diese Sache gegeben, in der der Hergang geklärt worden war. Die Vorladung Fechners vor das Politbüro ging auf diese Auseinandersetzung zurück.)

Nachdem Fechner das Zimmer verlassen hatte, herrschte allgemeine Empörung über sein Verhalten. Genosse Judin (er und Semjonow waren anwesend), der sonst kaum jemals das Wort ergriff, sprang auf und sagte zitternd vor Erregung: «Bei uns in der Sowjetunion gibt man für eine solche Sache 12 Jahre Zuchthaus.» Walter Ulbricht sagte leise etwas zu Zaisser. Zaisser erhob sich und ging hinaus. Ich hatte den Eindruck, daß er den Befehl zur Verhaftung Fechners erteilte.

Die eben geschilderte Szene muß sich in der Zeit zwischen dem 20. und 30. Juni abgespielt haben.[81] Ich maß dem Versuch Fechners, sich auf das «Neue Deutschland» herauszureden, keine Bedeutung zu, weil ich von Walter Ulbricht gehört hatte, daß er den Hergang kannte, und ferner, weil irgendwelche Zweifel, wenn sie wirklich auftauchen sollten, jederzeit durch Vernehmung der Redakteure geklärt werden konnten.

Nun, vierzehn Tage später, tauchte als Beweis für meinen Sozialdemokratismus neben den drei Stellen aus Artikeln im «Neuen Deutschland» – auch der Fall Fechner wieder auf, und zwar im Tone einer erwiesenen Schuld meinerseits. Ich ließ daraufhin den Fall in der Redaktion genau untersuchen. (Dabei stellte sich heraus, daß die Beschuldigung gegen die Redaktion noch viel unhaltbarer war, als ich angenommen hatte: die Redaktion hatte nicht nur das Interview beanstandet und war vom Presseamt des Ministerpräsidenten zum Druck veranlaßt worden; sie hatte sich auch, als das Interview auf solche Weise in der Provinzausgabe erschienen war, geweigert, es in den 2. Teil der Auflage, die Ausgabe für Berlin, zu übernehmen und war auch dazu veranlaßt worden.)[82]

Einschränkungen) in der letzten Sitzung der Volkskammer vor den ersten freien Wahlen gesetzlich sanktioniert.

81 Die Sitzung fand vermutlich *nach* dem 2. Juli statt, dem Tag, an dem das «ND» die Berichtigung und damit auch die entscheidende Ergänzung hinsichtlich des Streikrechtes veröffentlicht hatte. Fechners Verhaftung wurde am 15. Juli 1953 bekanntgegeben.

82 Dies dürfte sich auf die Berichtigung vom 2. Juli 1953 beziehen. Gerade hier

Am Ende der nächsten Politbürositzung versuchte ich, eine Erklärung zum «Fall Fechner» abzugeben. Genosse Grotewohl hatte die Sitzung bereits geschlossen, die Genossen hatten sich schon erhoben. Auf meine Bitte hörten sich alle, auch Walter Ulbricht, stehend die Erklärung an. Nur Fred Oelssner drehte sich demonstrativ um und sagte, während er hinter dem Rücken der Stehenden zur Tür herausging: «Ist ja Zeitverschwendung. Ist ja alles längst erledigt.»

In der Erklärung bat ich, wenn die geringsten Zweifel bestünden, um eine Untersuchung. Die ganze Angelegenheit lasse sich durch Vernehmung der Redakteure innerhalb von zwei Stunden klären. (Die Untersuchung wurde tatsächlich durchgeführt und festgestellt, daß mich keine Schuld trifft – aber erst einen Monat später, *nachdem* die Bezichtigung, ich sei ein Vertreter des Sozialdemokratismus, Komplice Fechners, Putschist usw. vor dem Plenum des ZK, in allen Parteieinheiten und in der Öffentlichkeit ihre Wirkung getan hatte.)

33.

Ich entschloß mich nun trotz allen inneren Widerstrebens, mich doch an W. S. Semjonow zu wenden. Die Vorstellung, in den nächsten Tagen die Ehre verlieren zu sollen, ein ganzes Leben für die Partei, die Sowjetunion und alles für nichts und wieder nichts, erschien mir unfaßbar. Ich konnte nicht begreifen, wie Genossen, die doch wissen mußten, daß ein Kommunist nicht ohne die Partei leben kann und was sie ihm antun, wenn sie sie ihm wegnehmen, so leichtfertig mit Menschen umgehen können, denen sie Jahrzehnte lang ihr Vertrauen geschenkt hatten. Eine tiefe Angst packte mich, wenn ich mir vorzustellen versuchte, daß von morgen oder übermorgen ab die Arbeiterklasse mir feindlich gegenüberstehen würde, daß für mich keine DDR mehr würde existieren dürfen, kein Klassenkampf, kein Mitdenken-Dürfen, keine Freundschaft zu alten Genossen. Ich hatte eine unsagbare Wut auf W. S. Semjonow, der mir wie ein Spieler vorkam, dessen ganze Klugheit einen Dreck wert ist, weil er die primitivsten Dinge nicht begreift: daß man die Wahrheit nicht für taktische Manöver ver-

offenbart sich die Absurdität der offensichtlich verfälschenden Darstellung von Gerhard Dengler.

kaufen darf, und daß man der eigenen Truppe die Treue halten muß, wenn man siegen will. Am Ende einer Politbürositzung trat ich zu ihm und fragte, ob er mit mir nicht mehr sprechen wolle. Er erwiderte gleichgültig: «Warum nicht?» Ich fragte, wann ich zu ihm kommen könne. Er erwiderte: «Abends, gegen elf...»

Am Abend um elf war ich in Karlshorst. Dort wurde ich ins Vorzimmer des Genossen Judin geführt. Ich versuchte, meine Gedanken zu konzentrieren und mir zu überlegen, welches die wichtigsten Punkte seien, aber es ging mir alles durcheinander. Ich hatte schon eine Reihe von Nächten nicht mehr schlafen können und war durch zu viele Arbeit erschöpft. Das zeigte sich auch daran, daß ich in dieser Unterhaltung kaum mehr russisch sprechen konnte. Vielleicht wäre sie besser verlaufen, wenn sie am Vormittag, statt in der Nacht, stattgefunden hätte.

Nach etwa einer Stunde erschienen die Genossen Semjonow und Judin und gingen mit mir in Judins Zimmer. Jeder von ihnen nahm ein Blatt Papier und öffnete den Füllfederhalter. Dann sahen sie mich an und warteten.

Aus dem Gespräch sind mir noch folgende Stellen in Erinnerung:

Genosse Semjonow sagte: «Aber den Antrag auf Rücktritt Ulbrichts von der Funktion des Generalsekretärs haben Sie gestellt?» Ich bejahte.

«Was haben Sie sich dabei vorgestellt?» Ich versuchte auseinanderzusetzen, was wir uns vorgestellt hatten, und sagte, daß ich nach allem Voraufgegangenen nicht begreife, daß ich das ihm, Semjonow, noch auseinandersetzen solle.

Genosse Semjonow sagte: «Warum haben Sie sich nicht vorher mit uns verständigt?»

Ich sagte, es sei umgekehrt gewesen. Wir hätten das größte Interesse gehabt, uns mit den sowjetischen Genossen zu verständigen (von dem Gespräch zwischen den Genossen Grotewohl, Zaisser und mir und unseren Bedenken gegen die Person Semjonows wagte ich nicht zu sprechen). Gleichzeitig seien wir allerdings der Meinung gewesen, daß wir das Recht hätten, auch ohne vorherige Rückfrage Vorschläge im Politbüro zu machen, zumal ohnehin die Protokolle an ihn gingen. Wir seien um so mehr dieser Meinung gewesen, als es sich in diesem Fall um Vorschläge in einer *Kommission* des Politbüros gehandelt habe, von der aus die Vorschläge – im Falle der Annahme – erst ins Politbüro zur Beschlußfassung gegangen wären.

Genosse Semjonow sagte: «Sie haben das Telegramm unseres ZK an Walter Ulbricht gelesen. Daran hätten Sie sich doch orientieren können.» (Gemeint war das Glückwunschtelegramm des ZK der KPdSU aus Anlaß des 60. Geburtstages von Walter Ulbricht am 30. Juni 1953, also zwischen der 1. und 2. Kommissionssitzung.)[83]

Ich sagte: «Von manchen Politbüromitgliedern wurde gerade dieses Telegramm als ein Unglück empfunden. Wir verstanden, daß das ZK der KPdSU mit diesem Telegramm gerade kurz nach dem 17. Juni demonstrieren wollte, daß die Sowjetunion hinter der DDR steht.» Hier rief Genosse Judin: «Na eben!» «Aber wir kennen auch Walter Ulbricht und fürchteten, daß seine Bereitschaft zu kollektiver Arbeit, die wir schon halb erkämpft hatten, angesichts dieses Telegramms wieder ins Gegenteil umschlagen würde, wie es ja auch geschehen ist.»

Beide lachten. Warum, wurde mir nicht klar.

Genosse Semjonow machte eine Bemerkung des Inhalts, ob ich nicht glaube, daß die Sowjetunion stark genug ist, um, wenn sie das für erforderlich halte, jeden beliebigen Genossen einschließlich Walter Ulbrichts zu kollektivem Arbeiten zu veranlassen. Ich erwiderte, daß wir der Meinung gewesen seien, es sei unvergleichlich wertvoller für die deutsche Partei, wenn sie die «Bändigung» Ulbrichts aus eigenen Kräften zuwege bringe.

Dann stellte mir Genosse Judin einige Fragen, aus denen hervorging, daß er im Ernst damit rechnete, ich sei ein Feind oder mindestens ein Sozialdemokrat.

Die erste Frage bezog sich auf die beanstandeten Sätze im «Neuen Deutschland». Meine Erklärung, daß ich keinen der Artikel vor dem Erscheinen kannte und nachweisbar auch nicht kennen konnte, glaubte er offenkundig nicht. Besonders irritierte ihn der Aufruf des Brigadiers Schwibbel. Er las mir die beiden Sätze russisch vor. In der Übersetzung und in dieser Nachtatmosphäre klangen sie mir jetzt schon selbst wie eine Provokation. Ich beteuerte, daß niemand mit diesen Sätzen etwas Böses gewollt habe. Aber ich spürte, daß meine Worte keinen Klang mehr hatten.

83 Dieses Telegramm ist in mehrfacher Beziehung bemerkenswert. So unterblieb jegliche Bezugnahme auf Ulbrichts Funktion, er wurde lediglich als «der hervorragendste Organisator und Führer» der SED bezeichnet, dem «weitere Erfolge im Kampf für die Hebung der Lebensbedingungen des Volkes» gewünscht werden. Publiziert in «Neues Deutschland», 7.7.1953, Seite 1.

Dann fragte mich Genosse Judin nach dem Fall Fechner, der ihn sehr erbitterte. Ich sagte, daß der Fall geklärt sei, und daß ich nichts mit ihm zu tun hätte. Judin sagte: «Aber das Interview haben Sie doch gedruckt!» Ich wußte mir keinen Rat mehr und bat ihn, den Fall, wenn er es für nötig halte, in der Redaktion klären zu lassen. Das befriedigte ihn nicht.

Ich fragte W. S. Semjonow, wann und wo ich in der Phase des 17. Juni kapituliert hätte. Die einzige Gelegenheit zu kapitulieren, die ich gehabt hätte, sei bei Siemens-Plania gewesen, aber daß ich dort kapituliert hätte, hätten mir auch meine ärgsten Gegner nicht nachgesagt.

Genosse Semjonow erwiderte: «Wenn Sie direkt kapituliert hätten, wären Sie aus der Partei ausgeschlossen worden. Denken Sie an Hengst!»[84] (Hengst, Mitglied des Sekretariats des ZK, war aus der Partei ausgeschlossen worden, weil er sich von den empörten Arbeitern unvertretbare Zugeständnissse abzwingen ließ.)

Schließlich verlangten die Genossen Judin und Semjonow, ich solle ihnen erklären, was ich mir bei meiner krassen Kritik des Parteiapparats in der sogenannten «Plattform» vorgestellt, und was ich mit ihr beabsichtigt hätte. In diesem Punkt fanden wir überhaupt keine gemeinsame Sprache mehr. Sie gingen davon aus, daß das innere Leben der Partei, die Verwirklichung der innerparteilichen Demokratie usw. im wesentlichen völlig in Ordnung seien, und daß es nur darauf ankäme, diesen oder jenen Fehler zu korrigieren. Ich ging davon aus, daß die Partei einen *Umschwung* in ihrem Arbeitsstil herbeiführen müsse, daß dies eine gewaltige und komplizierte Arbeit sei, und daß der Ausgangs- und Angelpunkt die unbedingte und schonungslose Durchsetzung des Prinzips der Kollektivität sein müsse. (Ich kann nur wiederholen: auf dem XX. Parteitag ist das alles viel besser und theoretisch viel fundierter dargelegt worden.) Deswegen hätte ich auch das Wort ‹Erneuerung› geschrieben. Ich sei mir bewußt gewesen, daß diese Formulierung nicht die beste ist, daß sie angreifbar ist, schon weil es sich natürlich nicht um eine Erneuerung der ideologischen Grundlagen der Partei handele, aber ich mit diesem Wort das Umfas-

84 Adalbert Hengst war wie Schirdewan nachträglich ins Sekretariat des ZK kooptiert worden, hatte sich am 17. Juni 1953 mit den streikenden Arbeitern in der Warnow-Werft Rostock solidarisiert, ihre Streikforderungen über den Betriebsfunk verlesen und war auf Beschluß des Politbüros am 14. Juli 1953 aus der SED ausgeschlossen worden.

sende, den erforderlichen Umschwung hatte zum Ausdruck bringen wollen.

Die Genossen Judin und Semjonow sahen mich an, wie einen, der völlig vom Wege abgekommen ist. Genosse Judin rief:

«‹Erneuerung›! Woher haben Sie dieses Wort? Das ist doch kein marxistischer Begriff! Wo haben Sie das gelesen?!»

Ich konnte darauf nicht antworten. Ich hatte es wirklich nirgendwo gelesen. Unter dem Eindruck der Erregung Judins, von dem ich wußte, daß er ein bekannter Theoretiker des Marxismus-Leninismus ist, kam mir das Wort nun selbst ungeheuerlich vor. Ich wußte damals nicht, daß das Wort Erneuerung, bezogen auf das innere Leben der Partei, der marxistischen Literatur durchaus nicht fremd ist, und erst recht keine Schande und kein Verbrechen. Lenin gebraucht in den Dokumenten, die nunmehr zusammen mit dem «Vermächtnis» veröffentlicht wurden, ausdrücklich das Wort Erneuerung in bezug auf den Parteiapparat (natürlich in einem gänzlich anderen Zusammenhang, Kommunist 1956/Nr. 9). Vielleicht wäre Genosse Judin anderen Sinnes geworden, wenn ich mich darauf hätte beziehen können. Aber das war damals noch nicht möglich. (Während ich diese Zeilen schreibe, erhalte ich Nr. 7 des Bulletins «Aus der internationalen Arbeiterbewegung», in der auf Seite 11 folgende Worte des stellvertretenden Generalsekretärs der Kommunistischen Partei Italiens Luigi Longo wiedergegeben werden: «Wir müssen zu einer umfassenden Erneuerung unserer Partei gelangen, die es uns auf der Grundlage dessen, was die Partei bereits hat erreichen können, und ausgehend von den eroberten Positionen ermöglicht, diese weiter auszudehnen und noch schneller auf unserem Weg zu einer demokratischen und sozialistischen Umgestaltung der italienischen Gesellschaft voranzukommen.»)

Gegen Ende der Unterhaltung wurde klar, daß eine Übereinstimmung oder auch nur Klärung nicht erreicht wurde.

Ich sagte, mir wäre völlig unklar, wie ich mich auf dem bevorstehenden 15. Plenum verteidigen solle. Das Plenum diene der Begründung des «Neuen Kurses». Da dürfe doch nicht infolge der Verteidigung von Zaisser und mir unser «Fall» in den Vordergrund rücken. Außerdem könne ich ja kaum etwas von dem sagen, was in Wirklichkeit war.

Genosse Semjonow erwiderte: «Sehen Sie, wie Sie an die Sache herangehen. Sie sehen nicht die Partei, sondern sich.» Diese Äußerung verstand ich überhaupt nicht mehr.

Genosse Judin nahm nun das Wort, wahrscheinlich weil er meine Ratlosigkeit sah. Er sagte etwa folgendes: «Ihr Hauptfehler ist, daß Sie nicht zu unterscheiden verstehen zwischen dem, was objektiv ist, und dem, was Sie sich subjektiv vorstellen. Ich will nicht leugnen, daß Sie subjektiv der Meinung waren, im Interesse der Partei zu handeln, aber etwas ganz anderes ist die objektive Lage, und was Ihr Vorgehen in dieser Lage objektiv darstellt. Objektiv war Ihr Vorgehen und das Vorgehen Ihrer Genossen ein Anschlag auf die Einheit, ja den Bestand der Partei.»

Ich verstand zwar durchaus nicht, inwiefern das Beharren auf der Durchsetzung des Prinzips der Kollektivität ein Anschlag auf die Einheit oder sogar den Bestand der Partei sein sollte. Aber ich schob die Schuld daran, daß ich das nicht verstand, mir zu. Sonst hätte ich überhaupt keine Möglichkeit mehr gehabt, der Angelegenheit folgen zu können. Ich klammerte mich von diesem Gespräch ab an den Gedanken: Subjektiv hast Du nichts Böses gewollt, aber objektiv hast Du etwas Schreckliches gemacht. Nur *was*, das eben mußt Du noch begreifen.

Am Ende des Gesprächs war von meinen persönlichen Verhältnissen die Rede. Mir war die Vorstellung schrecklich (und ich sprach darüber), daß meine Frau, die sich gerade bei ihren Angehörigen in Tschita[85] befand, die Nachricht von meiner Entfernung aus dem Zentralkomitee als Sozialdemokrat und Kapitulant (von einem Ausschluß aus der Partei war damals noch nicht die Rede) in der «Prawda» lesen werde.

W. S. Semjonow sagte darauf kurz: «Ja, unangenehm.»

Sogar Judin, der die Zusammenhänge viel weniger übersah und daher *ernsthaft* mit der Möglichkeit rechnete, ich sei ein Feind oder Sozialdemokrat, erwiderte: «Sagen Sie, womit wir Ihnen helfen können. Wir werden alles tun.»

85 Stadt in Sibirien.

34.

Nach dem ergebnislosen Gespräch mit den Genossen Semjonow und Judin entschloß ich mich, noch einmal die Genossen Ulbricht und Matern aufzusuchen. Ich konnte oder wollte nicht glauben, daß sie meine politische Vernichtung vollziehen würden.

Den Genossen Ulbricht verließ gerade die Genossin Wittbrodt[86] (Ärztin), als ich ins Zimmer trat. Er sagte überrascht, aber nicht unfreundlich: «Na, Du hast Dir aber hier Eingang verschafft...» Offenkundig hatte er nicht mehr die Absicht gehabt, mit mir zu sprechen.

Ich bat ihn, sich an unsere vieljährige Zusammenarbeit zu erinnern. Er müsse doch wissen, daß ich kein «Vertreter des Sozialdemokratismus» und kein «Kapitulant» sei. «Warum läßt Du das zu? Ich möchte Dich als Kommissionsmitglied bitten, dahin zu wirken, daß wenigstens diese beiden Beschuldigungen aus dem Entwurf für das Plenum gestrichen werden.» (Über die Frage der Kollektivität und die in diesem Zusammenhang gegen Zaisser und mich erhobenen Beschuldigungen wie «Fraktionismus» usw. sprach ich nicht, da in diesem Punkte eine Einigung zwischen Genossen Ulbricht und mir nicht zu erwarten war.)

Walter Ulbricht erwiderte wörtlich: «Im Zusammenhang mit dem 17. Juni sind in der Partei an vielen Stellen Erscheinungen des Sozialdemokratismus zutage getreten. Das hat die Sache so verschärft.» Ich sagte, es sei doch aber weder gerecht noch eine Lösung, *mich* deswegen zum «Vertreter des Sozialdemokratismus» zu stempeln.

Genosse Ulbricht schwieg. Die Unterhaltung war ihm sehr peinlich.

Ich sagte: «Und ‹Kapitulant›! Wo habe ich kapituliert. Du weißt doch am besten, daß keine Rede davon ist. Und jetzt wird herauskommen: die Partei hat am 17. gestanden – aber Herrnstadt» und Zaisser haben kapituliert.»

Walter Ulbricht erwiderte: «Nein, das darf nicht herauskommen. Das wäre nicht wahr.» Er überlegte und fügte dann wörtlich, mit leiser Stimme, aber sehr nachdrücklich hinzu: «Mein Lieber, *ich* habe mich zurückgehalten. *Ich* habe im Anfang mit Absicht nichts gesagt. *Sie* haben damit angefangen!» Auf diese Weise erfuhr ich, daß die Initiative zum «Fall Zaisser/Herrnstadt» von den Genossen in Karlshorst ausgegangen war.

86 Helga Wittbrodt, Chefärztin des Regierungskrankenhauses.

Auf meine nochmalige Bitte, wenigstens die Worte «dem Wesen nach sozialdemokratisch» und «kapitulantenhaft» aus dem Entwurf zu streichen, sagte Genosse Ulbricht: «Sprich mit Grotewohl» (der gleichfalls Kommissionsmitglied war) – so, als ob er, Ulbricht, eventuell einverstanden wäre, die Schwierigkeit aber bei Grotewohl läge. Daß das Unsinn war, wußte ich.

Vor dem Herausgehen sagte ich: «Wenn wir uns jetzt trennen sollten, bitte ich Dich und die Partei zu wissen, daß ich ohne Groll scheide, und daß sich die Partei auf mich auch weiterhin verlassen kann.»

Ulbricht erwiderte: «Ich nehme diese Erklärung zur Kenntnis.»

35.

In den gleichen Tagen (es waren die letzten vor dem 15. Plenum) ging ich zu Genossen Matern. Wir saßen einander im gleichen Zimmer, in der gleichen Haltung gegenüber, in der ich ihm während des abgelaufenen Jahres in stundenlangen Gesprächen Vorwürfe gemacht hatte für sein Zurückweichen vor den Willkürhandlungen Ulbrichts und des Sekretariats des ZK, für sein Schleifenlassen der Erziehung des Funktionärkörpers zu Bescheidenheit, unbedingter Wahrhaftigkeit, Kontakt mit den Massen, für seine eigene unkühne und zweideutige Haltung in einigen Fällen.

Nun sagte ich mit Bezug hierauf und auf meinen Antrag in der Kommission, Hermann Matern von der Funktion des Vorsitzenden der ZPKK abzuberufen: «Ich hoffe, daß diese Vorgeschichte Deine Objektivität nicht beeinflussen wird.»

Er erwiderte: «Dann hättest Du ja wirklich recht. Dann wäre ich ja für diese Funktion wirklich ungeeignet.»

Diese Antwort schuf eine Atmosphäre wie unter Genossen.

Ich setzte Matern auseinander, in welcher Lage ich sei, und daß ich nicht wüßte, wie ich vor dem Plenum auftreten solle. Ich verstünde die ganze Sache nicht mehr. Wahrscheinlich, weil ich zwischen meinen subjektiven Absichten und ihrer objektiven Bedeutung nicht zu unterscheiden wisse. Wenigstens habe mir das Genosse Judin so erklärt.

Genosse Matern erklärte mir jovial wie immer, worauf seiner Meinung nach mein Auftreten zurückzuführen sei, und wie ich es dem

Plenum erklären könne. Er sagte dem Sinne nach: der Hauptgrund liege in meiner Parteigeschichte. Ich hätte viele Jahre illegal für die sowjetischen Freunde gearbeitet. Das sei sehr ehrenvoll, habe aber unvermeidliche Nachteile. Der normale Weg eines Parteifunktionärs führe innerhalb der Parteiorganisation von Stufe zu Stufe, vom Mitglied einer Betriebsparteiorganisation zum Sekretär, von dort in eine Kreisleitung, von dort in eine Bezirksleitung usw. Dieser Weg fehle mir. Daher kenne ich die Parteiorganisation nicht. So erkläre er, Matern, sich meine aggressive Haltung gegenüber dem zentralen Apparat, meine übertrieben scharfe Kritik usw.

Diese Darstellung enthielt etwas Wahres, und ich war Matern dankbar dafür, daß er mir ein Argument an die Hand gab, das ich dem Plenum vortragen konnte, ohne direkt zu lügen. Aber gleichzeitig wußte ich, daß das Argument den Kern der Sache nicht traf, und das sagte ich Matern: meine beständige scharfe Kritik an der Arbeit vieler unserer Parteileitungen, die Forderung nach Durchsetzung der innerparteilichen Demokratie, nach offenem Kampf gegen Liebedienerei, Silbenstecherei und Verspießerung, mit einem Wort die Forderung nach «Erneuerung», die mir so viele Feinde geschaffen hatte, ging doch nicht darauf zurück, daß ich vor 20 Jahren nicht von einer Kreisleitung in eine Bezirksleitung aufgestiegen war, sondern darauf, daß ich seit nunmehr zehn Jahren in beständiger Zusammenarbeit mit dem zentralen Apparat und vielen Kreis- und Bezirksleitungen gestanden, die Kluft zwischen ihnen und großen Teilen der Werktätigen gesehen und mir unzählige Male zusammen mit Kreis- und Bezirkssekretären den Kopf darüber zerbrochen hatte, worauf diese Kluft zurückzuführen und wie sie zu überwinden ist. In diesem Punkte gab es mit Hermann Matern ebenso wenig eine Verständigung wie vorher mit Semjonow und Judin. Wie später während der Untersuchung bagatellisierte Gen. Matern völlig die *entscheidende* Bedeutung des Prinzips der Kollektivität der Leitungen («Ihr redet immer von Kollektivität! Nun gut, aber das ist doch nicht das einzige Prinzip, es gibt auch andere» usw.) und bestritt wütend und aggressiv, daß ein *Umschwung* in der Frage der Durchsetzung der innerparteilichen Demokratie erforderlich sei. Auch nach seiner Meinung war im Grunde alles in Ordnung, nur hier und da korrekturbedürftig.

36.

Am 23. (?) Juli fand die letzte Politbürositzung vor dem 15. Plenum statt. Walter Ulbricht legte auf ihr den Rechenschaftsbericht, den er im Namen des Politbüros zu halten hatte, dem Politbüro zur Genehmigung vor.

Zu Beginn der Sitzung wurde mitgeteilt, daß in dieser Sitzung nur die ordentlichen Mitglieder des Politbüros abstimmen würden. (Zuvor hatten – wenn überhaupt Abstimmungen notwendig wurden, was äußerst selten der Fall war – stets die Mitglieder und Kandidaten gemeinsam abgestimmt.) Durch die Neuregelung wurden unter anderen Ackermann, Elli Schmidt, Jendretzky und ich von der Abstimmung ausgeschaltet. Wir verstanden dieses Vorgehen als eine Vorsichtsmaßnahme, die die Annahme des Entschließungsentwurfs und des Rechenschaftsberichts von Walter Ulbricht durch das Politbüro sichern sollte. Die Maßnahme war überflüssig, wie die späteren Abstimmungen bewiesen. Auch von uns Beschuldigten oder Angegriffenen war jeder diszipliniert genug, um im Interesse der Einheit der Partei und der Parteiführung für *jede* Vorlage zu stimmen, von der wir wußten oder annehmen konnten, daß der Generalsekretär sie im Einverständnis mit den Vertretern der KPdSU vorlegt.

Der von Walter Ulbricht vorgetragene Rechenschaftsbericht enthielt – gegenüber dem schriftlich vorliegenden Entwurf der Entschließung – hinsichtlich Zaissers und mir neue Verschärfungen. Welche, weiß ich nicht mehr. Sie riefen eine neue Diskussion und Empörung von seiten Zaissers und mir hervor. Aber Genosse Ulbricht und die anwesenden Genossen Semjonow und Judin gingen auf unsere Zwischenrufe und Bitten um Aufklärung nicht mehr ein. In einer Atmosphäre tiefer Erregung und Verschlossenheit wurde die Abstimmung vollzogen. Der einzige zur Abstimmung zugelassene Beschuldigte – Zaisser – hob die Hand zusammen mit allen anderen ordentlichen Mitgliedern für die Entschließung, die ihn selber als Vertreter des Sozialdemokratismus und Kapitulanten brandmarkte. Nachher brachen ihm die Tränen aus und er ging heraus.

37.

In der Nacht saß ich über der Rede, die ich nun vor dem Plenum halten sollte.

Was ich auch zu sagen erwog, nichts konnte befriedigen, nicht mich, nicht das Plenum. Daß ich von dem *wirklichen* Hergang dem Plenum nichts erzählen konnte, stand von vornherein fest. (Damals verliefen die Plenartagungen des ZK sehr formal; es wurden dem Plenum im wesentlichen nur solche Tatsachen mitgeteilt, die auch dem Gegner bekannt werden konnten, ohne Schaden anzurichten; nach Auffassung Hermann Materns saßen sogar imperialistische Agenten im ZK, die er namentlich benannte.) Weder eine Darstellung der Willkürakte Walter Ulbrichts und wie weit sie schon gegangen waren, noch der Zusammenhänge am und nach dem 17. Juni, noch des Zustandekommens der Verdächtigungen gegen Zaisser und mich konnte ich geben. Es war noch schlimmer: nach allem Voraufgegangenen konnte ich mir vorstellen, welcher maßlose Haß bei Ulbricht, Oelssner usw. entfesselt werden würde, wenn ich wagte, auch nur eine der großen politischen Fragen, um die es ging, beim Namen zu nennen. Und ferner: wenn ich das tat, so konnte wirklich das eintreten, was bisher nur eine Erfindung von Oelssner und Ulbricht war, nämlich eine Spaltung im ZK, d. h. in der Parteiführung. Das einzige, was ich zu meiner Rechtfertigung sagen konnte, war, ich hätte für das Prinzip der Kollektivität gekämpft, aber dieses Wort, so sehr in ihm die Fragen zusammenliefen, mußte ohne konkrete Angaben die ZK-Mitglieder völlig unbefriedigt lassen.

38.

Am anderen Morgen (24. 7. 53) begann das Plenum.

Als ich ins Haus des ZK kam, standen im Korridor vor dem Sitzungssaal bereits viele Mitglieder und Kandidaten in Gruppen. Der Entschließungsentwurf, der die Anklagen gegen uns enthielt, war bereits verteilt, aber von den meisten offenbar noch nicht gelesen.

Ich stieß auf Johannes R. Becher, der während des abgelaufenen Jahres hartnäckig persönliche Beziehungen zu mir gesucht hatte. Becher hatte sich in der Phase des 17. sehr aufgeregt benommen, was einige Genossen, darunter W. S. Semjonow, zu scharfen Bemerkungen veranlaßt hatte. Ich fürchtete nun, Becher werde vielleicht in der Diskussion für mich auftreten wollen und das würde meine Lage erst recht verschlechtern. Daher sagte ich ihm: «Wenn du etwa die Absicht haben solltest, in der Diskussion für mich aufzutreten, so bitte ich Dich – unterlaß das.» Becher sah mich verständnislos an, wahrscheinlich hatte er den Entschließungsentwurf noch nicht gelesen. (In welchem Maße meine Befürchtung unbegründet war, stellte sich am Ende der Diskussion heraus.)

Dann stand ich mit Ackermann. Auf uns zu trat Genosse Kabin, der im Apparat des ZK der KPdSU in Moskau deutsche Fragen bearbeitete, täglich unsere Presse las und mir mehrfach in Moskau Hinweise gegeben hatte. Wir hatten nicht gewußt, daß Kabin in Berlin war. Als Begrüßung rief er mir laut zu: «Eine gute Zeitung machen Sie, eine kämpferische!» Ich konnte mich nicht enthalten zu sagen: «Im Gegenteil, eine sozialdemokratische. Sie sind nicht auf der Höhe der Situation.» Er sah mich so verständnislos an wie vorher Becher. Ackermann klärte ihn auf. Kabin murmelte: «Keinen Deut verstehe ich mehr.»

Am Vormittag verlas Genosse Grotewohl den 1. Teil des Rechenschaftsberichts, in dem von Zaisser und mir nicht die Rede war.

Am Nachmittag verlas Genosse Ulbricht den 2. Teil des Rechenschaftsberichts, der unter den Parteifragen auch die Bemerkungen über Zaisser und mich enthielt.[87]

Nicht nur zur Bestürzung von Zaisser und mir, sondern zur Bestürzung aller Politbüro-Mitglieder verlas Walter Ulbricht hinsichtlich Zaissers und mir einen anderen Text als den, zu dem er am Vortage (unter den geschilderten Umständen!) die Genehmigung des Politbüros erhalten hatte. Der neue Text war nicht nur schärfer, sondern enthielt solche Vorwürfe und Gedankenverbindungen, daß eine gänzlich neue Lage entstand. Nicht nur, daß Walter Ulbricht kein Wort sagte über den zweijährigen Kampf im Politbüro gegen seine Versuche zur Aufrichtung einer persönlichen Diktatur und kein Wort darüber, daß das Politbüro am 9. Juni (also *vor* dem 17. Juni) beschlossen hatte, diesen Versuchen nunmehr endgültig die Stirn zu bieten, und daß in

---

87 Die für die Öffentlichkeit bestimmten Referate Grotewohls und Ulbrichts wurden im «Neuen Deutschland» vom 31. 7. 1953 abgedruckt, das Schlußwort Walter Ulbrichts lediglich in einem «parteiinternen Material», siehe Anhang.

diesem Zusammenhang die Kommission gebildet wurde, in der ich meine Anträge stellte – er bezeichnete den faschistischen Putsch vom 17. Juni als den Ausgangspunkt unseres Vorgehens und argumentierte wie folgt:

> «Die Ereignisse sowie die gewaltigen Anstrengungen der feindlichen Propaganda mußten natürlich einige weniger gefestigte Elemente innerhalb der Arbeiterklasse und auch in der SED schwankend machen. Diese in Verwirrung geratenen und erschreckten Elemente sind auf den Köder der westdeutschen provokatorischen Propaganda hereingefallen. Sie begannen die Arbeit in der DDR nicht vom Gesichtspunkt des Marxismus, sondern vom Gesichtspunkt des Sozialdemokratismus zu beurteilen.»

Ulbricht fuhr fort:

> «Während Fechner unter Ausnutzung seiner Stellung als Justizminister offen gegen die Politik der Partei und der Regierung auftrat, die eine entschiedene Abrechnung mit den Provokationen der westberliner faschistischen Verschwörer forderte, stellte ihm Genosse Herrnstadt die Seiten des ‹Neuen Deutschland› zur Verbreitung seiner regierungsfeindlichen Ansichten zur Verfügung.»

Ulbricht sagte weiter:

> «Beginnend mit dem 9. Juni veröffentlichte Genosse Herrnstadt im ‹Neuen Deutschland› Beiträge, die eine direkte Unterstützung der Streikenden darstellten, während die Beschlüsse der Partei zur Beseitigung verschiedener Mängel als eine Erfüllung der Forderungen der Streikenden dargestellt wurden.»

Mit diesen Argumenten forderte Genosse Ulbricht vom Plenum gegen mich organisatorische Maßnahmen:

> «Auf Grund dieser Tatsachen muß das Plenum des Zentralkomitees den kapitulantenhaften Standpunkt der Gruppe Herrnstadt/Zaisser einschätzen und daraus die notwendigen organisatorischen Schlußfolgerungen ziehen.»

Die Ausführungen Walter Ulbrichts über Zaisser und mich gipfelten in den Worten:

> «Im Zusammenhang mit diesen Problemen erlaubt mir einige Hinweise auf die partei- und staatsfeindliche Tätigkeit Berijas in der Sowjetunion.

Das Zentralkomitee der KPdSU hat festgestellt, daß Berija in der Situation, wo das Präsidium des Zentralkomitees der KPdSU seine Hauptsorge auf die Sicherung der Einheit der Partei und der Parteiführung konzentrierte, versucht hat, die führenden Kader zu entzweien und zu spalten... Er verfolgte eine kapitulantenhafte Politik, die zur Restaurierung des Kapitalismus hätte führen müssen.» (Alle Zitate aus N.D., 31.7.53, Seite 3, siehe Anlage)

Die Wirkung dieser Ausführungen war außerordentlich. Die Mitglieder des Politbüros saßen überrascht und erschreckt da; keiner wagte gegen die Verlesung der ihnen unbekannten und von ihnen nicht gebilligten Ausführungen zu protestieren, weil jedem klar war, daß im Hintergrunde Dinge vorgegangen waren, die niemand überblickte. Die etwa 100 weiteren Mitglieder und Kandidaten des ZK waren umgekehrt der Meinung (und mußten es sein), daß den Mitgliedern des Politbüros diese Ausführungen, die ja in ihrem Namen vorgetragen wurden, längst bekannt seien, daß sie ihnen zugestimmt hätten, und daß sie noch weit mehr von unserer verbrecherischen Tätigkeit wüßten. Die Mitglieder des ZK mußten diesen Eindruck um so mehr haben, als das, was sie von der Parteiführung in diesem Augenblick zu sehen und hören bekamen (Entschließungsentwurf und Rede Ulbrichts), gleichzeitig voll war von den richtigsten und entschiedensten selbstkritischen Formulierungen wie:

«Es darf keine Verletzung des Parteistatuts, dieses obersten Gesetzes des innerparteilichen Lebens, geduldet werden»

oder

«Die organisatorischen Grundprinzipien des Marxismus-Leninismus wurden vielfach verletzt, die innerparteiliche Demokratie schwach entwickelt und Kritik und Selbstkritik ungenügend entfaltet. Besonders wurde die Kritik von unten – häufig aus Angst vor Vergeltung – nur spärlich angewandt. An die Stelle der Überzeugungsarbeit trat oft nacktes Kommandieren» usw. usw. (Entschließung Punkte 31 c, 31 d)

Vor allem die Stellen über Berija und Fechner (die beide in Ulbrichts vorgelegtem Text vom Vortage nicht enthalten gewesen waren) alarmierten das Zentralkomitee.

Unmittelbar nach Schluß der Rede stürzte ich zum Platz des Vorsitzenden, Genossen Grotewohl. Zaisser war schon dort, auch andere.

Wir protestierten gegen die Verletzung des Statuts durch Vorlesung einer unterschobenen Rede. Genosse Grotewohl war außerordentlich aufgeregt und rief: «Was wollt Ihr von mir? Ich bitte mich in Ruhe zu lassen! Ich kann nichts tun! Ich lehne jede Unterhaltung ab! Bitte laßt mich in Frieden!» usw. Als wir uns nicht abfertigen ließen, rief er: «Ihr werdet morgen Gelegenheit haben zu reden. Da könnt Ihr sagen, was Ihr wollt. Aber mich laßt in Frieden. Ich setze Euch als erste Redner auf die Liste.» Dabei schrieb er vor unseren Augen in die Liste der Diskussionsredner, auf der es noch keine Eintragungen gab:

1. Zaisser
2. Herrnstadt

39.

In der Nacht versuchte ich, mir über das Geschehene klarzuwerden. Es gelang mir nicht. Warum hatte man zu Statutenbrüchen gegriffen? Warum hatte Ulbricht mich als «Komplicen» Fechners hingestellt? In diesem Fall gab es nicht mehr die Möglichkeit guten Glaubens, denn ich hatte überhaupt erst von ihm erfahren, wie der Fall liegt. Warum diese Aufgliederung: Zaisser und Herrnstadt sind die Schuldigen, Ackermann der Halb-Schuldige, die anderen werden vorläufig geschont? Und vor allem: wozu die Konstruierung der Verbindung zu Berija, wo doch die Wahrheit genau umgekehrt liegt: dort der Versuch, eine persönliche Diktatur aufzurichten, hier der Versuch, die Aufrichtung einer persönlichen Diktatur zu verhindern.

Es war klar, daß ich nun die ohnehin völlig unzulänglichen Aufzeichnungen für das Auftreten am kommenden Tage verändern und ergänzen mußte. Aber wie? Sollte ich mich im Ernst gegen den Vorwurf verteidigen, mit Berija oder Fechner zusammengehangen zu haben? Mir erschien ungeheuerlich, was da mit mir gemacht wurde. Oder sollte ich angesichts dieser Verleumdungen die bisherige Zurückhaltung fallenlassen und dem ZK blank sagen, wie die Sache war und was vor sich geht? Ich verwarf diesen Gedanken. Von allem anderen abgesehen, wegen der Sowjetunion. Ich klammerte mich daran, daß es auch in dieser Lage, und gerade in ihr, gewisse unverrückbare Werte geben müsse, und einen von ihnen sah ich darin, daß mein

Einstehen für die Interessen der Sowjetunion, gänzlich unabhängig vom Verhalten ihrer Funktionäre zu mir, unverändert bleibt.

Bei alledem verließ mich nicht die (utopische) Hoffnung, die Sache sei vielleicht gar nicht so schlimm, die Anschuldigungen «Fechner» und «Berija» seien vielleicht durch irgendein Versehen in Ulbrichts Rede hineingerutscht und würden am nächsten Tage zurückgenommen werden.

Ich machte irgendwelche Veränderungen an meinen Aufzeichnungen. Welche, weiß ich nicht mehr. (Meine Rede ist im Protokoll nachzulesen, ich habe sie nicht.)

40.

Am anderen Morgen, als wir die Plätze einnahmen, sprach ich einige Worte mit Zaisser. (Im allgemeinen sprachen wir schon nicht mehr miteinander; offenbar wollte auch er vermeiden, daß uns ein Zusammenstehen oder Sprechen als «Fraktionismus» ausgelegt wurde.) Ich fragte ihn: «Wirst Du sagen, was wirklich war?» Er erwiderte: «Das kann man nicht machen, das könnte der Sowjetunion schaden.» Ich hatte eine tiefe Genugtuung über diese Antwort, weil sie zeigte, daß unsere Gedanken auch in dieser Lage gleichgerichtet waren, daß mein eigener Kopf noch funktionierte, und daß mein absolutes Vertrauen zu Zaisser (in einer solchen Lage stellt man sich alle Fragen) berechtigt war.

Genosse Grotewohl eröffnete die Sitzung und erteilte das Wort als erstem Diskussionsredner dem Genossen Kurt Hager.[88]

88 Kurt Hager (geb. 1912), Kandidat des ZK der SED, Leiter der Abteilung Wissenschaften und Hochschulen im ZK, Lehrstuhlinhaber und Professor für historischen und dialektischen Materialismus am Institut für Philosophie der Humboldt-Universität Ost-Berlin sowie Lehrstuhlleiter am Institut für Gesellschaftswissenschaften beim ZK der SED und Mitglied des Redaktionskollegiums der «Einheit». Hager war einer der erbittertsten und heftigsten Kritiker von Zaisser und Herrnstadt. Er avancierte auf dem IV. Parteitag der SED 1954 zum ZK-Vollmitglied und anschließend zum Leiter der durch die Zusammenlegung mehrerer Abteilungen geschaffenen Abteilung Wissenschaft und Propaganda, die zur zweitgrößten Abteilung im ZK-Apparat ausgebaut worden war; 1958 Kandidat und 1963 Vollmitglied des Politbüros. Hager war bis zu seiner Absetzung und Inhaftierung Ende 1989 Chefideologe der SED und exponierte-

Es hat während des 15. Plenums vor allem zwei Augenblicke gegeben, in denen ich den Eindruck hatte, überrumpelt zu werden und ausgeliefert zu sein: 1. als Walter Ulbricht anstelle des genehmigten Redetextes einen anderen verlas, 2. als Kurt Hager – anstelle, wie festgelegt, Zaisser – die Diskussion eröffnete und schon in den ersten Sätzen mit einem massiven Angriff auf Zaisser und mich begann.

Hager war Kandidat des ZK und (als Leiter der Abteilung Propaganda des ZK) der nächste Mitarbeiter des Genossen Oelssner. Hager konnte von den Vorgängen, die ausschließlich unter Angehörigen des Politbüros gespielt hatten, nicht das geringste wissen – es sei denn, er war informiert worden. Wenn Hager an die Spitze der Diskussionsredner gesetzt wurde, ungeachtet dessen, daß Zaisser und ich von Genossen Grotewohl auf dessen Initiative hin an die Spitze der Liste gesetzt worden waren, so mußte Genosse Grotewohl zu dieser Veränderung veranlaßt worden sein. Diese Veränderung aber hatte für den Ablauf des 15. Plenums große Bedeutung. Das Plenum arbeitete wie erwähnt, zu diesem Zeitpunkt, verhältnismäßig unselbständig. Die Mitglieder und Kandidaten des ZK versuchten, sich an dem zu orientieren, was sie sahen und hörten. Daß der erste Diskussionsredner – noch dazu schon mit den ersten Sätzen – auf Zaisser und mich einschlug (statt mit der Frage des Neuen Kurses zu beginnen), wirkte auf die Mitglieder und Kandidaten des ZK wie eine Direktive, ein Signal.

Ich konnte mich des Gedankens nicht erwehren: und mir, dem Beschuldigten, hat Semjonow, als ich auch nur die Frage stellte, wie denn vor dem Plenum unser Fall in einer solchen Weise würde behandelt werden können, daß die zentrale Frage, der Neue Kurs, darunter nicht leide, erwidert: «Sehen Sie, Sie gehen wieder von sich aus, nicht vom Interesse der Partei.»

Als zweiter Diskussionsredner erhielt das Wort wiederum nicht Genosse Zaisser, sondern Genosse Otto Winzer[89] (der mit Oelssner und

ster Vertreter des orthodoxen Marxismus-Leninismus stalinscher Prägung, übte erheblichen Einfluß vor allem auch auf die Wissenschafts- und Kulturpolitik der DDR aus und ist offensichtlich der Initiator eines scheinbar flexibleren Umgangs mit Künstlern und Kulturschaffenden, der sich Jahre vor der ‹Wende› in der als Privileg gehandhabten Vergabe von Dauervisa für das sogenannte kapitalistische Ausland, weitgehender Reise- und teilweise auch Publikationsfreiheit äußerte.

89 Otto Winzer, Staatssekretär und Chef der Präsidialkanzlei Wilhelm Piecks, ab 1956 Stellvertretender Außenminister der DDR, später langjähriger Außenmi-

Hager zusammen das Redaktionskollegium der theoretischen Zeitschrift des ZK «Einheit» bildete). Der Sinn von Winzers Rede war, meine – sechs Monate zuvor, auf dem 8. Plenum gehaltene – Rede «Gegen alle Erscheinungsformen des Sozialdemokratismus» so zu interpretieren, daß das Plenum zur Auffassung kommen sollte, ich sei von alters her ein Vertreter des Sozialdemokratismus und die Parteiführung decke das nun mit Verspätung auf. Meine Rede auf dem 8. Plenum war gegen den Dogmatismus in der ideologischen Arbeit gerichtet und hatte eine öffentliche Diskussion ausgelöst. Oelssner, Winzer und Hager waren empört über sie, weil ich gesagt hatte, daß der Dogmatismus häufig ein Deckmantel für Opportunismus sei.[90] Oelssner und Winzer hatten mir mehrfach angekündigt, ihre Antwort werde erfolgen. Nun war sie da. Die Front der von mir als Dogmatiker Angegriffenen hatte zum Gegenschlag ausgeholt; ich hatte den (erst 2½ Jahre später, auf dem XX. Parteitag freigelegten) Zusammenhang zwischen Personenkult und Dogmatismus nicht erkannt. – Die Methode des Auftretens des Genossen Winzer ist, weit über den «Fall Zaisser/Herrnstadt» hinaus, von prinzipiellem Interesse. Da Genosse Winzer die Rede später in der «Einheit» als Artikel veröffentlichte[91], habe ich die Möglichkeit zu einer genauen Analyse. (Sie wird in Teil II dieser Darlegung erfolgen.)

Winzers Auftreten nach dem Auftreten Hagers erhärtete in den uninformierten Mitgliedern und Kandidaten des ZK den Eindruck, daß Zaissers und meine Schuld längst feststünden.

Als 3. Diskussionsredner erhielt das Wort Zaisser. Er versuchte, ruhig und unpolemisch darzulegen, daß an den Anschuldigungen (Sozialdemokratismus, Kapitulantentum, Fraktionismus) kein wahres Wort sei. Dabei hielt er sich eng in den selbstgesetzten Grenzen. Trotzdem machte seine Rede beträchtlichen Eindruck; insbesondere sein am Schluß in tiefer Erregung herausgeschrienes Bekenntnis zur Partei und zur Sowjetunion. Als er zu seinem Platz zurückkehrte, erlitt er einen Schwächeanfall (er ist schwer herzkrank) und schlug gegen die Seitenwand, an der er sich einige Zeit festhielt. Währenddessen herrschte Stille im Saal. Die meisten Genossen blickten ab-

nister, wurde von Oskar Fischer abgelöst. Nach Auffassung Zaissers soll Winzer seine Rede während des Plenums zeitlich später gehalten haben.
90 «Einheit», Heft 12, 1952, «Gegen alle Erscheinungsformen des Sozialdemokratismus».
91 «Einheit», Heft 9, 1953.

wechselnd auf Zaisser und auf Walter Ulbricht. Einigen weiblichen ZK-Mitgliedern (z. B. der mir gegenübersitzenden Käthe Kern[92]) liefen die Tränen übers Gesicht. Die Spannung löste sich, als Zaisser mit einer freien Hand eine Stuhllehne zu fassen bekam und sich auf seinen Platz tastete.

Dann erhielt ich das Wort. Was ich sagte, ist im Protokoll nachzulesen.

Trotz ihrer unvermeidlichen Schwäche und Halbheit machten die Reden von Zaisser und mir einen gewissen Eindruck. Es war zu spüren, daß im Plenum Zweifel an unserer Schuld entstanden.

Dann erhielt das Wort Oelssner, der diese Zweifel sehr geschickt zerschlug. Er erklärte dem Sinne nach:

Wir hätten uns hier naiv gestellt, aber wer wir in Wahrheit seien, werde er nun enthüllen. Dann stellte er dem ZK meine im Politbüro vorgelegte Aufzeichnung als die aus dem Hinterhalt gezielte, wohlüberlegte «ideologische Plattform» einer getarnten «fraktionellen Gruppe» dar. Er verstand es, die Formulierungen «Partei des Volkes» und «Erneuerung» so vorzutragen, daß das Plenum erschauerte. Den Höhepunkt seiner Rede bildete seine Darstellung der 2. Kommissionssitzung. Er sagte kein Wort darüber, wozu diese Sitzung einberufen worden war und nach welcher Vorgeschichte, kein Wort über die Auffassung der Mehrheit des Politbüros, zu der er selber gehört hatte, kein Wort über Zaissers Ankündigung, bei Fortsetzung seiner (Oelssners) Prinzipienlosigkeit seine Entfernung aus dem Politbüro zu beantragen, kein Wort über Ulbrichts Antrag auf Entfernung Eberts aus dem Politbüro usw. usw. – sondern spitzte seine Darstellung auf Zaissers und mein Verhalten bei Beratung des Miroschnitschenkoschen

92 Käthe Kern (geb. 1900), eine der wenigen Frauen in der SED-Führung und eines der wenigen noch im ZK verbliebenen ehemaligen SPD-Mitglieder. Sie war nach der Parteifusion gemeinsam mit Elli Schmidt im Zentralsekretariat, dem Vorläufer des Politbüros, als Sekretär für die Frauenarbeit verantwortlich und Vorsitzende des Zentralen Frauenausschusses der SED, wurde jedoch im Januar 1949 nicht in das Politbüro übernommen, sondern als Hauptabteilungsleiterin in das spätere Gesundheitsministerium abgeschoben. Käthe Kern ist es maßgeblich zu danken, daß die SED in den ersten Nachkriegsjahren Anfänge einer realistischen Frauenpolitik aufzuweisen hatte. Jene hoffnungsvollen Ansätze bis hin zur selbstbewußten Manifestation weiblicher Mitsprache in höchsten politischen Leitungsgremien sind durch die nachfolgend von Ilse Thiele bis 1989 geführte Frauenorganisation der DDR (DFD) ebenso rasch wie nachhaltig eliminiert worden.

Antrags zu, ein «kleines Sekretariat» zur Kontrolle der Durchführung der Beschlüsse des Politbüros zu schaffen. Dabei überging er den Unterschied zwischen diesem Sekretariat und dem von Zaisser und mir vorgeschlagenen, stellte das von Miroschnitschenko vorgeschlagene Büro als ein Sekretariat im bisher üblichen Sinne und mit der bisher üblichen Machtfülle vor, machte aus dem von Miroschnitschenko erwähnten Angehörigen des Politbüros, der die Verbindung zwischen diesem Büro und dem Politbüro halten sollte, den «1. Sekretär des ZK», unterschob Zaisser, er habe mich zum «1. Sekretär des ZK» vorgeschlagen, und mir, ich hätte auf Befragen «die Funktion des 1. Sekretärs dankend akzeptiert» und krönte – beständig mit dem Begriff «1. Sekretär des ZK» fuchtelnd, den *er* in die Diskussion geworfen hatte – diese Darstellung durch die niederträchtige Verfälschung, ich hätte wie Napoleon erklärt: «Der Parteiapparat ist gegen mich, aber die Massen stehen hinter mir!» Aus Oelssners Darlegungen ergab sich:

1. daß wir Lügner sind, die hier als Harmlose auftreten;

2. daß wir keine Marxisten sind, sondern im besten Falle kleinbürgerlich oder sozialdemokratisch verseuchte Elemente, die durch ihre Unfähigkeit, die Bedeutung des Prinzips der Einheit der Partei zu begreifen, Partei und Staat bis an den Rand des Verderbens gebracht haben,

3. daß wir wahrscheinlich etwas viel Schlimmeres sind.

Das Plenum des ZK war den Ausführungen Oelssners mit wachsender Erregung gefolgt. Was er sagte, verband sich genau mit den vorherigen Anschuldigungen und Andeutungen Ulbrichts gegen uns sowie mit dem Auftreten Hagers und Winzers. Es begann sich das Bild abzuzeichnen, daß im Saal zwei verkappte Erzfeinde der Arbeiterklasse und der Partei sitzen, dessen ganze Verworfenheit noch gar nicht abzusehen ist. An mir hingen beständig die überlegenden, teils auch schon haßerfüllten Blicke von Dutzenden von Genossen.

Es gab Zwischenrufe. (Das Protokoll wird ergeben, ob – wie mir scheint – in dieser Phase der Verhandlungen oder in einer nächsten. An einigen Stellen versuchte ich mich zu wehren, was infolge des Drucks des empörten Plenums auf uns von Minute zu Minute schwerer wurde. Walter Ulbricht goß umgekehrt Öl ins Feuer durch Zwischenrufe des Inhalts wie: «Er hat ja nicht nur mich stürzen wollen; er wollte auch den Bundesvorstand des FDGB abberufen!» (So sah jetzt der Vorschlag Voitel[93] aus.) Oder: «Er hat ja auch Matern stürzen wollen!» (So sah jetzt der Antrag aus, Matern wegen ungenügenden Kampfes für die Einhaltung der Bestimmungen des Statuts von der Funktion des Vorsitzenden der ZPKK abzuberufen.) Das Plenum mußte den Eindruck gewinnen, daß Zaisser und ich – wenn nicht Agenten, so eine Art Amokläufer sind, die der Partei alle Autoritäten wegschlagen wollen.

Abgeschnitten von der Wahrheit und angewiesen auf das, was ihm gesagt wurde, konnte das Plenum den weiteren Verlauf nicht verhindern, sondern mußte ihn selber vollziehen. Ich möchte hier über die weitere Diskussion, die zwei Tage dauerte, folgendes sagen, auf Grund der Erinnerung und einiger Aufzeichnungen. (Das – mir leider nicht zugängliche – Protokoll gibt die Möglichkeit der Überprüfung.)

Nach der Rede Oelssners war ein beträchtlicher Teil der ZK-Mitglieder von unserer Schuld überzeugt. Dabei waren es nicht so sehr die vorgetragenen Argumente, die überzeugten, sondern die Annahme, daß eine solche Sache nicht gemacht werden würde, wenn unsere Schuld nicht feststünde. Ein Genosse – Max Reimann[94] – hatte nach Oelssners Rede in spontaner Erregung den sofortigen Ausschluß von Zaisser und mir nicht nur aus dem ZK, sondern aus der Partei beantragt. Sein Antrag war völlig logisch: wenn nur ein Bruchteil von dem wahr war, was uns zur Last gelegt wurde, mußten wir aus der Partei ausgeschlossen werden. Ich sympathisierte daher (so merkwürdig das klingt) mit Reimanns Antrag, und da ich mit Reimann in westdeutschen Fragen viel und gut zusammengearbeitet hatte, sagte ich ihm in einer Pause auf dem Korridor zwei scheinbar einander widersprechende Dinge: «Dein Antrag ist vollkommen logisch» und «Nie hätte ich für möglich gehalten, daß *Du* einmal einen Ausschlußantrag gegen mich stellen würdest.» Reimann erwiderte ratlos: «Ich – muß – Walter – glauben.» Er hatte auch damit recht.[95]

93 Paul Voitel, ein Bergmann, von Rudolf Herrnstadt vorgeschlagen als Mitglied für den Bundesvorstand des FDGB.
94 Max Reimann (1898–1977), Vorsitzender der KPD in der Bundesrepublik. Obwohl 1949, um die Fiktion einer unabhängigen KPD zu schaffen, keine KPD-Mitglieder offiziell mehr dem SED-Parteivorstand bzw. dem späteren ZK angehörten, nahmen auch in der Folgezeit wichtige KPD-Funktionäre an den ZK-Sitzungen teil.
95 Zu den ganz wenigen ergänzenden Bemerkungen Wilhelm Zaissers zur Herrnstadtschen Rekonstruktion der Vorgänge zählt die Feststellung, Max Reimann sei insgesamt zu positiv gezeichnet worden.

Je mehr Diskussionsredner nach Oelssner sprachen, desto mehr wurde es zu einer Art Parteipflicht, zum «Fall Zaisser/Herrnstadt» Stellung zu nehmen und eine verurteilende Erklärung gegen uns abzugeben. Genosse Ulbricht registrierte, wie sich später zeigte, genau, wer und in welchem Maße jeder einzelne uns angriff, und wer das unterließ.

Trotzdem war auch nach der Rede Oelssners das Plenum noch keineswegs einheitlich von unserer Schuld überzeugt. Sehr viele Genossen saßen in sich versunken da und überlegten. Eine große Rolle spielte hierbei, daß auch in dieser Situation die Mehrheit des Politbüros ablehnte, gegen Zaisser und mich Stellung zu nehmen. Es waren – bis knapp vor Ende der Diskussion – wiederum nur die Genossen Ulbricht, Oelssner und Matern, die den Angriff führten. Ein Ausdruck für die Zweifel des ZK, aber auch dafür, wie sich in dieser Situation alles zu unseren Ungunsten wandte, war eine Zwischenfrage des Genossen Buchwitz, der, wie das ganze Plenum, vor allem unter dem Eindruck der Anspielung auf Berija stand, also des Verdachts, wir seien imperialistische Agenten. Walter Ulbricht hatte eine Bemerkung etwa des Inhalts gemacht, Zaisser und ich hätten den «Angriff auf den Kern der Parteiführung» erst eingestellt, als seine Aussichtslosigkeit klar war. Nun fragte Buchwitz: «Haben die beiden Genossen den Angriff *vor* oder *nach* der Entlarvung Berijas eingestellt.» Walter Ulbricht erwiderte mit sichtlicher Genugtuung: «Nach der Entlarvung Berijas, da traten sie ungeordnet den Rückzug an.»

41.

Am dritten (und letzten) Sitzungstag wurde die Diskussion zu Ende geführt. Nun zeigte sich die Wirkung der beiden ersten Sitzungstage. In der Diskussion traten immer weitergehendere, gänzlich neue Anschuldigungen gegen uns auf, die als erwiesene Tatsachen behandelt wurden. So wurde (mit Bezug auf die Formulierung «Partei des Volkes») unterstellt, daß wir die Absicht gehabt hätten, den Kapitalismus in der DDR zu restaurieren und die proletarische Kampfpartei zu liquidieren. Andere Redner erklärten in ehrlicher Entrüstung, nun wüßten sie endlich, warum sie nach dem 9. Juni und vor allem in der Phase des 17. Juni von der Parteiführung ohne ausreichende Orientierung gelassen worden seien. («Während wir draußen im schwersten Kampfe standen, haben Zaisser und Herrnstadt die Parteiführung aktionsunfähig gemacht.») Die Genossen Ulbricht, Matern und Oelssner ließen diese Äußerungen unwidersprochen. Als ich in einer Pause Genosse Matern darauf aufmerksam machte, erwiderte er wörtlich: «Tja – das ist die Logik der Dinge!» Als ich ihm sagte: «Wir hätten die Parteiführung in der Phase des 17. gelähmt, das heißt doch die Wahrheit auf den Kopf stellen!» erwiderte er lachend: «Nein, das kann man Euch wahrhaftig nicht nachsagen, das ist Unsinn.» Ich bin überzeugt, daß nur dank dieses zufälligen Gesprächs wenigstens diese Verleumdung später nicht wieder auftauchte. – In der gleichen Pause kam ich an Heinrich Rau vorbei, der vergrämt in einem Sessel saß. Ich sagte: «Wenn ich morgen nicht weiß, wohin –, nimmst Du mich in die Industrie?» Rau erwiderte: «Nehm ich!» und, als ich weiterging: «So ein Wahnsinn!»

Am schrecklichsten war für mich, die haßerfüllten Blicke alter ehrlicher Arbeiterfunktionäre zu ertragen (Hans Warnke, Bruschke, W. Koenen usw.)[96] und die Reden anzuhören, in denen junge Genossen (Kessler, Glaser usw.)[97] aufgewühlt erklärten, sie seien von uns erzogen und hätten Achtung vor uns gehabt – und nun erlebten sie, wer wir in Wirklichkeit seien, und erlebten zugleich zum ersten Mal das, was sie bisher nur aus der Geschichte der deutschen Partei und der Geschichte der KPdSU kannten: eine Fraktion und ihre Methode ...

Der Kandidat des ZK, Fritz Lange[98], hielt eine Rede, die selbst in dieser Atmosphäre aus dem Rahmen fiel. Er erklärte, Zaisser habe ihm im Vorübergehen gesagt, man müsse damit rechnen, daß die So-

96 Hans Warnke, Vorsitzender des Rates des Bezirkes Rostock. Werner Bruschke, früherer SPD-Funktionär, Vorsitzender des Rates des Bezirkes Halle.
Wilhelm Koenen, Vorsitzender des Sekretariats des Nationalrats der Nationalen Front des Demokratischen Deutschland und Leiter des gemeinsamen Sekretariats der Volks- und Länderkammer der DDR, später langjähriger 1. Sekretär der SED-Bezirksleitung Halle/Saale.
97 Heinz Keßler (geb. 1920), war als junger Soldat beim Überfall auf die Sowjetunion übergelaufen. Generalmajor, später Verteidigungsminister der DDR bis Ende 1989.
Heinz Glaser (geb. 1920), 1. Sekretär der SED-Bezirksleitung Halle/Saale.
98 Fritz Lange, Kandidat des ZK von 1950–1958. Lange sprach Rudolf Herrnstadt am 1. Mai 1959 in Halle zufällig an und erklärte, seine damaligen Behauptungen seien ausschließlich gegen Zaisser gerichtet gewesen. Vgl. auch Einleitung.

wjetunion die DDR aufgeben werde.[99] Zaisser schrie: «Du lügst!»
Fritz Lange beharrte auf seinen Worten und brüllte uns an: «Sagt, wer
Ihr seid! Sagt, was Ihr gewollt habt! Eure Flausen nimmt Euch die
Partei nicht ab!» usw. Auf das Plenum machte sein Auftreten großen
Eindruck, schon, weil es zeigte, was man sich mit uns erlauben durfte.
Auf mich machte es keinen Eindruck, weil ich wußte, in welcher Lage
sich Fritz Lange befand... _ 43.

42.

In der Nachmittagspause am dritten Sitzungstag, kurz vor Schluß der
Diskussion, kam es zu vier Gesprächen, die mein weiteres Verhalten
beeinflußten.

Die Mitglieder des ZK standen diskutierend in den Korridoren. Im
Sitzungssaal waren nur Zaisser und ich, jeder auf seinem Platz. Zwischen unseren Plätzen waren drei oder vier Sessel. Es war mir (offenbar auch Zaisser) unangenehm, in den Korridor zu gehen.

Plötzlich erschien durch die offene Tür Genosse Kabin, kam in die
Höhe unserer Plätze und sagte zu uns: «Na, was denn, was denn. Sie
haben, scheint's, vollkommen den Mut verloren!?»

Zaisser hob den Kopf und brüllte: «Ich verstehe die Sowjetunion
nicht mehr!»

Kabin, der diesen Ausbruch nicht erwartet hatte, stammelte: «Sie
müssen doch begreifen... jetzt besteht eine besondere Situation...
sonst würde man wahrscheinlich nicht so vorgehen.»

Keiner von uns antwortete.

Dann ging ich hinaus. Im Korridor, hinter der Tür stand W. S. Semjonow. Da ich unmittelbar auf ihn zukam, blieb ich bei ihm stehen. Es
entwickelte sich folgendes Gespräch:

99 Dieser Vorwurf wurde im Prozeß generell beiden Angeklagten gemacht, besonders jedoch gegen Wilhelm Zaisser gerichtet. Von Rudolf Herrnstadt wurde in
den Vernehmungen durch die ZPKK vergeblich eine Bestätigung jener angeblichen Erklärung verlangt. Das sekretierte Material über den Prozeß müßte
eindeutig belegen, wer jene Fakten vorgebracht hatte und inwieweit separate
Unterredungen zwischen sowjetischen Vertretern und Zaisser stattgefunden
haben. Letzteres ist eine Spekulation, die durch Hermann Matern und Walter
Ulbricht artikuliert und verbreitet worden ist.

Ich: «Wie soll man diese Sache verstehen?»

Semjonow sah an mir vorbei.

Ich: «Wie kann man sagen, daß ich den Kapitalismus in der DDR restaurieren und die proletarische Kampfpartei zugrunderichten wollte?»

Semjonow: «Aber ‹Partei des Volkes› haben Sie geschrieben?»

Ich: «Aber doch in einem ganz anderen Sinne. Und in welchem, das wissen Sie doch selbst! Außerdem, in der Zeitung ‹Für dauerhaften Frieden, für Volksdemokratie› ist die gleiche Formulierung im gleichen Sinn mehr als einmal gebraucht worden.»

Er: «Es wird viel geschrieben.»

Ich: «Und jetzt soll ich dafür aus der Partei ausgeschlossen werden. Sie haben doch gehört, welche Anträge gestellt werden.»

Er: «Na, vielleicht wird es nicht ganz so schlimm.»

Daraus entnahm ich, daß beschlossen worden sei, mich aus dem ZK, aber nicht aus der Partei auszuschließen.

Ich ging wieder in den Saal und setzte mich auf meinen Platz. Nach einigen Augenblicken erschien Genosse Grotewohl, machte sich etwas am Präsidententisch zu schaffen und ging dann schnell um die leeren Stuhlreihen herum zu Zaisser. Er setzte sich neben ihn und sprach zu ihm im Flüsterton. Zaisser antwortete ebenso. Nach einer Weile erhob sich Genosse Grotewohl, setzte sich auf den Stuhl neben mich und fragte leise: «Hast Du die Absicht, noch einmal zu reden?» Ich erwiderte, daß ich dazu gezwungen sei. Er habe doch gehört, wie Fritz Lange und andere erklärten, unsere Erklärungen reichten nicht aus. Ich wüßte zwar absolut nicht, was ich sagen solle, denn ich könne mir keine Verbrechen aus den Rippen schneiden, aber ich könne doch auch nicht kneifen, wenn das Plenum fordere, daß ich noch einmal auftrete. Genosse Grotewohl erwiderte: «Jedes Wort schadet! Verstehst Du mich? Die Sache ist bereits entschieden. Ihr *werdet* in der Partei bleiben und Ihr *werdet* Arbeit bekommen. Aber faß Dich so kurz als möglich, wenn du überhaupt noch einmal auftreten willst.» Ich sagte ihm: «Ich danke Dir. Der frühere Sozialdemokrat muß kommen in dieser Lage. Die eigenen alten Genossen kommen nicht.[100] Er legte mir die Hand auf den Arm und sagte: «Schluß jetzt. Keine Senti-

100 Zu dieser grundsätzlichen Problematik äußerte sich Rudolf Herrnstadt 1959 noch einmal. Er bezog sich auf die ihm hinterbrachte Mitteilung, ehemalige Sozialdemokraten hätten sich für Max Fechners Rehabilitierung verwandt, und schreibt: »Ich bin und war Kommunist, ebenso Zaisser. Hinter Kommuni-

mentalität und Kopf oben.» Er erhob sich, legte den Finger auf die Lippen, ich sagte: «Selbstverständlich», er ging. Ich glaube, daß heute die Lage weit genug entwickelt ist, daß ich dieses Gespräch wiedergeben kann, dessen sich niemand zu schämen braucht.

So erfuhr ich, daß der Beschluß des 15. Plenums bereits feststand und wie er lautete.

Da es mich auf dem Stuhl nicht litt, ging ich wieder hinaus. Die Mitglieder des Plenums, noch in Unkenntnis des Beschlusses, den sie fassen würden, standen in erregten Diskussionen. Da ich niemanden in Verlegenheit bringen wollte, ging ich ins Treppenhaus, um mich dort ans Fenster zu stellen. Dabei traf ich auf Hermann Matern. Wir hatten eine längere Unterhaltung.

Ohne etwas von den Gesprächen zu sagen, die eben stattgefunden hatten, sagte ich zu Matern: «Ich habe in meinem Leben jeden Auftrag durchgeführt, den mir die Partei erteilte. Wenn mir die Partei sagen würde: spring ins Wasser und frag nicht, würde ich springen. Wenn sie mir sagen würde: wir brauchen nach dem 17. Juni einen ‹Fall Zaisser/Herrnstadt›, das ist kein angenehmer Auftrag, aber es muß sein – werde ich ihn übernehmen. Aber *sagen* soll sie es mir doch, ich brauche doch etwas, woran ich mich innerlich halten kann.»

Matern erwiderte erschrocken: «Rudolf, das ist ein gefährlicher Gedanke, von dem mußt Du weg!» Seine Reaktion war so spontan und überzeugend, daß ich selber erschrak und dachte: wohin bist Du geraten, bist Du überhaupt noch normal?

Matern setzte mir dann auseinander, daß es für mich nur *einen* Weg gäbe: einsehen und zugeben. Er glaube mir, daß ich mich selbst nicht für einen Vertreter des Sozialdemokratismus und Kapitulanten, Spalter und Fraktionisten halte, aber objektiv sei ich das eine, zweite, dritte und vierte, und ich müßte eben so lange nachdenken, bis ich das begriffe. Ich könnte doch nicht annehmen, daß ich klüger sei als das ganze Plenum. Darin zeige sich eben meine Überheblichkeit, die ich entschieden bekämpfen müsse. Ich hätte mit meinem übertriebenen Kampf um Kollektivität und Demokratisierung die Partei und den Staat an den Rand des Verderbens gebracht. Der Begriff Kollektivität sei bei Zaisser und mir zu einer fixen Idee geworden. Er beobachte das schon seit 1951.

sten steht, wenn die Partei die Hand von ihnen zieht, niemand mehr.« Schreiben an Chruschtschow vom 28. 11. 1959.

Auf meine Frage: «Und was soll nach dem ‹Fall Zaisser/Herrn-stadt› werden? Nach einem solchen ‹Siege› wird doch von echter in-nerparteilicher Demokratie erst recht nicht die Rede sein. Dann wird doch Walter erst recht seiner Natur die Zügel schießen lassen?!» erwi-derte Matern: «Natürlich. *Das* habt ihr erreicht.»

Ich sagte: «Und das unterstützt Du noch?»

Er sah mich an und schüttelte den Kopf, als ob bei mir Hopfen und Malz verloren sei.

Zum Schluß sagte er mir: «Alles ist nicht so schlimm, wenn man der Partei die Wahrheit sagt.» Ich sagte: «Das habe ich immer getan.» Ma-tern erwiderte: «Aber der Hans sagt nicht die Wahrheit (Jendretzky). Ich habe mit ihm gesprochen, aber er versucht, sich zu drücken. Dabei hat er doch mit Euch mitgemacht und auch mit Dir Gespräche ge-führt.» Ich sagte: «Natürlich, wir waren ja beide Mitglieder der Kom-mission. Ich habe ihn sogar gefragt, ob ich ihn für die unmittelbare Anleitung des Apparats vorschlagen kann, wenn andere dazu nicht bereit sein sollten. (Diese Gefahr bestand, weil eine große Furcht vor der Reaktion Walter Ulbrichts herrschte.) Wir haben mehrfach und lange über diese Fragen gesprochen. Ich mache doch kein Hehl dar-aus.» Matern erwiderte: «Na also, dann sag das. Denn vor der Partei Heimlichkeiten zu haben, ist das allerschlimmste, und deswegen ge-fällt mir das Verhalten vom Hans nicht, ich habe ihm das auch gesagt.»

Als ich in den Saal zurückging, stieß ich mit Ackermann zusammen, der mir die Hand drückte und sagte: «Rudolf, bring Deine Sache mit der Partei in Ordnung, das ist das einzige, was ich Dir noch raten kann.»

43.

Ich füge hier zunächst ein, warum die Rede Fritz Langes auf mich keinen Eindruck machte.

Etwa drei Monate vor dem 15. Plenum – also im Frühjahr 1953, als sich die ökonomische und politische Lage innerhalb der DDR zu-spitzte, der Kontakt der Partei mit den Massen schnell absank, im Zusammenhang damit die Auseinandersetzungen im Politbüro über die Methoden der Führung von Partei und Staat immer heftiger wur-den (ich schreibe über diesen Prozeß in Teil II) – ging ich wieder einmal zu Hermann Matern und forderte ihn auf, endlich seine Passivität in der Frage der Durchsetzung des kollektiven Arbeitsstils aufzugeben. Er habe als Vorsitzender der ZPKK eine Schlüsselstellung. Wenn er die Mehrheit des Politbüros unterstütze, bleibe Walter Ulbricht nichts übrig, als seine diktatorischen Methoden aufzugeben, und der Weg zu einem vernünftigen und erfolgreichen Arbeiten sei frei.

Matern, dem diese Unterhaltung wie schon die vorangegangenen sehr unangenehm war, verteidigte seine Haltung. Es sei nicht wahr, daß er Verletzungen des Statuts zulasse. Erst kürzlich sei er bei einer Überlandfahrt unterwegs ausgestiegen, überraschend in einer Kreisleitung erschienen (ich habe vergessen, in welcher) und habe dort schonungslos Ordnung geschaffen. Ich sagte, ich zweifle nicht daran, daß er nach unten schlage, aber in diesem Fall käme es darauf an, nach oben zu schlagen, und eben das täte er nicht.

Matern reichte mir ein Schreiben über den Tisch und sagte: «Lies das.»

In der Annahme, das Schreiben betreffe das Thema unseres Gesprächs, las ich. Aber es betraf etwas ganz anderes.

Es stammte von einem Lehrer aus einer Ortschaft bei Berlin. (Die genauen Angaben sind in den Papieren der ZPKK festzustellen.) Der Lehrer, ein alter Genosse, teilte der ZPKK mit: kürzlich sei Fritz Lange, den er vor Jahrzehnten gekannt habe, da auch Fritz Lange damals Lehrer gewesen sei, in seiner Wohnung erschienen. Er sei über den hohen Besuch erstaunt gewesen (Fritz Lange war damals Vorsitzender der Staatlichen Revisionskommission), um so mehr, als sie sich Jahrzehnte nicht gesehen hätten. Schon während der Unterhaltung hätte er sich gefragt, wozu Fritz Lange eigentlich gekommen sei. Sie hätten über Nichtigkeiten gesprochen, u. a. darüber, daß sie beide gern photographieren. Fritz Lange habe ihn gefragt, ob er eine (Exakta) besäße. Er hätte erwidert, so einen teuren Apparat könne er sich natürlich nicht leisten. Schließlich sei Fritz Lange weitergefahren, ohne daß ihm, dem Lehrer, der Sinn des Besuches klar geworden sei. Einige Tage später sei ihm im Auftrage Fritz Langes eine (Exakta?) als Geschenk überbracht worden. Dieses Geschenk komme ihm angesichts des sehr hohen Preises dieses Apparats so unheimlich vor, daß er es für seine Pflicht halte, der Partei den Vorgang mitzuteilen.

Als ich gelesen hatte, fragte Matern: «Was hast Du für einen Eindruck davon?»

Ich sagte, der Brief klinge zwar sonderbar, aber die Sache könne auch ganz harmlos sein. Fritz Lange sei ein bekannter Angeber. Vielleicht habe er wieder einmal zeigen wollen, was für ein großer Mann aus ihm geworden sei.

Matern erwiderte: «Wenn nur dieser Brief vorläge, könnte man dieser Meinung sein. Aber inzwischen liegt mehr vor. Wir haben die Dokumente bekommen über die Umstände der Entlassung von Fritz Lange aus dem Zuchthaus (Brandenburg?). Ich kann dazu aus einer breiten Kenntnis der Entlassungspraxis der Gestapo nur sagen: wer *so* entlassen worden ist, wie Fritz Lange, der hat für die Gestapo gearbeitet. Die Dokumente lassen einen anderen Schluß nicht zu. Aber wenn er für die Gestapo gearbeitet hat, muß man damit rechnen, daß er übergeben worden ist und heute für die Engländer oder Amerikaner arbeitet.»[101]

Als ich bezweifelte, ob die Dokumente das wirklich so genau ergeben, erwiderte Matern: «Ich kann Dir darauf nur eines sagen: als ich Walter den Brief von dem Lehrer zeigte, fuhr er mich wütend an, ‹Laß mich in Frieden mit dem Unsinn, ich kann die Arbeit nicht machen, wenn man mir einen nach dem anderen herausschießt›, als ich später Walter die Dokumente über die Entlassung Fritz Langes aus dem Zuchthaus zeigte, wurde er ganz still und sagte: ‹Ja, unter diesen Umständen wird man ihn ja nicht einmal mehr in der Partei halten können.› Übrigens lassen auch die sowjetischen Genossen Fritz Lange nicht mehr in die Sowjetunion. Sein Antrag auf ein Einreisevisum für eine Urlaubsreise wurde abgelehnt. Dadurch ist er stutzig geworden und läuft nun verstört herum.»

Mein Eindruck war, daß Matern mir diese Dinge mitteilte, um der Diskussion über sein Verhalten im Politbüro auszuweichen.

Aber in Kenntnis dieser Zusammenhänge hinsichtlich Fritz Langes (es gab noch mehr, die ich der Kürze halber überspringe) konnte mich das wilde Auftreten Fritz Langes vor dem Plenum nicht schrecken.

Gleichgültig, ob Materns Annahme zutraf oder nicht, ich war sicher, daß Matern und Ulbricht beim Auftreten Fritz Langes die gleichen peinlichen Gedanken und Empfindungen hatten wie ich.

101 Dieser von Matern dargestellte Sachverhalt illustriert die gerade in den frühen 50er Jahren von der ZPKK ausgehende Agentenhysterie in der SED. Ob Herrnstadt in diesem Fall in eine gezielte Provokation einbezogen werden sollte, ist ohne weitere Quellen nicht zu sagen, nach Lage der Dinge aber nicht auszuschließen. Fritz Lange blieb bis 1958 Kandidat des ZK der SED.

44.

Ich fahre in der Schilderung des Plenums fort.

Am Spätnachmittag des 3. Sitzungstages nahm ich zum zweiten Mal das Wort, wie das Plenum es forderte. Ich wollte allen Notwendigkeiten gerecht werden, die mir in den voraufgegangenen Stunden vor Augen gehalten worden waren und halbwegs einleuchteten. Genosse Grotewohl hatte mir gesagt «Jedes Wort schadet» – also wollte ich mich so kurz wie möglich halten. Matern hatte gesagt «Du mußt alles sagen» – also wollte ich alles sagen. Matern hatte meine Glaubwürdigkeit indirekt davon abhängig gemacht, daß ich die Gespräche mit Jendretzky erwähne – ich hatte keine Bedenken, das zu tun, denn ich konnte noch immer nicht begreifen, was für ein Verbrechen darin bestehen soll, daß Kommissionsmitglieder über Vorschläge beraten, die sie in der Kommission machen wollen. Fritz Lange (und nach ihm andere) hatten verlangt, ich solle «enthüllen, was dahinter steckt» – ich wollte alle meine seelische Kraft zusammennehmen, um die Mitglieder des ZK davon zu überzeugen, daß ich, auch wenn sie mich in Stücke reißen, nicht enthüllen kann, was nicht vorhanden ist. Ackermann hatte mir gesagt «Bring Deine Angelegenheit mit der Partei in Ordnung» – ich war bereit, die Partei um Verzeihung zu bitten für alles, was ich jemals getan habe, mochte es sein, was es wollte, und mochte ich es als fehlerhaft erkennen oder nicht.

Was ich tatsächlich sagte, steht im Protokoll.

Mir ist als Einzelheit nur in Erinnerung, daß ich wohl doch wieder auf den Angelpunkt, die absolute Notwendigkeit der Kollektivität der Leitungen, zu sprechen gekommen sein muß, denn ich sehe noch das Gesicht, mit dem Walter Ulbricht den Zwischenruf machte: «Kollektivität, Kollektivität! Redet doch schon mal was anderes! Das ist ja schon langweilig!»

Kurz nach mir sprach Genosse Jendretzky.[102] Er tobte. Daß ihm meine Erwähnung seiner Person nicht angenehm sein würde, war klar. Aber ich hatte angenommen, er werde ähnlich wie ich sagen: ‹Jawohl, so war es, auch ich wäre nie auf den Gedanken gekommen,

---

102 Hans Jendretzky wurde im Zusammenhang mit dem «Fall Zaisser-Herrnstadt» aus dem Politbüro und dem ZK der SED ausgeschlossen, als 1. Sekretär der SED-Bezirksleitung Berlin (Ost) abgelöst, im Januar 1954 mit einer Parteirüge bestraft, als Vorsitzender des Rates des Bezirkes Neubrandenburg eingesetzt, 1956 rehabilitiert und 1957 wieder ins ZK der SED kooptiert.

daß das ein Verbrechen sein soll.› Das wäre die Wahrheit gewesen. Statt dessen beschimpfte er mich in Ausdrücken und mit einer Lautstärke, die noch Fritz Lange übertraf. Der Sinn war: er hätte nicht gewußt, was für ein Parteifeind und gemeingefährlicher Mensch ich sei. Ich hätte ihm in Gestalt der Unterhaltungen, die wir führten, eine Fußangel gelegt. Er könne nicht verstehen, wie er, ein in revolutionären Kämpfen gestählter Kommunist, auf ein solches Subjekt wie mich hereinfallen könne. *Dafür* müsse er sich ohrfeigen, *das* sei sein Verbrechen usw.

Es war widerlich anzuhören. Ich hatte schon manche Menschen in Angst gesehen und auch selber Angst empfunden, aber unter Preisgabe der Wahrheit einen Genossen unter den Stiefel treten, um selber zu entwischen, das hätte ich Jendretzky nicht zugetraut. Ich wußte damals noch nicht, daß diese Rede (und die anschließende von Johannes R. Becher, die ich hier übergehe, weil zu ihrer Analyse ganze bisher nicht berührte Komplexe behandelt werden müßten) nur der Beginn einer gesetzmäßigen Erscheinung war, die sich im Zusammenhang mit dem «Fall Zaisser / Herrnstadt» in den folgenden Monaten in zahllosen Spielarten entfaltete: des moralischen Niederbruchs parteiergebener Genossen unter dem Druck des Konflikts zwischen Parteidisziplin und Wahrheit.

Es folgten die Schlußworte der Genossen Grotewohl und Ulbricht.

Genosse Grotewohl fand nun gleichfalls einige Sätze gegen Zaisser und mich.[103] So schmerzlich es mir war, sie zu hören, so konnte ich die Tatsache selber nur billigen. Vom Standpunkt der Erhaltung der Einheit der Parteiführung, für die Genosse Grotewohl in den Jahren 1950 bis 1953 mehr getan und mehr hingenommen hatte, als irgendein anderer und für die auch Zaisser und ich in der Form des Kampfes um die Kollektivität so erbittert gerungen hatten – war das Auftreten des Genossen Grotewohl in der entstandenen Situation eine Notwendigkeit.

Dann sprach Walter Ulbricht.[104] Seine Ausführungen über Zaisser und mich ließen alles hinter sich, was er bisher gesagt hatte. Nun kam heraus, daß die Partei und die DDR in einer akuten tödlichen Gefahr

103 Abgedruckt in: «Das 15. Plenum des ZK der SED (parteiinternes Material). Nur für den persönlichen Gebrauch bestimmt», Archiv der sozialen Demokratie, Friedrich-Ebert-Stiftung Bonn, Archiv Ostbüro, Nr. 303.
104 Die Schlußrede Ulbrichts wurde lediglich intern publiziert, a. a. O., siehe Anhang.

gewesen seien, weil eine «parteifeindliche Fraktion» (nämlich wir) einen «innerparteilichen Putsch» unternommen hätte. Nur durch das sofortige Zuspringen einiger in Klassenkämpfen erprobter Genossen sei der «Anschlag» der «Putschisten» im Keime «entlarvt» und die Partei und die DDR gerettet worden.

Walter Ulbricht unterstrich dieses Bild durch die Wiedergabe einer Szene, die zwischen ihm und Ernst Thälmann stattgefunden hätte. Auch damals (in den 20er oder 30er Jahren) sei er, Walter Ulbricht, einer parteifeindlichen Fraktion auf der Spur gewesen. Er habe Ernst Thälmann gesagt, diese Leute (ich habe vergessen, um wen es sich handelt, im Protokoll ist es nachzulesen) seien Feinde, man müsse sie entlarven. Thälmann habe erwidert, er sei zwar auch überzeugt davon, daß das Feinde seien, aber vorläufig gäbe es noch kein ausreichendes Material gegen sie. «Warte noch 14 Tage, dann entlarven sie sich selbst.» Diesen Rat habe er, Walter Ulbricht, beherzigt. Wochenlang sei er uns auf der Spur gewesen, habe sich aber bezwungen, weil er kein ausreichendes Material besessen habe. Dann sei der 17. Juni gekommen, und in Gestalt der 2. Kommissionssitzung sowie der «Partei des Volkes» und der «Erneuerung» hätten wir uns gesetzmäßig selber entlarvt.

Diese Geschichte machte in der Atmosphäre, in der sich das Plenum am Ende des 3. Sitzungstages befand, großen Eindruck, um so mehr, als sie durchblicken ließ, wie innige Beziehungen zwischen Ernst Thälmann und Walter Ulbricht bestanden hätten.

Ich wußte damals noch nicht, daß das nur der erste Fall der Bezugnahme auf die Autorität Ernst Thälmanns im «Falle Zaisser/Herrnstadt» war, und daß die Autorität Ernst Thälmanns – der, würde er heute leben, mit Sicherheit der gefährlichste Gegner jeder Verlogenheit innerhalb unserer Partei wäre – wenige Tage später zum nächsten Schritt benutzt werden sollte: uns zu Trotzkisten zu stempeln.

In Ulbrichts Schlußrede zeichnete sich auch bereits ab, auf welchen Linien nach der politischen Vernichtung von Zaisser und mir der Angriff gegen die Mehrheit des Politbüros weitergeführt werden sollte. Solange unsere Vernichtung nicht gesichert war (oder nicht gesichert erschien), hatte Walter Ulbricht den Angriff auf Zaisser und mich konzentriert und andere Genossen nur insoweit angegriffen, als ihm das nötig erschien (Ackermann) oder als ihm das Temperament durchging (z. B. Zuruf an Elli Schmidt: «Du hast ja auch zu denen gehört, die auf dem Standpunkt standen: Herrnstadt hat in allem recht!»)[105]. Dieses Verhalten hatte seinen Grund. Walter Ulbricht konnte kein Interesse daran haben, daß auf dem Plenum in Erscheinung trat, daß die *Mehrheit* des Politbüros in den entscheidenden Streitfragen gegen ihn gestanden hatte. Auch wollte er – das ist mein Eindruck – abwarten, welche Wirkung die Maßlosigkeit des Angriffs auf Zaisser und mich sowie die begangenen Statutenverletzungen auf den Widerstandswillen der anderen Politbüromitglieder ausüben würden. Nun waren Zaisser und ich niedergeschlagen. Gleichzeitig aber hatte sich erwiesen, daß selbst unter dem äußersten Druck eine Reihe von Politbüromitgliedern es abgelehnt hatte, ein verurteilendes Wort gegen Zaisser oder mich zu sagen. So hatte Genosse Ebert beteuert, *er* könne nichts Negatives über uns sagen. Er hatte damit (im Sinne Ulbrichts, Materns und Oelssners) wenigstens die Möglichkeit offen gelassen, daß *andere* etwas Negatives über uns sagen könnten. Heinrich Rau, der im Plenum bedeutende Autorität genoß, war noch weiter gegangen. Er hatte erst sehr spät das Wort ergriffen und dann – obwohl klar war, daß Ulbricht gerade jedes *seiner* Worte registrierte – mit gleichmütiger Stimme und demonstrativ nur über Fragen des Maschinenbaus gesprochen. Nun kam die Antwort, und zwar über folgende Verknüpfung:

Ich hatte in der zweiten Rede erwähnt, daß nicht nur Zaisser und ich, sondern «eine lange Reihe von Genossen des Politbüros» den gleichen Standpunkt vertreten hätten. (Mit diesem Ausdruck wollte ich dem ZK zu verstehen geben, daß der von uns vertretene Standpunkt der Standpunkt der Mehrheit war; offen das Wort Mehrheit auszusprechen, wagte ich nicht.) Nun, nach Erledigung von Zaisser und mir, erschien es Walter Ulbricht unbedenklich und sogar nützlich, an dieses Wort anzuknüpfen. Er sagte daher: «Genosse Herrnstadt hat ganz recht, wenn er hier von einer ‹langen Reihe von Genossen des Politbüros› sprach, die...» usw. – und benutzte diese Wendung, um dem ZK zu verstehen zu geben, daß er sich anschließend an das 15. Plenum mit denjenigen Politbüromitgliedern beschäftigen werde, die an unserer politischen Vernichtung nicht oder nicht aktiv genug

<hr />

105 Anton Ackermann und Elli Schmidt wurden zum Abschluß des 15. ZK-Plenums bei der Neuwahl des Politbüros nicht mehr in das Leitungsgremium der Partei aufgenommen. Ackermann verlor darüber hinaus auf dem 17. Plenum des ZK der SED im Januar 1954 auch seinen Posten im Zentralkomitee und erhielt eine strenge, Elli Schmidt eine einfache Rüge. Beide Parteistrafen wurden 1956 aufgehoben.

teilgenommen hätten. Dabei spitzte er (der Antrag auf Entfernung Ackermanns, Elli Schmidts und Jendretzkys aus dem Politbüro lag dem ZK bereits vor) auf Heinrich Rau zu. Er erklärte mit Bezug auf dessen Diskussionsrede dem Sinne nach (genauer Wortlaut im Protokoll): «Der Genosse Rau irrt sich, wenn er meint, daß er so billig davonkommt. Es muß eindeutig festgestellt werden: Der Genosse Rau hat in dieser entscheidenden Angelegenheit geschwankt.» Jeder nahm an, daß diese Bemerkung Folgen haben würde. Ein Mensch, der schwankt, wenn es um Tod und Leben der Partei und des Staates geht, gehört nicht ins Politbüro. (Für die Mitglieder des Politbüros kam diese Wendung nicht überraschend, denn das war bereits der zweite Ansatz zur Diffamierung Heinrich Raus. Der erste war im unmittelbaren Anschluß an den «Fall Dahlem», also zwei Monate vor dem «Fall Zaisser/Herrnstadt» erfolgt. Darüber siehe Teil II.)

Am Ende seiner Ausführungen geriet Walter Ulbricht in eine unvermeidliche Verlegenheit: nach allem, was er Zaisser und mir zur Last gelegt hatte, mußten wir aus der Partei ausgeschlossen werden. Eine parteifeindliche Fraktion, die einen «Putsch» gegen Partei und Staat unternimmt, kann unmöglich in der Partei belassen werden. Andererseits war zwischen den Genossen Semjonow, Ulbricht und Grotewohl als Kompromiß vereinbart worden, daß wir nur aus dem ZK, nicht aber aus der Partei ausgeschlossen werden sollten. Nun mußte also Walter Ulbricht begründen, warum er – im vollen Widerspruch zu seinen eigenen Darlegungen – beantrage, daß wir nur aus dem ZK ausgeschlossen werden sollen. Er erklärte also: trotzdem unser Vorgehen einen Ausschluß aus der Partei überreichlich rechtfertige, beantrage er nur unseren Ausschluß aus dem ZK, «um den beiden Genossen Gelegenheit zu geben, als einfache Parteimitglieder ihre Treue zur Partei unter Beweis zu stellen». So kam einerseits eine neue Schmähung gegen Zaisser und mich heraus, (die ihre Parteitreue erst noch beweisen sollten) und andererseits der fast nicht zu verantwortende Gerechtigkeitssinn Walter Ulbrichts.

(Das Plenum empfand diesen Widerspruch und folgte dem Antrag nur, weil es damals im wesentlichen formal arbeitete und gewohnt war, zuzustimmen.[106] Der Funktionärskörper der Partei empfand

[106] Diese Arbeitsweise des ZK der SED dürfte auch nach 1953 bis schließlich 1989 beibehalten worden sein. Herrnstadts Konzeption, sich für seine Rekonstruktion der damaligen Ereignisse ausschließlich auf das Vergangene zu konzentrieren, könnte diesbezüglich Veränderungen suggerieren, was unrichtig wäre.

nach Bekanntgabe des Beschlusses den Widerspruch gleichfalls; eine Reihe von Genossen sandte entrüstete Schreiben an Walter Ulbricht. Mit Bezug hierauf fragte mich Walter Ulbricht, als mir am 18. 1. 1954 nun doch der Ausschluß aus der Partei mitgeteilt wurde, ob ich wohl wüßte, wie er sich für mich habe beschimpfen lassen müssen; sogar Opportunismus hätte er sich dafür nachsagen lassen müssen, daß er nicht sofort den Parteiausschluß gegen uns beantragt habe.)

Die vom ZK auf Vorschlag Walter Ulbrichts gebildete Redaktionskommission, der, wenn ich mich nicht irre, Oelssner, Winzer und Heber angehörten, hatte inzwischen getagt und legte einen entscheidend verschärften Text der uns betreffenden Stelle in der Entschließung des 15. Plenums vor. Insbesondere wurde uns nun die Bezeichnung «parteifeindliche Fraktion» als Beschluß des Plenums aufgedrückt. Was das in der Praxis bedeutete, habe ich erst später in vollem Maße begriffen.

Am späten Abend erfolgte die Abstimmung.[107] Wie zu keinem Zeitpunkt zweifelhaft gewesen war, stimmte das Plenum dem vorgelegten Entschließungsentwurf und den von der Redaktionskommission vorgelegten Änderungsvorschlägen einstimmig zu. Auch ich

107 Rudolf Herrnstadts wenige, während des 15. Plenums angefertigte Notizen, die dem Zugriff der Sicherheitsorgane entgangen sind, spiegeln die verzweifelte Situation beider wider, die Herrnstadt in seiner später niedergeschriebenen Rekonstruktion weitgehend abgeschwächt hat. Sie zeigen unter anderem einen durch stetes Nachzeichnen stark konturierten zweiarmigen Laternenmast. Herrnstadt ist schließlich zu umfangreicheren Notizen außerstande, das Schriftbild verändert sich auffallend, ähnelt gelegentlich den wenigen, während seiner lebensgefährlichen Erkrankung 1945 und 1966 niedergeschriebenen Notizen. Bruchstücke der Anklage als Markierung für eine wohl mehrfach gedanklich vorbereitete Verteidigung finden sich neben immer wieder abbrechenden ersten Versuchen, in Stichpunkten das Ziel der kollektiven Führung zu erläutern. Schließlich notiert er zeitweilig die Namen jener ZK-Mitglieder, die im Plenum sprachen, verzichtet auf eine Notiz der Argumente, um lediglich mit einem Plus- oder Minuszeichen die Gewichtigkeit der Angriffe gegen die ‹Fraktion› zu kennzeichnen. Das Minuszeichen findet sich lediglich neben Zaissers und dem eigenen Namen, das Pluszeichen neben Hager, Winzer, Oelssner, Matern, Keßler, Wandel und Karl Mewis. Dann eine knappe Notiz: «Schlimm: Honecker, Jendretzky, Winzer, F. Lange, Verner, Oelssner, Becher.» Dann der Versuch, «Meine Fehler:» zu benennen, der sich als untauglich erweist, weil er abermals die ‹kollektive Führung› verteidigt. Schließlich aufgezeichnet in kleinen Druckbuchstaben:

«Was soll werden – ich weiß es nicht
Die Dinge haben ihre eigene Logik...»

stimmte dafür, weil mir der Gedanke, gegen das Plenum zu stimmen, nicht vorstellbar war. Auch Zaisser, Ackermann usw. stimmten dafür. Dann stand ich auf und ging unter dem Schweigen des Saales an der Wand hinter den Stuhlreihen zur Tür. In einiger Entfernung hinter mir hörte ich die Schritte Zaissers. Ich kam an W. S. Semjonow vorbei, hinter dem der Genosse A. A. Smirnow[108] saß, den ich aus meiner Berliner Tätigkeit im Jahre 1945 kannte. Beide saßen mit dem Körper in Richtung zum Präsidiumstisch und blickten mit geschlossenen Gesichtern nach vorn, wie im Bewußtsein der Erfüllung einer schweren Pflicht für eine gerechte Sache.

In der Hofeinfahrt wartete ich auf den Wagen. Inzwischen kam Zaisser. Eine Weile standen wir schweigend. Dann fragte ich: «Würde Mielke[109] heute das Gespräch bestätigen, wegen dessen er damals zu Dir gelaufen kam?» Zaisser erwiderte: «Heute würde er es bestreiten, morgen wieder bestätigen.» Das waren die letzten Worte, die ich von Zaisser bis heute (November 1956) hörte. (Über das Gespräch mit Mielke siehe Teil II)[110]

---

108 A. A. Smirnow (1905–1982) übte leitende Funktionen im sowjetischen Außenministerium aus und war Mitglied des ZK der KPdSU.
109 Erich Mielke (geb. 1905), Staatssekretär im Ministerium für Staatssicherheit, wurde 1954 Kandidat des ZK der SED und 1958 als Nachfolger Wollwebers Minister für Staatssicherheit der DDR. Mielke stieg unmittelbar nach Honeckers Machtantritt als Kandidat und ab 1976 als Vollmitglied ins Politbüro auf. Damit war erstmals seit der Entfernung Zaissers die Leitung der Staatssicherheitsorgane wieder im SED-Führungszirkel präsent. Mielke amtierte bis zur Wende Ende 1989 letztlich unangefochten und baute in der DDR einen perfekt arbeitenden Sicherheitsapparat aus.
110 Teil II existiert nicht. Es ist jedoch sehr wahrscheinlich, daß Erich Mielke als einer der führenden Funktionäre im Staatssicherheitsapparat während des Prozesses gegen Zaisser-Herrnstadt der Untersuchungskommission schriftliche Zuarbeiten geliefert hat, bzw. hat liefern müssen. Auch dieses vermutete Material könnte einige Hintergrundinformationen enthalten.

45.

Am nächsten Morgen (Montag, 27. 7. 53) fuhr ich in die Redaktion des «Neuen Deutschland», um meine Sachen zu holen. Ich wollte möglichst nicht gesehen werden und mich nur von meinen nächsten Mitarbeitern verabschieden. Schon in der Toreinfahrt erkannte ich an den Gesichtern, daß die Nachricht bekannt war. Der Rundfunk hatte sie seit sechs Uhr früh durchgegeben.

In mein Zimmer kamen, kaum daß ich es betreten hatte: meine Sekretärin, Genossin Klemm (die schon Sekretärin meines Vorgängers gewesen war und auch heute im ND arbeitet), der langjährige Parteisekretär, Genosse Graul[111] (der für seine unbestechliche Haltung das besondere Vertrauen der etwa 1200 Mann starken Belegschaft besaß) sowie Genosse Heinz Friedrich. Genosse Graul sagte: «Parteifeindliche Fraktion – wie soll ich das glauben! Sozialdemokratismus, Kapitulantentum – wenn ich in den vier Jahren der Zusammenarbeit mit Dir auch nur *eine* Andeutung wahrgenommen hätte!» Ich stand zum ersten Mal vor der Frage: wie nun auftreten? Jedes Wort der Zustimmung zu diesen Äußerungen wäre tatsächlich Fraktionsbildung gewesen. Außerdem – wie sollten diese Genossen weiterarbeiten, wenn sie sich nicht auf den Standpunkt der Partei stellten. Ich sagte ihnen daher, ich könne ihnen keine zufriedenstellende Erklärung geben, weil ich die Sache selber noch nicht begriffe, aber das sei offenkundig meine Schuld. Wir hätten in der Vergangenheit zusammen gesungen ‹Die Partei, die Partei hat immer recht› und dabei bleibe es; das sollten sie mir zum Abschied in die Hand versprechen. Das taten sie.

Dann saß ich am Schreibtisch, während meine Sekretärin die Sachen zusammenräumte. Ich hätte nicht gewußt, was mitnehmen und was liegenlassen.

Als sie gegangen war, kam noch einmal Heinz Friedrich. Er war völlig ratlos. «Das ist doch ein Verbrechen! Das kann doch nicht gutgehen! Das wird Walter Ulbricht büßen!» Ich sagte ihm, daß ich mich nicht auf eine «Anti-Ulbricht-Linie» drängen lassen würde, und daß ich auch ihm das rate. Außerdem sei Ulbricht nicht der Erfinder des «Falles Zaisser/Herrnstadt». Friedrich erklärte, unter solchen Um-

---

111 Walter Graul (geb. 1913), Mitglied des Redaktionskollegiums von «Neues Deutschland».

ständen bleibe auch er nicht im «Neuen Deutschland». Vermutlich
werde man ihn ohnehin herauswerfen, da ja er und nicht ich die als
sozialdemokratisch und kapitulantenhaft bezeichneten Artikel gekannt und in Druck gegeben habe, aber auch wenn man ihn nicht
herauswerfe, werde er ausscheiden. Ich riet ihm dringend zu bleiben,
weil sonst die Zeitung noch mehr in die Hände der Dogmatiker fallen
würde.

46.

Nach Verlassen der Redaktion fuhr ich ins Städtchen und beauftragte
meinen Chauffeur (einen 60jährigen Genossen, der seit 1945 mit mir
gearbeitet hatte), den Wagen ins ZK zurückzubringen, dem er gehörte, und sich im «Neuen Deutschland» eine andere Arbeit zuwei-
sen zu lassen. Unter dem Vorwand, die Garage befinde sich im Hof
des von mir bewohnten Hauses und er habe dort Werkzeug stehen,
erschien er zwei Stunden später mit einem anderen Wagen, brachte
seine Frau mit, damit sie für mich koche, und machte sich um mich zu
schaffen, bis meine Frau zehn Tage später aus der Sowjetunion eintraf.

Währenddessen kamen mir abgerissene Nachrichten über den Eindruck zu, den der Beschluß des 15. Plenums über uns in der Öffentlichkeit machte. Einzelne Redakteure fragten telefonisch an, wann
sie mich besuchen könnten, und waren desorientiert, als ich ihnen
sagte, ich möchte sie erst wiedersehen, wenn ich wieder sauber vor die
Menschen treten könne. Mir nicht oder kaum bekannte Menschen
(Briefträger, Gärtner, Frau Michel[112] usw.) fühlten sich gedrängt, mir
mitzuteilen: auf der Schönhauser Allee (der Hauptverbindungslinie
ins Stadtzentrum) stünden die Menschen in Gruppen, niemand verstünde den Beschluß, der wie ein Blitz aus heiterem Himmel käme;
daß Zaisser und ich Kapitulanten und Sozialdemokraten seien, sei so
widersinnig, daß allgemein herumgerätselt werde, was «dahinter
stecke». Ich hörte, daß in der Redaktion Konsternation herrsche,
eine Abteilung hätte eine Entschließung an das ZK verfaßt, mit der

---

112 Herta Michel, Ehefrau des Chauffeurs Franz Michel, hatte sehr engen Kontakt zur Familie, besonders zu den Kindern Herrnstadts.

Bitte, den Beschluß zu revidieren. Alle diese Nachrichten wurden mir zugetragen, gleichsam um mir Hoffnung zu machen. Meine Antwort, es könne auch mir persönlich nichts Schlimmeres passieren, als daß die Menschen der Partei nicht glauben, wurde offenkundig nicht geglaubt. Am nächsten Tag (28. Juli) berichtete mir Michel, er hätte von seiner Tochter, die bei Siemens-Plania arbeite, gehört, daß die Belegschaft von Siemens-Plania wegen des Beschlusses gegen Zaisser und mich gegen Mittag in den Streik treten werde. Ich sandte ihn mit dem Auftrag fort, alles zu tun, damit der Streik unterbleibe und machte ihm klar, daß nur, wer mich auch physisch vernichten wolle, eine solche Sache organisieren könne.

In diesen Tagen kam mir andeutungsweise zum Bewußtsein, was angerichtet worden war, und es erhoben sich vor mir einige damals nicht lösbare Fragen: ich *mußte* schuldig sein, gleichgültig, ob ich es war oder nicht. Und die Menschen *mußten* dazu gebracht werden, an meine Schuld zu glauben, und zwar schnell. Denn hielten die Menschen den Beschluß für zweifelhaft oder gar für eine Fälschung, so war das nicht nur politisch eine Katastrophe, weil es Zersetzung in die Partei trug – es mußte die Organisatoren des «Falles Zaisser / Herrnstadt» veranlassen, uns immer wilder und wüster anzugreifen, um die Zustimmung der Partei und der Öffentlichkeit zu dem einmal gefaßten Beschluß zu erzwingen. Also war ich als Genosse wie als Individuum daran interessiert, daß zunächst einmal geglaubt werde und Ruhe eintrete. Aber wie sollte die Wahrheit je zutage treten, wenn sich die Bewegung – noch dazu mit meiner Hilfe! – immer weiter von ihr entfernte? Darauf wußte ich keine konkrete Antwort.

Besonders wühlte mich der Gedanke an die Menschen auf, die mich bisher für einen ehrlichen Menschen gehalten hatten. Heute widersetzten sie sich noch der Vorstellung, ich sei ein Parteifeind, ein Lump. Aber was blieb ihnen übrig, als auf irgendeinem Weg diese Meinung in sich zu «erarbeiten» – wenn sie der Partei die Treue halten wollten? Also mußten jetzt Hunderte oder Tausende von individuellen Prozessen der Selbstübertölpelung einsetzen, des Suchens nach Argumenten gegen mich, ja des Lügens und Erfindens. Aber was war das anderes als gleichfalls ein schleichender Zersetzungsprozeß in der Partei?

Am meisten empörte mich der Gedanke an den Westen. Da gaben die imperialistischen Agenturen Millionen aus, um Material gegen uns zu erfinden, krochen in jeden kleinen Spalt, bliesen mühsam die dürftigsten Gerüchte aus – und hier wurde ihnen kostenlos und zur beliebigen Auswertung gegen uns eine nicht vorhandene Spaltung als echt serviert, und gleich eine Spaltung im Maßstab der ganzen Partei! – Ich fand damals aus diesen Widersprüchen nicht heraus.

47.

Am nächsten Tag (29.7.53) erschien ein Leitartikel im «Neuen Deutschland»[113], der Verleumdungen besonderer Art gegen mich enthielt. In ihm war unter anderem die Rede von der

> «von Herrnstadt ausgearbeiteten Plattform der fraktionellen Gruppe, die erfüllt war von Verachtung, Verleumdung und Beleidigung der Arbeiterfunktionäre unserer Partei».

Diese Feststellung war nicht nur objektiv eine Lüge. Sobald die Partei ein Exemplar der «Plattform» zur Lektüre freigibt, wird das offenliegen.

Diese Feststellung war der Versuch, den Haß der Arbeiterklasse, der mein Leben gehört, gegen mich hochzurufen.

Es gibt in der ganzen DDR keinen Arbeiter und keinen ehrlichen Arbeiterfunktionär, der mir nachsagen könnte, er hätte je an mir die Spur einer verächtlichen oder beleidigenden Einstellung bemerkt. Gerade dafür fühlten sich mir die Arbeiter und die ehrlichen Funktionäre verbunden, und gerade für diese ihre Verbundenheit haßten und verleumdeten mich diejenigen Funktionäre, die von mir (gleichgültig aus welcher Klasse sie stammten) für ihre Verspießerung und ihre ewige selbstgefällige Wiederholung nichts verändernder Spruchweisheiten angegriffen wurden, hinter denen sich in Wahrheit Geringschätzung der Arbeiterklasse und Abgerissensein von ihr verstecken.

Mir ist klar, daß es falsch und widerwärtig wäre, für jede mir angetane Verleumdung Genugtuung zu verlangen. Aber alles muß seine Grenzen haben. Ich werde die Partei zum gegebenen Zeitpunkt ersuchen, den Lumpen, der den obigen Satz geschrieben hat, festzustellen und vor der Öffentlichkeit zu bestrafen.

113 Der Leitartikel im SED-Parteiorgan erschien unter dem unverfänglichen Titel: «Für Wohlstand, Einheit und Frieden des deutschen Volkes». Neues Deutschland, 29.7.1953.

In diesem Zusammenhang ein Wort über den Vorwurf der Unbescheidenheit, der mir von den Genossen Matern, Oelssner usw. beharrlich gemacht wurde. Nicht ich kann in einer solchen Frage ein Urteil haben. Nur die Tatsachen und die anderen Menschen können hier sprechen. Ich weiß nur, daß ich einen großen Haß gegen unbescheidene Menschen habe und beständig große Angst, selbst unbescheiden zu sein, und daß es Zeiten gab, in denen das von anderen Menschen bemerkt und anerkannt wurde (siehe Anlage). Freilich muß ich eines hinzufügen: wenn Bescheidenheit heißt, auf eine eigene Meinung und ihre Verfechtung zu verzichten, so war ich zweifellos unbescheiden. Und wenn Bescheidenheit heißt, sich auf der führenden Rolle der Partei auszuruhen wie auf einem Sofa und dabei den Karren rollen zu lassen, wohin er rollt, so war ich sogar außerordentlich unbescheiden und werde es wohl mein Lebtag sein.

48.

Mit dem eben erwähnten Artikel hatte die öffentliche Kampagne gegen Zaisser und mich begonnen, die lange Monate dauerte, und an der sich sämtliche Zeitungen und Zeitschriften der Partei beteiligten.

Im unmittelbaren Anschluß an das 15. Plenum wurden Mitglieder des Politbüros, des Sekretariats des ZK und andere Mitglieder des ZK in die Bezirke geschickt, um auf Plenartagungen den Beschluß des ZK den Funktionären zu erklären. Nun wurde die Behauptung, wir hätten «die Partei spalten» wollen und seien dabei «ertappt» worden, bereits als erwiesene Tatsache unterstellt. In welcher Atmosphäre diese Aktivtagungen stattfanden, welche Argumente gebraucht wurden, wie ehrliche uninformierte Menschen zu Haß und Verachtung gegen Zaisser und mich aufgestachelt und der «Dank» der Mitgliedschaft für die Durchführung des Falles Zaisser / Herrnstadt erworben wurden, zeigen einige herausgegriffene Sätze aus den seitenlangen Berichten des Zentralorgans vom 2. und 4. August 1953:

Potsdam (Referent Genosse Axen):

«Mit Recht können wir sagen, daß dieser Tagung des Zentralkomitees wahrhaft geschichtliche Bedeutung zukommt...

Weiter besteht die geschichtliche Bedeutung der 15. Tagung des ZK darin, daß die Tendenzen der Schwankungen, des Kapitulantentums, die die Gruppe Herrnstadt/Zaisser vertrat, innerhalb der Parteiführung zerschlagen wurden. Das Zentralkomitee hat in seiner 15. Tagung diese Erbärmlinge und Kapitulanten aus dem ZK ausgeschlossen.»

Schwerin (Referent Genosse Wandel):

«Genosse Reinfrank, Mitglied der Parteikontrollkommission des Kreises Schwerin-Stadt, bezeichnete es als eine Ungeheuerlichkeit, daß von den Genossen Herrnstadt und Zaisser versucht worden ist, die Einheit der Partei zu sprengen.»

Neustrelitz (Referent Genosse Ernst Lange):

«In der ausführlichen Diskussion brandmarkten die Genossen das schändliche Vorhaben der Gruppe Zaisser/Herrnstadt, die Parteiführung zu spalten und die Leitung der Partei an sich zu reißen.»

Suhl (Referent Genosse Paul Verner):

«Mit großer Aufmerksamkeit folgte das Parteiaktiv den Ausführungen Paul Verners, Mitglied des Zentralkomitees, über das parteischädigende Auftreten der Genossen Herrnstadt und Zaisser, die in den Tagen des 17. Juni, wo es gerade auf die Geschlossenheit und Einheit der Partei ankam, einen innerparteilichen Gruppenkampf entfalteten.»

Gera (Referentin Genossin Edith Baumann):

«Im Auftrage der Kreisleitung Wismut, Gera, sprach Genosse Koch. Er erklärte u. a. zu der parteifeindlichen Fraktionstätigkeit von Herrnstadt und Zaisser: ‹Es ist gut, daß unser ZK diesen Feinden die gebührende Abfuhr erteilte. Wir sind empört über die Frechheit dieser Leute, die die Parteiführung spalten wollten, die von ihrer Plattform die Forderungen der Feinde aussprachen.› Die Parteiaktivtagung des Bezirks und der Bezirkshauptstadt Gera billigt einmütig die Entschließung der 15. Tagung des ZK der SED ‚Der neue Kurs und die Aufgaben der Partei‘ und dankt dem Zentralkomitee für die rechtzeitige Entlarvung des Parteifeindes Fechner und der parteifeindlichen Fraktion der Genossen Herrnstadt und Zaisser.›»

Leipzig (Referent Genosse Walter Ulbricht):

«Mit echter Empörung nahmen die Tagungsteilnehmer die Mitteilungen über die auf die Spaltung der Parteiführung gerichtete Tätigkeit der Gruppe Herrnstadt/Zaisser auf.

In längeren Ausführungen ging Genosse Ulbricht auf die parteifeindliche Tätigkeit der Fraktion Herrnstadt/Zaisser ein. Er legte deren Versuche dar, die Einheit der Parteiführung zu untergraben und brandmarkte das kapitulantenhafte, defaitistische Auftreten von Herrnstadt und Zaisser, die vor dem Druck des Gegners zurückwichen. In zahlreichen Diskussionsreden wurde deren parteifeindliche Tätigkeit verurteilt, dem Zentralkomitee der Dank für die rechtzeitige Entlarvung der Gruppe Herrnstadt/Zaisser ausgesprochen.»

In besonderem Maße alarmierten mich die Ausführungen des – auf dem 15. Plenum auf Veranlassung des Genossen W. S. Semjonow ins Politbüro des ZK kooptierten – Genossen Karl Schirdewan, der mir außerordentlich gut bekannt war, und der trotz der Vorsicht, die jeden seiner Schritte kennzeichnet, weiter ging als alle anderen Genossen. Genosse Schirdewan war nunmehr als unmittelbarer Leiter des Parteiapparats der nächste Mitarbeiter des Genossen Ulbricht. Er trat zweimal auf, vor dem Parteiapparat des Zentralkomitees in Berlin und vor dem Parteiaktiv des Bezirks Magdeburg.

Vor den Parteiarbeitern des ZK bezeichnete Karl Schirdewan die Beschlüsse des 15. Plenum als einen

«Sieg über die offenen und versteckten Feinde des deutschen Volkes und der Partei der Arbeiterklasse».

Das war der erste Fall, daß wir als Feinde des deutschen Volkes bezeichnet wurden. Schirdewan erklärte weiter:

«Die schnelle Entlarvung der fraktionellen Tätigkeit der Gruppe Herrnstadt/Zaisser, die nicht zuletzt darauf gerichtet war, den Apparat der Partei in der Mitgliedschaft zu diskreditieren und zu verleumden und so die Schlagkraft der Partei in einem entscheidenden Augenblick ihrer Entwicklung zu lähmen, war deshalb möglich, weil die engsten Kampfgefährten und Schüler unseres unvergeßlichen Ernst Thälmann beherzigten, was er sie in bezug auf die Unschädlichmachung parteifeindlicher Elemente lehrte.»

Über Schirdewans Referat in Magdeburg berichtete das Zentralorgan am 5. August 1953:

«Genosse Schirdewan enthüllte, oft von empörten Zwischenrufen unterbrochen, die ganze erbärmliche menschewistische Taktik der parteifeindlichen Gruppe Herrnstadt/Zaisser, die nach dem 9. Juni ihre bisher ver-

190

steckte Attacke zu einem massiven Angriff gegen die Parteiführung entfaltete. In diesem Zusammenhang erinnerte Genosse Schirdewan an die verschiedenen Grüppchen und Fraktionen, die vor mehr als 20 Jahren mit ähnlichen parteifeindlichen Plattformen den Kampf gegen das leninistische ZK der Kommunistischen Partei Deutschlands, gegen Ernst Thälmann führten. ‹Die Trotzkisten, die Neumanngruppe usw., die vor 20 Jahren Ernst Thälmann bekämpften, erleben jetzt ihre Neuauflage in der Gruppe Herrnstadt/Zaisser.›»

Das war das erste Mal, daß wir als Trotzkisten bezeichnet wurden. Diese Charakterisierung pflanzte sich später durch Zeitungen und Zeitschriften fort.

Im weiteren unterstrich Schirdewan die unbedingte Notwendigkeit des Prinzips der kollektiven Leitung, der Entfaltung von Kritik und Selbstkritik usw., wie überhaupt alle Redner im gleichen Atemzug, in dem der «Fall Zaisser/Herrnstadt» durchgeführt wurde, die Notwendigkeit der kollektiven Leitung, der schonungslosen Kritik und Selbstkritik usw. beteuerten. In dieser Hinsicht war das 15. Plenum eine Wiederholung des 8. Plenums auf höherer Stufe. Auch auf dem 8. Plenum (Februar 1952) war unter dem Druck der Parteimitgliedschaft und der marxistisch-leninistischen Lehre die Forderung nach Kollektivität der Leitungen, ehrlicher Kritik und Selbstkritik – auch von solchen Genossen erbittert vertreten worden, die in der Praxis am schärfsten gegen diese Prinzipien verstießen. Eben das letztere hatte zur Folge, daß im Leben der Partei anderthalb Jahre später (zur Zeit des 15. Plenums) in diesen entscheidenden Fragen *keine* prinzipielle Wendung eingetreten war, so daß sie erneut *die* Forderung des Tages waren. Das gleiche wiederholte sich drei Jahre später. Wie wäre es möglich gewesen, daß nach dem XX. Parteitag der KPdSU die Parteimitgliedschaft und die Volksmassen in der DDR in so empörter Weise nach Kollektivität der Leitungen, ehrlicher Kritik und Selbstkritik usw. schrieen, wenn die entsprechenden Schlußfolgerungen schon 2½ Jahre beziehungsweise 4 Jahre früher gezogen worden wären, wie die damals geäußerten Worte und gefaßten Beschlüsse es verhießen?

49.

In diesen Tagen wurde mit jeder neuen Nummer der Zeitungen meine innere Widerstandskraft geringer. Einerseits hatte ich keine Worte für das Unrecht, das mir angetan wurde. Andererseits fragte ich mich: wo bist Du hingeraten, wenn die ganze Welt, die doch normal ist, in dieser Richtung funktioniert, die Du nicht einmal begreifst.

In dieser Zeit des ersten Höhepunktes der Verleumdungskampagne hatte ich die Erklärung abzufassen, die nunmehr der ZPKK (sie war mit der Einleitung einer Untersuchung beauftragt worden) zuzustellen war. Ich habe an dieser Erklärung Wochen gesessen. Vor Augen stand mir, daß niemand in der Partei bleiben kann, der nicht die Beschlüsse der Partei vollinhaltlich billigt, daß ich also so oder anders zur vollinhaltlichen Billigung des gegen mich gefaßten Beschlusses gelangen mußte. Vor Augen stand mir vor allem der Satz: «Du kannst doch nicht klüger sein wollen als das ganze ZK.» Ich versuchte also, alles zuzugeben, was ich mir irgendwie als Fehler begreiflich machen konnte, und vor allem, nicht Phrasen zu schreiben, sondern der Partei und mir selbst den Prozeß zu erklären, wie ich zu meiner Schuld und zur Einsicht in meine Schuld gekommen sei. Was dabei herauskam, sah so aus (Anfang der 1. Erklärung an die ZPKK vom 31. August 1953):

«Ich erkläre hiermit, daß ich die Entschließung des 15. Plenums des ZK, insbesondere die auf mich bezüglichen Stellen, in vollem Umfang als richtig anerkenne.

Diese Erkenntnis ist mir sehr schwer gefallen. Ich habe innerhalb kurzer Zeit hinsichtlich meiner Person vollständig umlernen müssen. Von der Überzeugung, daß ich den Feind nicht weniger hasse und bekämpfe wie jeder andere Genosse, habe ich zur Erkenntnis kommen müssen, daß ich zurückgewichen bin, von der Überzeugung, daß mir die Einheit der Partei und der Parteiführung ebenso hoch steht, wie jedem anderen Genossen, zu der Erkenntnis, daß ich eine gegen die Einheit der Partei und der Parteiführung gerichtete Linie vertreten habe usw.

Ich möchte die einzelnen Stellen der Entschließung anführen und darlegen, wann und wie ich die Erkenntnis, daß sie richtig sind, erworben habe.

Die Entschließung stellt fest:

‹Das ZK verurteilt besonders die unrichtige, kapitulantenhafte Linie, die in einer Reihe Aufsätze des Organs des ZK «Neues Deutschland» vertreten wurde, dessen Chefredakteur, Genosse Herrnstadt, in der Zeitung eine kapitulantenhafte, im Wesen sozialdemokratische Auffassung zum Ausdruck brachte.›

Ich konnte die Richtigkeit dieser Feststellung zunächst nicht einsehen, weil ich in den erwähnten Artikeln einzelne Fehler sah, und weil die von mir geschriebenen Artikel keinen kapitulantenhaften Charakter trugen. Heute verstehe ich, daß es nicht um einzelne Fehler geht, und auch nicht darum, ob in diesem oder jenem Artikel die richtige Linie vertreten wurde, sondern darum, daß das Zentralorgan in einer entscheidenden Phase (vom 9. Juni ab) nicht die Position unserer Partei als einer revolutionären Kampfpartei klar und entschieden herausgearbeitet hat, was die Voraussetzung gewesen wäre, um die führende Rolle der Partei zu entwickeln, die vom Gegner angegriffenen Einheiten der Partei richtig zu orientieren und zu festigen, die faschistische Provokation in ihrer ganzen Tragweite zu erkennen und in ihren direkten und indirekten Erscheinungsformen wirksam zu bekämpfen. Da diese Orientierung fehlte, konnte es dazu kommen, daß in einer Reihe von Aufsätzen eine objektiv falsche und kapitulantenhafte Linie vertreten wurde und daß dem Feind Versuche gelangen, die Zeitung auszunutzen (Fechner). Die Verantwortung hierfür trage ich, denn ich leitete die Redaktion vier Jahre lang, so daß Zeit genug gewesen wäre, sie im Geiste des unversöhnlichen Klassenkampfes zu erziehen. Wäre das geschehen, so hätte sie im Augenblick der Bewährungsprobe die nötige Reife und Wachsamkeit entfalten können. Da ich sie nicht so erzogen habe, bleibt nur die Erklärung, daß ich von der prinzipienfesten Vertretung der Interessen der Arbeiterklasse und aller Werktätigen abgeglitten bin auf eine andere Position. Eine andere Position aber kann nur eine unmarxistische Position sein, in der sozialdemokratische oder bürgerliche Auffassungen eine Rolle spielen...»

In dieser Weise ging ich Vorwurf für Vorwurf durch und grübelte so lange, bis mir eine halbwegs plausible Erklärung, wie es ‹geschehen sein könnte›, vor Augen stand. Dabei muß ich an die unwahren Selbstbezichtigungen geglaubt haben. Denn als mir meine Frau, die währenddessen ankam und sich den Hergang erzählen ließ, die schwersten Vorwürfe für diese Erklärungen machte (ich hätte den Verstand verloren, ich ‹nähme einfach nicht mehr auf›, wo sei hier

Sozialdemokratismus, wo sei hier Fraktionismus usw.), geriet ich in tagelangen Streit mit ihr, weil sie nach meiner Auffassung nicht imstande oder willens war, den Unterschied zwischen «objektiv» und «subjektiv» zu begreifen – und sandte die Erklärung ab.

Heute muß ich mich fragen, ob ich mich für sie zu schämen habe. Es gelingt mir nicht. Wenn ich mich dafür schämen soll, daß ich um keinen Preis gegen die Partei recht haben wollte – wie müssen sich diejenigen schämen, die Menschen in solche Lagen und Zustände, wie die hier geschilderten, bringen! Heute wird oft gesagt, Geständnisse dürften nicht als ausreichendes Material für eine Verurteilung angesehen werden, weil sie durch körperliche Zwangsmaßnahmen erzwungen sein könnten. Es bedarf gegenüber einem Kommunisten, für den der Begriff Parteidisziplin keine Phrase ist, keiner körperlichen Zwangsmaßnahmen. Er wird der Partei, wenn es hart auf hart geht, immer recht geben. Aber daß der Begriff Parteidisziplin bei solchem Vorgehen ein höchst zweischneidiger Begriff wird, daß er offenkundig einer Durcharbeitung in Theorie und Praxis bedarf, daß gesichert werden muß, daß die Parteidisziplin nur der Wahrheit und nicht der Lüge zugute kommt – das allerdings scheint mir unbestreitbar.

50.

Dieser – an H. Matern gesandten – Erklärung legte ich zwei Dokumente bei: 1. das Original des von mir in der Kommission gestellten Antrags, ein Sekretariat des ZK ausschließlich aus Mitgliedern des Politbüros zu schaffen, zur Sicherung der kollektiven Führung der Parteiorganisation und zur «Bändigung» Ulbrichts (der diesem Antrag zufolge in jedem Fall diesem Sekretariat angehören sollte, während die weitere Zusammensetzung offenblieb), 2. die handschriftliche Urschrift dieses Antrags, in die Genosse Zaisser mit Grünstift einige Korrekturen eingetragen hatte.

In der eben erwähnten Erklärung an H. Matern vom 31. 8. 53 befindet sich ein scheinbar nebensächlicher Absatz, der niemals von irgendeiner Seite bestritten wurde und heute große Bedeutung gewinnt. Er lautet:

«Der Gedanke, dieses von mir vorgeschlagene Sekretariat ‹Ständige Kommission des Politbüros› zu nennen, wurde von Genossen Zaisser in der ersten Kommissionssitzung geäußert. Er begründete ihn damit, daß es widerspruchsvoll sein würde, im gleichen Atemzug zu formulieren ‹Das Sekretariat wird aufgelöst› und ‹Es wird ein Sekretariat geschaffen›. Er schlug weiter vor, das neue Sekretariat, beziehungsweise die ‹Ständige Kommission› unter dem Vorsitz der beiden Vorsitzenden tagen zu lassen. Da ich in diesem Gedanken keinen Widerspruch zu meinem Vorschlag sah, sondern eine Verbesserung meines Vorschlags, stimmte ich ihm zu.»

Dieser Gedanke, ein Sekretariat aus Politbüromitgliedern, eine «Ständige Kommission des Politbüros», oder wie man es nennen wollte, jedenfalls eine enge, autoritative, die Kollektivität verbürgende Führung der Parteiorganisation zu schaffen, wurde damals von einigen Genossen verhöhnt. (Genosse Ulbricht: «Ihr glaubt, das Politbüro wird je darauf eingehen, daß zwei Klassen von Politbüromitgliedern geschaffen werden!» Hermann Matern in der Untersuchung: «Nur Menschen, denen die marxistisch-leninistischen Organisationsprinzipien niemals vertraut gewesen sind, können auf solche Gedanken kommen.») Dementsprechend wurde Zaissers und mein beständiger Hinweis darauf, daß das von Miroschnitschenko vorgeschlagene Büro zur Kontrolle der Durchführung der Beschlüsse des Politbüros (das er gleichfalls Sekretariat nannte) nicht das geringste mit dem von uns vorgeschlagenen «großen» Sekretariat zu tun habe, und daß es widersinnig sei, den von Miroschnitschenko erwähnten Verbindungsmann zwischen dem von ihm vorgeschlagenen Sekretariat und dem Politbüro als «1. Sekretär des ZK» im damals und heute bei uns üblichen Sinne aufzufassen – wütend bestritten. Denn eben auf der Gleichsetzung dieser beiden Sekretariate fußte ja die ganze Konstruktion, die Zaisser und mir Fraktionismus vorwarf.

Nun ist diese Frage durch die Praxis entschieden worden: Das ZK der Kommunistischen Partei Chinas hat im September 1956 eben eine solche Struktur der leitenden Organe des ZK beschlossen, wie sie im Juni 1953 von Zaisser und mir vorgeschlagen wurde. Insbesondere hat es – ohne zu fürchten, daß ‹zwei Klassen von Politbüromitgliedern› entstehen und ohne mit den marxistisch-leninistischen Organisationsprinzipien in Widerspruch zu geraten – die Schaffung eines ausschließlich aus Politbüromitgliedern bestehenden ‹großen› Sekretariats beschlossen, dem es – hier erweist sich der Zaisser'sche Verbesserungsvorschlag fast als prophetisch – zur Vermeidung von Verwechselungen mit dem ‹kleinen› Sekretariat den Namen «Ständiger Ausschuß des Politbüros» gegeben hat.

51.

In der gleichen Zeit (August 1953) wurde verfügt, daß ich nicht mehr in Berlin wohnen darf, sondern in einem Archiv in Merseburg zu arbeiten habe. Der inzwischen zum Sekretär des ZK gewählte Genosse Paul Wandel[114] erteilte mir auf die Frage, worin meine Beschäftigung in Merseburg bestehen solle, den dringenden Rat, nicht zu schreiben, sondern mir eine technische Beschäftigung geben zu lassen.

Am 20. August meldete ich mich beim Leiter der Dienststelle in Merseburg, Dr. Nissen[115], einem früheren Offizier und Hitleranhänger, der nun als parteiloser Spezialist arbeitet. Auf die Frage: «Na, Sie wollen jetzt hier Ihr Glück versuchen?», erwiderte ich, daß ich gekommen sei, um zu arbeiten. Dr. Nissen teilte mir mit, daß ihm nicht klar sei, womit er mich beschäftigen solle. Es sei ein Funktionär des Innenministeriums bei ihm gewesen, um mich zu avisieren, aber auch der habe nicht gewußt, was mit mir angefangen werden solle. Er habe nur gesagt, ich sei nach Gruppe Ib zu bezahlen, sowie: «Wenn er krakeelt, machen Sie Meldung». Ich sagte, daß ich entsprechend der Weisung der Partei um eine technische Arbeit bäte. Dr. Nissen erwiderte, das sei völlig ausgeschlossen, dann «fliege ihm der ganze Laden auseinander». Entsprechend der Bezahlung nach Ib bekäme ich etwa 600 Mark ausgezahlt, das sei zwar nur etwa die Hälfe dessen, was für gleiche Arbeit in Westdeutschland gezahlt werde, aber in der DDR sei es eines der Spitzengehälter, die im Archivwesen gezahlt würden, und zwar an Historiker, die nach vierjährigem Universitätsstudium und Ablegung des Staatsexamens eine zweijährige Spezialausbildung als wissenschaftliche Archivare absolviert hätten. Die große Mehrheit aller Angestellten – eben derjenigen, die technische Arbeiten machten

114 Paul Wandel (geb. 1905), Sekretär für Kultur und Erziehung, wegen «liberaler» Tendenzen in der Kulturpolitik 1957 von dieser Funktion enthoben.
115 Bis 1959 Leiter des Archivs.

(Verzeichnisse anlegen, Akten beschriften, Pakete schleppen) – bekäme 200–300 Mark. Wenn ich für die gleiche Arbeit 600 Mark bekäme, gäbe es eine Revolution. Er könne ohnehin den Betrieb kaum aufrecht erhalten, da die benachbarten Industriebetriebe Leuna und Buna für gleiche Arbeit das Doppelte zahlen. Wenn ich wolle, könne ich mir Akten heraussuchen, die mich interessieren, und versuchen, eine wissenschaftliche Arbeit über ein historisches Thema zu schreiben. Das sei angesichts der Tatsache, daß ich keine Fachausbildung als wissenschaftlicher Archivar besäße, die einzige Möglichkeit für mich, im Archiv zu arbeiten.

Ich erklärte mein Einverständnis hierzu.

Die Belegschaft war von Anfang an freundlich zu mir; aus Bemerkungen ging hervor, daß niemand den «Fall Zaisser/Herrnstadt» verstand.

52.

Offenbar war es eine weit verbreitete Erscheinung, daß diese Angelegenheit nicht verstanden wurde. Denn wenige Tage, nachdem ich die Arbeit in Merseburg angetreten hatte, erschien im «Neuen Deutschland» ein umfangreicher Artikel: «Über die sozialdemokratische Ideologie der Gruppe Zaisser/Herrnstadt» (N. D., 22. 8. 53). Der Artikel sollte die Ungläubigen überzeugen und gleichzeitig die wissenschaftliche Analyse liefern, welche die Partei der Mitgliedschaft zum «Fall Zaisser/Herrnstadt» gab.

Die in diesem Artikel gegen uns erhobenen Beschuldigungen gingen erneut weit über das hinaus, was uns bis dahin vorgeworfen worden war.

Ich zitiere zunächst die beiden entscheidenden Absätze im Zusammenhang:

«Der politisch-ideologische Inhalt der gegen die Partei gerichteten Plattform der Fraktion Zaisser/Herrnstadt bestand in ihrer im Wesen sozialdemokratischen Auffassung über die Rolle der Partei, in ihrer Anbetung der Spontaneität der unorganisierten Massen und in einer kapitulantenhaften Politik, die letzten Endes auf die Wiedererrichtung der kapitalistischen Herrschaft in der DDR gerichtet war. Besonders Genosse Herrnstadt äußerte wiederholt die Ansicht, daß die parteilosen Massen in der Bewegung die Führung hätten, die Partei aber hinter den Massen hertrabe. Diese Auffassung führte ihn zu einer feindseligen Einstellung zur Partei und besonders zum Parteiapparat, die ihn zu offenen Verleumdungen der Partei verleiteten. Er veranlaßte die Veröffentlichung einer Reihe von Artikeln im ‹Neuen Deutschland›, in denen die parteilosen Arbeiter in einen Gegensatz zur Partei gebracht wurden. Drei Tage vor dem faschistischen Putsch war in einem Artikel unter der Überschrift ‹Es wird Zeit, den Holzhammer beiseite zu legen›[116] im ‹Neuen Deutschland› zu lesen:

‹Wenn eine Betriebsparteiorganisation und leitende Wirtschaftsfunktionäre, die Mitglieder unserer Partei sind, das Vertrauen der Arbeiter mißbrauchen, können sie nicht erwarten, daß sich die Arbeiter so einfach damit abfinden› (ND, 14. Juni 53).

Hier wurde also die Partei verleumdet, daß sie das Vertrauen der Arbeiter mißbrauche und die faschistischen Provokateure wurden zu ihren Aktionen ermuntert, die sie drei Tage später in ihrer verbrecherischen Weise inszenierten. Die rückständigsten Elemente der Arbeiter, die am 17. Juni auf die Provokation hineinfielen, wurden als die echten Arbeiter gepriesen, während die Funktionäre der Partei verleumdet wurden, die treu zur Sache der Arbeiter standen...»
«...Nach der Verkündung des Neuen Kurses und nach dem faschistischen Putschversuch am 17. Juni hielten Zaisser und Herrnstadt die Zeit für gekommen, einen Angriff auf die Parteiführung zu unternehmen, um sie an sich zu reißen. In einer vom Politbüro eingesetzten Kommission machten sie den Vorschlag, die Parteiführung so zu ändern, daß sie, Zaisser und Herrnstadt, den uneingeschränkten Einfluß haben sollten. Genosse Zaisser schlug vor, Genossen Herrnstadt als Ersten Sekretär des ZK

116 Es wirft ein Schlaglicht auf die in den vergangenen Jahrzehnten gelegentlich undifferenzierte Betrachtung der Juniereignisse von 1953, aber auch der Pressearbeit im Zentralorgan der SED, daß gerade jener «Holzhammer-Artikel» einseitig interpretiert wurde. Dies insofern, als die notwendige Bezugnahme auf zahlreiche andere kritisch akzentuierte Beiträge nicht erfolgte und mitunter der Eindruck erweckt wurde, das «Neue Deutschland» habe erst unmittelbar vor dem 17. Juni 1953 zu einem kritischeren Herangehen an innenpolitische Probleme gefunden. Die abwegige Praxis, den Titel des Beitrages mit Blick auf die wenige Tage später erfolgten landesweiten Streikaktionen als Streikaufruf zu interpretieren, hat eine lange Geschichte. Das wissenschaftlich-theoretische Organ der SED, die Zeitschrift «Einheit», tat dies schon 1953.

zu wählen, Genosse Herrnstadt quittierte diesen Vorschlag mit der Bemerkung: ‹Ich weiß, daß der Parteiapparat in Front gegen mich steht, aber die Massen stehen hinter mir.› Auch hierbei zeigte sich wiederum seine menschewistische parteifeindliche Gegenüberstellung von Parteiapparat und den Massen und seine grenzenlose Überheblichkeit.

Dieser parteifeindliche Standpunkt kam besonders kraß in dem Entwurf einer Entschließung zum Ausdruck, den Genosse Herrnstadt kurz danach im Politbüro vorlegte. In diesem Entwurf forderte er die ‹Erneuerung› der Partei. Er erklärte, die Partei müsse der Diener der Massen sein, nicht ihr Führer. Er appellierte an die parteilosen Massen, gegen die Partei aufzutreten, wenn diese nicht den Auffassungen der rückständigsten Schichten Rechnung trage, wie Herrnstadt dies forderte. In der Plattform wird aufgefordert, die Sozialistische Einheitspartei Deutschlands in eine Volkspartei aller Klassen zu verwandeln. Es hieß:

‹Wenn die Partei die berechtigten Interessen auch der anderen Klassen und Klassenteile… wahrnehmen wird, wird sie die volle Unterstützung sowohl der Arbeiterklasse wie der anderen Klassen und Schichten finden.›

Dieser völlig unmarxistische Standpunkt entspricht der sozialdemokratischen Lehre von der Harmonie zwischen den Klassen, von der Leugnung des Klassenkampfs.»

Auf solche Weise seien wir, hieß es weiter,

«objektiv in eine Front mit den Todfeinden unserer Partei, den Imperialisten und ihren Agenten gerückt».

Zum Schluß hieß es, wir seien zu Trägern feindlicher Einflüsse geworden, weil wir

«nicht aus der proletarischen Klasse hervorgegangen sind und keine feste innere Verbindung mit der deutschen Arbeiterbewegung haben».

Ich sehe hier davon ab, daß der Artikel strotzt vor bewußten Fälschungen, von denen ich der Kürze halber nur drei herausgreife:

1. Zaisser und ich hätten den Vorschlag gemacht, «die Parteiführung so zu ändern, daß sie, Zaisser und Herrnstadt, den uneingeschränkten Einfluß haben sollten». Das Gegenteil hatten wir vorgeschlagen und lag im Original vor: die Parteiführung so zu ändern, daß keinerlei diktatorischer Einfluß Einzelner mehr möglich war.

2. «Genosse Zaisser schlug vor, Genossen Herrnstadt zum 1. Sekretär des ZK zu wählen». Nie hatte Zaisser einen solchen Vorschlag gemacht. Das Wort «1. Sekretär des ZK» in bezug auf mich war nie von einem anderen ausgesprochen worden als von Genossen Oelssner, der es erfand, und von Genossen Walter Ulbricht, der diese Version um so wütender unterstützte, je mehr er sich auf den Fall Zaisser/Herrnstadt einließ, beziehungsweise unter Ausnutzung seiner Schwächen mit dem «Fall Zaisser/Herrnstadt» hineingelegt wurde.

3. Ich hätte erklärt, «die Partei müsse der Diener der Massen sein, nicht ihr Führer». Die Worte «nicht ihr Führer» sind hinzugesetzt, um den Sinn ins Gegenteil zu verkehren: nur eine Partei, die sich als Diener der Volksmassen empfindet, kann zu ihrem anerkannten Führer werden.

Mehr noch als die Summe der bewußten Fälschungen berührte mich in dem Artikel die Methode: durch Verdrehungen, unzulässige Verallgemeinerungen und vorgespiegelte Wissenschaftlichkeit die Wahrheit auf den Kopf zu stellen und die Gutgläubigkeit der Parteimitglieder zu mißbrauchen. Ich muß hier darauf verzichen, diese Methode Satz für Satz und Wort für Wort nachzuweisen. (Da dies im Kampf gegen den Dogmatismus von einer Bedeutung ist, die weit über die Bedeutung unseres «Falles» hinausgeht, hoffe ich, später einmal, in einem anderen unpersönlichen Zusammenhang, Gelegenheit dazu zu haben.) Nur an einem Beispiel möchte ich diese Methode zeigen. Der Autor zitiert den Satz:

«Wenn eine Betriebsparteiorganisation und leitende Wirtschaftsfunktionäre, die Mitglieder unserer Partei sind, das Vertrauen der Arbeiter mißbrauchen, können sie nicht erwarten, daß sich die Arbeiter so einfach damit abfinden». (Offensichtlich war dieser Satz der «schlimmste», den der Verfasser als Material für den Nachweis meines Sozialdemokratismus in den Artikeln des «Neuen Deutschland» gefunden hat.)

Abgesehen davon, daß nicht zu begreifen ist, was an diesem Satz falsch sein soll – der Satz bezieht sich auf *bestimmte* einzelne Parteiorganisationen und *bestimmte* einzelne Wirtschaftsfunktionäre (deren unverantwortliches Handeln auch heute noch untersucht werden könnte, was für die *tatsächliche* Entstehungsgeschichte des 17. Juni von großer Bedeutung wäre!). Der Autor aber benutzt den Satz, um wie folgt zu verallgemeinern:

«Hier wurde also die Partei verleumdet...»

Er braucht diese Verallgemeinerung, um zu erreichen, worauf es ihm ankommt: sich schützend vor eine bestimmte Kategorie von Parteifunktionären zu stellen, nämlich vor jene, die für ihren Personenkult und Dogmatismus von Zaisser und mir erbittert angegriffen wurden, *dieser*art Funktionäre als *die Partei* hinzustellen.

Heute, 1956, erschüttert mich noch mehr als die Methode – die politische Blindheit, die aus diesem Artikel spricht. Der Verfasser zitiert aus der «Plattform» den Satz:

«Wenn die Partei die berechtigten Interessen auch der anderen Klassen und Klassenteile... wahrnehmen wird, wird sie die volle Unterstützung sowohl der Arbeiterklasse wie der anderen Klassen und Schichten finden». (Wiederum: offensichtlich war dieser Satz der «schlimmste», der sich aus der «Plattform» gegen uns finden ließ.)

Er zieht aus ihm die Schlußfolgerung:

«Dieser völlig unmarxistische Standpunkt entspricht der sozialdemokratischen Lehre von der Harmonie der Klassen, von der Leugnung des Klassenkampfs.»

Inzwischen braucht nicht mehr nachgewiesen zu werden, daß dieser angeblich völlig unmarxistische Standpunkt eine völlig richtige und absolut notwendige Anwendung der Grundsätze des Marxismus-Leninismus auf die entstandene Klassenlage in einer Reihe von Ländern darstellt (siehe die Ausführungen von N. S. Chruschtschow auf dem XX. Parteitag der KPdSU, von Walter Ulbricht auf der 3. Parteikonferenz der SED sowie die Ausführungen auf dem VIII. Parteitag der KP Chinas u. a.). Durch das entschiedene Bemühen um Befriedigung der berechtigten Interessen auch der anderen Klassen und Klassenteile in diesen Ländern sichert die Arbeiterklasse ihre führende Rolle und bringt sie zum Ausdruck, isoliert sie die Feinde des sozialistischen Aufbaus, verbreitet sie beständig die Front der von ihr geführten Bundesgenossen (die «Nationale Front»), erhöht sie das Selbstbewußtsein und Verantwortungsgefühl der Arbeiterklasse als der führenden Kraft. In diesem Standpunkt, der heute als einziger die *volle* Kraft der Arbeiterklasse zum Einsatz im Klassenkampf gegen den Imperialismus bringt – die «Leugnung des Klassenkampfs» zu sehen, die «sozialdemokratische Lehre von der Harmonie der Klassen», heißt, an der Klassenlage, wie sie sich seit der Entstehung des sozialistischen Weltsystems herausgebildet hat (also etwa seit 1949: Sieg der chinesischen Volksrevolution, Gründung der DDR) völlig vorbeisehen, heißt, bar sein jeden Gefühls für das Neue. Es kann nur erschrecken zu sehen, was der deutschen Partei 1953 als marxistische Wissenschaft angeboten werden durfte.

53.

Der Artikel «Über die sozialdemokratische Ideologie der Gruppe Zaisser/Herrnstadt» erschwerte meine Lage in Merseburg sehr.

Aus dem Erscheinen des Artikels (vor allem aus dem Vorwurf, mein Ziel sei «die Wiedererrichtung der kapitalistischen Herrschaft in der DDR») wurde gefolgert, daß ich nicht lange in Merseburg arbeiten, sondern demnächst verhaftet werden würde, so daß es kaum lohne, sich ernsthaft mit mir und meiner Arbeit zu beschäftigen. Ein weiterer Umstand wirkte ein: die im Artikel angeführten Zitate überzeugten nicht. Schon vor seinem Erscheinen hatten mir zahlreiche Menschen (Angestellte und Benutzer des Archivs) gesagt, sie möchten endlich einmal konkret hören, *was* denn in der sogenannten «Plattform» und in den Artikeln des «Neuen Deutschland» gestanden habe. Nun riefen die veröffentlichten Artikel Befremden hervor sowie den Eindruck, daß der wahre Tatbestand verborgen werde. Auch die Erzählung des Artikelschreibers, Zaisser hätte mich zum 1. Sekretär des ZK vorgeschlagen und ich hätte das akzeptiert, wirkte in dieser Richtung. Offensichtlich hatte der Verfasser mit der Veröffentlichung dieser Geschichte beabsichtigt, meine «grenzenlose Überheblichkeit» darzutun und damit Haß und Abscheu hervorzurufen. Das war zweifellos bei einem Teil der Parteimitgliedschaft gelungen. Aber ein noch weit größerer Teil der Parteimitgliedschaft kombinierte aus dieser Geschichte und den nicht überzeugenden Zitaten, es handle sich im «Falle Zaisser/Herrnstadt» um einen persönlichen Racheakt Walter Ulbrichts. Diese Auffassung sitzt bis heute in der Bevölkerung der DDR so fest, daß sie, wo ich hinkomme und meinen Namen nennen muß, in dieser oder jener Form geäußert wird. Meine beständige Erwiderung, es handle sich überhaupt nicht um persönliche, sondern um politische Fragen, trägt mir in der Regel nur ein nachsichtiges Lächeln ein.

54.

Wenige Wochen später veröffentlichte die wissenschaftliche Zeitschrift der Partei «Einheit» (in deren Redaktionskollegium die Genossen Oelssner, Hager und Winzer sitzen) einen Artikel, in dem es mit Bezug auf Zaisser und mich heißt:

> «Ihre Plattform besagte, daß die Politik der Partei in ihrer Hauptrichtung fehlerhaft gewesen wäre, daß die Partei entartet und darum eine grundlegende Erneuerung der Partei notwendig wäre, weshalb sie ihrer Plattform auch die Überschrift ‹Die Erneuerung der Partei› gaben. Dabei vertraten sie die sozialdemokratische These, daß die SED eine Partei des ganzen Volkes werden müsse, womit sie den marxistischen Grundsatz aufgaben, daß die SED eine Partei der Arbeiterklasse ist. Die ökonomischen Thesen, die in der Plattform der Gruppe Herrnstadt/Zaisser enthalten waren, hätten unweigerlich zu einer Wiederherstellung des Kapitalismus in der DDR führen müssen. In ihrer kapitulantenhaften Haltung gegenüber den Angriffen der imperialistischen Reaktion waren sie also im Grunde genommen bereit, die Volksmacht aufzugeben und zu einer bürgerlich-kapitalistischen Republik zurückzukehren». («Einheit» 1953, Nr. 9.)

Abgesehen von der bereits erwähnten Tatsache, daß Genosse Zaisser hier für Formulierungen haften soll, von denen er nicht einmal wußte, daß sie existieren – enthalten auch diese Ausführungen eine Reihe von Behauptungen, die nicht mehr mit der damaligen Psychose entschuldigt werden können (dieses Arguments werden sich vermutlich in Zukunft die Organisatoren der damaligen Psychose bedienen), sondern die bewußte Fälschungen sind, z. B.:

1. «Ihre Plattform besagte, daß die Politik der Partei in ihrer Hauptrichtung fehlerhaft gewesen wäre.» Bitte um Einsicht in die «Plattform», sie wird ergeben, daß das Gegenteil wahr ist. Das hat der Verfasser auch gewußt, denn stets haben wir in Wort und Schrift den Standpunkt vertreten, daß die politische Grundlinie der Partei die einzig mögliche und richtige ist, daß sie aber durch Dogmatismus, Sektierertum und Verfälschung der innerparteilichen Demokratie um den besten Teil ihrer Wirkung gebracht wird.

2. «daß die Partei entartet wäre». Diese gehässige Formulierung ist erfunden. Bitte um Einsicht.

3. «Die ökonomischen Thesen, die in der Plattform... enthalten

waren . . .» Mir ist nichts bekannt von ökonomischen Thesen. Bitte um Einsicht.

4. Wir wären «also im Grunde genommen bereit, die Volksmacht aufzugeben und zu einer bürgerlich-demokratischen Republik zurückzukehren». Das «also» ist die Zusammenfassung der vorangegangenen unwahren Behauptungen, von denen mindestens einige bewußte Unwahrheiten sind. Das «im Grunde genommen» soll dem Verfasser die Möglichkeit geben, im Falle der Aufdeckung seiner Fälschungen gleitend zu argumentieren («objektiv» und «subjektiv» u. dgl.).

Ich glaube, daß solche Methoden einer marxistischen Partei unwürdig sind. Marx, Engels und vor allem Lenin haben gegen sie mit einer Schonungslosigkeit gekämpft, von der ich zu lernen bemüht bin. Auch erhebt sich hier folgende Frage: Jeder Bürger der DDR genießt im Falle von Verleumdungen den Schutz der Gesetze. Sie sehen für Dinge wie die hier beschriebenen langjährige Gefängnisstrafen vor. Es versteht sich, daß kein Kommunist in einer innerparteilichen Auseinandersetzung den Schutz des Staates anrufen wird, selbst dann nicht, wenn die innerparteiliche Auseinandersetzung – wie in diesem Fall – monatelang vor die breite Öffentlichkeit gezerrt wurde. Aber das darf doch nicht dazu führen, daß einzelne Genossen vogelfrei werden, weil andere Genossen aus der (zutreffenden) Spekulation auf die Parteidisziplin der ersteren einen Freibrief zur Begehung krimineller Delikte ableiten. Auch in dieser Hinsicht sollte, scheint mir, der «Fall Zaisser/Herrnstadt» Anlaß zu einer Klärung sein.

55.

Im Herbst 1953 erfolgte die Untersuchung durch den Vorsitzenden der ZPKK, Genossen H. Matern. Im ganzen fanden zwei Vernehmungen statt, jede etwa 5 Stunden lang. Zwischen ihnen lagen etwa vier Wochen. An beiden nahm die Genossin Herta Geffke[117] teil,

---

117 Herta Geffke, seit 1949 hauptamtliche Mitarbeiterin und gewähltes Mitglied der ZPKK, Vorsitzende der von der ZPKK gebildeten Sonderkommission zur Untersuchung der Verbindungen deutscher kommunistischer Emigranten zu dem angeblichen Agenten Noel H. Field in den Jahren 1949/50.

an der zweiten zeitweise ein weiterer Genosse, von dem ich später erfuhr, es sei Genosse Max Sens[118] gewesen.

Der Ton von seiten der Genossen Matern und Geffke war höflich, zum Teil sogar kameradschaftlich. Obwohl es erregt herging, kam es zu keinen Gehässigkeiten. Ich hatte mehrfach den Eindruck, daß Genosse Matern nicht davon ausging, mich hineinzulegen, sondern daß er ernsthaft davon überzeugt war, einer gewaltigen Verschwörung gegen die Partei auf der Spur zu sein. Die Fälle Merker[119] und Dahlem, auf die er sich wiederholt bezog, hatten in ihm in dieser Hinsicht ein großes Selbstgefühl hervorgerufen. Auch kam ihm gar nicht in den Sinn, daß es möglich sei, daß er selber den Zustand in der Partei oder die Klassenlage in der DDR falsch einschätze oder gar, daß er mit dem Verfahren Zaisser/Herrnstadt in Wahrheit den Interessen des Imperialismus diente, den er zu bekämpfen meinte. Wenn ich eine solche Andeutung machte, lachte er wie über einen gelungenen Witz.

Genosse Matern bestätigte zu Beginn der 1. Vernehmung den Empfang meiner Erklärung vom 31. August und sagte, das sei «schon ganz schön», aber «etwas wirst Du noch zugeben müssen».

Ich bat um Erlaubnis, eine prinzipielle Frage aufwerfen zu dürfen.

118 Max Sens, seit 1950 hauptamtlicher Mitarbeiter und gewähltes Mitglied der ZPKK.
119 Paul Merker, Mitglied des Politbüros, war im August 1950 neben einer Reihe weiterer, zumeist hoher SED-Funktionäre wegen angeblicher Unterstützung des Klassenfeindes aus der SED ausgeschlossen worden. Bei ihm wie auch den anderen Funktionären handelte es sich um sogenannte Westemigranten, die in dieser oder jener Form seinerzeit die Bekanntschaft von Noel H. Field gemacht hatten. Noel H. Field, amerikanischer Staatsbürger, war während des 2. Weltkrieges Leiter einer amerikanischen Hilfsorganisation in der Schweiz. Er diente, mittels erpreßter Geständnisse, als Kronzeuge für angebliche Agententätigkeit im Dienste des «USA-Imperialismus» in den Prozessen gegen kommunistische Spitzenfunktionäre und Politiker in Budapest und Sofia (im Herbst/Winter 1949 Laszlo Rajk und Traitschko Kostoff nebst Mitangeklagten), auch für die Zusammenarbeit mit den «Tito-Faschisten». Diese offensichtlich von Moskau inspirierten Prozesse, einschließlich des Falles Merker und der Mitbeschuldigten, dienten letztlich dazu, Titos Unabhängigkeitspolitik zu diffamieren und jegliche Anhängerschaft bereits präsumtiv abzuschrecken. Im Gefolge des ähnlich gelagerten, stark antisemitisch ausgerichteten Slansky-Prozesses in der Tschechoslowakei im Herbst 1952 wurde Merker als «feindlicher Agent» verhaftet und schließlich 1956, nachdem sich sämtliche Prozesse als konstruiert erwiesen hatten, entlassen.

Das wurde gestattet. Daraufhin protestierte ich gegen die erfolgten Veröffentlichungen. An Hand der «Einheit» und des «Neuen Deutschland» legte ich dar, daß das Urteil bereits in den Zeitungen stünde: «Feind des Volkes», «Feind der Arbeiterklasse», «Trotzkist», «...hat die DDR aufgeben wollen» usw. Selbstverständlich müsse ein «Feind des Volkes», «Feind der Arbeiterklasse», «Trotzkist» usw. aus der Partei ausgeschlossen werden. Er, Matern, werde selber nicht glauben, daß die Parteiführung jemals in Gestalt eines rehabilitierenden Ausgangs der Untersuchung zugeben werde, daß alle die Beschuldigungen Verleumdungen waren. Daher sei nicht verständlich, wozu noch eine Untersuchung stattfinde.

Genosse Matern erwiderte abwehrend: «Von mir wirst Du solche Äußerungen nicht finden.»

Ich erwiderte, das sei richtig, ändere aber nichts an der Sache. Die Untersuchung der ZPKK werde durch die fortlaufenden öffentlichen Angriffe und Unterstellungen und durch die erzeugte Pogromstimmung in eine bestimmte Richtung getrieben und zu einem bestimmten Ergebnis gezwungen. Ich selbst sei in Gefahr, demoralisiert zu werden, da es äußerste Kraft erfordere, monatelang unter einem solchen Trommelfeuer von seiten der eigenen Genossen zu stehen. Am unverständlichsten sei mir, daß in Gestalt des «Falles Zaisser/Herrnstadt» der Zersetzungspropaganda der Imperialisten ein unverhofftes Millionengeschenk gemacht, ja mit Gewalt aufgedrängt werde.

Genossen Matern war dieser Protest sehr unangenehm. Er erwiderte, je schneller wir die Untersuchung hinter uns bringen würden, desto schneller würden auch die Veröffentlichungen aufhören, also sei ich ebenso wie die ZPKK an einem schnellen Abschluß der Untersuchung interessiert. In diesem Sinne fordere er mich auf, ihm bei der Durchführung der Untersuchung zu helfen.

Genossen Matern begann die Vernehmung mit der Frage, ob ich mich an Fritz Langes Bemerkung auf dem 15. Plenum erinnere, derzufolge Zaisser erklärt habe, man müsse damit rechnen, daß die Sowjetunion die DDR aufgeben werde. Es sei klar, daß dies der wichtigste Punkt im ganzen Fall Zaisser/Herrnstadt sei. Er, Matern, frage, ob Zaisser ähnliche Äußerungen auch zu mir gemacht habe.

Ich erwiderte: «Niemals.»

Matern fragte, ob ich so sicher sei.

Ich erwiderte, vollkommen sicher. Erstens würde ich mich daran erinnern, denn wenn Zaisser eine solche Bemerkung gemacht hätte,

hätte es eine Diskussion darüber zwischen uns geben müssen, aber eine solche Diskussion hat es nie gegeben. Zweitens widerspreche die angebliche Äußerung vollkommen Zaissers tatsächlichen Auffassungen, die mir aus langen Jahren bekannt seien.

Genosse Matern sagte, ich solle mich noch einmal gut erinnern.

Ich sagte, es wäre vielleicht besser, wenn er, Matern, sich an das erinnern würde, was er mir über Fritz Lange und dessen gegenwärtige Lage mitgeteilt hat.

Genosse Matern erwiderte: «Das ist es ja eben. Wenn die Mitteilung, daß Zaisser eine solche Bemerkung gemacht hat, nur von Fritz Lange käme, würde ich ihr wenig Beachtung schenken. Aber Zaisser hat eine ähnliche Bemerkung auch noch zu anderen gemacht.»

Ich sagte, ich könne auch das nicht glauben.

Matern sagte: «Aber ich habe sie doch hier gehabt! Hier auf diesen Stühlen haben sie gesessen, fünf Genossen aus der Staatssicherheit, die bekundeten, daß Zaisser in einer Besprechung der leitenden Funktionäre des Ministeriums eine analoge Bemerkung gemacht hat.»

Ich fragte, welche Bemerkung.

Genosse Matern sagte, eine Bemerkung eben des Inhalts, daß damit gerechnet werden müsse, daß die Sowjetunion die DDR im Stich lasse.

Ich sagte, das sei völlig ausgeschlossen. Zaisser sei der Sowjetunion so ergeben wie wenige Menschen, und auch wenn man ihn vierteile, werde man von ihm keine sowjetfeindliche Bemerkung hören.

Genosse Matern erwiderte: «Nicht Doch, Du mißverstehst mich. Zaisser hat die Bemerkung nicht im sowjetfeindlichen Sinne gemacht. Umgekehrt: er wollte seinen Funktionären auseinandersetzen, daß das höchste Gebot für einen Kommunisten die Treue zur Sowjetunion sei, daß man der Sowjetunion unter *allen* Umständen treu bleiben müsse, nicht nur in guten, sondern auch in schlechten Tagen, nicht nur, wenn man die einzelnen Schritte der Sowjetunion verstehe, sondern auch, wenn man sie zunächst nicht verstehe, was vorkommen könne. In diesem Zusammenhang hat er die Bemerkung gemacht, auch wenn morgen die Sowjetunion die DDR aufgäbe, dürftet Ihr ihr nicht untreu werden.»

Ich sagte, das sähe schon ganz anders aus. Wenn Zaisser wirklich ein solches Beispiel gewählt habe, so sei das zwar ein schlechtes Beispiel. Aber ich verstünde nicht, wie gefolgert werden könne, Zaisser sei der Meinung, die Sowjetunion werde die DDR aufgeben.

Genosse Matern erwiderte, das sei doch klar. Wenn Zaisser solche Bemerkungen mache, liege ihnen die entsprechende Auffassung zugrunde.

Ich sagte, daß ich dieser Art zu argumentieren nicht folgen könne. Aber ich hätte eine Frage: *Wann* Zaisser dieses Beispiel gebraucht haben soll und *wann* die fünf Funktionäre der Staatssicherheit zur Partei gekommen seien, um mitzuteilen, sie seien darüber erschrokken.

Genosse Matern erwiderte, die erwähnte Sitzung im Ministerium für Staatssicherheit habe schon vor einiger Zeit stattgefunden.

Ich fragte, aber die fünf Funktionäre seien zu ihm, Matern, erst *nach* dem 15. Plenum gekommen?

Matern erwiderte: natürlich, vorher hätten sie in der Bemerkung Zaissers nichts gesehen, was so schwerwiegend gewesen wäre, daß sie deswegen zur Partei liefen.

Ich erwiderte, erst habe ihnen also Mielke vom 15. Plenum berichten müssen, von den massiven Angriffen des ZK auf den Apparat der Staatssicherheit, vom Auftreten Fritz Langes, damit ihnen «die Schuppen von den Augen fielen», ähnlich wie Jendretzky hinsichtlich meiner Person?

Matern fragte, ob ich behaupten wolle, daß die fünf Genossen lügen.

Ich erwiderte, daß ich das keineswegs behaupten wolle, aber daß in einer Psychose wie der entstandenen jede Halluzination, jede Verschiebung der Akzente, jeder Fall von Selbsttäuschung aus Angst oder vermeintlicher Pflichterfüllung eine normale Erscheinung sei.

Genosse Matern war mit dieser Bemerkung nicht zufrieden, gab aber zu, daß die Glaubwürdigkeit solcher «Erinnerungen» beschränkt sei.

Im weiteren Verlauf der Vernehmung versuchte Genosse Matern vor allem, von mir ein Geständnis zu bekommen, ich hätte «Walter Ulbricht stürzen» und «die Parteispitze erobern» wollen. Bald redete er mir väterlich zu, er verstehe, wie unangenehm es für mich sei, das zuzugeben, aber es sei doch das Beste für mich. Bald erklärte er schroff, ich müsse mir klar darüber sein, daß mir das «Leugnen» von der Partei «nicht abgenommen» werden würde usw. Genossin Geffke unterstützte ihn dabei.

Dadurch kam es zu scharfen, wenn auch im Ton höflichen Auseinandersetzungen. Ich konnte allenfalls verstehen, daß die Genossin

Geffke eine solche Version ernsthaft für möglich hielt, denn sie wußte von den Zusammenhängen nichts als das, was sie auf dem 15. Plenum erlebt hatte. Und wer nur das 15. Plenum erlebt hatte, konnte wirklich eine solche Version für möglich halten. Aber ich konnte nicht verstehen, wie Hermann Matern, der zwei Jahre hindurch die Entwicklung in allen Einzelheiten mitgemacht, mit mir stundenlang über die in der Führung herrschenden Zustände gesprochen hatte, der diese Zustände zu mißbilligen vorgab und für seine nicht zu verantwortende Passivität von mir offen angegriffen worden war – eine solche Version vertreten und den Versuch machen konnte, ein solches «Geständnis» von mir zu erzwingen.

Heute, angesichts der Erfahrungen aus den letzten drei Jahren, ist mir das Verhalten Hermann Materns klarer. Ich halte nach wie vor für unwahrscheinlich, daß er mit Bewußtsein einen Justizmord beging. Er war außerstande zu begreifen, daß die Verwirklichung des Prinzips der Kollektivität in bestimmten Situationen (wie in der bei uns entstandenen) der Angelpunkt für die gesamte Vorwärtsentwicklung der Partei sein kann, und ferner außerstande zu begreifen, daß das Prinzip der Kollektivität nicht durch Worte allein, nicht durch seine Verkündung verwirklicht wird, ja daß seine pausenlose Verkündung eine Methode sein kann, seine Verwirklichung zu unterbinden. Nach Hermann Materns Auffassung (die er nicht wörtlich äußerte, die er wahrscheinlich bestritten hätte und heute erst recht bestreiten wird, die aber in seinen Bemerkungen klar zum Ausdruck kam) sah es in seinem Kopfe so aus: ‹Es gibt zwei Möglichkeiten, wie die Partei geführt werden kann: kollektiv oder administrativ-diktatorisch. Die erste Möglichkeit ist natürlich besser als die zweite. Aber zur Not geht die zweite auch. Jedenfalls ist das Fehlen einer kollektiven Führung kein Anlaß, in Aufregung zu geraten.› – So erklären sich verschiedene Stellen aus der Diskussion in der 1. Vernehmung, z. B.:

Matern erwog überhaupt nicht, daß der jahrelange Kampf von Zaisser und mir für die Durchsetzung des Prinzips der Kollektivierung ein ernstgemeinter, politischer Kampf gewesen sein könne. Für ihn war es ein detektivisch zu lösender «Fall» – entweder von «Feinden» oder von «Tollgewordenen» (dies sein Ausdruck). Mit dieser Einstellung geriet er unvermeidlich in Widersprüche. Z. B. war der Kampf nicht nur von Zaisser und mir geführt worden, sondern von der großen Mehrheit des Politbüros, auch *nach* dem 17. Juni und sogar mit der ausdrücklichen Entscheidung, daß Walter Ulbricht als 1. Sekretär des ZK nicht mehr tragbar sei. Also ergab sich die Frage, ob alle diese Genossen «Tollgewordene» seien.

Tatsächlich gab mir Hermann Matern auf diese Frage zur Antwort: «Ich greife mir heute noch an den Kopf! Was haben sich die Genossen bloß gedacht!?» Der Gedanke, daß diese Genossen durchdrungen waren von der Bedeutung des Prinzips der kollektiven Leitung und von der Entschlossenheit, dieses Prinzip nicht mehr durch Worte abdrosseln zu lassen, sondern in die Wirklichkeit zu überführen und vor allem, daß das Politbüro mit dieser Haltung seiner Mehrheit rechtzeitig auf dem richtigen Wege war, nämlich auf dem Wege zur breiten Demokratisierung des Lebens in und außerhalb der Partei auf der Basis des Marxismus-Leninismus – dieser Gedanke kam Hermann Matern überhaupt nicht.

Daher auch solche Momente während der Vernehmung wie:

Auf meine Frage, ob Hermann Matern glaube, daß bei Fortführung des gegenwärtigen Arbeitsstils der Partei die Kluft zwischen der Partei einerseits und breitesten Teilen der Arbeiterklasse und der anderen Werktätigen andererseits in der historisch zur Verfügung stehenden Frist werde überwunden werden können – eine Handbewegung und die Antwort: Das läßt sich korrigieren.

Auf die Bemerkung, daß Zaisser und ich den Übergang zum kollektiven Arbeitsstil auch persönlich gebraucht hätten, daß ich ohne Meinungsaustausch in vielen Fragen nicht mehr hätte weiterdenken können, daß selbst die Redaktion des Zentralorgans ohne Veränderung des Arbeitsstils in der Parteiführung nicht mehr zu leiten war – ein ungläubiges Lächeln.

Auf die Frage, ob er mich für einen hoffnungslosen Idioten halte, daß ich in dem Augenblick, in dem der Übergang zum kollektiven Arbeitsstil unabweisbar und von mir selber am entschiedensten betrieben wird, «die Parteispitze erobern» wolle – die Antwort: «Ich sage ja, Ihr wart toll geworden!»

Auf die Frage, ob er in den Jahren der Zusammenarbeit mit mir im Politbüro jemals diktatorische Tendenzen an mir wahrgenommen hätte – die Antwort: «Im Politbüro nicht, aber in der Zeitung bist Du doch ziemlich diktatorisch aufgetreten.» (Über die durch den Personenkult und Dogmatismus in der Zeitung entstandenen Lage siehe Teil II.)

Auf die Bemerkung, daß Walter Ulbricht wie kein anderes Mitglied der Parteiführung ein starkes Kollektiv brauche, daß wir unsere Anträge nicht *gegen*, sondern *für* ihn stellten, daß wir der Überzeugung waren, ihm, auch wenn er es selbst nicht begreifen will, zu helfen, ja, ihn als politische Persönlichkeit, als deutschen Arbeiterführer zu retten – Lachen und die Frage: «Ihr wolltet ihn stürzen und gleichzeitig retten?!»

Diese geistige Haltung H. Materns kam auch ein halbes Jahr später noch, in seinen Ausführungen gegen Zaisser und mich auf dem IV. Parteitag, zum Ausdruck. Er sagte dort:

> «Herrnstadt will unter ‹Erneuerung der Partei, der Parteispitze und des zentralen Apparats› nur die Änderung der Arbeitsweise verstanden haben.»

Daß in diesem «nur», in der «Änderung der Arbeitsweise» alles das liegen kann, was drei Jahre später auf dem XX. Parteitag der KPdSU und nach ihm auf den Plenartagungen und Parteitagen anderer Parteien Millionen der besten Menschen der Welt zutiefst aufwühlte, nämlich die gebieterische Notwendigkeit eines neuen, den neuen Klassenverhältnissen entsprechenden Herantretens an die Volksmassen in Praxis und Theorie, einer neuen höheren Stufe der Demokratisierung in und außerhalb der Partei, einer neuen höheren Stufe in der Verwirklichung des sozialistischen Humanismus, welcher unter den entstandenen Bedingungen eine effektivere Waffe gegen den Klassenfeind ist als jede andere – alles das kam Hermann Matern nicht in den Sinn und war ihm nicht begreiflich zu machen. Für ihn blieb unverständlich und verdächtig, daß jemand «so aktiv kämpfen», «so hartnäckig sein» (dies seine Ausdrücke), ja sogar die Ablösung eines 1. Sekretärs vorschlagen könne, wo es doch «nur» um die «Änderung der Arbeitsweise» ging.

Entsprechend den Veröffentlichungen in der Presse und seiner eigenen Überzeugung, daß ein «innerparteilicher Putsch», ein «Komplott», eine «Verschwörung» vorliege, die aufzudecken er berufen sei, suchte H. Matern nach Mitverschworenen. Das um so mehr, als die Auffindung von Mitverschworenen gestattet hätte, auf die unwahrscheinliche Version von der ‹Zwei-Mann-Fraktion› zu verzichten. Mehrfach während der beiden Vernehmungen kam Matern auf diese Frage zurück. Da ich heute nicht mehr genau auseinanderhalten kann, nach welchen Personen er in der 1. und nach welchen er in der 2. Vernehmung fragte, fasse ich das Wesentliche hier zusammen:

Materns besonderer Verdacht richtete sich gegen diejenigen Personen, die von mir in der 2. Kommissionssitzung zur Ergänzung des Bestandes des Politbüros vorgeschlagen worden waren, also vor allem gegen die Genossen Rau, Selbmann und Maron, außerdem gegen Genossen Dahlem. Meine Feststellung, daß zwischen keinem dieser Genossen (oder irgendwelcher anderer) und mir jemals eine «fraktionelle Unterhaltung» stattgefunden hatte, glaubte Genosse Matern offenkundig nicht. Seine Einstellung geht am besten daraus hervor, daß er noch in seiner Rede auf dem 4. Parteitag erklärte: «Es ist möglich, daß die fraktionellen Vorbereitungen für den innerparteilichen Putsch nicht in allen Einzelheiten bekannt wurden» (ND, 2.4.54).

Während dieses Teils der Vernehmung kam es zu einem kleinen Zwischenfall, der die Genossin Geffke auf die richtige Spur hätte führen können. Genosse Matern fragte: «Und was ist mit Maron? Den hast Du doch auch fürs Politbüro vorgeschlagen?!» Ich erwiderte: «Der Name Maron ist mehrfach in diesem Zusammenhang genannt worden. Unter anderem von Dir in einem Gespräch mit mir.» Genossin Geffke blickte erschrocken auf Genossen Matern. Sie erwartete, er würde meine Worte bestreiten. Denn wenn meine Worte wahr waren, hatte Matern dasselbe «Verbrechen» begangen, wegen dessen er mir, Zaisser, Ackermann usw. eben den Prozeß machte, nämlich «fraktionelle Gespräche» geführt und «an der Vorbereitung der Erneuerung der Parteispitze teilgenommen» (und noch dazu, ohne der Kommission anzugehören, die vom Politbüro zur Vorbereitung von Vorschlägen für organisatorische Veränderungen in der Parteiführung gebildet wurde). Genosse Matern bestätigte verlegen: «Ja...» – und kam nie wieder auf den Namen Maron zurück.

(Hier lag folgender Tatbestand zugrunde: Einige Wochen zuvor, als Matern noch nicht ahnte, daß es einmal einen «Fall Zaisser/ Herrnstadt» geben würde, hatte er mir vertraulich mitgeteilt: Walter Ulbricht sei mit dem Politbüro unzufrieden und wolle es umbauen. Er habe ihm, Matern, gesagt, er wolle u. a. Stoph ins Politbüro nehmen. Er, Matern, habe erwidert: «Warum nicht lieber Maron?» Nun frage er, Matern, mich, ob ich nicht auch meine, daß Maron geeigneter sei als Stoph. – Natürlich waren diese Gespräche Materns ebensowenig «fraktionelle Gespräche» wie die von Zaisser, mir usw. Alle diese Gespräche waren die gesetzmäßige Folge der ungesunden Atmosphäre, die der Personenkult in die Parteiführung trug, die

Folge davon, daß im Politbüro selber *nicht* offen gesprochen wurde –
also desjenigen Zustandes, den die Mehrheit des Politbüros eben zu
überwinden im Begriffe war.)

Am Ende der 1. Vernehmung teilte mir Matern mit, er werde dem
Politbüro Bericht erstatten und mir weitere Nachricht geben.

56.

In einer der Vernehmungen (ob in der 1. oder 2., weiß ich nicht mehr)
kam es zu folgendem Vorfall, den ich herausgreife, weil er ein konkretes Bild von der damals herrschenden Psychose gibt:

Es ging um meinen ‹Sozialdemokratismus›. Ich bat um Belege, da
in meiner 25jährigen Tätigkeit für die Partei niemand auf den Gedanken gekommen sei, mir diesen Vorwurf zu machen. Insbesondere sei
in den zehn Jahren meiner publizistischen Tätigkeit für die Partei niemals irgendeine Stelle als ‹sozialdemokratisch› beanstandet worden.

Matern erwiderte: «Doch, bei genauerem Hinsehen lassen sich solche Stellen finden.»

Ich bat, mir wenigstens eine zu zeigen.

Matern erwiderte, er habe keine bei der Hand, aber er habe etwas
anderes bei der Hand, was ein sonderbares Licht auf meine ideologische Haltung werfe. Er las mir daraufhin ein Schreiben vor, in dem
die Genossin Hanna Wolf [120], Direktorin der Parteihochschule ‹Karl

120 Hanna Wolf (geb. 1908), langjährige Direktorin der Parteihochschule der SED
in Berlin, ab 1958 Mitglied des ZK der SED, zählte neben Kurt Hager, Hannes
Hörnig (Leiter der Abteilung Wissenschaft im ZK-Apparat), Ernst Diehl
(langjähriger stellvertretender Direktor des Instituts für Marxismus-Leninismus beim ZK der SED und Vorsitzender des Rates für Geschichtswissenschaft), Walter Schmidt (Historiker, Direktor des Zentralinstituts für Geschichte der Akademie der Wissenschaften der DDR) und Otto Reinhold
(Ökonom, langjähriger Rektor der Akademie für Gesellschaftswissenschaften beim ZK der SED) zu jenen Ideologen der SED, die über Jahrzehnte maßgeblichen Einfluß auf die Wissenschaftsstrategie der DDR ausübten, zu der
sich vor der ‹Wende› die Gesellschaftswissenschaftler der DDR nahezu geschlossen bekannten. Selbst als die «Thesen zum 70. Jahrestag der KPD»
durch Kurt Hager 1989 präsentiert wurden, mit denen der Versuch unternommen wurde, auf DDR-typische Weise mit einigen wenigen Fakten ein differenziertes Herangehen an die eigene Geschichte und die 1989 ausgegebene Losung, es gäbe für die SED «keine weißen Flecken», zu demonstrieren, er-

Marx›, meldete, daß ihr eine Unterhaltung, die sie vor einem halben Jahr mit mir geführt habe, nunmehr so merkwürdig erscheine, daß sie sie mitteilen wolle. Ich hätte damals Ausführungen gemacht, die sie zu der Bemerkung veranlaßten, ich hätte wohl die Absicht, eine 4. Wurzel des Marxismus zu entdecken, und zwar in Gestalt der jüdischen Abkunft von Karl Marx. (Das Schreiben von Hanna Wolf siehe in der ZPKK.)

Der Vorgang war folgender:

Im Januar 1953 hatte ich im Auftrag des ZK den neuen Lehrgang der Parteihochschüler zu begrüßen. Vor dem Festakt hatten die Genossen Prof. Hanna Wolf, Prof. Lene Berg[121] (Direktorin des Instituts für Gesellschaftswissenschaften beim ZK) und ich im Zimmer der Genossin Hanna Wolf einige Minuten zusammengesessen. Dabei kam Genossin Wolf auf ihre Herkunft aus einer galizischen Rabbinerfamilie zu sprechen, auf ihre Erziehung als orthodoxe Jüdin usw. Ich sagte, dann werde sie sicher Interesse haben für eine Notiz von Franz Mehring, auf die ich kürzlich in der «Neuen Zeit» (dem wissenschaftlichen Organ der alten Deutschen Sozialdemokratie) aus dem Jahre 1911 gestoßen sei. Ich gab den Inhalt der Notiz wieder. Hier setze ich die Notiz im Wortlaut her:

Zur Genealogie von Karl Marx. Vor etwa fünfzig Jahren starb eine Vaterschwester von Karl Marx mit Hinterlassung eines Testaments, das wegen irgendwelcher Formfehler gerichtlich kassiert wurde. Das Gericht war nunmehr gezwungen, die Intestaterben festzustellen, die sich übrigens alsbald einigten, den letzten Willen der Erblasserin so auszuführen, wie er in dem formell ungültigen Testament kundgegeben worden war.

hielten Kritiker aus den Reihen der Historiker von der Mehrzahl der Berufskollegen keinerlei Unterstützung. Hanna Wolf hat noch 1989 im Zentralorgan «Neues Deutschland» einen umfangreichen Aufsatz zur KPD-Geschichte publiziert, in dem auch sie ein ‹differenziertes Geschichtsbild› befürwortete, gleichzeitig jedoch zahlreiche der traditionellen Thesen wiederholte und vor «Überzeichnungen» und «gefährlichen Einseitigkeiten» warnte. Das Zentralorgan der SED «Neues Deutschland» hat unter anderem diesen Beitrag nach der ‹Wende› zum Anlaß genommen, um den Dirigismus der SED-Pressepolitik zu kennzeichnen. Der Hanna-Wolf-Beitrag von 1989 unterscheidet sich kaum von zahllosen anderen Aufsätzen renommierter Wissenschaftler und Redakteure des «Neuen Deutschlands», die Jahr für Jahr, auch nach dem Regierungsantritt von Gorbatschow, publiziert worden sind.
121 Helene (Lene) Berg (geb. 1906), Direktorin des Instituts für Gesellschaftswissenschaften beim ZK der SED, ZK-Mitglied seit 1958.

Was der an sich gänzlich gleichgültigen Affäre ein lebhaftes Interesse verleiht, ist die Tatsache, daß die Akten dieses Erbschaftsvergleichs vermutlich die einzige Quelle sind, aus der wir noch einiges über die Abstammung von Karl Marx erfahren können. In den Kriegsläuten am Ende des achtzehnten und im Anfange des neunzehnten Jahrhunderts ist den Zivilstandsregistern am Rhein übel mitgespielt worden, wie unter anderem der langwierige und noch immer nicht geschlichtete Streit über das Geburtsjahr Heinrich Heines beweist.

Ganz so arg steht es bei Marx nun freilich nicht, aber alle gerichtlichen Nachforschungen in jener Erbschaftsangelegenheit haben doch nicht mehr die Geburts- und Todesjahre seiner Großeltern von väterlicher Seite feststellen können. Der Großvater hieß Marx Levi, nannte sich später aber nur Marx, und war Rabbiner in Trier; er soll 1798 gestorben sein und war jedenfalls 1810 nicht mehr am Leben. Seine Ehefrau Eva, geborene Moses, war 1810 noch am Leben und soll 1825 gestorben sein.

Von den zahlreichen Kindern dieses Paares widmeten sich zwei gelehrten Berufen: Samuel und Hirschel. Samuel wurde als Rabbiner in Trier der Nachfolger des Vaters, während sein Sohn Moses als Rabbinatskandidat nach Gleiwitz in Schlesien verschlagen wurde. Samuel war 1781 geboren und starb 1829. Hirschel, der Vater von Karl Marx, war 1782 geboren; er wandte sich der Jurisprudenz zu, wurde Advokatanwalt und später Justizrat in Trier, ließ sich 1824 als Heinrich Marx taufen und starb 1838.

Auch er hinterließ eine zahlreiche Familie, doch lebten vor fünfzig Jahren nur noch vier von ihnen, Karl Marx und drei Töchter: Sophie als Witwe des Anwalts Schmalhausen in Mastricht, Emilie als Ehefrau des Ingenieurs Conrady in Trier und Luise als Ehefrau des Kaufmanns Juta in Kapstadt. («Die Neue Zeit» vom 16. Juni 1911, 29. Jahrgang, 2. Bd. Nr. 37)

Ich sagte den beiden Genossinnen, diese Notiz erscheine mir aus verschiedenen Gründen besonders interessant. Erstens beantworte sie die Frage nach der Herkunft des Namens Marx, die mir in der Sowjetunion öfter gestellt worden sei. Zweitens gehe aus ihr hervor, daß der Vater von Karl Marx, den die marxistische Literatur nur als Justizrat Heinrich Marx kenne, noch im Ghetto geboren und aufgewachsen sei. Die Namensveränderung des Großvaters gehe offensichtlich auf die Emanzipierung der Juden in Deutschland zurück. Es würde sich lohnen, einmal an Hand der Akten den Prozeß der Auflösung der Ghettos in Westdeutschland, insbesondere in den Bistümern Speyer und Trier sowie vor und während der Reformzeit in Preußen, unter dem Gesichtswinkel des Schicksals der Familie Marx zu untersuchen. Mir erscheine das auch deswegen interessant, weil hier eine der Erklärungen für die außerordentliche Abstraktionskraft von Karl Marx liegen könne. Sie, Hanna Wolf, werde aus ihrer galizischen Erfahrung wissen, wie sehr das Leben im Ghetto, das Abgeschnittensein von der Welt, von der freien Bewegung, der Mehrzahl aller Berufe, das untätige Herumsitzen in Talmudschulen usw. die Abstraktionskraft entwickle und gleichzeitig bis zur völligen Auflösung des rationalen Denkens invertiere. Ich hätte das gleiche während meines Aufenthaltes in Polen im Warschauer Ghetto beobachtet. Ich könnte mir gut vorstellen, daß bei Angehörigen von Familien, die Jahrzehnte oder Jahrhunderte im Ghetto gehalten wurden, die dort erworbene und dort notwendigerweise negativ wirkende Abstraktionskraft bei Heraustreten aus dem Ghetto und Kontakt mit den Volksmassen, mit ihrer Befreiungsbewegung, noch dazu auf der so hohen Stufe der Befreiungsbewegung des Proletariats – in eine entsprechend große, nun positiv (und wie positiv!) wirkende Abstraktionskraft umschlagen könne.

Das war nichts als ein gesprächsweise zur Diskussion gestellter Gedanke. Auch heute kann ich nicht einsehen, warum er unzulässig oder ‹sozialdemokratisch› sein soll.

Genossin Wolf erwiderte lachend: «Du willst wohl eine 4. Wurzel des Marxismus entdecken?»

Ich sagte: «Wir sprechen von zwei verschiedenen Dingen: Du sprichst von der Herkunft des Marxismus, ich spreche von der Herkunft der außerordentlichen Abstraktionskraft des Individuums Karl Marx.»

Dann gingen wir in den Saal, wo ich eine Rede vor den Parteischülern hielt. Auf dem anschließenden Bankett hatte ich vor den Professoren und Dozenten aus dem Stegreif eine zweite kurze Rede zu halten. In ihr versuchte ich, an Hand von Beispielen aus der deutschen und der polnischen Arbeiterbewegung die konkreten mörderischen Folgen des Auseinanderreißens von Theorie und Praxis zu zeigen. Diese zweite Rede war eindeutig gegen den in unserer Propagandaarbeit damals herrschenden Dogmatismus gerichtet. Dennoch müssen beide Reden nach Auffassung der Genossin Wolf ‹einwandfrei› gewesen sein, denn aus ihnen legte sie mir in ihrem Schreiben an die ZPKK nichts zur Last.

Ich hatte das oben erwähnte Gespräch über die Notiz von Franz

Mehring längst vergessen. Auch Hanna Wolf hatte es vergessen oder mindestens nicht mißverstanden. Sonst hätte sie mir nicht 3 Monate später, aus Anlaß des 50. Geburtstags, folgenden Brief geschrieben:

> «Die Zahl 50 ist eine sehr dialektische Einheit, vor allem bietet sie eine gute Gelegenheit, einem Menschen das zu sagen, was man in sonstigen Jahren und Tagen nicht zu sagen pflegt. Das hat für uns alle der Generalsekretär unserer Partei – Walter Ulbricht – getan.
>
> Ich habe dagegen eine theoretisch-talmudistisch-kabbalistische Frage: Ist es Zufall, daß die Pariser Kommune und Du am gleichen Tage Geburtstag haben? Oder ist es eine sich durchsetzende Gesetzmäßigkeit, daß an diesem Tage Himmelsstürmer geboren werden?» (siehe Anlage)

Auch die zweite Teilnehmerin am oben erwähnten Gespräch, Genossin Lene Berg, hielt für nötig, mir in einem Brief «kämpferischen Geist» zu attestieren, was doch mit Sozialdemokratismus schwer zu vereinbaren ist.

Die Genossin Hanna Wolf wäre – scheint mir – nicht in eine solche Panik geraten, wenn nicht noch folgendes passiert wäre:

Einen Monat vor der Feier in der Parteihochschule hatte ich auf dem 10. Plenum des ZK (im Einverständnis und mit Unterstützung Walter Ulbrichts) einen scharfen Angriff gegen den Dogmatismus in unserer Propagandaarbeit geführt. Es war beschlossen worden, daß auf der Grundlage dieses Angriffes die «Einheit» eine öffentliche Diskussion durchzuführen habe. Unmittelbar nach meinem Auftreten, noch im Plenarsaal, hatte mir die Genossin Wolf in überschwenglichen Worten gesagt, meine Ausführungen seien ihr aus der Seele gesprochen, endlich habe einer den Finger in die Wunde gelegt usw. Ich hatte erwidert, sie solle ihre Meinung nicht mir, sondern in der «Einheit» schwarz auf weiß sagen, das werde nützlicher sein. Genossin Wolf hatte erwidert, das werde sie tun. Sie hatte es wirklich getan («Einheit», 1953, Nr. 3)[122]. Zwar hatte sie selber nach der alten, den Dogmatikern eigenen Methode zwei Ausdrücke aus meinem Referat aus dem Zusammenhang gepflückt und gegen sie polemisiert (wie sie mir später sagte: «sonst wäre der Fred[123] allzu beleidigt, ich muß doch mit ihm arbeiten»; die Folgen davon schildere ich anderer Stelle),

---

122 Hanna Wolf, «Zu einigen Fragen der Parteierziehung», «Einheit», H. 3, 1953, Seite 304 ff.
123 Fred Oelssner.

aber in der Sache selbst, dem Kampf gegen den Dogmatismus, gegen die Trennung von Theorie und Praxis, hatte sie ungeachtet der in dieser Hinsicht damals sehr zweideutigen Lage im ZK entschlossen den Kampf aufgenommen. Nun, sechs Monate später, war ein «Fall Zaisser/Herrnstadt» entstanden. Ich war öffentlich als «Feind der deutschen Arbeiterklasse», als «Feind des deutschen Volkes», «Trotzkist» und «Verräter», «Feigling», «bürgerlich entarteter Mensch» und «deutscher Tito» bezeichnet worden. Es war nicht sicher, ob ich morgen noch den Kopf auf den Schultern tragen würde. Mindestens ein Mitglied der Parteiführung, Karl Schirdewan, zielte eindeutig auf die physische Vernichtung. Und gerade mein Auftreten auf dem 10. Plenum, das von ihr in einem vielseitigen Artikel unterstützt worden war, war nun auf dem 15. Plenum als Nachweis für meinen «Sozialdemokratismus» «entlarvt» worden.

Unter solchen Umständen fiel ihr das Gespräch über die Notiz von Franz Mehring wieder ein und veranlaßte sie zu ihrem Brief an die ZPKK.

Genosse Matern und Genossin Geffke fragten, was ich zu den Angaben von Hanna Wolf zu sagen hätte. Meine Bemerkung, daß mir allmählich schwer falle zu diskutieren, befriedigte sie nicht. Meine Bemerkung, daß mir auf Grund dieses Briefes von Hanna Wolf eher Zionismus als Sozialdemokratie vorgeworfen werden müsse, bestätigten sie. Ich erklärte, daß ich darauf verzichte, mich zu verteidigen und daß sie annehmen sollten, was sie Lust hätten.

Hier habe ich das Bedürfnis hinzuzufügen, daß sich an meiner Einschätzung von Hanna Wolf nichts geändert hat. Ich halte sie nach wie vor für eine kluge, parteiergebene und auch mutige Genossin, die keineswegs die Absicht hatte, einen Baustein für die Vernichtung von Zaisser und mir zu liefern, sondern die sich – trotz aller Bildung – über das wirkliche Wesen und die Gefährlichkeit von Dogmatismus und Personenkult nur höchst unvollkommen orientierte.

57.

Etwa vier Wochen später wurde ich zur zweiten Vernehmung von Merseburg nach Berlin gerufen. In der Zwischenzeit war der Verleumdungsfeldzug gegen Zaisser und mich fortgesetzt worden. Alle meine Hoffnungen auf Aufklärung klammerten sich an die Fortführung der Untersuchung durch die ZPKK.

In Berlin kaufte ich auf dem Wege zur ZPKK die eben erschienene Nummer (Heft 16) des Funktionärsorgans des ZK «Neuer Weg». Sie enthielt neben anderen Schmähungen eine drei Seiten lange Zusammenstellung von «Auszügen aus den Referaten und Diskussionsreden auf den Tagungen der Bezirksleitungen und Parteiaktivs», die einen qualitativ neuen Schritt in der Durchführung des «Falles Zaisser/ Herrnstadt» darstellten.

In den bisherigen Reden und Veröffentlichungen war zwar – ausgehend von den Namen Berija und Fechner – gelegentlich der Gedanke angeklungen, wir seien vielleicht nicht nur ‹Sozialdemokraten› und ‹Fraktionisten›, sondern bewußte Feinde – aber eine solche Vermutung klar auszusprechen hatte man bisher vermieden. Nun erfolgte das. Unsere Ansichten wurden als «verbrecherisch» bezeichnet, wir selber als mutmaßliche Agenten. So hieß es z. B.:

> «Wo beginnen die Schwankungen bei den Genossen Herrnstadt und Zaisser, und wo fängt die Agententätigkeit an?»

Oder:

> «Lenin lehrt uns, daß es in zwei Fragen kein Verzeihen gibt: Verrat an der Klasse und Verrat an Genossen. Ist das Verrat, wenn der Chefredakteur unseres Zentralorgans uns ohne die richtige Orientierung läßt? Das ist Verrat!»

Es wurde – als selbstverständlich – unser Ausschluß aus der Partei gefordert, aber die gebrauchten Wendungen zeigten, daß der Fall logischerweise auch damit nicht sein Bewenden haben könne.

Mich alarmierten in diesem Zusammenhang drei Dinge:

1. Nie hätte das Funktionärsorgan «Neuer Weg» gewagt, aus eigener Initiative und Verantwortung eine ‹Zusammenstellung› von solcher Tragweite zu veröffentlichen. Außerdem mußten ihm die «Auszüge» vom Apparat des Zentralkomitees zur Verfügung gestellt worden sein. In Frage hierfür kam in erster Linie die Abteilung Lei-

tende Organe, die nach den Direktiven von Karl Schirdewan arbeitete. Karl Schirdewans Skrupellosigkeit gegenüber ihm unbequemen Genossen hatte schon vor Jahren zu schweren Auseinandersetzungen in der Partei geführt. Auch zwischen ihm und mir war es nicht zuletzt deswegen zum Bruch gekommen.

2. Die Untersuchung durch die ZPKK war unter solchen Umständen zur reinen Farce geworden. Wie sollte ich hoffen, vom Vorwurf des ‹Sozialdemokratismus›, des ‹Kapitulantentums›, des ‹Fraktionismus› rehabilitiert zu werden – wenn nun bereits der Vorwurf des Agententums und des Verrats in parteioffiziellen Organen erhoben wurde, und wenn die ZPKK nicht die Kraft (oder nicht den Willen) besaß, sich Spielraum für eine normale, unvoreingenommene Untersuchung zu erkämpfen?

3. Aus der publizistischen Praxis der Kommunistischen und Arbeiterparteien der voraufgegangenen Jahre kannte ich nicht einen Fall, in dem der öffentlich geäußerte Verdacht des Agententums und des Verrats gegen einen führenden Genossen zurückgenommen und – was die natürliche Folge hätte sein müssen – ein Verfahren gegen seine Verleumder eingeleitet worden war. Umgekehrt pflegte ein solcher öffentlich geäußerter Verdacht der erste, die Partei und die Öffentlichkeit orientierende Schritt auf *dem* Wege zu sein, an dessen Ende die physische Vernichtung stand.

Hinsichtlich des bevorstehenden Besuches in der ZPKK war ich überzeugt, daß mir nun der Ausschluß aus der Partei mitgeteilt werden würde.

Als ich zu den Genossen Matern und Geffke kam, fragte ich daher zunächst, ob ich ausgeschlossen sei.

Genosse Matern erwiderte erstaunt: «Da säßest Du nicht hier ...»

Ich legte die Nummer des «Neuen Weg» vor und fragte Genossen Matern, ob er die Auszüge gelesen habe. Er nahm das Heft, las und legte es gleichmütig wieder weg.

Ich fragte, wie Genosse Matern als Vorsitzender der ZPKK solche Veröffentlichungen zulassen könne, während er die Untersuchung führe. Wer solle naiv genug sein zu meinen, daß nach solchen Veröffentlichungen etwas anderes als der Ausschluß aus der Partei von der ZPKK beschlossen werden könne.

Genosse Matern antwortete: «Man kann doch der Partei nicht verbieten zu diskutieren!?»

Ich hatte den Eindruck, daß diese Antwort nicht von ihm stammte, sondern daß sie die Argumentation W. S. Semjonows oder Walter Ulbrichts auf meinen – während der 1. Vernehmung vorgebrachten – Protest gegen die Veröffentlichungen war.

Ich erwiderte: 1. lasse die Parteiführung nicht *jede* Diskussion in der Parteipresse zu, sondern nur diejenigen Diskussionen, die sie wünsche; anders könne es auch nicht sein. Zweitens könne die Mitgliedschaft in einem solchen Fall wie dem vorliegenden nur über *das* diskutieren, was ihr von der Parteiführung zum Diskutieren vorgelegt werde. Daher könne ich die Bemerkung «Man kann doch der Partei nicht verbieten zu diskutieren!?» nur mit Erbitterung aufnehmen.

Genosse Matern zuckte die Achseln. Er war in dieser zweiten Vernehmung wesentlich unzugänglicher als in der ersten. Mir schien, als seien ihm im Zusammenhang mit der ersten Vernehmung Vorwürfe gemacht worden, etwa in der Richtung, er hätte sich die Initiative aus der Hand nehmen lassen.

Die Vernehmung selber drehte sich um die gleichen Fragen wie schon die erste. Wiederum wurde vor allem versucht, von mir ein «Geständnis» zu bekommen, ich hätte «Walter Ulbricht stürzen» wollen, was auf die Absicht hinauslaufe, die «Partei zu spalten». Meine Erklärung, ich würde ein solches unsinniges und unwahres «Geständnis» niemals ablegen, wurde von den Genossen Matern und Geffke mit Worten und Bewegungen beantwortet, die hießen: um so schlimmer für Dich.

Genosse Matern wird sich (wenn er will) aus diesem Teil der Vernehmung auch noch an folgende Stelle erinnern:

Ich sagte dem Sinne nach: abgesehen davon, daß ein solches «Geständnis» unwahr und unsinnig wäre – wenn ich es abgäbe, liefe ich Gefahr, daß mich die ZPKK in zwei Jahren wieder vorlade und mit Vorwürfen überschütte, aber diesmal im umgekehrten Sinn: wie ich mich hätte breitschlagen lassen können, ein solches «Geständnis» abzulegen; ob ich nicht begriffe, daß *dies* – und nichts anderes – für Sozialdemokratismus bei mir spreche? Genosse Matern ließ sich den Gedanken wiederholen und schüttelte dann befremdet den Kopf. Heute möchte ich meinen, daß an diesem Gedanken nur die Zeitangabe irrig war.

Neu in dieser Vernehmung war, daß nunmehr auch die Genossen Matern und Geffke Bemerkungen machten, aus denen hervorging, daß auch sie mit der Möglichkeit rechneten, ich sei ein bewußter Feind. Als ich fragte, ob sie im Ernst damit rechnen, erwiderte Genosse Matern: «Du mußt doch verstehen, daß die Partei verpflichtet ist, auch eine solche Möglichkeit zu untersuchen.» Dagegen konnte ich nichts sagen.

Zu erregten Szenen kam es, als ein dritter, mir unbekannter Genosse, der zeitweise an der Vernehmung teilnahm, in die Diskussion eingriff. Dieser Genosse (mutmaßlich Genosse Max Sens) behandelte mich von vornherein als Verbrecher. Seine Methode der Vernehmung ähnelte der, die wir von den Faschisten kennen. Ihm ging es vor allem um zweierlei: 1. mir anzuhängen, daß ich ein Komplice von Berija sei und als solcher ein Verschwörer gegen die Sowjetunion und die DDR, 2. festzustellen, daß nicht nur ein «Komplott» zwischen Genossen Zaisser und mir vorgelegen habe, sondern auch ein Komplott zwischen mir (bzw. Zaisser und mir) und Genossen Franz Dahlem, der damals bereits unter dem Verdacht feindlicher Konspiration mit Noel Field und anderen aus dem ZK ausgeschlossen war.

Nachfolgend rekonstruiere ich einige Stellen aus der Vernehmung durch diesen Genossen, auf deren besonderen Charakter ich schon in meiner Erklärung vom Dezember 1953 (natürlich mit der damals gebotenen Zurückhaltung) hingewiesen habe. Die Genossen Matern und Geffke können (wenn sie wollen) diese Angaben bestätigen.

Gen. Sens: «Und Euere Verbindung zu Berija?»

Ich (zu Matern): «Muß ich erst auf eine solche Frage antworten?»

Gen. Matern: «Ja.»

Ich: «Ich habe nie im Leben eine Verbindung zu Berija gehabt, so wenig wie Du, Du oder Du.»

Gen. Sens: «Aber Ihr habt doch die DDR aufgeben wollen und die Meinung verbreitet, die Sowjetunion werde die DDR aufgeben?!»

Ich: «Ich habe nie die DDR aufgeben wollen und nie die Meinung verbreitet, die Sowjetunion werde die DDR aufgeben.»

Gen. Sens: «Rede doch nicht! Zaisser hat es doch offen erklärt!»

Ich: «Ich glaube nicht, daß Zaisser das erklärt hat, und außerdem bin ich nicht Zaisser.»

Gen. Sens: «*Eine* Sippschaft seid Ihr gewesen! Du willst uns wohl dumm machen? Ihr habt doch über alles geredet und alles gemeinsam gemacht!»

An dieser Stelle platzte mir die Geduld. Ich erklärte, daß ich mir diesen Ton und diese Art zu argumentieren verbitte.

Gen. Sens fuhr fort: «Und jetzt erzähle uns mal ein bißchen über

222

Euere Verbindungen zu Dahlem. Mit dem habt Ihr doch auch konspiriert!»

Ich erwiderte, daß diese Frage so unsinnig sei wie die vorigen. Zwischen Dahlem und mir hätten wegen unserer Politik hinsichtlich Westdeutschlands beständig Reibungen bestanden. Niemals hätte ich mit Dahlem ein Gespräch über innerparteiliche Fragen geführt.

Gen. Sens sagte, es gäbe aber schriftliche Unterlagen.

Ich bat, sie mir zu zeigen.

Genosse Sens erzählte darauf unter dem zustimmenden Gelächter aller drei, «Dahlem, dieser Dummkopf» bombardiere, trotzdem er selber unter dem schwersten Verdacht stehe, die Parteiführung mit Briefen und Ratschlägen. So stehe er auf dem Standpunkt, die gegenwärtige Parteiführung sei unzulänglich. Er habe gleich «zur Rettung des Vaterlands eine neue Zusammensetzung des Politbüros vorgeschlagen». In dieser Liste «nehmt Ihr, Zaisser und Du, natürlich einen Ehrenplatz ein». Ob ich so naiv sei zu meinen, daß er, Sens, diese Wertschätzung Dahlems für Zaisser und mich für harmlos oder zufällig halte?

Ich erwiderte, daß ich Dahlems Briefe nicht kenne und für ihren Inhalt nicht hafte.

Genosse Matern brach schließlich die Diskussion zwischen Sens und mir ab, als offenkundig wurde, daß von ihr Ergebnisse nicht zu erwarten waren.

Im weiteren Verlauf protestierte ich formell bei Hermann Matern gegen den Versuch, mir eine Verbindung zu Berija zu unterschieben, und verlangte, daß mich die Partei gegen solche Praktiken schützt. Hermann Matern erwiderte: «Der Vorwurf Berija bezieht sich weniger auf Dich als auf Zaisser.» Meine Erwiderung, daß mir eine solche Antwort nichts nütze, überging er. Ich fragte ferner, was aus der Beschuldigung geworden sei, ich sei ein Komplice von Fechner. Matern antwortete: «Diesen Punkt lassen wir fallen. Mit Fechner und seinem Interview hattest Du nichts zu tun, das ist inzwischen geklärt.» (Nun war also, Monate nach dem 15. Plenum, die Untersuchung in der Redaktion erfolgt.)

Gegen Schluß der Vernehmung erklärte Genosse Matern, die Untersuchung müsse nun endlich zu einem Ende kommen. Er stelle sich das Ende so vor: es werde eine zur Veröffentlichung bestimmte Erklärung ausgearbeitet und mir vorgelegt werden, damit ich sage, ob ich ihrem Inhalt zustimme. Er, Matern, werde dem Politbüro vorschlagen, daß die dazu erforderliche dritte Verhandlung mit mir nicht von ihm allein, sondern von einer Reihe von Politbüromitgliedern geführt werde. Er allein wolle die Verantwortung nicht tragen. Ob ich mit diesem Vorgehen einverstanden sei.

Ich entnahm daraus, daß Genosse Matern *nicht* damit rechnete, daß ich aus der Partei ausgeschlossen würde, und antwortete, daß ich mit diesem Verfahren einverstanden sei. Gleichzeitig war mir klar, daß nun von mir verlangt werden würde, ich solle öffentlich zugeben, ich hätte – ob wissentlich oder unwissentlich – einen «Anschlag» auf die «Einheit der Parteiführung und der Partei» gemacht, wogegen sich die Partei hätte wehren müssen, wobei dann einige verzeihliche Überspitzungen passiert seien. Nach meinem Eindruck war man bereit, mich in der Partei zu belassen, wenn ich eine solche Erklärung abgab. Dieser Eindruck bestätigte sich sofort, denn Matern setzte hinzu: freilich sei erforderlich, daß ich *vor* dieser 3. Verhandlung noch eine zusätzliche schriftliche Erklärung an die ZPKK abgäbe. Wenn diese zusätzliche Erklärung zufriedenstellend sei, werde er, Matern, den Standpunkt vertreten, man solle mich mit einer harten Strafe in der Partei belassen.

Ich fragte, ob in der geplanten öffentlichen Erklärung auch Stellung genommen werden würde gegen solche unwahren und entehrenden Vorwürfe wie Berija, und ob diejenigen zur Verantwortung gezogen werden würden, die solche Vermutungen in der Öffentlichkeit erzeugten. Genosse Matern schüttelte den Kopf.

Ich fragte, ob in der geplanten Erklärung wenigstens diejenigen öffentlichen Anschuldigungen widerrufen werden würden, die sogar nach dem Eingeständnis der ZPKK zu Unrecht erhoben wurden wie die Beschuldigung hinsichtlich Fechners.

Genosse Matern erwiderte: «Nein. Was nicht drinsteht, ist nicht.»

Damit stand vor mir die Frage, was für eine Erklärung ich nunmehr schreiben solle, um einerseits bei der Wahrheit und andererseits in der Partei zu bleiben. Ich hatte nicht die geringste konkrete Vorstellung davon, wie eine solche Erklärung würde aussehen können und sagte das Matern. Er begann einige Bemerkungen zu machen, was er sich vorstelle, wie die Erklärung etwa formuliert sein könne. Ich nahm einen Bleistift und versuchte, ein paar Worte davon zu notieren. Genossin Geffke sagte: «Na, das geht ja nun doch nicht, daß Du Dir jetzt aufschreibst, was Du uns dann schicken wirst.» Ich steckte den Bleistift wieder fort.

58.

In den folgenden Tagen probierte ich in Merseburg, die gewünschte zusätzliche Erklärung zu schreiben. Meine Lage war nun etwas anders als im August bei Niederschrift der ersten Erklärung. Zwar war ich noch keineswegs frei von der Psychose, Fehler bei mir zu sehen oder zu suchen, wo keine waren. Andererseits aber war ich durch die jüngsten Veröffentlichungen und die 2. Vernehmung mißtrauisch geworden. Daß meine Bereitschaft, Fehler bei mir zu finden, nicht zu weit gehen durfte, daß ich den jahrelangen Kampf für eine saubere kollektive Parteiführung und eine echte Demokratisierung verleugnete und mich statt dessen zu einem politischen Hanswurst und Karrieristen machte – das war mir auch früher klar gewesen. Aber nun kam die Erfahrung hinzu, daß jedes Zugeständnis, zu dem ich mich hatte treiben lassen, nur eine Treppenstufe gewesen war zu noch weitergehenden und noch widersinnigeren Anklagen. Außerdem wirkte die Erwägung mit, daß möglicherweise wirkliche Feinde der Arbeiterklasse die Hand im Spiele haben, die planmäßig auf die Selbstvernichtung der führenden Kader ausgehen.

Auch einige andere Umstände und Erfahrungen wirkten nun auf mich ein, z. B.:

1. Die Betriebsleitung des Deutschen Zentralarchivs hatte mich nach meiner Rückkehr aus Berlin gefragt, wie die Sache nun stehe. Wie stets hatte ich eine ausweichende Antwort gegeben. Dr. Nissen fragte, ob nicht wenigstens hinsichtlich der schlimmsten Vorwürfe, Berija und Fechner, eine Rehabilitierung erfolgen würde; es gäbe Menschen, die ihn auf der Straße anhielten und in drohendem Tone fragten, wie er Menschen wie mich beschäftigen könne. Ich sagte, im Falle Fechner hätte sich die Partei von meiner Schuldlosigkeit überzeugt. Er sagte, das werde nun hoffentlich bald in der Zeitung stehen. Ich erwiderte, er solle nicht damit rechnen, gab Materns Antwort wieder: «Was nicht drinsteht, ist nicht» und fügte hinzu, daran sei nichts Verwunderliches, das sei bei Prozessen so üblich (ich war gewohnt, jegliches Vorgehen der Parteiführung gegenüber Außenstehenden zu verteidigen). Dr. Nissen gab mir zur Antwort: «Ich bin zwar nur ein parteiloser Intellektueller, aber wenn ich das höre, muß ich sagen, ich bin es mit Stolz. Mit der Moral des Herrn Matern möchte ich nicht identifiziert werden, ich glaube auch nicht, daß Ihre Partei mit dieser Moral in Deutschland einen Blumentopf gewinnen wird.» Daß ich mir

als Kommunist eine solche Antwort geben lassen, und vor allem, daß ich ihr im Innern zustimmen mußte, befestigte in mir die noch unbestimmte Erkenntnis, daß ich im sogenannten «Fall Zaisser/Herrnstadt» um mehr zu kämpfen hatte als nur um die eigene Rehabilitierung.

2. Das Leben als Geächtete brachte uns – meiner Frau, meinen Kindern und mir – viele Demütigungen, auf die man vorher niemals hätte kommen können, und auch Erschwerungen der unerwartetsten Art. Ich verzichte auf die Anführung von Einzelheiten und möchte in diesem Zusammenhang nur sagen: Gegenüber einem aus der Partei Ausgeschlossenen oder von ihr Geächteten sind die Formen des gesellschaftlichen Zusammenlebens und die Gesetze der Deutschen Demokratischen Republik nicht verbindlich...

3. Inzwischen hatte ich in Merseburg das Einsetzen des «Neuen Kurses» erlebt. Als ob über der Stadt ein riesiger Sack aufgehängt worden wäre, der sich plötzlich öffnete, war über die Bevölkerung ein Hagel von Speck, Wurst, Fleisch, Butter und anderen bisher unzulänglich vorhandenen Waren niedergegangen. Durch schlechte Erfahrungen belehrt, war die Mehrheit der Bevölkerung entgegen den offiziellen Verlautbarungen überzeugt davon, es handle sich wieder einmal um eine *vorübergehende* Verbesserung der Versorgungslage, hatte sich auf die Sachen gestürzt, sie konsumiert und gehamstert – und dadurch tatsächlich wieder Engpässe geschaffen. Zugleich reagierte sie in einer für Partei und Staat keineswegs positiven Weise: sie nahm die Anlieferungen (und auch alle etwa noch kommenden, mochten sie noch so groß sein) als die Erfüllung der primitivsten Verpflichtung von seiten der Regierung. Dazu wurden viele Stimmen laut des Inhalts: Na also, sie haben es doch; warum nicht gleich so; man muß eben erst die Faust zeigen, dann entschließen sie sich. Wie bei derart groben, undurchdachten, letzten Endes wiederum die Massen verachtenden Methoden die DDR zu einem Magneten für Westdeutschland werden sollte, war nicht zu sehen. Ein Teil der aufgewandten materiellen Mittel in Verbindung mit einigen ersten, selbst nur wenigen Schritten *echter* Demokratisierung, echter und sichtbarer Verwerfung bisher praktizierter fauler Methoden, *echter* Übergabe der Beschlußfassung und Kontrolle über die Verteilung an die Bevölkerung, vertrauensvoller undogmatischer Aufklärung über die Versorgungslage im Weltmaßstab und die Herkunft des neuen Reichtums – hätte ein weit besseres politisches Resultat ergeben. Mich er-

bitterte dieser Vorgang um so mehr, als wir – die Mehrheit des alten Politbüros – dieses Ergebnis vorausgesehen hatten und für unsere Warnungen und Vorschläge verlacht worden waren. Er erbitterte mich ferner deshalb besonders, weil ich wußte, daß dieser Reichtum, der in Merseburg wie durch ein hohles Faß abfloß, von anderen Völkern durch Entbehrungen bezahlt wird. Meine eigene Frau war erst vor kurzem aus einer kleinen russischen Stadt von ihren Angehörigen zurückgekehrt, die Jahrzehnt um Jahrzehnt in höchster Bescheidenheit leben und zu leben bereit sind, nicht zuletzt, weil das Sowjetvolk anderen Völkern hilft. Als deutscher Kommunist weiß ich, daß die Arbeiterklasse im gespaltenen Deutschland auf sowjetische Hilfe noch nicht verzichten kann. Aber zur Dankbarkeit für diese Hilfe gehören nicht nur Worte, sondern gehört auch der Mut, gegen die Verschleuderung dieser Hilfe anzutreten – insbesondere auch dann, wenn sowjetische Vertreter wie W. S. Semjonow durch Dogmatismus und Überheblichkeit daran gehindert werden, die Wirklichkeit zu sehen.

59.

Die genannten Umstände zusammengenommen brachten mich zur Auffassung, daß nunmehr Schluß sein muß mit der Nachgiebigkeit aus vermeintlicher Parteidisziplin. Ich entschloß mich, die Wahrheit zu schreiben ohne Rücksicht auf die Folgen. Ich wollte nur versuchen, sie so vorsichtig zu formulieren, daß ich eventuellen bewußten Versuchen, Zaisser und mich auch physisch zu liquidieren, nicht direkt in die Hände arbeitete. So entstand die Erklärung vom 1. Dezember 1953. Von einigen Einschränkungen und sinnlosen Selbstvorwürfen abgesehen, kann ich jedes in ihr enthaltene Wort auch heute unterschreiben. Ich habe eine große Genugtuung darüber, diese Erklärung zur Frage der Volksmassen, des Personenkults, des Dogmatismus, des sozialistischen Humanismus usw. mehr als zwei Jahre *vor* den Ausführungen gemacht zu haben, die auf dem XX. Parteitag der KPdSU gemacht wurden, und die auch meinem Leben und meinem Selbstvertrauen neue Kraft gegeben haben. Die Erklärung vom 1. Dezember 1953 antwortet auf Hermann Materns Frage: «Was habt Ihr gewollt?». Hier setze ich nur einige Stellen her:

«Was wir gewollt haben, ist: die deutsche Arbeiterklasse siegreich sehen. Die großen Möglichkeiten, die sie nunmehr besitzt, ausgenutzt sehen. Und nicht umgekehrt: wieder herausgehauen werden müssen. Nicht wieder hilflos dastehen, wenn die Vertreter der Bruderparteien hinterher fragen: *wie* war das möglich? *wieso* war Euer eigener Beitrag so verhältnismäßig gering?» (Seite 2)

«Dabei sind wir nicht etwa der Meinung gewesen, daß unsere Erfolge gering sind. Im Gegenteil, wir waren der Meinung, daß sie vollauf ausreichen, um in *ganz* Deutschland einen Umschwung herbeizuführen. Aber daß das rechtzeitig der Fall sein würde, davon waren wir nicht überzeugt. Wir hatten im Gegenteil ständig den Eindruck: irgend etwas bei uns reicht nicht, irgend etwas ist zu kurz.» (Seite 2)

«Als die hauptsächlichsten Hindernisse ... erschienen uns:
1. ein nicht exaktes Herangehen unsererseits an die Arbeiterklasse,
2. ein nicht exaktes, die spezifischen Möglichkeiten oft nicht ausnutzendes Herangehen an die werktätigen Bauern, das städtische Kleinbürgertum und die Intelligenz.» (S. 3)

«Große Teile der Arbeiterklasse fühlten sich durch uns nicht angesprochen. Sie hatten das Empfinden, das von der feindlichen Propaganda systematisch wachgehalten wurde: ‹Ihr bestimmt ja doch alles ohne uns, auch wenn Ihr formal unsere Zustimmung sucht› und antworteten mit der Reaktion: ‹Dann macht es halt alleine›. Sie waren also nicht gegen unsere Losungen, auch nicht gegen opferreiche eigene Leistungen, aber sie wollten *aus eigenem Willen heraus* der Partei folgen können. Ich kam zur Auffassung: wenn die Partei versteht, ihnen diesen Willen zu vermitteln, hat sie gewonnen. Wenn sie das nicht versteht, kann sie die Löhne zehn Mal hintereinander erhöhen und sprengt nicht den Unmut, löst nicht das Mißtrauen, entzieht nicht die Arbeiter der Beeinflussung durch den Gegner. Aber die Möglichkeit, der Partei aus eigenem Willen heraus zu folgen, hatten diese Teile der Arbeiterschaft nicht. Denn während von hinten der Gegner sie beeinflußte, war das, was von vorne, von uns ihnen entgegenkam, zwiespältig: Einerseits die richtige Linie, guter Wille, vielfach unendliche Bemühung im kleinen, und andererseits eine erstaunliche Sorglosigkeit, ein großzügiges Drüber-Wegwischen über Probleme, Bedürfnisse, Differenzierungen bei Fortbestehen preußisch-deutscher Methoden des Kommandierens, Abfertigens, Beiseiteschiebens, die unter solchen Umständen unsere besten Absichten in den Augen der Arbeiter häufig diskreditierten und mitunter sogar einen provokatorischen Charakter annahmen.» (S. 3/4)

«Mich bewegt, daß wir bei großen Teilen der werktätigen Bauern, des städtischen Kleinbürgertums und der Intelligenz über eine sehr unzuverlässige Neutralisierung nicht hinauskamen, daß es nicht nicht gelang, sehr breite Teile von ihnen um die Arbeiterklasse zu scharen und an die Republik zu binden, daß die ‹Nationale Front› des demokratischen Deutschland, die doch eine umfassende, mitreißende, revolutionäre Bewegung hätte sein müssen, durch die die Arbeiterklasse ihre führende Rolle stabilisiert – Jahr um Jahr nur zentimeterweise vorwärtskam. Was die städtischen und ländlichen Mittelschichten, die Intelligenz anlangt, dachte ich: man muß ihnen (die nötige Wachsamkeit vorausgesetzt) ein gewisses Vertrauen zeigen und, wenn sie zur Unterstützung unserer Politik übergehen, ihre Selbstachtung fördern. Mir stand als Beispiel der Entwicklungsgang der ehemals in der Sowjetunion kriegsgefangenen Offiziere vor Augen. Aber bei uns war es anders. Sehr breite Teile dieser Schichten wurden uns gegenüber das Gefühl nicht los, daß wir heute mit ihnen schön tun, um sie morgen zu vernichten. Unter solchen Umständen kam – abgesehen davon, daß die konkreten organisatorischen Formen der Entfaltung der patriotischen Initiative der Werktätigen fehlten – ein entschlossenes Mitgehen nicht zustande.» (4/6)

«Die Lage im Politbüro war nicht normal ... eine ewige Hast und Nervosität. Wichtigste Fragen tauchten auf wie Kometen, wurden übers Knie gebrochen und verschwanden wieder. Andere, mitunter noch wichtigere Fragen wurden überhaupt nicht behandelt oder auf der Türschwelle berührt und wieder fallen gelassen. Ob eine Frage vorbereitet ins Politbüro kam, und ob die Vorbereitung zuverlässig war, war für die Mehrheit der Mitglieder zumeist nicht erkennbar. Ihr Ja oder Nein zur Beschlußfassung genierte sie daher oft selber. Da außerdem die Mitglieder der Führung untereinander kaum verbunden waren, kamen sie nicht wie die Führung, sondern eher wie Zuschauer zusammen und zerstreuten sich nachher wieder, oft kopfschüttelnd und mit entsprechenden Bemerkungen über ihre eigene Rolle. So bildete sich ein Gefühl heraus, nur in zweiter Linie verantwortlich zu sein. Aus einer richtigen Einstellung: «Wir sind nicht allein» wurde oft eine falsche: «Wir tragen ja letzten Endes nicht die Verantwortung». Dieser Zustand entsprach nicht dem Willen der Politbüro-Mitglieder.» (Seite 12)

«Ich liebe Walter Ulbricht, aber ich halte diktatorische Tendenzen eines Einzelnen in einer marxistisch-leninistischen Partei für schädlich, um so mehr wenn ich ihre Auswirkungen vor mir sehe. Und ich kann nicht verstehen, warum diese beiden Fakten nicht nebeneinander Platz haben und zu den entsprechenden Reaktionen führen sollen, und warum es nötig ist, an den Haaren herbeigezogene ‹Motive› für einen Tatbestand zu suchen, der klar zutage liegt» (Seite 14).

«Der Dualismus zwischen Politbüro und Sekretariat empörte die Mitglieder des Politbüros allgemein. Im Politbüro sahen wir *eine* Form der Parteiführung, im Sekretariat (im Werden) eine andere. Im Politbüro sahen wir eine noch sehr unzulängliche, aber im Wesen gesunde Führung, die zu einem echten Kollektiv entwickelt werden konnte. Im Sekretariat (im alten) sahen wir keine gesunde Führung. In Walter Ulbricht innerhalb des Politbüros sahen wir (in der Perspektive) den ersten unter gleichen, dem die anderen mit Begeisterung folgen, weil sie das ungehemmt und mit großen gesicherten Erfolgen tun können. In Walter Ulbricht innerhalb des Sekretariats sahen wir den führenden Genossen der Partei auf einem Wege, von dem wir überzeugt waren, daß er falsch und gefährlich ist und bei Fortsetzung zu schwerem Schaden für die Partei und zu seinem eigenen Scheitern würde führen müssen. Daher ging es ums Ganze, und wenn vor dem Plenum gesagt wurde ‹Wir haben um Walter Ulbricht gerungen!›, so mögen wir falsch und schlecht gerungen haben, aber das war keine Phrase.» (Seite 16)

«Würde es sich nur um Genossen Ulbricht handeln, so wäre die Gefahr halb so groß… Aber andere (Mitglieder des Sekretariats) haben weder seine Fähigkeiten noch seine Erfahrung noch kann man mit ihnen sprechen. Andererseits handelt es sich um keine Einzelerscheinung, sondern um einen bestimmten Typ von leitendem Funktionär, der aus diesen Umständen hervorwächst… Wir suchten oft nach einer Bezeichnung für diesen Typ, nannten ihn ‹Geschäftsführer-Typ›, ‹Moltschalin-Typ›, und hatten folgende Eigenschaften im Auge: unschöpferisch, aber hurtig, energisch, schlau und jedem ernsten Meinungsstreit ausweichend – im Gegensatz zu dem Funktionärstyp, den wir uns für leitende und erst recht für führende Funktionen vorstellten: prinzipiell, schöpferisch. Am meisten beunruhigte uns, daß die Wirkungen nicht auf das Sekretariat beschränkt bleiben. Da das Sekretariat mit allen Partei- und Staatsstellen in unmittelbarer Fühlung stand, paßte sich mancher Genosse an, und der ‹unerwünschte Funktionärstyp› pflanzte sich fort» (S. 17/19).

«Die anderen Menschen fühlen lassen, daß sie überflüssig sind, daß sie im Grunde nur benutzte und tolerierte Statisten sind, ist nicht nur falsch (sie *sind* nicht überflüssig) und nicht nur unhumanistisch, sondern ist einer derjenigen Fehler, die gerade wir uns angesichts des Charakters der von uns zu lösenden Aufgaben um keinen Preis leisten dürfen. Ich sah darin eine Spielart des Sektierertums... die, wenn sie in der Partei Raum gewinnt, der Partei erschwert, einige der wichtigsten Fragen (Aktionseinheit, Nationale Front usw.) zu lösen.» (Seite 19/20)

«Was wollte ich erreichen?
‹Erneuerung der Partei›: Entfaltung des Prinzips der Kollektivität in den Leitungen. Offener konzentrierter Kampf gegen den ‹unerwünschten Funktionärstyp› in den Leitungen, in denen er sich findet, mit der Begründung, daß und warum er das Niveau der Parteiarbeit senkt, Furcht und Doppelzüngigkeit erzeugt und die Massenarbeit der Partei behindert. Programmatische Darlegung der marxistisch-leninistischen Prinzipien für die Entfaltung der Initiative der werktätigen Massen, wobei auch auseinandergesetzt wird, daß Prinzipialität und Humanismus keine Gegensätze sind. Breiteste Heranziehung geeigneter Genossen aus der Produktion an Stelle von schwer erziehbaren Bürokraten und nominellen Parteimitgliedern (‹Die Erneuerung muß von den Betrieben ausgehen›). Aufschlüsselung und Konkretisierung des nationalen Programms der Partei.» (Seite 23)

«Ich glaube, die Partei – *jede* kommunistische Partei – würde es mit Recht nicht verstehen und mir mit Recht den schwersten Vorwurf machen, wenn ich einen anderen Standpunkt vertreten würde als den: nachdem die Angelegenheit bis zu diesem Punkt gediehen ist, kann niemand, am wenigsten ich, auf die restlose Klärung verzichten.» (Seite 36)

«Aber auch die Gefahr des Ausschlusses aus der Partei wird mich nicht veranlassen, der Partei ins Gesicht zu lügen und Verbrechen auf mich zu nehmen, die ich nicht begangen habe. Ich habe der Partei nie die Unwahrheit gesagt, und so wird es bleiben. Es ist mir auch kein Fall vorstellbar, wo ein Belügen der Partei der Partei nützlich sein könnte.
Ich möchte zum Schluß noch einmal sagen, daß jede nur erdenkliche Hilfe, die ich der Partei leisten könnte, um diese Sache zu einem gerechten Ende zu führen, von mir geleistet werden wird. Der Zustand,

seit Monaten die Gedanken auf diese Angelegenheit zu konzentrieren, statt wie stets früher auf die Arbeit, auf den Kampf gegen den Feind, und das noch dazu in dieser Zeit des verschärften Klassenkampfes, ist mir seit langem unerträglich. Und auch für mich kommt nur eine solche Beendigung des Falles in Frage, die der Partei nützt, ihr neue Kraft zuführt.» (Seite 36)

60.

Ich sandte diese Erklärung in zwei Exemplaren an Hermann Matern mit der Bitte, ein Exemplar Walter Ulbricht zu geben, das zweite den sowjetischen Genossen. Für die sowjetischen Genossen schrieb ich folgende Bemerkung an den Schluß der Erklärung (Seite 37):

> «Ich bitte den Genossen W. S. Semjonow (im Falle seiner Abwesenheit seinen Vertreter), diese Erklärung den Genossen des ZK der KPdSU, namentlich den Genossen Malenkow, Molotow und Chruschtschow zur Kenntnisnahme zu übersenden. Es wird verständlich sein, daß ich angesichts solcher Verdächtigungen und angesichts der Tatsache, daß ich zwanzig Jahre lang (von 1930 bis 1950) das Vertrauen der Sowjetarmee genoß, die sich nun auch fragen muß, ob sie ihr Vertrauen nicht einem Feinde oder mindestens einem potentiellen Feinde zugewandt hat, das Bedürfnis habe, daß diese Genossen vom Stand der Sache Kenntnis nehmen.
>
> Ich bitte den Genossen W. S. Semjonow ferner (im Falle seiner Abwesenheit seinen Vertreter), diesen Genossen zu übermitteln, daß ich sie sehr bitten lasse und für nützlich halten würde, daß *nach Abschluß des Verfahrens durch die deutsche Partei* ein Beauftragter des ZK der KPdSU, der aus Moskau in die DDR reist, mich aufsucht.»

(Die Worte «nach Abschluß des Verfahrens durch die deutsche Partei» schrieb ich, damit nicht der Eindruck entsteht, als suchte ich bei der sowjetischen Partei Hilfe gegen die eigene Partei.)

Bis zum heutigen Tage ist weder ein Vertreter des ZK der KPdSU zu mir gekommen noch ist in irgendeiner anderen Form der Eingang dieser Erklärung in Moskau bestätigt worden. Ob deshalb, weil die Erklärung nicht weitergegeben wurde oder deshalb, weil für überflüssig gehalten wurde, auf sie einzugehen, entzieht sich meiner Kenntnis.[124]

61.

Bei Absendung der Erklärung war mir klar, daß nun die von Hermann Matern angedeutete Beendigung der Angelegenheit – Verbleiben in der Partei gegen öffentliche Selbstbezichtigung als ‹Spalter› – zerschlagen worden war. Das erschien mir in jeder Beziehung als unerläßlich. Was nun kommen konnte, war nur zweierlei, entweder eine neue, diesmal echte Untersuchung – das war unwahrscheinlich. Oder ein neuer Haßausbruch, der mir den Ausschluß brachte, wenn nicht Schlimmeres.

In den folgenden Wochen zeigten einige Vorgänge, daß sich das Vorgehen gegen mich weiter verschärfte. Einen von ihnen führe ich an:

In der Parteigruppe des Deutschen Zentralarchivs, der ich nunmehr angehörte, war der Parteisekretär ausgewechselt worden. Der neue Parteisekretär, Genosse Schrader, erstattete (am 11. 12. 53) den Tätigkeitsbericht für das abgelaufene Jahr. Zu seiner Unterstützung hatte die Kreisleitung Merseburg eines ihrer Mitglieder, Genossen Ullrich, entsandt. Am Ende seines Berichts stellte Genosse Schrader fest, die Parteigruppe habe «beim Auftauchen des Genossen Herrnstadt Disziplin gewahrt»; er fordere die Mitgliedschaft ernstlich auf, «dem Genossen Herrnstadt gegenüber auch weiter Disziplin zu halten».

Die anschließende Diskussion drehte sich nur um diesen Satz. Ein Genosse (Welsch) erklärte, der Satz klinge ja fast, als ob die Mitglieder Miene gemacht hätten, mich zu lynchen. Er könne nur sagen, er

---

124 Etwa von diesem Teil der Niederschrift an beginnen einige Formulierungen, die sich direkt an sowjetische Funktionäre, namentlich Chruschtschow richten. Es kann nicht eindeutig geklärt werden, wann diese Passagen entstanden, bzw. ob sie dem schon fertigen Manuskript angefügt worden sind, was durchaus möglich ist. Auch ist nicht klar, ob das Gesamtmanuskript in die UdSSR gesandt wurde. Gegen diese Annahme spricht allerdings, daß Rudolf Herrnstadt in seinem Schreiben vom November 1959 keinerlei Bezug darauf nimmt. Eine spätere Übersendung ist nicht wahrscheinlich.

sitze mit mir im gleichen Zimmer und brauche «sich nicht am Riemen zu reißen», um mit mir zusammenzuarbeiten. Er beantrage die Streichung des Satzes.

Der Parteisekretär verteidigte den Satz.

Darauf erhob sich ein alter Genosse, ehemaliger Grubenarbeiter aus Oberschlesien (Mikosch) und erklärte, die Partei solle solche Methoden lieber lassen. Ich sei jetzt vier Monate in Merseburg. Die Mitglieder hätten Gelegenheit gehabt, mich kennenzulernen. «Der Arbeiter hat doch auch Augen im Kopf.»

In Unterstützung des Betriebsparteisekretärs verteidigte nun der Genosse der Kreisleitung den Satz.

Darauf entstand Unruhe. Die beiden Genossen gerieten so sehr in die Defensive, daß mir nötig erschien, ums Wort zu bitten. Laut Protokoll erklärte ich: «Es ist Pflicht eines jeden Genossen, bevor nicht das Ergebnis der Untersuchung vorliegt, mir eine gewisse Reserve entgegenzubringen.»

Darauf trat Ruhe ein.

(Ich kann aus dem Protokoll zitieren, weil sich die Betriebsgruppe längst aus eigenem Antrieb für diese Szene entschuldigte und mir das Protokoll zur Verfügung stellte. Genosse Schrader erklärt, daß der erwähnte Satz nicht von ihm stammte, sondern von der Kreisleitung. Es sei darauf bestanden worden, daß er diesen Satz vortrug. Damals hätte Panik geherrscht. Der Beschluß des ZK, mich nach Merseburg zu senden, sei im Hinblick auf die schwere Lage der Parteiorganisation im Kreisgebiet als völlig unverständlich empfunden worden. «Sie wissen doch oben, wir haben schon Leuna und Buna im Kreis, jetzt schicken sie uns auch noch Herrnstadt.» Ihm [Schrader] sei als Marschroute für die Behandlung meiner Person durch die Betriebsgruppe mitgegeben worden: «Eure Aufgabe ist, ihm klarzumachen, daß er nicht nur aus dem ZK ausgeschlossen ist, sondern daß er in der Partei nichts zu suchen hat.»)

62.

Am 16. Januar 1954 erhielt ich von der Kreisleitung Merseburg ein Schreiben des Wortlauts: «Mitteilung des ZK! Der Genosse Herrnstadt soll am 18. Januar 1954, 16.30 Uhr bei dem Genossen Matern sein.»

Die Form dieses Schreibens deutete auf nichts Gutes. Andererseits klammerte ich mich an Materns seinerzeitige Bemerkung: «Wenn Du ausgeschlossen wärest, säßest Du nicht hier.» Ich redete mir ein, ich könne nicht ausgeschlossen sein, weil ich sonst nicht wieder nach Berlin gerufen werden würde.

Als ich ins Zimmer des Genossen Matern trat, saßen an der einen Längsseite des Tisches die Genossen Schirdewan und Ulbricht, ihnen gegenüber war ein Stuhl frei, auf dem 2. saß Genosse Rau.

Als ich die Anwesenden begrüßte, gaben mir Rau und Matern die Hand, Ulbricht und Schirdewan wandten sich weg. Nachdem ich mich auf den freien Stuhl gesetzt hatte, zog Genosse Matern ein Blatt Papier hervor und erklärte: «Ich habe Dir einen Beschluß des Zentralkomitees zu verlesen.» Während er las, drehte sich mir alles im Kopf, ich wußte nur eines: Ausschluß.

Als Genosse Matern zu Ende gelesen hatte, fragte er mich: «Willst Du noch etwas sagen?»

Ich sagte, ich wüßte nicht, was zu sagen jetzt noch einen Sinn hätte. Genosse Matern nickte bestätigend. Er fügte hinzu: «Wir haben Dich hierher gerufen, weil ich Dir doch seinerzeit sagte, Du würdest noch einmal gerufen werden.» Dann war Stille.

Ich fragte, ob meine Erklärung vom 1. Dezember angekommen sei und ob sie ohne Antwort bleibe.

Genosse Matern zeigte als Antwort auf den vor ihm liegenden Ausschlußbeschluß. Dann war wieder Stille.

Ich sagte: «Unter diesen Umständen wird es vielleicht nicht einmal mehr möglich sein, daß ich die Arbeit in Merseburg fortsetze.»

Genosse Matern fragte: «Was machst Du denn in Merseburg?»

Ich sagte, daß ich als wissenschaftlicher Forschungsbeauftragter tätig sei und an einer Untersuchung über den Kölner Kommunistenprozeß 1852 arbeite. Das Ergebnis solcher Untersuchungen werde danach beurteilt, ob ein zur Veröffentlichung reifes Manuskript dabei entstünde. Ich hielte es angesichts des Parteiausschlusses für meine Pflicht, darauf aufmerksam zu machen.

Beim Wort «Veröffentlichung» verzog Genosse Matern das Gesicht, als hätte er auf etwas Saures gebissen. Genosse Ulbricht kam ihm zuvor und sagte achselzuckend: «Ich sehe keine Bedenken.» Dabei machte er eine wegwerfende Handbewegung. Ich hatte den Eindruck, daß Genosse Ulbricht angesichts der außerordentlichen Schwierigkeit, mich überhaupt noch irgendwo im Arbeitsprozeß unterzubringen, keine Neuaufrollung der Frage meines Wohnorts wollte und im übrigen fest davon überzeugt war, daß es ihm zum gegebenen Zeitpunkt ein leichtes sein werde, mit dem Ergebnis meiner Arbeit fertig zu werden. Genosse Matern wiederholte – nun im Tone des Erstaunens – die Worte des Genossen Ulbricht: «Ich sehe keine Bedenken?! Es gibt doch sicher auch andere parteilose Forschungsbeauftragte zu Fragen der deutschen Arbeiterbewegung?»

Ich erwiderte, die gäbe es, aber das seien in der Mehrzahl eigentümliche Forschungsbeauftragte zu Fragen der deutschen Arbeiterbewegung. Wenn sie schrieben, schrieben sie als Marxisten, weil man in der DDR zu Fragen der Arbeiterbewegung von einem anderen Standpunkt aus nicht tätig sein könne, aber wenn sie den Federhalter weglegten, redeten sie ganz anders.

Diese Worte hatten eine unerwartete Wirkung. Genosse Ulbricht rief mir zu: «Jawohl! Ganz richtig! Das ist die Lage in der DDR, und in dieser Lage macht Ihr solche Sachen!» Er rief in großer Erregung noch ein paar weitere Sätze, aus denen mir nur in Erinnerung ist, daß «ganz dicht bei Dir, in Leuna» eine sozialdemokratische Agentengruppe ausgehoben worden sei und sagte dann, über seinen eigenen Ausbruch betroffen, zu Genossen Matern: «Das muß man ihm doch sagen. Sonst kann er das ja gar nicht verstehen.» Beim Worte ‹das› zeigte er auf den vor Matern liegenden Ausschlußbeschluß.

Ich bat, die örtlichen Stellen in Merseburg davon zu verständigen, daß ich nach Auffassung des ZK auch nach dem Ausschluß in Merseburg arbeiten könne. Ohne eine solche Verständigung werde das nicht möglich sein. Das wurde zur Kenntnis genommen.

Ich fragte, ob ich nicht irgendeinen besonders gefährlichen Auftrag übernehmen könne, um der Partei zu beweisen, daß sie sich in der Einschätzung meiner Person irrt.

Genosse Schirdewan erwiderte: «Um die Partei brauchst Du Dich nicht mehr zu sorgen. Das kannst Du in völliger Ruhe uns überlassen. Deine Aufgabe ist es jetzt, diszipliniert zu sein.» Wie dieser letzte Satz verstanden werden sollte, blieb offen.

Damit war das Gespräch über meine Angelegenheit erschöpft.

Genosse Matern sagte nun, er habe noch eine andere Frage an mich. Ich möchte noch einmal über das Gespräch berichten, das ich und Zaisser oder ich und Ackermann mit dem Genossen Rau über Veränderungen in der Parteiführung geführt hätte.

Ich erwiderte, daß ich von einem solchen Gespräch nichts wisse.

Genosse Matern sagte: «Erinnere Dich nur. Das Gespräch zu dritt, das Ihr geführt habt.»

Ich sagte: «Ein solches Gespräch hat niemals stattgefunden.»

Genosse Matern sagte: «Aber Du hast es doch selbst ausgesagt!»

Ich sagte, daß ich das niemals ausgesagt haben könne, und daß – nach den Worten Materns – auch durch Vernehmung Zaissers oder Ackermanns festgestellt werden könne, daß ein solches Gespräch nie stattgefunden hat.

Genosse Matern sagte: «Dann lese ich Dir Deine eigene Aussage vor.» Er nahm ein Aktenstück und las mir einen längeren Absatz vor, der mir völlig unbekannt war.

Ich sagte: «Dieser Absatz stammt nicht von mir.»

Matern sagte: «Aber er steht doch hier!»

Mir wurde unheimlich und ich sagte: «Ich erkläre hiermit, daß diese Aussage nicht von mir stammt. Das einzige Mal, daß der Name Rau in dieser Angelegenheit fiel, war im Politbüro in Eurer Gegenwart, damals habe *ich* ihn genannt.»

Genosse Rau rief: «Eben!»

Genosse Matern versuchte es noch einmal.

Darauf sagte ich: Wenn mir ein ganzer mir völlig unbekannter Absatz als meine Aussage vorgelegt werde, müsse ich mich fragen: Was alles steht noch in diesem Protokoll, das ich nie gesehen habe? Ich müsse mich das um so mehr fragen, als Genosse Matern ja selber wisse, daß ein zuverlässiges Protokoll gar nicht bestehen könne, da die Genossin Paffrath (Sekretärin des Genossen Matern) nur zeitweise bei den Vernehmungen anwesend war und selbst während ihrer Anwesenheit nur einen Bruchteil mitschreiben konnte, weil viel zu schnell und erregt gesprochen wurde. Die meiste Zeit habe sie mit dem Bleistift in der Hand dagesessen und vom einen zum anderen geblickt.[125]

125 Diese Schilderung Rudolf Herrnstadts über die Protokollierung der ZPKK-Untersuchung ist in zweifacher Hinsicht bemerkenswert. Zum einen ist es die

Genosse Matern hob das «Protokoll» hoch und sagte: «Du kannst es sehen. Bitte.»

Ich sagte: «Das sagst Du mir jetzt? Wo ich bereits ausgeschlossen bin und das Protokoll seine Wirkung getan hat?»

An dieser Stelle griff Genosse Ulbricht ein, der schon während der vergangenen Diskussion in steigendem Maße unruhig geworden war. Er sagte zu Genossen Matern: «Laß das... Leg es weg... Mir ist die Sache schon klar. Da sind wahrscheinlich beim Abschreiben ein paar Zeilen weggefallen, und dadurch ist dann dieser unrichtige Text entstanden.»

Genosse Matern legte das «Protokoll« weg. Nun hatte ich erfahren, warum ich nach Berlin gerufen worden war. Das war der 3. Ansatz zur politischen Vernichtung Heinrich Raus[126], bei dem ich Zeuge war.

Ich verabschiedete mich und ging.

Als ich mich im Vorzimmer anzog, wurde ich zurückgerufen. Unwillkürlich dachte ich: Jetzt kommt vielleicht die Rettung. Vielleicht ist ihnen doch klargeworden, was das für ein Verbrechen ist.

bislang erste bekannte Beschreibung des Untersuchungsablaufs, zum anderen demonstriert sie die ganz offensichtlich bewußt großzügige Handhabung des Protokolls, zumindest was die weniger erwünschten Dialoge anbetrifft. Man darf davon ausgehen, daß Matern seiner Sekretärin exakte Anweisungen gegeben hat, insofern ist die Herrnstadtsche Erklärungsvariante, die Protokollantin habe die Schnelligkeit der Wortwechsel nicht bewältigen können, geschönt. Mithin ist sehr zu bezweifeln, daß diese und andere Untersuchungen verwertbares Material hinterlassen haben, ganz abgesehen davon, daß nachträgliche Eingriffe in das Material oder aber dessen Beseitigung durchaus denkbar sind. Immerhin hat die SED und ihre Nachfolgeorganisation noch keinerlei Dokumentationen über die ZPKK-Arbeit der 50er Jahre erstellt.

126 *Notiz* von Rudolf Herrnstadt, (etwa Mai) 1964:
Die zentrale Lüge oder *« Der Genosse Rau hat geschwankt»*
Als Heinrich Rau, einer der konsequentesten deutschen Kommunisten, am 30. März 1961 gestorben war, beeilte sich Hermann Matern am Grabe zu erklären: «... er war stets und immer konsequent.» Mit diesen Worten versuchte er, die Spuren der Anschläge auf Heinrich Rau zu verwischen, die er im Auftrage Walter Ulbrichts durchgeführt und die zu dessen vorzeitigen Tode beigetragen hatten. Bei drei dieser Anschläge, Heinrich Rau als «Feigling» und «Revisionisten» zu verleumden, war ich zugegen. Warum hatte sich Heinrich Rau, der die Zurückhaltung in Person war, den Haß Ulbrichts, Materns und ihrer Hintermänner... zugezogen? Die zentrale Lüge, mit der die Anhänger des Personenkults in der DDR ihre Verbrechen zu rechtfertigen versuchen, lautet: «Man muß die damalige Lage berücksichtigen. Ohne unsere Entschlossenheit, ohne die harte Hand wäre die DDR umgekippt, dem westdeutschen Revanchismus zum Opfer gefallen.»

238

Im Zimmer kam mir Genosse Matern mit der Frage entgegen: «Bist Du bereit, uns Deine Notizen aus den Politbürositzungen auszuhändigen?»[127]

Ich sagte: «Selbstverständlich. Alles, was ich besitze, gehört der Partei.»

Genosse Ulbricht, der von seinem Sessel aus dem Gespräch folgte, sagte nachlässig: «Du brauchst keine Angst zu haben, daß wir Dir noch etwas anhängen wollen... wir wollen die Notizen nur, um sie zu vernichten.»

Es ist möglich, daß Genosse Ulbricht diese Bemerkung wirklich machte, um mich zu beruhigen. Solche Regungen kamen bei ihm vor. In jedem Fall zeigten seine Worte, daß auch in seinem Kopf der Gedanke an eine andere Möglichkeit existierte.

63.

Da ich an diesem Abend keine Verbindung mehr hatte, fuhr ich am nächsten Morgen mit dem ersten Zug nach Merseburg. Als ich um ½ 6 früh aus dem Hause trat und am Nachbareingang vorüberging, störte ich, ohne es zu wollen, einen Doppelposten der Staatssicherheit auf, der dort wartete und offenbar infolge der Kälte mein Kommen übersehen hatte. Nun mußten wir alle drei tun, als ob wir voneinander nichts wüßten.

Lange Jahre hatte ich in der gleichen Weise unter Beobachtung der II. Abteilung in Warschau und der Gestapo in Berlin gestanden[128] und von sowjetischen Offizieren gelernt, was man in solchen Lagen macht. Nun konnte ich nichts von alledem tun, sondern mußte gehorsam geradeaus gehen – im eigenen Berlin verfolgt von den eigenen Leuten.

Am Fahrkartenschalter in Lichtenberg wartete ich so lange, bis einer der beiden Funktionäre dicht genug herangetreten war, um

---

127 Die SED und ihre Sicherheitsorgane, aber auch nachfolgende staatliche Instanzen, haben in mehr als 40 Jahren in gerichtlichen wie außergerichtlichen Prozessen versucht, Legitimität zu demonstrieren. Diese ‹Freiwilligkeit› wurde in zahllosen Fällen praktiziert.
128 Gemeint ist Rudolf Herrnstadts Tätigkeit für den Militärischen Nachrichtendienst der Roten Armee in den Jahren 1930 bis 1939.

mich verstehen zu können, dann sagte ich: Eine Fahrkarte nach Merseburg. Er lief zufrieden davon und überließ mich vorübergehend dem zweiten, jüngeren. Offensichtlich meldete er telefonisch, daß ich nach Merseburg fahre. Auf dem Bahnsteig erschien er wieder und fuhr, einige Abteile entfernt, im gleichen Waggon nach Merseburg, während der zweite in Berlin blieb.

In Merseburg erwarteten mich in der Vorhalle des Bahnhofs bereits zwei andere. Sie hielten mich an, einer von ihnen erklärte: «Wir kommen von Hermann Matern, die Papiere abholen.» Sie mußten mit dem Wagen von Berlin gekommen sein, nachdem Mielke Matern die Ankunftszeit des von mir benutzten Zuges mitgeteilt hatte. Ich sagte, sie sollten mich wenigstens allein nach Hause gehen lassen, damit meine Frau nicht erschrecke; ich hätte ihr den Ausschluß aus der Partei mitzuteilen, das sei nicht einfach, zumal sie dadurch die Heimat verliere und die Verbindung zu ihren Verwandten; außerdem sei sie im achten Monat. Sehr ungern versprachen die beiden, eine Stunde später zu kommen. Ich war kaum zu Hause, als sie klingelten.

In ihrer Gegenwart suchte ich heraus, was etwa für Hermann Matern von Wichtigkeit sein konnte. Als sie die Stapel von Akten und Manuskripten sahen, wurde ihnen selber klar, daß diese Arbeit viel Zeit erfordere. Einer von ihnen schlug vor, der andere werde nach einigen Tagen noch einmal kommen und weiteres Material abholen. Das geschah.

Kurze Zeit später wurde ich aus der Volkskammer entfernt, deren Abgeordneter ich seit ihrer Gründung war. Zwar fand die Aberkennung des Mandats in der Gesetzgebung der Deutschen Demokratischen Republik keine Stütze (ich war weder verstorben noch entmündigt noch geisteskrank, noch stand ich als Kriegs- oder Naziverbrecher unter Anklage, noch hatte ich die bürgerlichen Ehrenrechte verloren – andere Ursachen für die Aberkennung eines Mandats kennt das Gesetz nicht). Aber dieser Schritt der Parteiführung erschien mir nur als die logische Fortsetzung ihrer bisherigen Schritte. Es wunderte mich auch nicht, daß weder mir noch den Wählern von der Aberkennung des Mandats Mitteilung gemacht wurde. Ich erfuhr davon nur dadurch, daß ein Mann bei mir erschien und sagte: «Hermann Matern läßt sagen, Sie haben den Volkskammerausweis abzugeben.» Er erhielt ihn. (Hermann Matern handelte in diesem Fall als Vorsitzender der ZPKK und stellvertretender Präsident der Volkskammer.)

64.

Der Ausschluß aus der Partei, die Überwachung durch die Staatssicherheit, die anhaltende Pogromhetze, das erfundene Material gegen Heinrich Rau, überhaupt der ganze Verlauf des «Falles Zaisser/ Herrnstadt», der in einer stufenweisen Ausweitung erfundener Beschuldigungen bestand – bewirkte, daß während der folgenden Monate, bis etwa zur Mitte des Jahres 1954, meine Frau und ich täglich mit meiner Verhaftung rechneten und mit der Unterschiebung gefälschten Materials.

65.

Einen Monat nach Zaissers und meinem Ausschluß aus der Partei wurde der IV. Parteitag für den 30. März 1954 einberufen. Auf der veröffentlichten Tagesordnung stand u. a.:

«Bericht der Zentralen Parteikontrollkommission. Referent: Hermann Matern».

Während der vergangenen Monate hatte ich mir oft die Frage gestellt: Wie ist es möglich, daß Menschen mit einer revolutionären Vergangenheit ein ganzes Plenum (das 15.) mit einer so verlogenen Sache irreführen? Nun mußte ich mir sagen: Sie schrecken nicht einmal davor zurück, das höchste Organ der Partei, den Parteitag, in diese Sache hineinzuziehen. Ich hatte nur eine Erklärung dafür: indem nicht nur das Plenum, sondern auch der Parteitag veranlaßt wurde, unseren Ausschluß zu sanktionieren, sollten Garantien dafür geschaffen werden, daß wir für alle geschichtliche Zukunft als Fraktionisten, Sozialdemokraten und Verräter gebrandmarkt, unwiderruflich tot und begraben sind – eben weil die Sache einer ehrlichen Untersuchung nicht standhielt.

66.

Vor dem IV. Parteitag behandelten – in Anwesenheit der Delegierten der Bruderparteien, darunter der Genossen Mikojan, Suslow, Schepilow und A. A. Smirnow – die Genossen Hermann Matern und Karl Schirdewan unseren Fall. Genosse Schirdewan feierte den «Fall Zaisser/Herrnstadt» als einen Sieg des Marxismus-Leninismus. Unter erneuter Berufung auf Ernst Thälmann, der sich nicht wehren konnte, forderte er die Partei auf festzustellen, daß durch diese verlogene Operation ihre innere Geschlossenheit und ihre ideologische Reife «unerhört» gewachsen seien. («In unserer Partei hat die Auseinandersetzung und die Entlarvung des sozialdemokratischen Charakters der Projektemacher Zaisser und Herrnstadt den Blick der Parteimitgliedschaft über die Gefahr der kleinbürgerlichen Einflüsse im Vortrupp der Arbeiterklasse unerhört geschärft... Die Parteimitgliedschaft ist um eine große Erfahrung reicher» usw.)

Zugleich erklärte Karl Schirdewan wörtlich folgendes:

> «Auf der Stadtdelegiertenkonferenz Erfurt setzten sich die Delegierten mit dem Mitarbeiter des Rates der Stadt Erfurt, Holland, auseinander. Holland hatte versucht, die klaren Darlegungen des Zentralkomitees über die verräterische fraktionelle Tätigkeit Herrnstadt/Zaissers zu leugnen. Er wollte in der Partei eine Diskussion auf der Basis der feindlichen Plattform der Zaisser/Herrnstadt erreichen und die Partei vom konsequenten Kampf gegen solche Verräter an der Sache der Arbeiterklasse und der Partei abhalten.»

Nicht zufällig ging Karl Schirdewan so weit, uns von der Tribüne des Parteitages herab als «Verräter an der Sache der Arbeiterklasse und der Partei» zu bezeichnen. Nicht zufällig erklärte er, die Partei werde sich «vom konsequenten Kampf gegen solche Verräter» nicht abhalten lassen. Auch ein Kind weiß, was die revolutionäre Arbeiterbewegung mit Verrätern an der Sache der Arbeiterklasse und der Partei macht (und zu Recht macht, wenn sie tatsächlich Verräter sind).

Genosse Hermann Matern ließ sich die Zustimmung der Delegierten zu folgenden Sätzen geben:

> «Das Auftreten der parteifeindlichen Fraktion Zaisser/Herrnstadt hat alle feindlichen Agenturen, insbesondere das Ostbüro und den Sozialdemokratismus aktiviert.

Auch die parteifeindliche Fraktion Zaisser/Herrnstadt entwickelte eine im wesentlichen sozialdemokratische antimarxistische Plattform. Ihr Ziel war ebenfalls die Liquidierung der revolutionären Kampfpartei. In ihrer Plattform, der ‹Anklageschrift› gegen die Partei, heißt es:

‹Die Partei muß zur Partei des Volkes werden, sie muß die berechtigten Interessen auch der anderen Klassen und Klassenteile vertreten, dann wird sie die volle Unterstützung sowohl der Arbeiterklasse wie der anderen Klassen und Schichten finden.›

Zur Durchführung und Verwirklichung ihres innerparteilichen Putsches forderten sie die ‹Erneuerung› der Partei, der Parteispitze, des zentralen Parteiapparats sowie Änderungen in den Bezirks- und Kreisleitungen.»

Weiter erklärte Hermann Matern:

«Wenn es auch keine Hinweise auf direkte Einwirkungen des Verbrechers Berija gibt, so muß man doch die fraktionelle Tätigkeit von Herrnstadt/ Zaisser in diesem Zusammenhang sehen. Die aus den Prozeßveröffentlichungen bekannten Tatsachen finden sich auch in der parteifeindlichen fraktionellen Tätigkeit von Herrnstadt/Zaisser. Sie haben auf lange Sicht gearbeitet und sich nicht zufällig gefunden. Beide kommen nicht aus der Arbeiterklasse und hatten in ihrer Vergangenheit eine ähnliche Tätigkeit außerhalb der Partei. Beide sind nicht von unten aufgestiegen und haben nie vordem in der Partei gearbeitet, kennen also das Parteileben nicht. Beide sind überheblich und – obwohl sie angeblich beide für Kollektivität kämpfen – in ihrem Wesen diktatorisch» usw.

Ich bitte zu verstehen, daß ich hinsichtlich dieser Sätze auf eine Klärung bis zum Ende nicht verzichten kann und nicht verzichten werde, solange ich lebe. Und daß ich keinen Kommunisten verstehen kann, der das nicht billigt und mich in diesem Bestreben nicht aus allen Kräften unterstützt. Was mich an diesen Sätzen bestürzt, ist nicht so sehr ihr Inhalt (der ist leicht zu widerlegen), sondern die Methode. Die Sätze sind so formuliert, daß sie die niederträchtigsten Verleumdungen enthalten und gleichzeitig dem Verfasser erlauben sollen, sich notfalls herauszureden. Was soll es heißen, durch das Auftreten von Zaisser und mir seien «alle feindlichen Agenturen, insbesondere das Ostbüro und der Sozialdemokratismus aktiviert» worden? Wer hat den «Fall Zaisser/Herrnstadt» organisiert – Zaisser und ich oder andere? Wer hat darauf bestanden, mit internen Vorgängen des Politbüros an die Öffentlichkeit zu gehen – Zaisser und ich oder andere? Wer hat mit dem Argument «Man kann doch der Partei nicht verbieten zu diskutieren» darauf bestanden, dem Ostbüro und den amerikanisch-englischen Agenturen Material zu überreichen, von dem sie bis heute zehren, und zugleich in die Partei Zersetzung zu tragen, die bis heute wirkt? Was soll es heißen, meine Tätigkeit sei «im Zusammenhang mit dem Verbrecher Berija zu sehen»? Wenn bezüglich *eines* Angehörigen des damaligen Politbüros konkrete Unterlagen dafür vorlagen, daß er mit Berija nichts zu tun hatte, so war ich es. Und gerade ich wurde mit ihm in Verbindung gebracht. Was sind die «aus den Prozeßveröffentlichungen bekannten Tatsachen»? Ich kenne sie nicht, und keiner der Menschen kannte sie, die mich in den vergangenen Jahren danach fragten. Aber der Formulierung nach bleibt alles offen, und verwunderlich nur, daß ich noch lebe und sogar auf freiem Fuße bin. Was soll es heißen, ich hätte «auf lange Sicht gearbeitet»? Ich habe nicht nur auf lange Sicht, sondern mein ganzes bewußtes Leben für die proletarische Revolution in Deutschland gearbeitet, und dazu gehörte, daß ich, vom III. Parteitag im Jahre 1950 ab, als die Folgen einer fehlerhaften Politik immer deutlicher hochwuchsen, offen, hartnäckig und unter Inkaufnahme immer tückischerer Schläge gegen Personenkult und Dogmatismus und für die echte Demokratisierung des Lebens in und außerhalb der Partei gekämpft habe. Und was bezweckt die Formulierung, ich hätte in der Vergangenheit eine Tätigkeit «außerhalb der Partei» gehabt, ich hätte «nie in der Partei gearbeitet»? Ausgehend von dieser Formulierung, die die schändlichste von allen ist, möchte ich folgendes sagen:

Es ist unmöglich, daß diese Formulierung, daß die Reden Hermann Materns und Karl Schirdewans ohne Kenntnis sowjetischer Genossen entstanden sind und ohne Billigung sowjetischer Genossen gehalten wurden. Das geht erstens aus ihrem Inhalt hervor. Zweitens sind mir die Arbeitsmethoden bekannt. Ich wende mich daher an die Mitglieder des ZK der KPdSU und insbesondere an den 1. Sekretär, Genossen N. S. Chruschtschow mit der Bitte zu untersuchen, auf welche Weise die erwähnten verleumderischen Reden zustande gekommen sind und die Beteiligten zur Rechenschaft zu ziehen.[129] Zur Begründung führe ich an:

129 Diese Passagen sind möglicherweise 1957 angefügt worden. Rudolf Herrn-

Es ist richtig, daß ich nicht aus dem Parteiapparat hervorgegangen bin. Im Augenblick meines Parteieintritts vor nunmehr 27 Jahren wurde ich zur Arbeit in den Nachrichtendienst der Roten Armee abkommandiert. Zwölf Jahre habe ich illegal gearbeitet, davon neun Jahre in faschistischen Ländern und unter schweren Bedingungen (auf diese Tätigkeit gab es weder Konzentrationslager noch Zuchthaus, sondern nur die Todesstrafe). Wiederholt habe ich, wie die anderen Mitglieder dieser Gruppe, den Antrag gestellt, der deutschen Partei zur Arbeit zurückgegeben zu werden. Die Antwort – gegeben von den damaligen Leitern der Arbeit in Mitteleuropa (Divisionskommandeur Stiga, Brigadekommandeur Jurjewitsch, Regimentskommissar B. P. Postnikow), denen die Mitglieder dieser Gruppe ihre kommunistische Erziehung verdanken und an denen wir so hingen, wie Kommunisten in der Illegalität aneinander hängen – lautete stets: «*Hier* ist das schwerste Schlachtfeld. Die Partei weiß, was Euere Tätigkeit bedeutet. Ihr müßt aushalten.» Das war uns im Grunde selber klar, und wir blieben mit Stolz. Die Arbeit war auch nicht erfolglos. Wenn Walter Ulbricht nunmehr mitteilt:

«Nachdem im engen Kreis um Hitler der Überfall auf die Sowjetunion beschlossen war, nachdem die Militärs bereits den Plan des Überfalls ausgearbeitet hatten, was selbstverständlich nicht ganz geheim bleiben konnte, wurde Genosse Stalin von drei Seiten darauf aufmerksam gemacht. Selbst als in der Nacht vor Beginn des Überfalls ein deutscher Soldat – es war ein einfacher Arbeiter – über die Linie ging und den sowjetischen Offizieren meldete, daß morgen früh um vier der Überfall beginnt, wurde diese Meldung nicht als wahrheitsgemäß zur Kenntnis genommen.» (Neues Deutschland, 20. März 1956),

so läßt sich das ergänzen. Von den erfolgten Warnungen stammt eine weitere (möglicherweise zwei) gleichfalls von Deutschen, Mitgliedern der KPD, nämlich aus dieser Gruppe, ebenso wie die termingerechte Information über den Kriegsausbruch 1939 und manches andere.

Als ich Ende 1939 in Moskau eintraf, fand ich von den sowjetischen Funktionären, die mit uns in der Illegalität gearbeitet hatten, keinen mehr im Nachrichtendienst vor. Die neuen Funktionäre waren uniformiert und mißtrauisch. Als ich nach Divisionskommandeur Stiga

stadt hat das Manuskript aller Wahrscheinlichkeit nach nicht in die UdSSR gesandt.

fragte, wurde mir von einem jungen Oberleutnant, der nie die Illegalität gesehen hatte, geantwortet: «Da, byl takoi sukunsyn» – «Ja, so einen Hund gab es hier mal.»

Als ich nach W. A. Antonow-Owssejenko[130] fragte, dem unsere Gruppe und ich persönlich viel verdanke (ohne ihn gäbe es heute auch keinen Außenminister Lothar Bolz in der DDR), wurde geantwortet: «Njet bolsche takowo!» – «So einen gibt es nicht mehr!» So sehr mich diese Antworten bestürzten und so wenig ich sie verstand, so selbstverständlich war, daß ich sie hinnahm und mir kein Urteil über Auseinandersetzungen innerhalb der Sowjetunion erlaubte. Aber es wird verständlich sein, daß ich große Freude darüber empfand, daß A. I. Mikojan auf dem XX. Parteitag den Namen Antonow-Owssejenko erwähnte (ich möchte darin eine Rehabilitierung sehen). Vielleicht wird nun auch den Genossen Stiga, Jurjewitsch und Postnikow, der Geschichte des Nachrichtendienstes der Roten Armee in den Jahren 1930 bis 1940, Gerechtigkeit widerfahren. Ich bin heute in besonderem Maße daran interessiert, denn wenn die Genossen Stiga, Jurjewitsch, Postnikow noch leben, werden sie bestätigen, daß damals niemand von uns für möglich gehalten hätte, es würde ihm 20 Jahre später bescheinigt werden, er hätte «nie in der Partei gearbeitet», er hätte mit dieser Tätigkeit «außerhalb der Partei» gestanden. Ich frage Sie, Genosse Chruschtschow, für wen ich diese Arbeit gemacht habe, wenn nicht für die Partei. Bitte finden Sie diese Frage nicht unbescheiden. Das wäre ungerecht. Sie selber würden für Ihre revolutionäre Vergangenheit[131] ebenso kämpfen, wie ich das heute tun muß.

130 W. A. Antonow-Owssejenko, alter Bolschewik, Teilnehmer an den Revolutionen von 1905 und 1917, später Botschafter der UdSSR in Warschau, fiel in den späten 30er Jahren den Stalinschen Säuberungen wegen seiner engen Beziehungen zu Trotzki zum Opfer.
131 1958 wurde Rudolf Herrnstadt offiziell der in der DDR geschaffene Status des antifaschistischen Widerstandskämpfers aberkannt. Er erfuhr erst 1965, ein Jahr vor seinem Tod, davon. Vgl. auch Einleitung.

67.

Die auf dem IV. Parteitag gehaltenen Reden von Matern und Schirdewan bestimmten mein Leben (und das meiner Familie) während des Jahres 1954 und auch noch 1955. Niemand hätte damals gedacht, daß ich drei Jahre in Merseburg sein würde. Von Nissen angefangen, erwarteten alle, die sich Gedanken machten, daß ich abgeholt werden würde, wenn nicht heute, dann morgen, wenn nicht morgen, dann in den nächsten Wochen. Die bis zum damaligen Zeitpunkt übliche Praxis ließ tatsächlich eine andere Perspektive nicht zu (und der seitherige Ablauf – die völlige Ratlosigkeit gegenüber meiner Person und Arbeit in Merseburg – beweist, daß tatsächlich 1953/54 nicht damit gerechnet worden war, ich würde noch Ende 1956 in Merseburg sitzen und man würde sich mit Ergebnissen von Arbeit von mir beschäftigen müssen). Außerdem konnten meine Frau und ich nach allem, was wir erlebt hatten, nicht mehr sicher sein, daß nicht nunmehr versucht werden würde, uns irgendwelches «Material» in die Wohnung zu praktizieren, um es dort zu «finden». Den Versuch, mich mit Westdeutschland in Verbindung zu bringen, hatte Erich Mielke schon ein Jahr zuvor gemacht (siehe Anlage II). Im August 1953 hatte Oelssner als Vertreter des Politbüros in einer Parteiversammlung im «Neuen Deutschland» wörtlich erklärt: «Es ist bisher noch nicht gelungen, ihm Verbindung nach Westdeutschland nachzuweisen» (– eine Bemerkung, die einige technische Kräfte so empörte, daß ich sie eines Tages, als ich aus dem Archiv kam, bei meiner Frau vorfand, wo sie mir als Zeichen ihres Sich-Distanzierens von solchen Methoden eine ganze Liste schriftlich festgehaltener Niederträchtigkeiten mitteilten). Daß es bei mir nicht zum selben Ausgang kam wie bei Postyschew[132] oder Wosnessenski[133], ist, wie die Geschichte inzwischen gezeigt hat, einem von allen Einzelpersonen unabhängigen Umstand zu verdanken: Der sogenannte «Fall Zaisser/Herrnstadt» wurde zu einem historisch sehr vorgerückten Zeitpunkt (1953) begonnen, so daß, als seine Beendigung fällig war (1954), in der Sowjetunion bereits

---

132 P. P. Postyschew (geb. 1889), Kandidat des Politbüros und Ukrainischer Parteisekretär, Ende der 30er Jahre liquidiert; auf dem XX. Parteitag rehabilitiert.
133 N. A. Wosnessenski (geb. 1903), Wissenschaftler und Wissenschaftsplaner, Politbüromitglied und Hauptinitiator des 1. Nachkriegsfünfjahresplanes, wurde Ende 1949/Anfang 1950 liquidiert; auf dem XX. Parteitag rehabilitiert.

eine Entwicklung im Gange war, die auch in der DDR die Anwendung früher angewandter Methoden verbot.

Aber alles das wußten damals weder wir noch die Menschen, mit denen wir zu tun hatten. Daher ergab sich für uns in der Praxis ein zwar schweres und würdeloses Leben, aber immerhin ein physisches Leben, das wir (meine Frau und ich) entschieden fortsetzten, da wir die Lösung des Selbstmords verwarfen. Es ist unmöglich, die Demütigungen zu schildern, denen wir täglich ausgesetzt waren (und sind). Ihre Zahl hat keine Grenzen, und sie sind so vielfältig, daß selbst der mißtrauischste Mensch sie nicht immer voraussehen könnte. Ich greife einige wahllose Beispiele heraus, um wenigstens eine Vorstellung eines Lebens unter solchen Bedingungen zu geben:

...Da ich es während meiner Funktionärszeit nicht darauf angelegt hatte, viel Geld zu verdienen oder Wertsachen anzusammeln, geriet ich bald nach dem Ausschluß in finanzielle Bedrängnis. Sie wurde verstärkt durch schwere Krankheiten meiner Kinder, die bisher unbeschwert gelebt und als Pioniere den Kopf hoch getragen hatten und nun durch den Schock, den sie erlebten und der kein Ende nahm, umgeworfen wurden. (Eines meiner Kinder wurde epileptisch.) Da mir gesetzlich anstelle des Urlaubs, den ich im Jahre 1953 nicht hatte nehmen können, ein Monatsgehalt zustand, fragte ich bei der Verwaltung des ND an, ob ich dieses Geld bekommen könne. Sie schickte mir einen Bruchteil. Selbstverständlich äußerte ich mich nicht mehr. Aber die Betriebsgewerkschaftsleitung des Archivs, bei der ich mich vorher nach der Rechtslage erkundigt hatte, erklärte nun, *sie* werde für mich das Geld einfordern und die Partei verklagen, wenn sie «die Rechtsbestimmungen der DDR nicht anerkenne». Ich hatte wochenlang Mühe, einige der in der BGL bestimmenden Funktionäre davon zurückzuhalten, und weiß bis heute nicht, ob die Absicht war, der Partei eines auszuwischen oder mich in neue Verwicklungen zu bringen.

Um unsere Lage zu erleichtern, bewarb sich meine Frau bei der Universität Halle um eine Stellung als Lektor für Russisch. Der zuständige Funktionär (Naumann) zeigte sich sehr erfreut, sagte, wie sehr sie Lektoren brauchten und wie erwünscht es ihnen sei, gerade Lektoren wie meine Frau anstellen zu können (sowjetische Staatsbürgerschaft, Muttersprache Russisch) und stellte die Frage als entschieden dar. Als meine Frau den Anstellungsvertrag abholen kam, erklärte er ihr, daß sie sich vor Lektoren nicht retten könnten und daß sie nicht mehr wiederzukommen brauche. Wie uns später mitgeteilt wurde, hatte die Bezirksleitung der SED Halle der Universität die Einstellung meiner Frau verboten.

(...) Ein anderes Mal (...) teilte mir Nissen mit, der stellvertretende Leiter der Staatlichen Archivverwaltung, Dr. Höhnel, habe in dieser Besprechung (Direktorenbesprechung) die Frage aufgeworfen, den Etatsposten, auf dem ich säße, von meiner Person zu räumen. Ich sei ohnehin der Ausbildung nach kein Archivar, also eine unnütze Belastung. Er riet mir, darauf gefaßt zu sein, eines baldigen Tages gehen zu müssen. Er könne sich selbst nicht vorstellen, was dann aus meiner Familie werden solle und sei empört über einen Staat, der so mit Menschen umspringe. (...) Die vorgesetzten Stellen (Staatliche Archivverwaltung, Innenministerium) benutzten ihn (...) auch als politischen Verbündeten gegen mich. (...) Basierend auf dieser Wertschätzung spielten sich solche Vorgänge wie der folgende ab: Dr. Nissen rief mich herein und fragte: «Was machen Sie hier eigentlich?» Auf meine Bemerkung, ich schreibe eine Arbeit über den Kölner Kommunistenprozeß, erwiderte er: «Was sind Sie hier eigentlich, Angestellter oder privilegierter Benutzer?» Auf mein Erstaunen sagte er: «Ich frage, weil mir diese Frage von einem Ihrer Genossen vorgelegt wurde.» Da ich immer noch nicht verstand, sagte er: «Herr Stern [134] in Halle (Rektor der Universität, R. H.) fragt mich, immer wenn er mich sieht, ironisch: ‹Was macht Ihr privilegierter Benutzer?› Das zur Einleitung. Es handelt sich darum, daß die sowjetische Zeitschrift ‹Voprossy Istoriij› [135] einen umfangreichen Aufsatz über Aktenpublikationen von Stern gebracht hat, und daß Stern mich gebeten hat, diesen Aufsatz durch Sie übersetzen zu lassen. Er braucht nämlich eine erstklassige Übersetzung und schnell. Er will sie spätestens Anfang nächster Woche zu Ulbricht schicken.» Einige Wochen später wiederholte sich dasselbe mit einem Aufsatz, der im sowjetischen «Kommunist» [136] erschienen war. Dabei fragte ich, wie eigentlich Stern dazu komme, mich als Übersetzer zu benutzen. Ich sei als Angestellter im Archiv staatlicher Angestellter, während Stern Rektor der Universität sei; außerdem hätte Stern zahllose Übersetzer zur Verfü-

---

134 Leo Stern, Historiker, Mitglied der Akademie der Wissenschaften, übte in den 50er und 60er Jahren großen Einfluß auf die Geschichtswissenschaft der DDR aus.
135 Historische Fachzeitschrift der UdSSR.
136 Theoretisches Organ der KPdSU.

gung, darunter viele Slavisten. (...) Als ich erklärte, daß ich im Archiv selbst zu jeder Arbeit bereit bin, mich aber nicht auf solche Weise ausleihen möchte, erinnerte mich Dr. Nissen an die Worte: «Wenn er krakeelt, machen Sie Meldung.» Später ist ihm das vielleicht selbst als zu weitgehend erschienen, denn eine dritte Übersetzung forderte er nicht mehr, und als Stern den Nationalpreis[137] erhalten hatte, sagte er zu mir: «Das ist ein Freudentag, auch für Sie. Stella in gloria. (Stern mit Ruhm bedeckt.) Weitere Übersetzungen sind nicht zu befürchten. Die Übersendungen ins Büro Ulbricht haben ihr Ziel erreicht.» (...)

68.

Nach dem XX. Parteitag rechnete ich mit einer schnellen Aufklärung und Rehabilitierung. Ich dachte, nun werde einigen Genossen das Gewissen schlagen, und sie würden Wert darauf legen, aus eigenem Antrieb vor die Partei zu treten, die SED und die KPdSU, um zu erklären, es sei Unrecht geschehen. Ich erwartete das vor allem von den sowjetischen Genossen W. S. Semjonow und P. A. Judin und bin auch heute der Überzeugung, daß sie hervorgetreten wären, wenn der Fall Zaisser/Herrnstadt in der Sowjetunion gespielt hätte. An der Behandlung der Angelegenheit im Jahr nach dem XX. Parteitag sehe ich, daß weder sie noch die entsprechenden deutschen Genossen die Notwendigkeit verspürt haben, mit der Wahrheit im «Fall Zaisser/Herrnstadt» vor die Partei zu treten.

Auf der 3. Parteikonferenz der SED (Frühjahr 1956) machte Genosse Ulbricht von der Einsetzung einer speziellen Überprüfungskommission Mitteilung. Sie sollte (entsprechend der Linie des XX. Parteitages) die Fehlurteile der vergangenen Zeit korrigieren.

Am 7. März 1956 sandte ich an diese Kommission folgendes Schreiben:

«Mit Bezug auf die Ausführungen auf der 3. Parteikonferenz und

137 Höchste staatliche Auszeichnung der DDR, in den 50er Jahren, verglichen mit Auszeichnungen in den späteren Jahrzehnten in geringer Anzahl vergeben, überwiegend an Wissenschaftler und Künstler, wurde in der DDR als Statussymbol aufgebaut, war mit beträchtlichen finanziellen Zuwendungen und einem hohen Sozialprestige verbunden.

die Schaffung einer Überprüfungskommission bitte ich das Zentralkomitee, meine Angelegenheit zu überprüfen und mich dazu zu hören.»

Daraufhin erschien am 27. Juni 1956 in meiner Wohnung in Merseburg ein Mitglied der ZPKK, Ernst Altenkirch. Er sagte eingangs, es sei ihm sehr unangenehm, daß er mir keinen besseren Bescheid bringen könne, aber er habe nur den Auftrag, mir einen Beschluß vorzulesen. Dann las er mir einen etwa drei Zeilen langen Beschluß des Inhalts vor, daß die Überprüfungskommission ablehne, den «Fall Zaisser/Herrnstadt» zu überprüfen. Auf meine Frage, wie das möglich sei, da doch von der Partei öffentlich mitgeteilt worden sei, daß jeder, der es wünsche, eine Überprüfung seiner Angelegenheit erhalten könne, erwiderte Altenkirch, er könne mir nicht mehr sagen, sein Auftrag, den er von Matern erhalten habe, laute nur, mir diesen Beschluß vorzulesen. Er selber erkläre sich die Sache so, daß die Überprüfung des «Falles Zaisser/Herrnstadt» im gegenwärtigen Augenblick vielleicht aus politischen Erwägungen für unzweckmäßig gehalten werde. Ich könne ja, wenn ich es wolle, nach einer gewissen Zeit, vielleicht in einem Jahr, wieder einmal einen Antrag auf Überprüfung stellen. Auf meine Frage, wie Matern dazu komme, ihn im Namen der Überprüfungskommission hierher zu schicken, wo es sich doch um eine Kommission handele, die die Tätigkeit der ZPKK, also auch die Tätigkeit Materns überprüfen solle, erwiderte Altenkirch, Matern sei Mitglied der Überprüfungskommission. Auf meine Frage, wer sonst noch Mitglied der Überprüfungskommission sei, deren Zusammensetzung ganz gegen die sonstigen Gepflogenheiten der Partei der Mitgliedschaft nicht mitgeteilt worden sei, erwiderte er verlegen: «Die Genossen Ulbricht, Matern, Mielke...» Als ich sagte: «Und weiter?», sagte er ärgerlich: «Nun alle großen Genossen...» Daraufhin habe ich ruhig aber deutlich gesagt, daß ich ein solches Verfahren nicht richtig fände und zweifellos nicht nur ich. Ich erwähnte einige Dinge aus dem sogenannten «Fall Zaisser/Herrnstadt», die doch zweifellos Bestandteile eines Fehlurteils seien, worauf Altenkirch abwehrend sagte: «Ja, das weiß ich nicht. Diese Fragen kenne ich nicht.» Es stellte sich heraus, daß er über den Fall selbst wirklich nicht informiert war. Das war die nächste Überraschung für mich, denn Altenkirch war (auch 1953) Mitglied der Zentralen Parteikontrollkommission, die meinen Ausschluß beschlossen hatte, und auf deren Beschluß vertrauend das Zentralkomitee den Ausschluß beschlossen hatte.

Unter solchen Umständen hatte es nicht viel Sinn, weiter zu reden.

In das eingetretene Schweigen sagte Altenkirch: «Die Ablehnung der Überprüfung wird doch an Deinem Verhalten gegenüber der Partei nichts ändern?» Ich erwiderte: «Selbstverständlich nicht, die Partei kann sich auf mich unter *allen* Umständen verlassen.» Er war sofort wieder beruhigt, sagte, «Na, dann ist ja alles in Ordnung», entschuldigte sich noch einmal, daß er mir keinen besseren Bescheid bringen konnte und ging.

Daraufhin sandte ich am 5. Juli 1956 ein Schreiben an Hermann Matern, in dem es hieß:

«Von den Äußerungen der Parteiführung, zu denen dieses Vorgehen in Widerspruch steht, füge ich nur die folgende Stellungnahme des Politbüros vom 29. 4. 56 (ND) an:

‹Die Kommission, die das Zentralkomitee mit der Überprüfung von Angelegenheiten von Parteimitgliedern und ehemaligen Parteimitgliedern beauftragt hat, hat ihre Empfehlungen an das Politbüro gegeben. Das Politbüro wird allen Parteimitgliedern, die sich in ihren Rechten verletzt fühlen, die Gelegenheit geben, ihre Angelegenheit erneut vorzutragen. Alle Parteileitungen sind verpflichtet, das Verhältnis von Parteimitgliedern, die in ihrer Entwicklung durch eigene Fehler oder ungerechtfertigte Entscheidungen von Parteiorganisationen eine Krise erlitten haben, zu überprüfen. Man muß ihre Angelegenheiten kameradschaftlich klären und ihnen helfen, den Weg zur Partei und zur Arbeiterklasse zurückzufinden und, wenn sie unschuldig sind, ihnen ihre Rechte wiedergeben.›

Was mich besonders bestürzt, ist das Verlesen aus bereits gefaßten Beschlüssen – als Antwort auf vorgetragene Angaben oder geäußerte Bitten: Am 18. 1. 1954 wurde mir der Beschluß über den Ausschluß aus der Partei vorgelesen – als Antwort auf die von der ZPKK angeforderten 37 Seiten langen konkreten Angaben, auf die nicht mit einem Wort eingegangen wurde.

Am 27. 6. 1956 wurde mir als Antwort auf die Bitte, die Angelegenheit zu überprüfen und mich zu hören, – der Beschluß über die Ablehnung der Überprüfung vorgelesen.

Mein Erstaunen beantwortete A. mit den Worten: ‹Ich bedauere, Dir nichts anderes sagen zu können. Aber ich habe nur den Auftrag von Hermann Matern, Dir das mitzuteilen.› Von sich aus setzte A. hinzu, die Überprüfung sei vermutlich deswegen abgelehnt worden, weil sie in der gegenwärtigen politischen Lage nicht zweckmäßig sei. Für den Fall, daß dieses Argument tatsächlich das Argument der Überprüfungskommission sein sollte, möchte ich dazu etwas sagen:

Dem Argument selbst kann ich nicht folgen, weil eine Überprüfung eine parteiinterne Angelegenheit ist, von deren Ausgang kein Außenstehender etwas anderes zu erfahren braucht als das, was die Partei im Ergebnis der Überprüfung mitzuteilen für richtig hält. Vor allem aber weil – wenn ich die entsprechenden, oft zitierten Sätze Lenins richtig verstehe – gerade die richtige Behandlung der jeweiligen ‹gegenwärtigen politischen Lage› die Kenntnis der eigenen jüngsten Vergangenheit voraussetzt. Dennoch hätte ich mich auch diesem Argument nicht verschlossen, wenn es mir in einer Form mitgeteilt worden wäre, die mit dem jetzt gern gebrauchten Begriff Humanismus auch nur Tuchfühlung hält, also wenn mir etwa gesagt worden wäre: ‹Selbstverständlich wird auch Deine Angelegenheit überprüft werden. Ehrlich und vollständig. Aber jetzt paßt uns das nicht. Du siehst, daß sich der Gegner wieder einmal überschlägt. Warten wir mit der Überprüfung bis zum ersten günstigeren Zeitpunkt.› Ja, ich hatte selber vor, der Partei nach Aufnahme der Überprüfung (an der ich nicht zweifelte) zu sagen, daß ich angesichts des wirklich heiklen Charakters gerade dieser Angelegenheit mit jeder taktischen Maßnahme, die die Partei für richtig hält, einschließlich zeitweiser Aussetzung der Überprüfung, einverstanden sei. Und das natürlich nicht, weil ich eine Verschiebung der Überprüfung für politisch richtig halte (meine Ansicht hierzu habe ich oben dargelegt), sondern weil ich daran interessiert sein muß und interessiert bin, jede Gelegenheit wahrzunehmen, um diejenigen durch die Tat zu widerlegen, die hier oder in Westdeutschland mit der Zwecklegende von einer ‹Ulbricht-Gegnerschaft› operieren.

Das mir gegenüber beobachtete Verfahren hat mich – hinsichtlich der ihm zugrunde liegenden Beweggründe – tief irritiert, und das möchte ich zu Papier bringen. Ich rede schon nicht von ‹Kameradschaftlichkeit› und ‹helfen› und anderen schönen Worten, die gegenwärtig oft gebraucht werden. Ich nehme nur die gröbsten äußeren Umstände der Vergangenheit: 25 Jahre habe ich für die Partei gearbeitet, ob gut, ob schlecht, jedenfalls nach Kräften und selbstverständlich ohne Parteistrafe. Als Feind verdächtigt und ausgeschlossen wurde ich Hals über Kopf, ohne jede vorherige Verwarnung, Beanstandung meiner Arbeit oder dergl. Seit dem Ausschluß arbeite ich nun wieder drei Jahre aus allen Kräften und lebe, wie nicht anders denkbar, nach den Beschlüssen der Partei. Unter solchen Umständen wird mir nicht einmal die Perspektive einer Überprüfung zugestanden. Und das, wo es sich um Beschuldigungen

handelt, die die moralische und politische Vernichtung bedeuten, mit allen physischen und gesellschaftlichen Folgen für mich und meine Familie. Denn es ist keine Kleinigkeit, nun bald das vierte Jahr unter der absurden öffentlichen Beschuldigung zu leben, ich hätte mit Berija zusammengehangen, die DDR wieder kapitalistisch machen wollen, Walter Ulbricht stürzen und mich an die Spitze der Partei stellen wollen, ich sei ein Vertreter des Sozialdemokratismus, Kapitulant, Fraktionist, Verräter, Trotzkist, der deutsche Tito usw. usw. (Die Bemerkung von A.: «Du kannst ja später, wenn Du willst, wieder mal einen Antrag auf Überprüfung stellen» ist unter solchen Umständen eher ein Hohn als eine Perspektive.)
Vor 2½ Jahren schrieb ich an die ZPKK: ‹Auch für mich kommt nur eine solche Beendigung des Falles in Frage, die der Partei nützt, ihr neue Kraft zuführt.› Das ist – und wird zu jedem Zeitpunkt sein – meine Grundhaltung im Kampf um die Rehabilitierung. Ich werde nicht am Vergangenen kleben, nicht in einzelnen Personen die Wurzeln des Vorgefallenen sehen (was nach den Klarstellungen des XX. Parteitages in besonderem Maße unsinnig wäre) und nicht mein Vorgehen für fehlerfrei halten. Aber ich fordere Gerechtigkeit und werde für die historische Wahrheit einstehen, ohne Rücksicht auf die Folgen.»

Auch auf dieses Schreiben erfolgte keine Antwort.

Aus der Geheimrede Walter Ulbrichts vor dem 15. Plenum (Juli 1952) [1]

(...) Wir hatten ursprünglich geglaubt, daß die Fragen der Durchführung des neuen Kurses und eine Reihe Einzelfragen eine größere Rolle spielen würden. Da jedoch die Genossen Herrnstadt und Zaisser zwar betonten, über die reine Wahrheit zu sprechen, aber im Verlaufe der zwei Tage sich die reine Wahrheit verwandelt hat, kam es, daß diese Fragen mehr in den Mittelpunkt der Zentralkomitee-Tagung gestellt wurden, als wir das ursprünglich glaubten, daß das der Fall sein würde.

Ich möchte deshalb auch nicht mit den allgemeinen politischen Fragen, die den Teil meines Referats betreffen, beginnen, sondern mit einigen Fragen, die hier der Gegenstand der Diskussion waren: erstens die Frage der Arbeit der Organe für Staatssicherheit. Ich habe bewußt formuliert, daß die Leitung des Ministeriums versagt hat. Ich habe nicht von den Funktionären des Apparates für Staatssicherheit gesprochen. Warum nicht? Wir wissen, daß die Mitarbeiter dieses Apparates gute, erprobte Genossen sind, die treu zur Partei stehen. Die Arbeit der Führung dieses Ministeriums ist jedoch eine solche, daß auch die guten Funktionäre nicht in den Stand gesetzt wurden, die Aufgaben zu erfüllen, die ihnen gestellt waren. Der Apparat für Staatssicherheit ist ein Apparat, der aus guten Genossen besteht. Es sind nur einige wenige, die am 17. Juni versagt haben. Aber die Führung hat versagt.

Genosse Zaisser hat gesagt, es habe die Absicht bestanden, im gegebenen Moment die feindlichen Gruppen zu liquidieren. Es war

1 Diese Rede, die als Schlußwort am letzten Tag des ZK-Plenums, d. h. am Sonntag, dem 26. Juli, gehalten wurde, ist nicht veröffentlicht worden, sondern kursierte lediglich als «Parteiinternes Material. Nur für den persönlichen Gebrauch bestimmt». Archiv der sozialen Demokratie, Friedrich Ebert-Stiftung, Bonn, Archiv Ostbüro, Nr. 303.

eine solche Orientierung bei der Staatssicherheit, diejenigen Feinde, die sie ausfindig gemacht haben, sozusagen zu studieren, um sie dann später, zum gegebenen Moment, wie Genosse Zaisser sagte, zu verhaften. Zum gegebenen Moment waren eben die Feinde schneller, und sie haben dann die Provokation organisiert.

Wir haben den Genossen öfter gesagt, daß Staatssicherheit keine Studiengesellschaft ist und daß man nicht Studien machen kann, wenn Beweise einer feindlichen Tätigkeit bestehen.

Anläßlich der letzten Konferenz der Funktionäre der Staatssicherheit habe ich den Genossen gesagt, daß die Staatssicherheit ohne Kontrolle arbeitet, daß die Partei keine wirklich ernsthafte Kontrolle hat. Ich sehe ab von den formalen Geschichten. Und wenn hier Genosse Zaisser sagt, was er mit Ulbricht besprochen hat, so ist das doch nicht entscheidend. Entscheidend ist doch, was durchgeführt wurde. Ist es wahr, daß ich Euch im Januar 1952 gesagt habe, daß Eure Staatssicherheitsleute in den Kreisen wenig Kenntnis von der feindlichen Tätigkeit haben, daß sie irgendwelche Sonderaufgaben haben, die niemand kennt? Es wurde festgestellt, daß die Arbeit in den Kreisen nicht funktioniert. Es fanden z. B. im Jahre 1952 Besprechungen über Buna statt. Daraufhin haben wir der Staatssicherheit gesagt: Man muß das Zentrum, das bei Buna existiert, herausbekommen. Das war vor eineinhalb Jahren. Vor zwei Monaten ist ein allgemeiner Bericht, mit dem wir nichts anfangen konnten, gekommen. Man kann also nicht sagen, daß wir nicht auf die Dinge hingewiesen haben. Wir haben das ziemlich genau getan.

Bei Bitterfeld dieselben Geschichten. Dann kam Zeiss. Bei Zeiss war eine offene Tätigkeit eines feindlichen Zentrums. Es ist doch ein unmöglicher Zustand, wenn sich herausstellt, daß die neuen Konstruktionszeichnungen im Zeiss-Werk regelmäßig aus dem Werk verschwanden, kopiert wurden und zurückkamen. Niemand hat etwas davon gemerkt. Ich weiß, welche Arbeit die Staatssicherheit gemacht hat, und wir anerkennen, daß die Genossen im Kampf gegen die KgU[2], gegen den BdJ in Berlin eine große Arbeit geleistet haben. Das anerkennen wir, aber, liebe Genossen, wenn der Feind eine illegale Organisation hat, muß man systematisch den Kampf dagegen führen. Die Fehler resultieren daraus, daß in der Führung der Staatssicherheit

2 Kampfgruppe gegen Unmenschlichkeit. Gegr. durch Rainer Hildebrand in Berlin.

die Unterschätzung der Parteiarbeit vorhanden war. Es gibt kein Ministerium, wo man mehr administriert hat, als beim Minister Zaisser.

Genosse Zaisser hat wochenlang über die Arbeitsmethoden von Ulbricht gesprochen. Er hat recht, meine Arbeitsmethoden unterscheiden sich prinzipiell von denen des Genossen Zaisser. Genosse Zaisser ist ein ausgezeichneter Fachmann für bestimmte Verwaltungsarbeiten. Aber mich interessieren die Probleme der Arbeit von Staatssicherheit und nicht seine Verwaltung. Genosse Zaisser war so beschäftigt mit dem Kampf gegen Ulbricht, daß er ganz vergessen hat, daß er Minister für Staatssicherheit ist. Ich will dem Genossen Zaisser nicht unrecht tun. Er konnte gar nichts tun. Er ist ein Administrator, und unser Fehler war der, daß man ihn eingesetzt hat.

Jetzt komme ich zu den innerparteilichen Fragen. Es wurde hier von den Genossen Herrnstadt und Zaisser gesagt, daß sie dem Zentralkomitee die volle Wahrheit sagen. Aber im Verlauf der zwei Tage hat sich die ‹Wahrheit› sehr gewandelt. Ich möchte zuerst das wiederholen, was ich in meinem Referat zur Charakteristik der Position von Herrnstadt und Zaisser gesagt habe. Ich habe gesagt, die Genossen Herrnstadt und Zaisser beschränken sich nicht auf die Aufstellung kapitulantenhafter Forderungen, die, wie sie sagten, als Grundlage zu einer ‹Erneuerung der Partei› dienen sollten. Sie wußten, daß die gegenwärtige auf einer marxistischen Position steht und nicht auf ein solches Liquidatorentum eingehen wird. Weil sie wußten, daß die Parteiführung nicht auf ein solches Liquidatorentum eingehen wird, betrieben sie die Neubesetzung der Parteiführung. Herrnstadt und Zaisser haben sich in ihrer Fraktionstätigkeit nicht auf diese Plattform und auf die Forderung nach einer Neubesetzung der Führung beschränkt, sondern sie führten eine aktive fraktionelle parteifeindliche Arbeit durch, die gegen die Einheit der Partei gerichtet war.

Ich bitte die Genossen Mitglieder des Zentralkomitees, sich selber die Frage zu beantworten, ob im Laufe der Tagung das völlig bewiesen wurde, was ich im Referat gesagt habe.

Die Genossen haben ihren Fraktionskampf begonnen mit der Propaganda, daß an allem die ‹Arbeitsweise› schuld sei. Genosse Zaisser sagte, er habe seine Fehler erst erkannt, als er die Größe der Kriegsgefahr sah. Das ist eine Unwahrheit. Die Sache war anders. In der Sitzung des Politbüros, wo die Plattform von Herrnstadt und Zaisser abgelehnt wurde, begann ihr Rückzugsmanöver. In dieser Sitzung des Politbüros wurde von uns dargelegt, daß Herrnstadt und Zaisser eine organisierte Gruppenarbeit in der Parteiführung durchgeführt haben, daß sie den Kampf um ihre Plattform geführt haben, und daß Herrnstadt – so habe ich wörtlich gesagt – mit den Methoden des Nachrichtendienstes, der sogenannten aktiven Aufklärung, innerhalb der Parteiführung gearbeitet hat und versuchte, einen Genossen gegen den anderen auszuspielen.

Als Ihr keine Mehrheit hattet, habt Ihr mit dem Rückzug begonnen, nicht erst dann, als Ihr erkanntet, daß angesichts der Kriegsgefahr die Feinde das ausnutzen könnten. Als man Euch schon teilweise geschlagen hatte, begannt Ihr den ungeordneten Rückzug! Das ist die Wahrheit. Hier haben Herrnstadt und Zaisser sich bemüht, harmlos zu erscheinen. Aber sie waren doch gar nicht so harmlos. Herrnstadt und Zaisser haben doch aggressiv, verbissen, gehässig den Kampf geführt. Sie wollten die Mitglieder der Kommission des Politbüros unter Druck setzen. Sie haben doch nicht etwa nur den Kampf gegen Ulbricht geführt. Sie haben den Kampf unter der Losung der ‹Erneuerung der Partei› geführt. Jede feindliche Gruppierung in der KPD hat damit begonnen. Das hat bei Levi[3] angefangen und bei Neumann aufgehört[4]. Diese ‹Erneuerung› war absolut nicht originell.

Sie haben nicht nur ihre Plattform entwickelt, sondern den Kampf gegen alle Genossen geführt, die auf einer marxistischen Linie standen und nicht bereit waren, dieses parteifeindliche Verhalten mitzumachen. Das ist die Wahrheit.

Stimmt es, daß der Kampf gegen den Genossen Matern geführt wurde, der als Vorsitzender der Kontrollkommission abgesetzt und aus dem Politbüro entfernt werden sollte?

Und dann kam diese Plattform, in der es heißt: ‹Millionen parteilose Werktätiger schreien nach Abstellung dieser Schwächen der Partei usw., sie bringen damit gleichzeitig zum Ausdruck, daß sie entschlossen sind, gegen die Partei aufzutreten› – Was ist denn das? Ist

3 Paul Levi (1883–1930), Mitbegründer des Spartakusbundes und der KPD, Vorsitzender zwischen 1919 und 1921, April 1921 Ausschluß aus der KPD. In der «Geschichte der deutschen Arbeiterbewegung» heißt es: Paul Levi sei «der Partei in einer sehr schwierigen Situation in den Rücken gefallen und zum Klassenfeind übergegangen». (Bd. 3, S. 328.) Paul Levi hatte die sog. Märzkämpfe als Parteiputsch charakterisiert.
4 Heinz Neumann (1902–1937), sog. linke Opposition unter Ruth Fischer, 1929 Kandidat des Politbüros der KPD, 1932 Funktionsenthebung («Gruppe Neumann/Remmele»), 1937 in der Sowjetunion Opfer der «Säuberungen».

das der Kampf nur gegen die Einheit der Parteiführung, Genosse Herrnstadt? Das ist der Kampf gegen die Partei!

Aus dieser Formulierung, die ich jetzt zitiert habe, ergeben sich doch die Artikel in der Presse, die gegen die Partei gerichtet waren, wo man die Streikenden sozusagen poussiert hat. Warum hielt das Genosse Herrnstadt für notwendig? Weil er beweisen wollte, daß alles in der Partei schlecht war. Das wollte man um jeden Preis beweisen, um die Änderung der Parteiführung zu begründen.

Das war also nicht so harmlos, wie das alles hier dargestellt worden ist. Es wurde doch ein direkter Haß gegen den Parteiapparat geschürt. Genosse Matern hat hier konkrete Fragen gestellt, ob Genosse Zaisser die Rolle einer ‹grauen Eminenz› spielen wollte. Genosse Zaisser ist der Antwort ausgewichen. Es gibt jedoch Fälle, wo Genosse Zaisser bestimmte Kenntnisse über Parteifragen besaß, die er dem Politbüro nicht mitgeteilt hat. So hat sich zum Beispiel Dahlem persönlich an Zaisser gewandt. Wir fragten ihn, was denn da war? Er sagte: Wir haben uns so zusammen unterhalten. So wie man ein Gespräch von Mensch zu Mensch führt. Ich habe mir gedacht, das muß aber ein merkwürdiges Gespräch von Mensch zu Mensch gewesen sein, bei dem ein Dokument von 15 Seiten übergeben wurde. Dieses Dokument diente dem Zweck, Zersetzung in die Parteiführung hineinzutragen. Genosse Zaisser wurde aufgefordert, er möge doch im Politbüro sagen, was da gewesen ist. Aber Zaisser hat das Dokument dem Politbüro nicht übergeben. Erst durch eine Dummheit, die Dahlem gemacht hat, erfuhr Genosse Matern, daß es ein solches Dokument gibt. Genosse Matern hat gefordert, daß Zaisser dieses Dokument dem Politbüro zur Kenntnis bringt. Im Politbüro gab es also einen Minister für Staatssicherheit, der geglaubt hat, er könne die Mitglieder des Politbüros unter Druck setzen. Ich frage: Ist das die Methode, wie sich ein Politbüromitglied verhält?

Es wurde gesagt, daß einige Politbüromitglieder hier im ZK nicht die ganze Wahrheit gesagt haben. Das stimmt.

Genossin Elli Schmidt hat hier über Handel usw. gesprochen. Ich habe eine hohe Achtung vor dem Handel. Das weiß sie. Aber es geht doch um einiges andere hier. Genossin Elli Schmidt kann sich nicht darüber beschweren, daß sie von uns nicht besonders unterstützt wurde. Sie wurde gerade von den so beschuldigten Mitgliedern des Parteiapparates in ihrer Tätigkeit auf allen Gebieten unterstützt. Aber Tatsache ist, daß sie im Politbüro eine der gröbsten Formulierungen gegen mich prägte[5]. Ich weiß, daß bei einigen Genossen für eine bestimmte Zeit das Gedächtnis ausgesetzt hat, aber so weit kann das nicht gehen, daß man das alles einfach vergißt und so tut, als ob gar nichts gewesen wäre. Aber in bestimmten Situationen, wo der Gegner die Parteiführung angegriffen hat, ist es notwendig, daß das ZK weiß, wie jeder gestanden hat. Deshalb müssen die Genossen, die das betrifft, endlich darüber sprechen. Deshalb helfe ich jetzt ein bißchen nach, damit einige Fragen, die noch nicht ganz klar sind, noch geklärt werden.

(Zurufe: Tu das mal.)

Sehr gut! Ich bin auch nicht mit der Rede des Genossen Rau einverstanden. Genosse Rau hätte etwas deutlicher sein müssen. So diplomatische Reden gehen hier nicht. Es geht darum, daß das ZK wissen will, ob die Parteiführung fest steht oder nicht. Und Genosse Rau hat geschwankt.

Ein Genosse hat hier die sehr ernste Frage gestellt, ob es einen Zusammenhang der Fraktionsarbeit Herrnstadt/Zaisser mit dem Fall Berija gibt? Ein Genosse Minister hat hier erklärt, daß Zaisser ihm gesagt habe, die neue Linie bestehe in der Nachgiebigkeit gegenüber dem Westen und könne zur Wiedererlangung der Herrschaft der Bourgeoisie führen. Dieser Standpunkt entspricht der politischen Position Berijas, die wiederum mit der Konzeption Churchills im Zusammenhang steht. Zaisser bestreitet diese Äußerung. Ich bin dafür, daß die Parteikontrollkommission sich damit beschäftigt.

In der Kommission hat Zaisser vorgeschlagen, daß der Genosse Herrnstadt der 1. Sekretär des ZK wird, der nicht nur sozusagen die parteiorganisatorischen Arbeiten erledigt, sondern auch die politische Führung in die Hand nimmt. Aber nicht nur das! Zur gleichen Zeit stand auch die Frage der Rolle des Genossen Zaisser. Hier wurde richtig gesagt, daß der Genosse Zaisser der Meinung war, er müsse sich von der Arbeit im Ministerium für Staatssicherheit etwas zurückziehen, weil er wichtige Funktionen in der Parteiführung übernehmen müsse.

Was ist geschehen? Man sprach über die Frage, daß man im Innenministerium einheitlich die Kräfte zusammenfassen will. Das wäre an sich ganz gut gewesen. Genosse Zaisser hat die Besprechungen über

5 Es geht um ihre Bemerkung, daß Ulbricht die eigentliche Schuld am 17. Juni trage. Vgl. Dokument.

diese Frage mit zwei Offizieren geführt. Genosse Grotewohl und ich haben von dieser Besprechung nichts gewußt. Wir waren nicht etwa prinzipiell gegen dieses Innenministerium, sondern uns hat nur eines interessiert: Wie kommt es, daß diese Besprechungen geführt werden, ohne daß man vorher mit uns spricht? Und Genosse Zaisser hat geantwortet: Zuerst mußte ich mit den anderen Stellen alles vereinbaren, und dann wäre ich ins Politbüro gekommen. Ja, Genosse Zaisser, das hängt mit der ‹grauen Eminenz› zusammen. Das heißt, Du sicherst zuerst alles, auch noch die Funktion des Innenministers, und dann kommst Du ins Politbüro mit fertigen Tatsachen. Ich habe von der Geschichte nichts weiter gewußt. Aber in der Kommissionssitzung hat sich folgendes Gespräch abgespielt. Ich fragte: Was ist denn mit dieser Besprechung über das Innenministerium? Da sagte Zaisser: Ja, ich habe mit einer anderen Stelle darüber gesprochen. Und darauf antwortete ich: Mich interessiert nicht, mit welchen Offizieren Du gesprochen hast, mich interessiert, warum das Politbüro davon nichts weiß. Daraufhin sagte er: Ich wollte zuerst mit ihnen eine Verständigung herbeiführen. Ich sagte: Ich wiederhole, daß mich das nicht interessiert. Mich interessiert, warum zumindest Grotewohl und Ulbricht keine Kenntnis davon hatten. Daraufhin sagte Genosse Herrnstadt: Warum stellst Du denn diese Frage so aggressiv?

Genauso war das Gespräch. Hatte ich ein Recht dazu, diese Frage so zu stellen? Wenn ich den Fall Berija gekannt hätte, hätte ich ja etwas ganz anderes getan. Die beiden Leute, mit denen Zaisser die Besprechung geführt hatte, waren nämlich Sonderbeauftragte von Berija.[6] Das sind die ‹Musterbeispiele› der Kollektivität, die ich hier

6 Die Eingliederung der sowjetischen Staatssicherheit in das Innenministerium unter der Leitung Berijas fand kurz nach Stalins Tod als Teil einer generellen Reorganisation und Machtkonzentration in der sowjetischen Führungsspitze statt. Auch in der DDR wurde, unabhängig von Zaissers Vorbereitungen und gleichzeitig mit der Bekanntgabe seiner Absetzung, am 25. 7. 1953 die Zusammenlegung mitgeteilt. Ebenso wurde analog dem sowjetischen Vorbild der Titel des Generalsekretärs der Partei in den des 1. Sekretärs umbenannt. Was Zaissers Besprechung mit den «Sonderbeauftragten Berijas» angeht, so erklärte Ulbricht Jahre später: «Die Parteiführung der SED, unterstützt von Vertretern der sowjetischen Besatzungsmacht, setzte den Bestrebungen L. P. Berijas entschiedenen und erfolgreichen Widerstand entgegen. Seine Beauftragten wurden nicht in die DDR hereingelassen» (Geschichte der deutschen Arbeiterbewegung, Bd. 7, S. 228).

aufzähle. Und weil Ulbricht mit diesen ‹Musterbeispielen› der Kollektivität der Arbeit der Führung, wie sie Zaisser sich vorstellt, nicht einverstanden ist, weil Ulbricht derjenige ist, der keine Angst vor dem Minister für Staatssicherheit hat, deswegen führen sie den Kampf gegen ihn.

Als ich die Geschichte mit dem Innenministerium erfuhr – die habe ich ja nicht im Politbüro erfahren –, da habe ich mir gesagt: Beide kämpfen um die Führung: Herrnstadt will die ideologische Führung haben und Zaisser will als Innenminister den Staatsapparat in die Hände bekommen. Was in drei Monaten gewesen wäre, hätte sich jedes ZK-Mitglied selber ausrechnen können. Das war meine Einschätzung. Ich habe nur noch eine Bemerkung. Einige Mitglieder des ZK haben gesagt: Warum hat uns Ulbricht nicht informiert? Es war nicht leicht, in dieser Lage zu schweigen. Auch für die Mitglieder des ZK, die hier im Hause waren, war es nicht leicht, daß sie es nicht wußten, was vor sich ging. Aber wenn ich nach der ersten Kommissionssitzung die Genossen informiert hätte, dann hätte man gesagt: Ulbricht organisiert auf der anderen Seite den Gegenkampf. Es war deshalb richtiger, daß man geduldig und ruhig anhörte, wie die Genossen Herrnstadt und Zaisser ihre Plattform bis zu Ende entwickelten, ihre Plattform aufschrieben, ihre Personalvorschläge vorbrachten usw. Denn das *war* die einzige Möglichkeit, den ZK-Mitgliedern Tatsachen vorzulegen.

Ich habe also nicht wütend auf Zaisser geantwortet, sondern ganz sachlich gesagt: Aus eurer Plattform und eurer ganzen Konzeption ergibt sich diese Konsequenz des persönlichen Kampfes. Mit Ulbricht fängt man an. Dann kommt Matern, dann Genosse Honecker und dann die anderen. Genosse Herrnstadt geht dann los, gegen diesen Parteiapparat, den er so haßt. Warum haßt Du denn den Parteiapparat? Du sagtest, weil er bürokratisch sei. Ich werde Dir sagen, warum Du den Parteiapparat haßt – das steht auch hier sogar im Dokument –: nicht weil er so bürokratisch ist, sondern weil keine Aussicht bestand, daß er Dir gehorchen würde. Du hast ganz richtig erkannt: Es besteht ein Unterschied zwischen der Redaktion des ‹Neuen Deutschland› und dem Parteiapparat der SED. So wie Du in der Redaktion des ‹Neuen Deutschland› kommandiert hast, so kannst Du das im Parteiapparat der SED nicht machen, weil dort das Parteibewußtsein offenkundig höher ist.

(Edith Baumann[7]: Versucht hat er das bei der Abteilung Parteibetriebe.)

Es sind solche Versuche gemacht worden. Er hat dann mit dem Frontalangriff begonnen.

Ich weiß, daß der Parteiapparat gelähmt war, daß die Genossen recht haben, wenn sie kritisieren. Mir ist einmal folgendes passiert, wenn ich hier etwas aus der Parteigeschichte erzählen darf: Es gab einmal eine Fraktion in Berlin, und wir, Thälmann und einige andere Genossen, hatten im Politbüro keine Mehrheit. Das ist keine sehr angenehme Lage. Die Plattform für die Fraktionstätigkeit war an sich für mich klar. Ich fuhr darauf wutentbrannt nach Hamburg und sagte zu Teddy: Der Teufel soll sie holen! Das hält die Partei nicht mehr aus. Er sagte zu mir: Ja, Deine Analyse und all das, was Du sagst, ist richtig. Aber beweise doch einmal vor der Öffentlichkeit, daß Du vollständig recht hast. Hast Du denn schon alle Dokumente? Ich sagte: Alles habe ich noch nicht. Doch das, was ich habe, reicht für mich aus. Er sagte: Für Dich wohl, aber nicht für die anderen, die Du überzeugen mußt. Du sollst mal sehen, in drei oder vier Wochen werden sie sich entlarven, wenn wir richtig arbeiten. Das haben wir dann auch so gemacht. Und jetzt habe ich mich an Teddy erinnert und mir gesagt: Diesmal bist Du etwas vorsichtiger und läßt die anderen nicht aus der Zange, denn sie werden versuchen, alles abzustreiten! Deshalb ist es Herrnstadt und Zaisser heute trotz Lügen nach zwei Diskussionstagen nicht gelungen, die Dinge zu verschleiern. In dem Resolutionsentwurf, den die Kommission vorschlägt, wird gesagt, daß Herrnstadt und Zaisser aus dem ZK der Partei ausgeschlossen werden. Ich weiß, daß es im ZK Vorschläge auf Ausschluß aus der Partei gibt. Ich sage ganz offen, daß die Begründung für den Ausschluß aus der Partei vollständig ausreicht. Trotzdem bin ich der Meinung, daß es nicht zweckmäßig ist, einen solchen Beschluß zu fassen. Man sollte sich zunächst auf den Ausschluß aus dem ZK beschränken, damit Zaisser und Herrnstadt die Möglichkeit gegeben wird, als einfache Parteimitglieder zu beweisen, daß sie treu zur Partei stehen. Soviel zu dieser Frage. (...)

7 Frühere Ehefrau Honeckers.

Rudolf Herrnstadt an W. S. Semjonow

Auszug aus einem Schreiben[1] vom 28. November 1962

Werter Genosse Semjonow[2],   Halle, 28. November 1962

ich bin heute gezwungen, mich an Sie zu wenden. Neun Jahre habe ich es nicht getan. Ich hätte es gern vermieden.

Vor allem anderen möchte ich sagen, daß ich es tief bedauere, zu einem Zeitpunkt, da die Aufmerksamkeit aller – auch meine – auf andere, wichtigere Dinge gerichtet ist, mit einer persönlichen Angelegenheit kommen zu müssen. Eben damit dieser Fall nicht eintritt, habe ich in den vergangenen Jahren stets in solchen Zeitpunkten um Überprüfung der Angelegenheit Zaisser/Herrnstadt gebeten, in denen eine Entspannung auf internationalem Gebiet die Überprüfung erleichtert hätte.

Aber nun erzwingen Termine, die nicht von mir gesetzt wurden, diesen Brief.

Dem VI. Parteitag der SED, der für den 15.–19. Januar 1963 angesetzt wurde, liegen Dokumente vor, in denen die im Jahre 1953 gegen den verstorbenen Genossen Willi Zaisser und mich erhobenen Beschuldigungen nicht nur nicht zurückgenommen, sondern noch gesteigert werden. So heißt es z. B. in dem dem Parteitag vorliegenden «Grundriß der Geschichte der deutschen Arbeiterbewegung» nach Erwähnung des 17. Juni 1953;

> «Der Politik des Klassengegners arbeitete die revisionistische Gruppe Zaisser/Herrnstadt in die Hände. Diese Gruppe verkannte, daß die imperialistische Herrschaft in Westdeutschland um so mehr geschwächt wird, je systematischer die sozialistischen Gesetzmäßigkeiten in der

1 Der Brief wurde in russischer Sprache abgefaßt.
2 W.S.Semjonow war 1962 einer der Stellvertreter des Außenministers der UdSSR.

264

DDR wirksam werden. Sie wollte den Aufbau des Sozialismus in der DDR hinauszögern und vor den imperialistischen Kräften der westdeutschen Bundesrepublik kapitulieren (...)

Das Zentralkomitee der SED zerschlug unter der Leitung des Genossen Walter Ulbricht die Fraktion dieser Kapitulanten, die vom Parteifeind Berija unterstützt worden waren, und festigte so die Einheit und Geschlossenheit der Partei.» («Einheit», Sonderheft, August 1962, S. 164)

Mit dieser Wiederholung der Verleumdungen ergibt sich folgende Lage: 25 Jahre habe ich der Partei angehört, ohne daß mir je ein Vorwurf gemacht wurde. Dann wurde ich (Juli 1953) innerhalb von Stunden als «Kapitulant» und «Berijamann» «entlarvt». Seitdem wird fast ein ganzes Jahrzehnt lang die Überprüfung verweigert, obwohl – oder gerade weil – die Beschuldigungen längst auch ohne mein Zutun zusammengebrochen sind. Während so das Zutagetreten der historischen Wahrheit mit Gewalt verhindert wird, sollen nunmehr, auf dem VI. Parteitag, die erfolgten Verleumdungen in den Rang einer historischen Wahrheit erhoben werden.

Ich denke, nach Ablauf der vergangenen neuneinhalb Jahre wird niemand sagen können, ich hätte nicht genug Disziplin oder Geduld gezeigt. Die Partei kann sicher sein, daß mich Disziplin und Geduld auch bis zum Ende nicht verlassen werden. Aber kein Kommunist kann ein Vergehen wie das oben geschilderte hinnehmen, ohne zu kämpfen und gegen die Verleumdungen und Verbrechen zu protestieren.

Nach Erscheinen des Grundrisses der Geschichte der deutschen Arbeiterbewegung[3] habe ich (am 22. 9. 1962) erneut die Zentrale Parteikontrollkommission der SED um Überprüfung gebeten. Wie zu erwarten war, erhielt ich wieder keine Antwort.

Daher muß ich die Zurückhaltung, die ich bisher Ihnen gegenüber an den Tag gelegt habe, aufgeben. Niemals war mir vorstellbar, daß ich einmal gezwungen sein könnte, gegen einen sowjetischen Genossen Stellung zu nehmen. Nun muß ich auch das noch lernen.

Ich bitte Sie hiermit, Genosse Semjonow, haben Sie endlich den Mut, vor Ihre Partei zu treten und ihr die volle Wahrheit über Ihr

3 Dieser Entwurf blieb in der von Herrnstadt zitierten Passage unverändert. Der Band 7 dieser achtbändigen Geschichte der deutschen Arbeiterbewegung übernahm diese Fassung und blieb bis in die 70er Jahre Grundlage jeglicher historischen und publizistischen Behandlung dieses Zeitabschnittes.

Verhalten in den Monaten Juni und Juli 1953 in Berlin und über die Motive zu Ihrem Verhalten zu sagen. Insbesondere bitte ich Sie, an die Adresse Ihrer Partei (denn mir könnten Sie erwidern: ‹ich bin Ihnen keine Rechenschaft schuldig›) auf folgende Fragen zu antworten.

1. Aus welchen Gründen haben Sie zugelassen und selbst führend daran teilgenommen, daß Zaisser und mir unterschoben wurde, wir seien «Kapitulanten» und «wollten die DDR aufgeben», obwohl Sie wußten, daß das unwahr ist? Warum haben Sie zu diesem Zweck einzelne Worte aus einzelnen Dokumenten oder Artikeln herausgepflückt und so interpretiert, daß ein revisionistischer Sinn herauskommen mußte? Warum haben Sie die rechtzeitige Aufklärung hintertrieben? Warum haben Sie daran mitgewirkt oder mindestens dem zugestimmt, daß zuerst das Urteil gefällt wurde (öffentliche Verleumdung und Ausschluß) und *danach* erst die Untersuchung begann? Warum haben Sie, als trotz dieser Methoden die Hälfte der Anschuldigungen schon unmittelbar nach der Urteilsfällung zusammenbrach, dahin gewirkt, daß dies der Parteimitgliedschaft und der Öffentlichkeit verschwiegen wurde?

2. Warum haben Sie mich in die Angelegenheit Berija hineingemischt, obwohl Sie wußten, daß dies eine freie Erfindung war? Warum haben Sie das vier Wochen nach der Aburteilung und Hinrichtung Berijas getan?[4] Warum haben Sie es unter Bruch der Statuten und unter solchen Bedingungen getan, daß die Verleumdeten, Zaisser und ich, sich nicht wehren konnten? Und wenn Sie selbst in einer Psychose handelten – warum haben Sie auch Jahre später, auch nach dem XX. Parteitag, aus der Ferne mitangesehen, wie die Verleumdungen weiterwucherten und Willi Zaisser, dessen Verdienste um die deutsche und die internationale Arbeiterbewegung unbestreitbar sind, an ihnen starb? Sie sind doch kein naiver Mensch, Genosse Semjonow. Sie müssen sich doch bei Ihrem Vorgehen etwas gedacht haben?

I.

Zur Begründung dieser Fragen möchte ich Sie wenigstens an einige Vorgänge erinnern:

1. Die Verleumdung, ich sei ein «Kapitulant», wurde auf zwei Formulierungen gestützt und auf den «Fall Fechner».

a) Die beiden Formulierungen lauteten «Erneuerung der Partei»

4 D. h. am Vorabend oder während der 15. ZK-Tagung 1953.

und «Die Partei muß zur Partei des Volkes werden». Ich hatte sie in einem Entwurf für die Entschließung des 15. Plenums des ZK gebraucht, mit dessen Ausarbeitung ich vom Politbüro beauftragt worden war.

Beide Formulierungen waren nicht präzise. Trotzdem kann ich auch heute nichts Unzulässiges und erst recht nichts Kapitulantenhaftes darin sehen, sie vorgelegt zu haben. (...) Warum wurden diese beiden Formulierungen herausgepflückt und zu einer «defätistischen Plattform» zusammengestellt? Und warum fiel man in doppeltem Haß über Heinrich Rau und Elli Schmidt[5] her, die wie die große Mehrheit des Politbüros in ihrer Verblüffung fragten: «Was geht denn hier vor? Wie kann man denn hier von einer Plattform reden? Und was soll denn die Verdächtigung, er wolle ‹die DDR aufgeben›?» Sie, Genosse Semjonow, wußten gut, daß ich mit der Formulierung «Die Partei muß zur Partei des Volkes werden» sagen wollte: «Die Partei muß endlich lernen, die Kluft zu schließen, die zwischen ihr und großen Teilen der Arbeiterklasse und der werktätigen Massen besteht.» Denn Dutzende von Malen hatten Sie und ich gerade darüber gesprochen. Trotzdem ließen Sie plötzlich zu (und beteiligten sich selber daran), daß aus dieser Formulierung gefolgert wurde, ich wolle «den proletarischen Charakter der Partei liquidieren» und von da aus, ich wolle «vor dem westdeutschen Imperialismus kapitulieren» und von da aus, ich wolle «die DDR preisgeben».

Wie Sie wissen, bat ich Sie trotz alledem um eine Unterredung. Acht Jahre hatten Sie mit mir eng zusammengearbeitet und mich zu beliebiger Tages- und Nachtstunde zu finden gewußt. Jetzt empfingen Sie mich in Gegenwart des Genossen P. A. Judin wie einen bereits Verurteilten. Jeder von Ihnen nahm, als ich das Zimmer betrat, ein Blatt Papier und öffnete den Füllfederhalter. Dann sahen Sie mich an und warteten. In dieser Unterhaltung wurde mir klar, daß keine Möglichkeit mehr bestand, zu einer gemeinsamen Sprache zu kommen. Sie und Genosse Judin gingen davon aus, daß das innere Leben der Partei im wesentlichen in Ordnung sei, die innerparteiliche Demokratie gewahrt, die maximale Aktivität der Massen im wesentlichen erreicht, und daß es nur darauf ankäme, diesen oder jenen Fehler zu korrigieren. Ich ging davon aus, daß die Partei einen *Umschwung* in ihrem Arbeitsstil herbeiführen müsse, daß dies eine gewaltige und

5 Siehe Walter Ulbrichts Schlußwort auf dem 15. ZK-Plenum 1953 im Auszug.

komplizierte Arbeit sei und daß der Ausgangspunkt die unbedingte Durchsetzung der Kollektivität der Leitungen sein müsse. Sie und Genosse Judin sahen mich an wie einen, der völlig vom Wege abgekommen ist. Als ich sagte: «In diesem Sinne habe ich das Wort ‹Erneuerung der Partei› gebraucht, rief Genosse Judin: ‹Erneuerung›? Woher haben Sie dieses Wort? Das ist doch kein marxistischer Begriff! Wo haben Sie das gelesen?» Ich konnte darauf nicht antworten. Ich hatte es wirklich nirgendwo gelesen. Unter dem Eindruck der Erregung des Genossen Judin, von dem ich wußte, daß er ein bekannter Theoretiker des Marxismus-Leninismus ist, kam mir das Wort nun selbst ungeheuerlich vor. Ich wußte damals nicht, daß das Wort Erneuerung, bezogen auf das innere Leben der Partei, der marxistischen Literatur durchaus nicht fremd ist und erst recht kein Beweis für die Absicht, vor dem Imperialismus zu kapitulieren. Jahre später, 1956, las ich in den Dokumenten, die im Zusammenhang mit Lenins Vermächtnis veröffentlicht wurden, daß auch Lenin das Wort Erneuerung in bezug auf den Parteiapparat gebrauchte. Vielleicht wäre Genosse Judin anderen Sinnes geworden, wenn ich mich darauf hätte berufen können. Aber das war 1953 noch nicht möglich. (Übrigens findet sich der Ausdruck ‹Erneuerung›, bezogen auf das innere Leben der Partei, auch im letzten Heft des «Kommunist» wieder – 1962, Nr. 15, S. 72.)

Meine Bitte an Sie, Genosse Semjonow, nicht auf Grund herausgepflückter Worte meine politische Vernichtung zu beschließen, wurde von Ihnen abgelehnt.

b) Der zweite (in den Augen der Öffentlichkeit weit beweiskräftigere) Vorwurf, auf den die Behauptung gestützt wurde, ich sei ein Kapitulant, bestand aus meiner angeblichen Beteiligung an den «Verbrechen» des inzwischen rehabilitierten Genossen Max Fechner.

In der erwähnten Unterredung hielten Sie und Genosse Judin mir auch diese Beschuldigung vor. Ich erklärte, daß ich nichts mit Fechner zu tun hätte und nichts von der Angelegenheit wüßte und bat Sie dringend, eine Untersuchung zu veranlassen. Selbst Genosse Judin, dem es schwerfiel, sich in Berlin zu orientieren, und der offensichtlich der Meinung war, einer großen Verschwörung auf der Spur zu sein, war geneigt, eine solche Untersuchung vornehmen zu lassen. Aber Sie, Genosse Semjonow, wünschten das nicht und lehnten ab. Vier Tage später wurde ich mit der Begründung, «dem Staatsfeind Fechner die Seiten des ‹Neuen Deutschland› zur Verfügung gestellt» zu haben, als Kapitulant aus dem ZK ausgeschlossen und von nun an durch alle Zeitungen gezogen. Weitere vier Wochen später, als ich mich vor der ZPKK gegen den Vorwurf Fechner verteidigen wollte, gab mir Genosse Matern zur Antwort, das sei nicht nötig, mit der Angelegenheit Fechner hätte ich nichts zu tun. Es stellte sich heraus, daß die Untersuchung stattgefunden hatte, *nachdem* die Verleumdung ihren Zweck erfüllt hatte.

Das waren die beiden Anlässe, derentwegen ich vor der Öffentlichkeit seit bald zehn Jahren als «Kapitulant» herumlaufe.

2. Zur Verleumdung, ich sei «vom Parteifeind Berija unterstützt» worden.

Der Keim zu dieser Verleumdung wurde am 24. 7. 1953 auf folgende Weise gelegt: Genosse Ulbricht trug dem 15. Plenum einen Bericht des Politbüros vor, der gegenüber dem Bericht, den er am Tage zuvor dem Politbüro zur Bestätigung vorgelegt hatte, wichtige Veränderungen enthielt. Die wichtigste bestand darin, daß W. Ulbricht Genossen Zaisser und mich in Zusammenhang mit Berija brachte. Damit war unser Ausschluß praktisch entschieden, denn im Lichte des Verdachts, mit dem soeben wegen Verrats hingerichteten Berija zusammenzuhängen, erhielten die Anschuldigungen «Erneuerung der Partei», «Partei des Volkes», «Fechner», ein ganz anderes Gewicht.

Unmittelbar nach Schluß der Rede Walter Ulbrichts stürzte eine Reihe von Angehörigen des Politbüros, darunter Zaisser und ich, zum Tisch des Vorsitzenden und verlangte Rechenschaft über diese Verdächtigung und den Bruch der Statuten. Genosse Grotewohl schrie uns zu: «Ich weiß von nichts! Ich lehne jede Unterhaltung ab! Wendet Euch an Walter!» Als wir Walter Ulbricht fanden und fragten, erwiderte er ruhig: «Ich habe halt über Nacht neue Informationen bekommen.» Diese «Informationen» kann Genosse Ulbricht nach Lage der Dinge nur von Ihnen, Genosse Semjonow, bekommen haben. Sie selbst saßen während des Plenums im Hintergrund des Saales und verfolgten den Ablauf. Als ich Sie in einer Verhandlungspause fragte: «Wie können Sie zulassen, daß ich als Komplice von Berija verdächtigt wurde?», erwiderten Sie: «Aber das Wort ‹Erneuerung› haben Sie geschrieben –?»

Vier Wochen später, in der Untersuchung vor der ZPKK, wollte ich mich auch gegen den Vorwurf verteidigen, mit Berija zusammengehangen zu haben. Ich erhielt von Genossen Matern zur Antwort: «Das bezieht sich nicht auf Dich, das bezieht sich auf Zaisser.» Abgesehen davon, daß ich nicht verstehe, wozu dieser Vorwurf öffentlich gegen mich erhoben wurde (und bis heute erhoben wird), wenn er sich nicht auf mich bezieht – ich habe allen Anlaß anzunehmen, daß die Beschuldigung, *Zaisser* habe mit Berija zusammengehangen, eine ebenso niederträchtige Verleumdung ist. Die Frage ist besonders wichtig, weil diese «Informationen» die Hauptstütze aller nun zehn Jahre andauernden Verdächtigungen und Verleumdungen gegen Zaisser und mich wurden.

Ich ersuche Sie heute, Genosse Semjonow, Ihrer Partei mitzuteilen: Welche «Informationen» haben Sie damals bekommen und an Genossen Ulbricht weitergegeben? Von wem stammten diese «Informationen»?

Ich muß damit rechnen, daß Sie heute sagen: «Sehen Sie, der Vorwurf, Sie stünden ‹im Zusammenhang mit Berija› und Sie seien ‹von Berija unterstützt worden›, ist im übertragenen Sinne zu verstehen. Das soll nicht heißen, Sie gehörten zur Bande Berijas, das soll nur heißen, Sie hätten eine Politik betrieben, wie Berija sie betrieb.» Nein, Genosse Semjonow, abgesehen davon, daß eine solche Argumentation vom Standpunkt der kommunistischen Moral keiner Kritik standhalten würde – gerade das Gegenteil ist der Fall, und Sie wußten das genau. Ich erinnere Sie hier nur an meinen Antrag in der Sitzung des Politbüros vom 7. 6. 1953, *entgegen* den im Dokument des Präsidiums des ZK der KPdSU enthaltenen Vorschlägen die LPG's *nicht* aufzulösen,[6] sondern zu gleichen Rechten wie die Wirtschaften der werktätigen Einzelbauern weiter zu fördern. Der Antrag wurde angenommen. Sie selbst waren Zeuge. Vier Wochen später teilte uns ein neues Dokument des Präsidiums des ZK der KPdSU mit, daß Berija es war, der die desorientierende, die Landwirtschaft in der DDR in die falsche Richtung treibende Formulierung in das Dokument des Präsidiums des ZK vom Vormonat hineingebracht hatte. Ich hatte also, ohne es zu ahnen, gegen Berija polemisiert, als ich die Erhaltung der LPG's beantragte. Inzwischen aber lag der 17. Juni zurück, und Sie, Genosse Semjonow, waren auf die Linie gegangen, aus Zaisser und mir «Kapitulanten» zu machen. Daher paßte Ihnen der geschilderte Vorfall gar nicht ins Konzept, und als in einer der Politbürositzungen, an denen Sie teilnahmen, Genossin E. Schmidt mit Bezug auf mich sagte: «Wenn man ihm schon die ‹Erneuerung› zur Last legt, dann

6 vgl. Dokument

270

sollte man doch auch berücksichtigen, daß es ohne ihn heute in der DDR keine LPG's mehr gäbe», da erklärten Sie: «Das eine hat mit dem anderen überhaupt nichts zu tun!»

Auch diese Angaben sind durch Dokumente und Zeugenaussagen jederzeit beweisbar. Außerdem aber müssen Sie auch in Ihren eigenen Aufzeichnungen zu finden sein. Sie haben während dieser ganzen Sitzung fieberhaft mitgeschrieben und mich während meiner Ausführungen über die LPG's, die ja damals «oppositionell» klangen, mit bösen Blicken bedacht. Heute sind fast zehn Jahre vergangen. Bitte haben Sie den Mut, Ihre Hefte mit den Aufzeichnungen über die Sitzung des Politbüros der SED vom 7. Juni 1953 ohne Veränderungen Ihrem Zentralkomitee zu übergeben.

II.

Bei der Entstehung der Angelegenheit Zaisser/Herrnstadt hat die Frage des Personenkults Walter Ulbrichts eine große Rolle gespielt. Daher muß ich auch diese Frage berühren. Ich werde versuchen, das so knapp wie möglich zu tun.

Wie Sie wissen, hat die große Mehrheit des Politbüros des ZK der SED vom Frühjahr 1951 ab einen hartnäckigen Kampf gegen die wachsenden Tendenzen Walter Ulbrichts zum Personenkult und gegen die negativen Folgen dieses Kults geführt. Sie wissen auch (wenn Sie es heute noch wissen wollen), daß dieser Kampf mit großer Kameradschaftlichkeit und Geduld geführt wurde. Da das Politbüro W. Ulbricht aufrichtig schätzte und seine Schwächen für abstellbar hielt, hat es ihm immer wieder gezeigt, daß es seine Führung anerkennt und wünscht. Gleichzeitig aber hat es von ihm gefordert, im Kollektiv zu arbeiten, nicht die Statuten zu verletzen und sich nicht mit Speichelleckern zu umgeben.

Sie, Genosse Semjonow, waren über diese Auseinandersetzungen zu jedem Zeitpunkt informiert. Zeitweise haben Sie an unserem Kampf für die Einhaltung der Leninschen Normen des Parteilebens teilgenommen, gelegentlich sogar sehr aktiv (z. B. im Fall Lohagen). Dann wieder wurde die große Mehrheit des Politbüros aus Gründen, die niemand verstand, von Ihnen im Stich gelassen (wie im Fall der Resolution des 8. Plenums des ZK im Februar 1952). Ja, im Rahmen ein und derselben Angelegenheit haben Sie innerhalb kurzer Zeit entgegengesetzte Standpunkte vertreten, z. B. in der Angelegenheit des schändlichen Sekretariatsdokuments aus Anlaß des 60. Geburtstags

Walter Ulbrichts. Genossen Grotewohl, der Sie rechtzeitig auf die politische Unvertretbarkeit dieses Dokuments hinwies, gaben Sie zur Antwort: «Und was ist daran Schlechtes, Genosse Grotewohl?»; kurz darauf aber – ich vermute heute, weil Sie inzwischen erfahren hatten, daß auch das Präsidium des ZK der KPdSU seinen Unwillen über dieses Dokument zu erkennen gegeben hatte – verlangten Sie von mir, ich solle im Politbüro die Entfernung der Genossin Lotte Ulbricht (der Hauptverfasserin des Dokumentes) aus dem Apparat des ZK beantragen. Als ich Sie bat, mir das zu ersparen, und sagte, daß ich bereits durch meine beständige Kritik in *prinzipiellen* Fragen (Kollektivität der Leitungen, Kaderpolitik usw.) so exponiert sei wie kein anderer Angehöriger des Politbüros und daß sogar die Kritik in *nicht* persönlichen Fragen als «persönliche Voreingenommenheit gegen Ulbricht» diffamiert werde, da erwiderten Sie mir: «Was fürchten Sie? Wenn ein Kommunist im Recht ist, ist ihm nichts schrecklich!» Wie bekannt, hat sich später ein anderer deutscher Genosse gefunden, der in Ihrer Gegenwart die mir zugedachte Aufgabe übernahm.

Sie wollten nicht wahrhaben, daß die Liquidierung des Personenkults (wir gebrauchten damals nicht den Begriff Personenkult, sondern sprachen von der Herstellung der Kollektivität der Leitungen, den Methoden des Herangehens an die Werktätigen) auch für die SED die Ausgangsfrage ist, ohne deren Lösung es keinen Zugang zur befriedigenden Lösung irgendeiner wichtigen Frage auf dem Gebiete der Partei, des Staates oder auf internationalem Gebiete gibt. Statt dessen wichen Sie, wenn die Diskussion ernst wurde, aus. «Man darf die erreichten Erfolge nicht unterschätzen.» Als ob einer von uns sie unterschätzte. «Aber die Partei braucht Autoritäten.» Als ob jemand von uns das bestritten hätte, umgekehrt, wir wollten den Funktionären der Partei durch Liquidierung des Personenkults die erforderliche Autorität verschaffen.

III.

Was bisher dargelegt wurde, sind nachweisbare Tatsachen. Was ich jetzt sagen werde, ist eine Vermutung. Nur das ZK der KPdSU kann feststellen, ob sie stimmt. Legen Sie bitte *Ihr* Material vor, ich möchte Gelegenheit erhalten mitzuteilen, was *ich* weiß. Und unterwerfen wir uns beide dem Ergebnis der Untersuchung.

Meine Vermutung ist: der sogenannte Fall Zaisser / Herrnstadt ist ein auf halber Strecke liegengebliebener Prozeß in der Art des Rajk-oder Kostoffprozesses. Er konnte nicht zu Ende geführt werden, weil er zu einem zu späten Zeitpunkt begonnen wurde (vier Monate nach dem Tode Stalins).

Folgende Umstände veranlassen mich zu meiner Vermutung:

1. Ich behaupte nicht, daß Sie, Genosse Semjonow, mit der Absicht der Schädlingstätigkeit einen solchen Prozeß konstruieren wollten. Im Gegenteil, ich kann Ihnen bestätigen, daß Sie mindestens im Winter und Frühjahr 1952/53 in einer Psychose waren. Denken Sie bitte z. B. daran, mit welcher Hartnäckigkeit Sie von mir (und anderen deutschen Genossen) belastendes Material gegen Gerhard Eisler[7] verlangten, wie unzufrieden Sie waren, als ich Ihnen dieses Material nicht geben konnte und wie eindringlich Sie mir auseinandersetzten: «Die ameri-kanische Raswedka[8] war während des Krieges so vorausschauend, daß sie sogar die kommunistischen Parteien solcher relativ weniger wichti-gen Länder wie Ungarn und Bulgariens mit ihren Agenten durchsetzte. Da soll sie ausgerechnet die kommunistische Partei eines so wichtigen Landes wie Deutschland ausgelassen haben? Das halten Sie doch selbst nicht für wahrscheinlich. Sie sind doch Kommunist!» Ich konnte diesem Argument eine gewisse Logik nicht absprechen. Deshalb habe ich in der nächsten Politbürositzung von dieser Ihrer Auffassung Mit-teilung gemacht. (Sie ist also nachprüfbar.)

2. Dann kam der 17. Juni 1953. Er brachte uns alle in eine schwie-rige Lage. Aber Sie und Genosse Ulbricht brachte er in eine beson-ders schwierige Lage. Für Genossen Ulbricht war die Lage zusätzlich dadurch kompliziert, daß sich erst zehn Tage vorher (in der erwähn-ten Sitzung des Politbüros vom 7. Juni)[9] alle Mitglieder und Kandida-

7 Gerhard Eisler (1897–1968) war nach illegaler Tätigkeit in verschiedenen euro-päischen Ländern in die USA geflohen, dort wegen Spionage für die UdSSR ver-urteilt, 1948 durch eine spektakuläre Flucht auf dem polnischen Schiff «Batory» nach Europa entkommen und nach der Gründung der DDR Leiter des Amtes für Information im Ministerrat gewesen, bis das Amt am 1. Januar 1953 aufgelöst und E. selbst in Zusammenhang mit Noel Field gebracht und der allgemeinen Maßregelung der sogenannten Westemigranten der KP zum Opfer fiel. Später lange in leitender Position im Staatlichen Rundfunkkomitee der DDR.
8 Russischer Ausdruck für Aufklärung.
9 In der Datierung könnte – vergleicht man die 1956 niedergeschriebene Rekon-struktion der Ereignisse – ein Irrtum vorliegen, der vermutlich dem größeren zeitlichen Abstand des Jahres 1962 geschuldet ist. Eine exakte Datierung ist erst nach Offenlegung der Protokolle möglich.

ten des Politbüros ohne Ausnahme gegen seine wachsenden Tendenzen zum Personenkult und zu anderen Verletzungen der Leninschen Normen des Parteilebens gewandt hatten. Sie selbst waren Zeuge gewesen, mit welcher Entschiedenheit, aber auch mit welcher inneren Bewegung das Politbüro auf Grund einer Überfülle von Material von Genossen Ulbricht die bedingungslose, sofortige Einstellung dieser seiner Methoden gefordert hatte. Die Lage war für Sie, Genosse Semjonow, zusätzlich kompliziert, weil Sie sich sechs Tage vorher kategorisch geweigert hatten, dem Präsidium des ZK der KPdSU die dringende Bitte des Politbüros der SED weiterzugeben, die Bekanntgabe des «Neuen Kurses» um acht bis zehn Tage zu verschieben, um sie sodann mit einer ausreichenden, die Parteiorganisation und die Arbeiterklasse überzeugenden Begründung vornehmen zu können. Mir selbst gaben Sie, als ich Ihnen mit Billigung der führenden Genossen die Bitte in der Wohnung des Genossen Grotewohl am Nachmittag des 10. Juni erneut vortrug, wörtlich zur Antwort: «In vierzehn Tagen werden Sie vielleicht schon keinen Staat mehr haben.» ... Das war die Lage, in der die Augen aller (der wenig informierten Parteifunktionäre und der besser informierten Angehörigen des Politbüros) an Genossen Ulbricht und an Ihnen hingen. Und das war die Lage, in der urplötzlich ein «Fall Zaisser/Herrnstadt» entstand. Er löste folgende drei Fragen, die soeben noch unlösbar erschienen:

a) Nun konnten der Partei und der Öffentlichkeit Schuldige aus dem eigenen Lager präsentiert werden. (Das war wichtig, weil Partei und werktätige Massen mit vollem Recht ablehnten zu glauben, daß allein die Kraft von Faschisten ausgereicht hätte, einen 17. Juni zustande zu bringen.)

b) Nun konnte mit Hilfe der Verdächtigungen gegen Zaisser und mich das Politbüro, dessen Mehrheit sich in der Bekämpfung der innerparteilichen Mißbräuche als unnachgiebig erwiesen hatte, so gründlich zerschlagen und umgeformt werden, daß eine solche Mehrheit nicht mehr bestand.

c) Nun hatte auch die DDR ihre «Verschwörer», und Sie, Genosse Semjonow, hatten sie «entlarvt».

3. Ich habe mich oft gefragt, ob es Momente gegeben hat, in denen Sie, Genosse Semjonow, ehrlich an Zaissers und meine Schuld geglaubt haben. Vielleicht gab es solche Momente. Vielleicht haben wir durch eigene Fehler – etwa durch unzureichend exakte Formulierungen wie «Erneuerung» oder durch die Empörung, mit der wir uns

verteidigten – Ihre Psychose bis zu jenem Grade gesteigert, an dem Sie in Ihrem Innern nur noch ein wenig nachzuhelfen brauchten, um auch ohne Vorliegen irgendwelcher Beweise in uns Kapitulanten, Fraktionisten und Mitglieder der Berijabande zu sehen.

Aber, Genosse Semjonow, auf der anderen Seite ist nicht zu leugnen, daß Sie mit einer unerhörten Kaltblütigkeit gearbeitet haben. Nähere Untersuchung würde zeigen, daß der «Fall Zaisser/Herrnstadt» aus etwa 30 Fälschungen, Verdrehungen, Statutenbrüchen und kriminellen Akten besteht, die kunstvoll innerhalb einiger Wochen aneinandergelötet wurden. Das tut niemand im Schlafe. Am wenigsten ein Mensch, der, wie Sie, sehr überlegt und vorsichtig zu handeln gewöhnt ist und die Normen des Parteilebens und die Prinzipien der kommunistischen Moral gut kennt. Sie müssen im Juli und August 1953 sehr sicher gewesen sein, daß Zaisser und ich binnen kurzem nicht mehr existieren würden, so daß die Gefahr einer Aufrollung der Angelegenheit durch uns nicht besteht.

4. Vom Frühjahr 1954 ab war die Aktion, die mit so großem Aufwand begonnen hatte, plötzlich erloschen. Ich erkläre mir diesen Fortgang wie folgt:

Inzwischen war die Sowjetunion mit dem Septemberplenum der KPdSU (1953) in eine neue Phase eingetreten. Nun begannen die Vorarbeiten zur Liquidierung des Personenkults. Unter solchen Umständen waren Sie nicht mehr daran interessiert, dem «Fall Zaisser/Herrnstadt» den logischen Fortgang zu geben. Andererseits waren wir inzwischen bereits öffentlich zu «Verrätern an der Arbeiterklasse» und «Feinden des Volkes» erklärt worden und ein Eingeständnis des wahren Sachverhalts ohne Rückwirkungen nicht mehr möglich. Also blieb der Fall in der Luft hängen.

In den folgenden Jahren schien es gelegentlich, als ob die Parteiführung der SED diesen «Fall» stillschweigend fallenlassen will. In ihren Dokumenten aus den Jahren zwischen dem XX. und XXII. Parteitag der KPdSU wurde seine Erwähnung entweder umgangen oder «vergessen». Andererseits gab die Parteiführung auf Bitten um Überprüfung und Rehabilitierung keine Antwort und behielt sich so die Möglichkeit vor, im Bedarfsfall auf diese Legende zurückzugreifen.

IV.

Dieser Fall trat mit dem XXII. Parteitag der KPdSU ein. Vor die Notwendigkeit gestellt, die Folgen des Personenkults nun auch in der DDR zu beseitigen, entschloß sich die Führung der SED zu erklären:

> «Unter den Bedingungen der Entwicklung der SED konnte kein Personenkult entstehen...» (Beschluß der 14. Tagung des ZK der SED)

Diese Feststellung ist aus vielen Gründen schrecklich: sie schlägt der Wahrheit ins Gesicht; sie schlägt allen Erfahrungen ins Gesicht, die die Massen selber gesammelt haben; sie macht die Parteifunktionäre (und Hunderttausende anderer Menschen, die die Linie der Partei vor der Öffentlichkeit vertreten, z. B. die Lehrer) zu Lügnern und untergräbt ihre Autorität; sie bedeutet letzten Endes die Weigerung, die Erkenntnisse des XXII. Parteitags anzuerkennen – und das alles bei fortgesetzter öffentlicher Beteuerung, wie sehr man diese Erkenntnisse anerkenne und als eine Einheit begreife. Unvermeidlich mußte ein solches Vorgehen zu immer neuen Unwahrhaftigkeiten und Verkrampfungen führen.

Ich bekam das sofort zu spüren. Offensichtlich um glaubhaft zu machen, warum es ausgerechnet in der DDR zu Personenkult nicht habe kommen können, wurde im unmittelbaren Anschluß an den oben zitierten Satz darauf hingewiesen, daß

> «das Zentralkomitee mit dem Genossen Walter Ulbricht an der Spitze die von Berija und Malenkow und der Fraktion Zaisser/Herrnstadt vertretene Kapitulationspolitik gegenüber dem Imperialismus und der Preisgabe des Sozialismus in der DDR» überwunden habe.

So wurden wir nicht nur erneut als Kapitulanten bezeichnet und mit Berija (und nun auch mit Malenkow) zusammengespannt, jetzt rückten wir auch in die Rolle derer, durch deren rechtzeitige «Entlarvung» das Entstehen des Personenkults in der DDR verhindert worden war. Damit stand die historische Wahrheit genau auf dem Kopf.

Das wiederum erzwang noch halsbrecherischere Lügen. So erklärte z. B. Genosse H. Axen in der Diskussion vor dem Plenum über den oben zitierten Beschluß:

> «Der Kapitulationspolitik von Berija, Malenkow, Zaisser und Herrnstadt, ihrer Position der Preisgabe der DDR lag doch neben anderen Motiven jene dogmatische Auffassung zugrunde, daß sich die sozialistische

276

Revolution überall nur und sofort im gesamtnationalen Rahmen entwik-
keln könne.» (Neues Deutschland, 2.12.1961)

Eine solche Auffassung hat zwar nie in meinem Kopf existiert, ich
habe sie nie geäußert, sie ist mir nie vorgeworfen worden, ich erfahre
von ihr aus der Zeitung – aber was tut's. Sie wird gebraucht und daher
erfunden. Und ich habe keine Möglichkeit, mich zu wehren. Auf
Briefe wird nicht geantwortet. Statuten und Gesetze gelten nicht,
wenn es sich um den toten Zaisser oder um mich handelt. Und würde
ich wagen, jemandem zu sagen, daß mir Unrecht geschieht, so würde
ich damit rechnen müssen, in allen Zeitungen zu lesen: «Er bezichtigt
das ZK der Lüge! Er verleumdet die Partei!»

Sie aber, Genosse Semjonow, sitzen in Moskau, sehen zu, welche
Blüten Ihr Vorgehen vom Jahre 1953 treibt und tun, als ginge Sie das
nicht das geringste an.

So kann es nicht weitergehen. Ich ersuche Sie, den Zug zum Stehen
zu bringen, den Sie aufs Gleis gesetzt haben. Ich ersuche Sie zu veranlassen, daß ich rehabilitiert werde (wobei ich unter Rehabilitierung
nicht die Wiedereinsetzung in irgendeine Funktion verstehe, sondern
ausschließlich die öffentliche Wiederherstellung meiner Parteiehre).

Noch drei Bemerkungen erlaube ich mir hinzuzufügen:

1. Wie in den früheren Anträgen auf Überprüfung vermeide ich,
auf politische Fragen einzugehen. Aber eines kann ich mich nicht enthalten zu sagen: Die erste Voraussetzung, den westdeutschen Imperialismus auf den Rücken zu legen, ist heute wie vor zehn Jahren:
selber die Unterstützung der werktätigen Massen zu besitzen und *ihm*
die Unterstützung der werktätigen Massen zu entziehen. Ohne auf-
richtige und maximale Bemühungen in dieser Richtung verwandelt
sich der scheinbar prinzipiellste Kampf gegen den Imperialismus in
hohles, letzten Endes opportunistisches Geschwätz. Ich fühle mich zu
diesen Worten vor allem veranlaßt durch die jüngsten Ereignisse auf
internationalem Gebiet. Mit ganzem Herzen unterstütze ich (nicht
erst seit heute, wie Sie wissen; auch diese Frage spielte schon 1953
eine Rolle!) die Politik der friedlichen Koexistenz als die einzige konsequente revolutionäre Außenpolitik, die das sozialistische Lager
treiben kann. Selbst wenn es eines Tages zum Krieg zwischen den
beiden Lagern kommen sollte, würde das Festhalten an der Politik
der friedlichen Koexistenz bis zum letzten vertretbaren Augenblick
(entgegen allen dann frohlockenden Gegnern dieser Politik) die ein-

zige richtige Politik gewesen sein. Aber die werktätigen Massen sind im Umgang mit einer technisch hochentwickelten Produktion inzwischen so kritikfähig geworden, daß man sich vor ihnen lächerlich und verdächtig macht, wenn man sie zur Politik der friedlichen Koexistenz auffordert, ohne ihnen die Teilnahme an der Verwirklichung dieser Politik dadurch zu ermöglichen, daß man sie von den Fesseln des Personenkults befreit. (...)

2. Ich bedauere tief, in diesem Brief erneut gegen Walter Ulbrichts Haltung in der Frage des Personenkults Stellung nehmen zu müssen. Aber wie soll ich auftreten? Daß Genosse Ulbricht heute die schwarzen Stellen in seiner Vergangenheit verschwinden machen möchte, verstehe ich. Und wie jeder Kommunist würde ich ihm hierbei im Maße meiner Kräfte behilflich sein, wenn er es auf die allein für Kommunisten zulässige Weise versuchen würde: indem er begangene Fehler eingesteht und alles daransetzt, ihre Folgen zu beheben. Wenn er aber, wie es der Fall ist, auf alte Fehler neue Fehler, auf alte Verbrechen neue Verbrechen setzt, wie soll man dann vermeiden, dagegen Stellung zu nehmen. Weder unter politischem noch unter persönlichem Gesichtswinkel sehe ich hier einen anderen Weg.

3. Ich habe Ihnen, Genosse Semjonow, in diesem Brief viel Bitteres gesagt. Das war unvermeidlich. Aber meine Absicht ist – ungeachtet Ihres Vorgehens – nicht, Ihnen Schaden zuzufügen. Erstens deshalb nicht, weil nur der Klassengegner gewinnt, wenn sich Kommunisten wechselseitig kampfunfähig machen. Zweitens deshalb nicht, weil ich nicht vergesse, daß ich von Ihnen auch Gutes gehabt habe. Die Intervention gegen Berija in der Frage der LPG z. B. hätte ich nicht machen können ohne Ihre häufigen Bemerkungen über die fundamentale Bedeutung des Bündnisses zwischen Arbeiterklasse und Bauernschaft auch in einem überwiegend industriellen Lande wie Deutschland und über die traditionelle Unterschätzung der Bauernfrage in der deutschen Arbeiterbewegung. (Um so mehr hätten Sie freilich damals selber Anlaß gehabt, im kritischen Augenblick den richtigen Standpunkt zu unterstützen statt sich aufs Mitschreiben zu beschränken.) Meine Absicht mit diesem Brief ist, endlich eine Untersuchung herbeizuführen. Eine Untersuchung nicht *gegen* Sie, sondern mit Ihrer Hilfe zur Klarstellung der historischen Wahrheit.

In diesem Sinne übersende ich eine Copie dieses Briefes an die Parteikontrollkommission beim ZK der KPdSU, eine zweite an den Sekretär des ZK der KPdSU, Genossen L. F. Iljitschow   R. Herrnstadt

Epilog

Fragment aus den Erinnerungen von Rudolf Herrnstadt

Eine Nachricht, die heute veröffentlicht wurde[1], veranlaßt mich nun doch, einiges aufzuschreiben.

Die Nachricht lautet im wesentlichen wie folgt:

«Revision von Prozessen in der CSSR

Prag (ADN). Die tschechoslowakische Nachrichtenagentur ČTK veröffentlichte am Donnerstag einen offiziellen Bericht über die Ergebnisse der Revision politischer Prozesse, die zwischen 1949 und 1954 in der Tschechoslowakei stattgefunden haben. Es wird u. a. mitgeteilt, daß das ZK der KPČ am 3. und 4. April 1963 einen Bericht über die Verletzung der Parteiprinzipien und der sozialistischen Gesetzlichkeit in der Periode des Personenkults erörtert hat, ihn billigte und der Generalstaatsanwaltschaft sowie dem Obersten Gerichtshof empfahl, die Prozesse zu überprüfen. Bei der Überprüfung wurde strikt nach den geltenden Bestimmungen des Strafrechts und des Strafgesetzbuchs verfahren. Alle Fakten der seinerzeitigen Prozesse, ‹die in einer äußerst gespannten internationalen Lage durchgeführt worden waren, wurden auf der Grundlage objektiv zusammengetragenen Beweismaterials geprüft und in öffentlichen Verhandlungen erörtert›, heißt es in dem Bericht. Über die Ergebnisse wird mitgeteilt:

1. In der Strafsache gegen Rudolf Slansky und andere (das sogenannte staatsfeindliche Zentrum) lautete das Urteil des Obersten Gerichtshofes: a) Rudolf Slansky, Rudolf Frank, Bedrich Geminder, Ludvik Frejka, Otto Sling, Andre Simone, Vladimir Clementis, Evzen Loebl, Rudolf Margolius und Bedrich Reicin werden von allen Punkten der Anklage freigesprochen. (...)

1 Neues Deutschland, 24. August 1963.

Abschließend meldet ČTK: ‹Bei der Überprüfung durch die Partei ergab sich, daß viele ehemals unrechtmäßig verurteilte Personen auch ohne Berechtigung aus der Partei ausgestoßen wurden. Deshalb wurde auf dem Plenum des ZK der KPČ beschlossen, ihnen wieder die Mitgliedschaft in der Partei zu gewähren (...).›

Durch die getroffenen Maßnahmen wurden der Wahrheit und der Gerechtigkeit zum Siege verholfen, und die Ungerechtigkeiten, die in der Periode des Personenkults an einigen Partei- und Staatsfunktionären verübt wurden, wurden wiedergutgemacht (...).»

Dieser Nachricht ist mit eigener Überschrift eine zweite angefügt. Sie hat folgenden Wortlaut:

«*Gerichtsurteil in Prag*

Prag (ADN). Wegen Verletzung der Gesetzlichkeit bei der Untersuchung falscher Anschuldigungen im Zusammenhang mit den politischen Prozessen der Jahre 1949 bis 1954 fand vor dem Obersten Militärgericht der ČSSR ein Prozeß gegen ehemalige Leitende Angestellte des tschechoslowakischen Innenministeriums statt, berichtet ČTK. Angeklagt waren der ehemalige Oberst im Innenministerium Antonin Prchal und der ehemalige Oberst des Ministeriums Karel Kostal, die beide bis zum Jahre 1956 den Posten eines stellvertretenden Ministers für innere Angelegenheiten bekleideten. Prchal wurde zu sechs und Kostal zu sieben Jahren Freiheitsentzug verurteilt. Beiden Angeklagten wurden die bürgerlichen Ehrenrechte abgesprochen.»

Es ist nicht in *einem* Wort zu sagen, wie viele Verbrechen sich in dieser Nachricht verbergen und überkreuzen. Mich trifft sie um so mehr, als ich eine Reihe der Ermordeten und auch der Mörder kannte.

Einer der Hingerichteten, Ludvik Freund (Frejka), war mein ältester Freund und hat mein Leben einschneidend beeinflußt. Durch ihn kam ich 1930 zum Nachrichtendienst der Roten Armee, er stellte 1938 die gerissenen Verbindungen wieder her usw. Seinen Sohn Tommi, von dem das Gerücht geht, er hätte sich als Zwanzigjähriger das Leben genommen, weil er nicht glauben konnte, daß sein Vater ein Verräter sei, habe ich als Sechsjährigen zur Schule geführt und auch als Sechzehnjährigen noch einmal gesehen, auf der Durchreise in Prag, als ihn der Vater aus dem Schlaf riß, um mir zu zeigen, was aus Tommi geworden war.

Auch Karol Bacilek habe ich gut gekannt, von dem in der Meldung sonderbarerweise nicht die Rede ist. Zwei stellvertretende Minister des Innern, Prchal und Kostal, wurden zu einigen Jahren Gefängnis verurteilt, heißt es in der Meldung hurtig, so als wolle man die Fragen nach den Konsequenzen dieser Verbrechen ersticken. Und der Innenminister selbst, der die Untersuchung leitete, die Verantwortung trug, das als «Anklageschrift» bezeichnete 600 Seiten lange antisemitische Pasquill veröffentlichte? Das war Bacilek, Mitglied des Politbüros der KPČ, der erst vor einigen Monaten von dieser Funktion und von der Funktion des 1. Sekretärs des ZK der KP der Slowakei in einer versteckten Meldung abgelöst und auf solche Weise rechtzeitig aus der Schußlinie gezogen wurde. Welche Entwicklung eines Genossen! 1941 haben Bacilek und ich in Moskau monatelang das Zimmer geteilt, während der nächtlichen Luftangriffe zu zweit den gleichen Dachabschnitt in der Bolschaja Kalushskaja bewacht und einander in endlosen Stunden, mit je einem Bein auf der Leiter stehend und aus der Bodenluke lugend, von den unermeßlichen Perspektiven der Weltrevolution erzählt. Von ihm lernte ich damals slowakische Volkslieder. Noch 1949 kam er auf die Nachricht, ich sei in Bratislava, zu Ludvik Frejkas erster Frau Leni, die inzwischen den Genossen Moškovits geheiratet hatte, und sang mir noch einmal die slowakischen Volkslieder vor. Er war damals Mitglied des Politbüros der KPČ, aber noch nicht 1. Sekretär der KP der Slowakei. Das nächste und letzte Mal sprach ich Bacilek drei Jahre später, 1952, in Berlin, wohin er Gottwald bei dessen Staatsbesuch begleitete. Damals war er schon tschechoslowakischer Innenminister und Slansky, Clementis, Frejka usw. waren schon im Ergebnis seiner ‹Untersuchung› gehängt. Während des Empfangs fragte ich ihn nach Moškovits, in dessen Wohnung wir uns doch zuletzt gesehen hatten. Er überlegte kurz, ob er überhaupt etwas antworten solle, und sagte dann widerwillig: «Er arbeitet jetzt in einer Bibliothek», wandte sich ab und ging. Kurze Zeit später verließ er hinter Gottwald den Empfang, und ich werde die Schlußszene nicht vergessen. Die Anwesenden klatschten, Wilhelm Pieck strahlte, und die Abgehenden, Gottwald, Bacilek usw., wandten sich an der Tür noch einmal um und klatschten stehend zurück. Auch Bacilek klatschte, lange und mit geschmeicheltem Lächeln. «Ist das der gleiche Schlosser tretjewo rjasrada[2]», fragte ich mich, «den ich in Moskau kannte? Dieses gleißende Etwas in gestärkter Hemdbrust? Dem aus der Vergangenheit nur noch die unverkennbare, eingeschlagene Nase geblieben ist?»

Nun steht also fest, daß auch Ludvik Frejka, ‹Luck›, wie wir ihn nannten, ermordet wurde. Es gibt kaum noch jemanden von den mir nahestehenden Menschen aus den Jahren 1930 bis 1953, der nicht ermordet wurde: meine Eltern, mein Bruder, Ilse Stöbe, Moltke[3], Scheliha von den Faschisten und Stutzka[4] (Stiga), Jurewicz, Antonow-Owssejenko[5], Zaisser und, wie nun feststeht, auch Ludvik Frejka von den als Kommunisten auftretenden Anhängern des Personenkults. Ich denke, daß diese Bilanz die Entschlossenheit rechtfertigt, im folgenden unbeschönigt zu sprechen, nje w brow, a w glas, wie es russisch heißt.[6]

Die Erinnerungen brechen an dieser Stelle ab. 1968, zwei Jahre nach dem Tod von Rudolf Herrnstadt, wurde bekannt, daß die Asche von Rudolf Slansky und seinen Mitangeklagten auf vereiste Prager Straßen gestreut worden war.[7]

2 Zu deutsch: dritter (also höchster) Qualitätsstufe.
3 Gemeint ist Hans Adolf von Moltke.
4 Stutzka und Jurjewitsch, Mitarbeiter im Generalstab der Roten Armee, Militärischer Nachrichtendienst.
5 Antonow-Owssejenko, russischer Revolutionär, führend beteiligt an den Revolutionen 1905 und 1917, Botschafter der UdSSR in Warschau in den 30er Jahren, u. a. wegen seiner Verbindung zu Trotzki liquidiert.
6 Zu deutsch: nicht in die Braue, sondern ins Auge.
7 Bericht der Zeitschrift «Reporter», 1968. In: Josefa Slanska, Bericht über meinen Mann, a. a. O.

Rudolf Herrnstadt – Biographische Notiz

Geboren am 18. März 1903 in Gleiwitz (Oberschlesien) / Vater: Ludwig Herrnstadt, Kaufmannssohn aus jüdischer Familie, angesehener Rechtsanwalt in Gleiwitz mit starkem sozialen Engagement, promovierte 1896 «Über die strafrechtliche Behandlung des sogenannten Mundraubes», Stadtverordneter für die Sozialdemokratische Partei; Mutter: Marie Zickel, aus großbürgerlicher Breslauer Familie; ein jüngerer Bruder, Ernst Herrnstadt, Jurist. /

1921 Abschluß des Humanistischen Gymnasiums Gleiwitz (gemeinsam mit seinem Jugendfreund Lothar Bolz) / 1921 bis Herbst 1922 Jurastudium in Berlin und Heidelberg / 1922 Abbruch des Studiums und Entscheidung für die journalistische Laufbahn / 1922 bis 1924 Praktikant in den Oberschlesischen Zellstoffwerken in Krappitz / gemeinsam mit Lothar Bolz erste Kontakte zu kommunistischen Gruppen: Herrnstadt beschreibt später seinen Weg in die kommunistische Bewegung als «kompliziert», bis 1929 verschiedene Werbungen, doch keine Integration in die Kommunistische Partei / Begegnung mit Ludwig Freund (Ludvik Frejka), einem deutschstämmigen Ingenieur aus Reichenberg (Böhmen), dieser seit 1922 Mitglied der KPD, 1923 Mitbegründer der KPČ und später Leiter der volkswirtschaftlichen Abteilung beim ZK der KPČ (1952 im Prozeß gegen Rudolf Slansky und andere zum Tode verurteilt und hingerichtet) / von 1924 bis Mitte 1928 Lektor in Berliner Verlagshäusern / Beziehungen zu linksorientierten Intellektuellen und Künstlern / im Sommer 1928 Anstellung im linksliberalen «Berliner Tageblatt», zählt neben Günter Stein, Paul Scheffer und anderen zum Kreis der vom Chefredakteur Theodor Wolff geförderten Redakteure / Kontakte mit den Publizisten Georg Bernhard und Carl von Ossietzky / Bekanntschaft mit Ilse Stöbe, Mitarbeiterin von Theodor Wolff, KPD-Mitglied, später Herrnstadts Lebensgefährtin (1942 von der Gestapo verhaftet, im Prozeß gegen die Widerstandsorganisation «Rote Ka-

pelle» zum Tode verurteilt und am 23. Dezember 1942 mit Rudolf von
Scheliha und anderen in Plötzensee hingerichtet) / Ende 1929 Eintritt
in die KPD / 1930 Begegnung mit Willi Münzenberg / Juni 1930 bis
Januar 1931 Auslandskorrespondent für das «Berliner Tageblatt» in
Prag / erhält in Prag, vermittelt durch Ludwig Freund, den ersten, das
nächste Jahrzehnt bestimmenden Parteiauftrag: Tätigkeit für die Ab-
teilung IV, den Militärischen Nachrichtendienst der Roten Armee /
anschließend außerhalb der Organisationsstrukturen der KPD und
Aufbau einer in Warschau arbeitenden Gruppe, der unter anderem
Ilse Stöbe, Rudolf von Scheliha und Gerhard Kegel angehörten / in
Prag Kontakte mit tschechischen KP-Funktionären wie Vladimir Cle-
mentis, Rudolf Slansky und Ludwig Freund (alle 1952 im Slansky-
Prozeß zum Tode verurteilt und hingerichtet) und Beziehungen zu
linken Intellektuellen wie Egon Erwin Kisch und Carel Čapek / ab
Januar 1931 bis Frühjahr 1933 Auslandskorrespondent in Warschau /
enge Kontakte zum Gesandten und späteren deutschen Botschafter
Hans Adolf von Moltke und zu polnischen Künstlern wie dem Schriftsteller Jaroslaw Iwaszkiewicz, dem Lyriker Julian Tuwim und der
Schauspielerin Ida Kaminska / nach der Machtübernahme Hitlers
und der erzwungenen Emigration Theodor Wolffs durch Vermittlung
von Tageblatt-Redakteuren als Korrespondent der nun unter der
Chefredaktion von Paul Scheffer arbeitenden Zeitung nach Moskau
beordert / 1933 Begegnung mit dem Revolutionär Karl Radek / Ende
1933 Ausweisung aus Moskau / von November 1933 bis August 1939
in Warschau als Journalist tätig, zunächst als Korrespondent für das
«Berliner Tageblatt», ab etwa 1936 für Prager und vermutlich auch
Schweizer Tageszeitungen / Kontakte zum polnischen Außenminister
Josef Beck / gute Kenntnis der diplomatischen Verhandlungen zwischen Polen und Deutschland von 1933 bis August 1939 / Ende August 1939 in Warschau drohende Verhaftung / Flucht über Reval, Riga
und Tallin in die Sowjetunion / vermutlich im Herbst 1939 in Prag
Verhaftung der dort lebenden Eltern und des Bruders mit Ehefrau im
Zuge der Sippenhaft / vergebliche Suche nach den Vorgesetzten aus
dem Führungsstab der Roten Armee (u. a. Bersin), die alle den Stalinschen Säuberungen zum Opfer gefallen waren / nach Vermittlung
von Freunden Besuch eines Lehrgangs bei Moskau / von 1940 bis
Ende 1942 Tätigkeit im Generalstab der Roten Armee / Ende 1942
Überstellung an die Komintern / enger Kontakt mit den Funktionären der Kommunistischen Partei Österreichs, Ernst Fischer und Jo-

hann Koplenick / ab Februar 1943 Mitarbeiter in der 7. Abteilung der Politischen Hauptverwaltung der Roten Armee, dort verantwortlicher Redakteur für die Zeitung «Freies Wort», das sowjetische Presseorgan für deutsche Kriegsgefangene / in Moskau Heirat mit Valentina Sonina / Sommer 1943 Mitbegründung des Nationalkomitees «Freies Deutschland», Chefredakteur der Zeitung «Freies Deutschland» / Mitglied einer Kommission der KPD zur Erarbeitung von Richtlinien für die Arbeit der Kommunisten in den von der Roten Armee besetzten deutschen Gebieten / 6. Mai 1945 Rückkehr nach Deutschland / nach Kriegsende endgültige Gewißheit über den Tod der Angehörigen, der ersten Ehefrau und weitgehend ergebnislose Suche nach den Hinterbliebenen / beteiligt am Aufbau der überregionalen Tageszeitung der Sowjetischen Militäradministration in Deutschland «Tägliche Rundschau» / Juni 1945 Gründung der «Berliner Zeitung» und ihr Chefredakteur / Mitbegründung und Leitung des größten Presseverlagshauses der SBZ «Berliner Verlag» / 1949 Parteiauftrag zur Übernahme der Chefredaktion des SED-Zentralorgans «Neues Deutschland» / Initiator des «Nationalen Aufbauprogramms» für die DDR / 1950 auf dem III. Parteitag der SED Wahl in das Zentralkomitee und zum Kandidaten des Politbüros der Partei / ab 1949 Mitglied der Provisorischen Volkskammer und von 1950 bis 1954 der Volkskammer der DDR / gemeinsam mit dem damaligen Minister für Staatssicherheit, Wilhelm Zaisser, auf dem 15. Plenum der SED im Juli 1953 wegen «fraktioneller Tätigkeit» und «Vorbereitung eines innerparteilichen Putsches» aus dem ZK der SED und im Januar 1954 aus der SED ausgeschlossen / ab August 1953 bis 1966 Angestellter im Deutschen Zentralarchiv Merseburg / gestorben am 28. August 1966 in Halle/Saale im Alter von 63 Jahren.

Nadja Stulz-Herrnstadt

Auswahlbibliographie

Biographische Nachschlagewerke:

Internationales Biographisches Archiv (IBA), Archiv für Publizistische Arbeit, Munzinger Archiv, Ravensburg
Biographisches Handbuch der deutschsprachigen Emigration nach 1933. Bd. I, Politik, Wirtschaft, öffentliches Leben, München, New York, London, Paris 1980, Bd. II, The Arts, Sciences and Literature, ebenda 1983
Prominent Personalities in the USSR, Metuchen, New Jersey, USA, 1968

Zum 17. Juni 1953

Baring, A: Der 17. Juni 1953, Stuttgart 1983
Spittmann, I./Fricke, W. (Hg.): 17. Juni 1953. Arbeiteraufstand in der DDR, Köln 1988

Zur Geschichte der DDR und der SED

Alt, H.: Die Stellung des Zentralkomitees der SED im politischen System der DDR. Abhandlungen zum Ostrecht, Köln 1987
Fricke, W.: Warten auf Gerechtigkeit. Kommunistische Säuberungen und Rehabilitierungen. Berichte und Dokumentation, Köln 1971
ders.: Opposition und Widerstand in der DDR. Ein politischer Report, Köln 1984
Jänicke, M.: Der dritte Weg. Die antistalinistische Opposition gegen Ulbricht seit 1953, Köln 1964
Richert, E.: Die DDR-Elite oder Unsere Partner von morgen?, Reinbek 1968
Spanger, H. J.: Die SED und der Sozialdemokratismus. Ideologische Abgrenzung in der DDR, Köln 1982
Stern, C.: Porträt einer bolschewistischen Partei. Entwicklung, Funktion und Situation der SED, Köln 1957
dies.: Walter Ulbricht. Eine politische Biographie, Köln/Berlin 1963
Weber, H.: Geschichte der DDR, München 1985

Zur sowjetischen Deutschlandpolitik

Hacker, J.: Der Ostblock, Entstehung, Entwicklung und Struktur 1939–1980, Baden 1983
Leonhard, W.: Kreml ohne Stalin, Köln/Berlin 1960

DDR-Literatur

Geschichte der deutschen Arbeiterbewegung, Bd. 7, Berlin 1966
Abriß der Geschichte der SED, Berlin 1978
Heitzer, H.: DDR, Geschichtlicher Überblick, 2. überarb. Aufl., Berlin 1984

Namenregister

Ackermann, Anton 15f, 29f, 57, 62, 77f, 83, 89, 99, 104, 114, 122, 125, 128ff, 136f, 143, 157, 159, 162, 174, 177, 179ff, 212, 237
Alexander I. 18
Altenkirch, Ernst 251f, 254
Antonow-Owssejenko, W.A. 72, 246, 282
Araktschejew, A.A. 18
Axen, Hermann 7, 17, 28, 57, 63, 65, 89, 188, 276

Bacilek, Karol 29, 281f
Badstübner, Rolf 48
Baum, Bruno 92
Baumann, Edith 189, 263
Becher, Johannes R. 102f, 158f, 178, 182
Beck, Josef 284
Benser, Günter 48
Berija, L.P. 15, 21, 26, 39, 41, 48, 51, 59, 69f, 130f, 143, 160ff, 169, 219, 222ff, 243f, 254, 260f, 265f, 269f, 275f, 278
Berg, Helene (Lene) 214, 217
Bernhard, Georg 283
Bersin, J.A. 284
Berthold, Lothar 103
Besenbruch, Walter 101, 103
Blender, Hannes 142f
Bolz, Lothar 32, 36, 100, 246, 283
Brandt, Heinz 57
Braunreuther, Kurt 42
Bruschke, Werner 170
Buchwitz, Otto 90, 169
Büttner, Erna 112

Čapek, Carel 284
Chaizmann, W.M. 39
Chruschtschow, N.S. 11, 39, 49, 59, 130, 201, 232f, 244, 246
Churchill, Winston 260
Clementis, Vladimir 279, 281, 284

Dahlem, Franz 15, 30, 57, 63f, 111, 126, 132, 181, 205, 212, 222f, 259
Diehl, Ernst 213
Dengler, Gerhard 18, 51, 145f, 148

Ebert, Friedrich 21, 57f, 83, 99, 105, 114, 125, 127, 133, 166, 180
Eisler, Gerhard 273
Elfes, Wilhelm 74f
Engelberg, Ernst 37f, 42
Engels, Friedrich 204

Fauth, Harry 49
Fechner, Max 111, 144ff, 151, 160ff, 189, 193, 219, 223ff, 266, 268f
Field, Noel 25f, 205, 222, 273
Fischer, Ernst 15, 27, 33, 284
Fischer, Oskar 165
Fischer, Ruth 258
Florin, Peter 33
Florin, Wilhelm 33
Frank, Rudolf 279
Freund (Frejka), Leni 281
Freund (Frejka), Ludwig 28, 279ff
Freund (Frejka), Tommi 280f
Fricke, Dieter 38
Friedrich, Heinz 72, 101f, 138f, 144ff, 184

Geffke, Herta 25, 204f, 208f, 212, 218, 220ff, 224
Geminder, Bedrich 279
Gerö, Ernö 96
Girnus, Wilhelm 48f, 101ff, 112
Glaser, Heinz 170
Gorbatschow, M.S. 51
Gottwald, Klement 281
Goworow, L.A. 84
Graul, Walter 184
Grosse, Lea 40
Grotewohl, Otto 16, 55, 57ff, 61, 71, 73f, 78ff, 89f, 97ff, 105ff, 111ff, 121, 126, 129ff, 136, 145f, 148f, 155, 159, 161ff, 172, 177f, 181, 261, 269, 272, 274

Hadermann, Ernst 43, 47
Hafrang, Josef 100
Hager, Kurt 7, 38, 40f, 43, 55, 163ff, 167, 182, 203, 213
Harich, Wolfgang 103
Havemann, Robert 41, 46
Heber 182
Hengst, Adalbert 151
Henrion 92
Henselmann, Hermann 142
Herpoldt 80

Herrmann, Joachim 50
Herrnstadt, Ernst 283
Herrnstadt, Ludwig 283
Hildebrand, Rainer 256
Hitler, Adolf 245, 284
Höhnel, Dr. 249
Hönisch 92
Hörnig, Hannes 213
Holland 242
Honecker, Erich 7, 47f, 50, 57, 64, 115, 127f, 182f, 262f

Iljitschow, I.I. 60f, 78ff
Iljitschow, L.F. 278
Iwaszkiewicz, Jaroslaw 284

Jakir 36
Jendretzky, Hans 30, 57, 83, 99, 105, 125, 133, 144, 157, 174, 177f, 181f, 208
Judin, P.A. 70, 73, 83, 85, 87f, 97, 112, 118, 136f, 139, 147, 149ff, 250, 267f
Jurjewitsch 245f, 282

Kabin 60f, 159, 171
Kaiser, Jakob 86
Kaminska, Ida 284
Kantorowicz, Alfred 94
Kegel, Gerhard 46, 48, 284
Kern, Käthe 166
Keßler, Heinz 170, 182
Kisch, Egon Erwin 284
Kjatkin 73
Klemm, Grete 72, 184
Koch 189
Koenen, Wilhelm 170
Koestler, Arthur 19, 29
Koplenick, Johann 15, 284f
Kostal, Karel 280f
Kostoff, Traitschko 34, 205, 273
Kramer, Erwin 100
Kuba (Kurt Barthel) 102
Kuczynski, Jürgen 38f, 42, 47

Lange, Ernst 189
Lange, Fritz 39f, 170ff, 174ff, 182, 206ff
Lenin, W.I. 46, 87, 132, 134, 152, 204, 219, 253, 268
Levi, Paul 20, 258
Loebl, Evzen 279
Lohagen 18f, 271
Longo, Luigi 152

287

Malenkow, G. M. 59, 130, 232, 276
Manuilski, D. Z. 72 f
Margolius, Rudolf 279
Markov, Walter 42 f, 47
Maron, Karl 33, 105, 113, 212
Marx, Karl 46, 204, 214 ff
Matern, Hermann 22, 25, 29 f, 32, 35, 57, 62, 65, 69, 82 f, 89, 110, 117, 124, 126 f, 128, 131 f, 134, 136, 140 f, 145, 154 ff, 158, 168 ff, 171, 173 ff, 180, 182, 188, 194 f, 204 ff, 218, 220 ff, 227, 232 f, 236 ff, 247, 251 f, 258 f, 262, 269
Mehring, Franz 214, 216 ff
Merker, Paul 205
Mewis, Karl 182
Meyer, Willi 100
Michel, Franz 185 f
Michel, Herta 185
Mielke, Erich 7, 183, 208, 240, 247, 251
Mikojan, A. I. 242, 246
Mikosch 234
Miroschnitschenko 112, 114 ff, 136, 166 f, 195
Molotow, W. M. 59, 130, 232
Moltke, Hans Adolf von 282, 284
Moškovits 281
Mückenberger, Erich 58, 64, 126 f
Münzenberg, Willi 284

Naumann 248
Neumann, Heinz 20, 191, 258
Nissen, Dr. 196, 225, 247, 249 f

Obermann, Karl 38
Oelssner, Fred 57 ff, 61, 63 f, 71, 81, 83, 89, 105, 112 ff, 119 f, 124 ff, 131 f, 134, 136 f, 139 ff, 143, 148, 158, 164 ff, 180, 182, 188, 200, 203, 217, 247
Ossietzky, Carl von 283

Pelikan, Jiri 34
Pieck, Wilhelm 16, 57, 60 ff, 80, 113, 126, 164, 281
Postnikow, B. P. 245 f
Postyschew, P. P. 247
Prchal, Antonin 280 f

Radek, Karl 284
Rajk, Laszlo 6, 25, 34, 205, 273
Rau, Heinrich 15 f, 30, 57, 68, 71, 77, 82, 86, 89, 99, 106,

122 f, 127, 132, 143 f, 170, 180 f, 212, 235, 237 f, 241, 260
Raue, Bernd 49
Rehahn, Arne 102
Rehahn, Rosemarie 102
Reicin, Bedrich 279
Reinfrank 189
Reinhold, Otto 213
Reimann, Max 55, 168

Sandberg, Herbert 48
Sauerbruch, Ferdinand 35 f
Scheel, Heinrich 42
Scheffer, Paul 283 f
Scheliha, Rudolf von 282, 284
Schepilow 242
Schirdewan, Karl 36, 52, 64, 111 f, 115 f, 151, 190 f, 218, 220, 235 f, 242, 244, 246
Schmidt, Elli 36, 58, 83, 105, 120, 125, 128, 133, 137, 143, 157, 166, 179 ff, 259, 267, 270
Schmidt, Waldemar 28 f
Schmidt, Walter 213
Schön, Otto 64, 118
Schrader 233 f
Schultz, Max Walter 50
Schumann, Michael 52
Schwibbel 142 f, 150
Seidel, Jutta 43
Selbmann, Fritz 77, 105, 113, 212
Semistschastnow 73
Semjonow, W. S. 15, 23, 27 f, 34, 59 ff, 65 f, 68 ff, 72 ff, 79 ff, 89 f, 92, 97 f, 103, 107, 111 f, 118, 136 ff, 141, 143, 147 ff, 151, 153 f, 154, 156 f, 159, 164, 171 f, 181, 183, 190, 221, 227, 232, 250, 264 ff, 273 ff, 277 f
Sens, Max 205, 222 f
Simone, Andre 279
Sinnecker 112
Slanska, Josefa 27, 29, 282
Slansky, Rudolf 6, 26 ff, 34, 44, 205, 279, 281 ff
Sling, Otto 279
Smirnow, A. A. 183, 242
Sonina, Valentina 284
Sokolowski, S. W. 84 ff
Stalin, J. W. 19 f, 27, 34, 44, 59 f, 87, 130, 132, 245, 261, 273
Stein, Günter 283
Steinitz, Wolfgang 14, 99
Stern, Leo 36, 249 f
Stern, Manfred 36
Stiga (Stutzka) 245 f, 282
Stöbe, Ilse 46, 282 ff
Stoph, Willi 64, 105, 113, 212

Strittmatter, Erwin 14, 99
Stulz-Herrnstadt, Nadja 51
Suslow, M. A. 60 f, 242
Sverma, Jan 27

Thälmann, Ernst 61, 179, 190 f, 242, 263
Thiele, Ilse 166
Tito, Josip 6, 14, 28, 205
Trotzki, Leo 246, 282
Truchanowski, W. G. 39
Tschuikow, W. I. 74
Tuchatschewski, M. N. 36
Tuwim, Julian 284

Ulbricht, Walter 15 f, 19 ff, 23, 26, 28 f, 30 ff, 35 f, 40 f, 46, 48 f, 57 ff, 63 f, 68 f, 71 ff, 76, 79, 86 f, 94, 97 f, 99 f, 102 ff, 105 ff, 109 f, 111 ff, 118 ff, 122, 124 ff, 129 ff, 136, 140 f, 145 f, 149 f, 154 f, 157 ff, 166 f, 169 f, 171, 174, 176 ff, 184, 189 f, 194 f, 200 ff, 208 ff, 212, 217, 221, 230, 232, 235 f, 238 f, 245, 249 ff, 253 ff, 260 ff, 264, 267, 269 ff, 276, 278
Ulbricht, Lotte 36, 75 f, 272
Ullrich 233

Verner, Paul 64 f, 182, 189
Voitel, Paul 116, 168
Voßke, Heinz 51

Wandel, Paul 35, 182, 189, 196
Warnke, Hans 170
Weißel, Bernhard 42
Welsch, Horst 233
Winzer, Otto 55, 164 ff, 182, 203
Wittbrodt, Helga 154
Wolf, Hanna 213 f, 216 ff
Wolff, Theodor 18, 283 f
Wollweber, Ernst 36, 52, 111, 183
Wosnessenski, N. A. 247

Zaisser, Elisabeth (Else) 55, 173
Zaisser, Wilhelm 7, 11, 14 ff, 25 f, 28 f, 30 ff, 34, 36, 39 f, 47 ff, 55, 57, 64 f, 69, 71, 76, 78 ff, 83 ff, 89, 96 ff, 105 ff, 110 ff, 115 f, 118 f, 122 ff, 126 f, 129 ff, 136 f, 140 f, 143, 146 f, 149, 152, 154, 157 ff, 168, 171 ff, 178 ff, 185 f, 188 ff, 194 ff, 198 ff, 206 ff, 218 f, 222 f, 227, 237, 241 ff, 255 ff, 266, 269 f, 274 ff, 282, 284
Zickel, Marie 283